ZHONGDIAN LINGYU GAIGE DE
ZENGZHANG HONGLI YANJIU

重点领域改革的增长红利研究

郭春丽　王　蕴　等　著

人民出版社

课题组成员名单

课 题 组 长：

    郭春丽　国家发展改革委经济所副所长、研究员

课题副组长：

    王　蕴　国家发展改革委经济所消费与收入分配室主任、
    研究员

课题组成员：

    曾　铮　国家发展改革委经济所　副研究员
    郭丽岩　国家发展改革委经济所　副研究员
    肖　潇　国家发展改革委经济所　副研究员
    曹玉瑾　国家发展改革委经济所　副研究员
    李清彬　国家发展改革委经济所　助理研究员
    王　磊　国家发展改革委经济所　助理研究员
    易　信　国家发展改革委经济所　助理研究员
    张铭慎　国家发展改革委经济所　助理研究员
    杜秦川　国家发展改革委经济所　助理研究员
    梁志兵　国家发展改革委经济所　助理研究员

　　邓小平同志开辟的改革开放道路，翻开了中国历史的新篇章，书写了世界发展史的辉煌一页。作为人口规模接近 14 亿的发展中经济体，中国连续 30 多年保持了国内生产总值年均接近 10% 的高速增长，已由世界上最贫穷的国家之一，一跃成长为经济总量仅次于美国的第二大经济体；人均国内生产总值由改革开放初的 260 美元增加到 2015 年的 8000 美元，实现了低收入经济体到中高收入经济体的重大转变，正在加速跨越中等收入阶段，向高收入国家迈进。

　　对于中国经济持续高速增长的动力源泉，国内外学者从人口红利、全球化红利、资源红利、改革红利等不同角度进行解释，也有学者从回答众多红利为何出现在改革开放后出发，提出改革是打开各种"红利之门"的"总开关"和"总钥匙"，认为各种红利本质上都是改革红利的具体体现。过去 30 多年持续深化的改革，破除了制约生产要素优化配置和生产力发展的体制机制约束，带来了生产力的解放、生产效率的提高和物质财富的增长，为经济增长注入了强大动力。事实上，无论从哪个角度解释中国经济持续高速增长，都离不开改革。

　　目前理论界关于改革对经济增长的贡献的研究比较少见，这既与不少领域的改革措施及效果难以准确度量有关，也与进一步分解全要素生产率，定量分析改革对经济增长的影响存在很大难度有关。部分学者利用生产函数进行增长核算，将经济增长源泉分解为物质资本、劳动力、全要素生产率（TFP）三部分，在解释全要素生产率构成时，探索性研究过户籍、国有企业等单个领域改革对经济增长的影响，但没有涵盖市场化改革全貌及其对经济增长的影响，也有极少数专家学者通过编制市场化指数，全面考察过市场化改革对经济增长的影响，但存在只能测度整体改革对经济增长的影响，不能测度分领域改革的影响等不足。

中国经济发展已经进入新常态，传统增长动力式微，在寻求经济增长新动力中，改革再度被寄予厚望。新一届政府在深刻思考国家民族的奋斗历程和前途命运中，习近平同志明确指出"改革开放是决定当代中国命运的关键一招，也是决定实现'两个一百年'奋斗目标、实现中华民族伟大复兴的关键一招"，李克强同志鲜明地提出"改革是我国发展的最大红利"，生动展示了新的党中央领导集体对改革的高度重视和清晰定位。党的十八届三中全会对全面深化改革进行了顶层设计，2015年中央经济工作会议从促进供需有效衔接、提高全要素生产率出发，提出加快推进供给侧结构性改革。在国际环境和国内条件发生重大变化的背景下，新一轮改革能否如期释放增长红利并推动经济保持中高速增长？如何推进改革，才能更好地释放增长红利？关乎到未来一个时期我国能否顺利跨越"中等收入陷阱"，实现"百年目标"和中华民族伟大复兴的中国梦，是亟待解决的重大战略问题。

按照国家发改委和宏观院相关领导的要求，我们承担了宏观经济研究院2015年度重点课题《重点领域改革的增长红利研究》，尝试从政策应用角度，在厘清改革影响经济增长的机理、测算改革开放以来重点领域改革的经济增长效应、分析重点领域改革释放增长红利的经验事实和典型特征基础上，预测"十三五"时期改革红利释放趋势，最后结合重点领域改革尚未到位影响增长红利持续释放的症结，提出了充分释放改革增长红利的总体思路和对策建议。

从理论上讲，改革可以通过供给侧和需求侧影响经济增长。在供给侧，改革直接促进资本、劳动、技术优化组合，改善总供给，影响经济潜在增长水平，而在需求侧，改革通过改变宏观经济政策制定和执行的制度框架，影响总有效需求，最终影响实际经济增长水平。由于总有效需求受当年宏观经济政策影响较大，而受改革影响较为间接，改革对上年实际总产出的影响，也能间接影响下年的总有效需求，通过改革获得长期经济产出水平的改善，最终也是对实际经济增长的贡献，因此，我们在增长分析框架下，重点研究改革对长期潜在增长水平的影响。所选取的重点领域改革包括要素组（户籍制度、金融体制、土地制度、科技体制）、市场主体组（国有企业改革）、政府组（财税、行政体制）、开放组（对外开放体制），都与增长因素直接或间接相关。

理解改革影响经济增长的机理，建立改革影响经济增长的理论分析框架，是深入分析改革影响经济增长的前提。与以往相关研究将改革对经济增长的影响理解为提高全要素生产率相比，我们认为，改革不仅可以通过改善要素配置效率和促进技术进步，提高全要素生产率，也可以通过释放存量要素或吸引外部要素，增加实际投入到经济增长中的资本和劳动。因而，我们建立了重点领域改革通过效率改善、技术提升、要素投入增加等三种效应及 TFP、要素投入等两条渠道影响经济增长的分析框架。

客观评价以往不同阶段重点领域改革对经济增长的贡献，总结归纳改革影响经济增长的典型事实和经验特征，可以更为科学地预测未来重点领域改革增长红利的变化趋势。我国的渐进型市场化改革，在经历 20 世纪 80 年代改革试验探索、90 年代社会主义市场经济初步建立、新世纪以来社会主义市场经济完善等三个阶段之后，2013 年以来进入全面深化改革阶段。运用生产函数法，核算 1978—2013 年要素和全要素生产率对经济增长的贡献，并选择表征重点领域改革效果的指标，构建分领域改革指数和改革总指数，进一步分解全要素生产率、资本和劳动力投入中重点领域改革的贡献，以此来量化分析改革通过全要素生产率和要素投入渠道对经济增长的总贡献。结果表明，在过去三个阶段中，重点领域改革都取得了积极进展，并对经济增长做出了重要贡献。进一步的分析表明，重点领域改革释放红利具有以下典型事实和经验特征：改革对经济增长的贡献大于技术进步，改革带来的效率提升效应大于要素增加效应，改革对资本积累的影响大于对劳动投入的影响；分领域看，对外开放、土地、户籍等与增长因素直接相关领域改革的增长效应明显大于市场主体和行政体制改革；户籍与土地制度改革、财税与土地制度改革、财税与行政体制改革等存在明显的组合效应，配套推进方可更好释放增长红利；由于改革不协调等原因导致的改革摩擦对经济增长的负向影响逐步减弱但仍然存在。这些结论符合我们对中国经济体制改革与经济增长关系的直观感觉，对把握重点领域改革释放增长红利的变化趋势及合理安排改革次序具有经验借鉴作用。

　　预测未来一个时期重点领域改革的增长红利释放趋势，是本研究的重点。我们设定基准、次乐观和乐观三种改革情景，分别指没有落实、部分落实和全面落实十八届三中全会所提出的改革总体部署，运用情景分析法预测未来重点领域改革对经济增长的贡献。总体看，"十三五"时期，经济增长可能出现潜在增长水平大幅下滑、技术进步对潜在增长水平的贡献提升、改革主要通过改善效率影响潜在增长水平、改革摩擦对潜在增长水平的不利影响明显下降等趋势和特征。分情景看，在考虑资源环境约束强化和资源环境制度改革影响的前提下，相对于没有落实十八届三中全会关于重点领域改革部署、经济增长只能保持 6.36% 的基准情景而言，全面和部分落实重点领域改革部署，GDP 分别有望保持 7.39% 和 6.88% 的年均增速。分领域看，推进财税改革红利最大，土地、户籍和国企改革红利次之，开放、金融和行政体制改革红利相对较小。在预测重点领域改革的增长效应时，我们还预测了改革对短期有效需求和实际经济增长水平的影响，发现乐观情景下，全面推进重点领域改革并配套推进收入分配格局调整，通过需求侧对实际经济增长的贡献可达到 1.50 个百分点，实际增长可望提升至 7.20% 的中高水平；次乐观情景下，改革通过需求侧对经济增长的拉动可达到 0.70 个百分点，实际增长速度可望提高到 6.40%。可见，重点领域改革还能通过扩大有效需求，使实际经济增长速度接近潜在增长速度。基于需求侧考察分领域的影响，推进收入分配和财税体制改革的增长红利最大，户籍、行政、金融、开放、土地等领域改革的增长红利依次减小。

　　找出重点领域改革尚未到位影响增长红利持续释放的症结，针对性地深化相关领域改革，是释放改革增长红利的关键。重点领域改革大多涉及核心利益调整和深层次、根本性矛盾，如何推进，一直以来缺乏统一认识，加之改革配套措施不到位，当前改革还呈现出碎片化、部门化和短期化现象，总体而言改革都尚未到位，制约增长红利持续释放。进一步分析表明，土地、劳动力、资金、技术等要素市场化改革相对滞后，统一开放竞争有序的要素市场体系尚未完全建立起来，影响资源配置效率提升和增长红利释放力度。作为微观市场主体和技术创新主体，国企和国资改革尚未到位，影响国企改革的效率改善效应、要素重配、市场重构效应和技术提升效应发挥作用，进而影响增长红利释放速度。政府与市场、中央与地方关系调整尚未到位，不仅影响行政和财税体制改革自身红利释放，而且制约其他领域改革释放红利，总体上影响增长红利释放强度。对外开放体制改革尚未到位，制约开放通过要素投入增加、技术提升、分工深化和规模经济等效应促进经济增长，进而影响增长红利释放广度。

结合重点领域改革释放增长红利的趋势特征及制约增长红利释放的症结，"十三五"时期，应在加快完善资源环境管理体制，为经济长期持续增长创造条件的前提下，以充分发挥重点领域改革的效率提升效应为重点，合理安排改革时序，发挥好要素市场化改革的基石作用、财税体制改革的引领作用、国企改革的传导作用、行政体制改革的保障作用、科技体制改革的核心作用、对外开放体制改革的扩容作用和综合配套改革的减震作用，内外联动、长短结合、供需并举、双侧发力，努力提高经济潜在增长率，使实际增长水平接近潜在增长能力，为经济保持中高速增长注入持久动力。同时，本书针对当前每个改革领域存在的问题，结合完善社会主义市场经济体制的总体要求，提出了针对性和操作性强的改革建议。

本书对户籍、金融、土地、科技、国企、财税、行政体制、对外开放等领域改革对经济增长的影响进行了探索性研究，在汲取国内外相关研究成果的基础上，构建了改革通过两条渠道、三种效应影响经济增长的理论分析框架，试图通过定量分析刻画重点领域改革释放增长红利的经验事实、典型特征和变化趋势，并深入挖掘计量结果交互项的经济含义，找出了分领域改革相互作用对经济增长的影响，从合理安排改革时序、加强改革关联配套和深化具体领域改革等方面提出了建议，希望能为更好地释放改革红利提供理论支撑。但由于经济增长是受多种因素影响的复杂过程，改革作用于经济增长过程中还要受到其他因素的影响，研究中我们试图全面考虑其他影响因素，客观评估改革的影响程度，但由于这一问题本身很复杂，书中难免有不妥之处。我们欢迎来自各方面的批评和指正，以求为推进改革的增长红利研究作出新贡献。

总 论 篇

专 题 篇

附　录

总论篇
ZONGLUN PIAN

第一章

重点领域改革的增长红利研究

一、引　言

市场化改革如何影响经济增长，是 20 世纪 90 年代初柏林墙倒塌，东欧和前苏联各国纷纷开始经济转型之后，转型经济学最为关心的问题之一。从理论上讲，改革可以通过供给侧和需求侧影响经济增长，通过供给侧影响的是长期经济增长水平，通过需求侧影响的是短期内可实现的实际增长水平。在供给侧，制度通过激励约束，促进资本、劳动、技术优化组合，直接改善总供给，使产出潜力得以发挥，从而推升当前及今后一个时期经济产出水平。在需求侧，改革则通过改变宏观经济政策制定和执行的制度框架，影响总有效需求，进而影响实际经济总产出。可见，总有效需求受当前宏观经济政策影响较大，而受体制改革影响较为间接。由于经济实际增长水平是由潜在增长趋势和总需求共同决定的，而过去的实际总产出是决定未来总需求的最重要因素，因此改革直接决定了当前及未来一段时间的实际产出水平，并通过影响当前实际总产出，进而影响未来的总需求及实际总产出。换言之，改革对当前或未来总需求的影响是通过对过去或当前的实际总产出间接发挥作用的，通过体制改革获得长期经济产出水平的改善，最终也是对经济实际增长的贡献。就此而言，研究改革的增长红利，重点应放在供给侧，研究其对长期经济增长趋势的影响。

已经有文献在解释改革开放以来中国经济高速增长源泉时，对改革与经济增长的关系做过一定研究。研究者主要从供给侧，利用生产函数进行增长核算，将经济增长源泉分解为物质资本、劳动力、全要素生产率（TFP）三部分。而全要素生产率如何构成，学者们基于研究问题角度不同，从技术进步（王志刚、龚六堂等，2006；吴延兵，2008）、技术效率（颜鹏飞等，2004）、技术外溢（赖明勇等，2005）、经济结构变动（叶裕民，2002）、资本深化（杨文举，2006）和劳动力再配置（蔡昉、王德文，1999；王小鲁，1999、2000）等方面进行分解。这些研究通常将改革作为控制变量，选择几个代理变量来表征改革效果，例如使用国有单位职工、国有固定资产投资、国有工业企业产值占全社会相关变量比重来测算国有企业改革的影响。由于这类研究仅仅关注某一领域改革对经济增长的影响，容易夸大单个领域改革的作用，也不能全面反映整体改革及不同领域改革之间相互作用对经济增长的影响，存在"只见树木、不见森林"之嫌。

樊纲、王小鲁、马光荣（2011）在中国市场化改革对经济增长影响的量化分析方面做出了有价值的探索。他们从政府与市场关系、非国有经济发展、产品市场发育程度、要素市场发育程度、市场中介组织发育和法律制度环境等五个方面，选取 21 个指标，编制 1997—2007 年各省份的市场化指数，定量考察了市场化改革对 TFP 及经济增长的影响。研究结果显示，1997—2007 年，市场化改革对经济增长年均贡献 1.45 个百分点，对全要素生产率增长的年均贡献率为 39.23%。不过，这项研究存在两个不足：一是仅编制了 1997—2007 年中国各省份市场化指数，无法全面评估更长时段（如改革开放以来）改革的影响，无法从长时段分析中寻找改革影响经济增长的经验事实和变化特征，更无法预测未来改革的影响；二是编制的市场化指数没有与具体改革领域联系起来，因而只能测度整体改革对经济增长的影响，不能测度分领域改革的影响。然而，同时预测多个领域改革的影响，对于合理安排改革次序进而改善经济增长，具有重大现实意义。

中国经济发展已经进入新常态，支撑经济高速增长的传统动力正在消失，在寻求经济增长新动力方面，改革再度被寄予厚望。充分释放改革的增长红利，需要从理论上研究改革影响经济增长的机理，量化分析改革对经济增长的影响，为合理安排改革次序提供理论支撑。在增长核算框架下，改革不仅能改善资源配置效率、促进技术进步进而提高全要素生产率，还能影响参与经济活动的要素数量进而影响经济增长，即物质资本和人力资本对经济增长的作用也包含有制度变迁的贡献。全面研究重点领域改革对经济增长的影响，还涉及到如何分解全要素生产率。尽管学者们从不同角度解释全要素生产率的构成，我们认为，全要素生产率包括制度变革带来的资源配置效率改善、技术创新带来的技术进步和其他因素，应将 TFP 分解为技术进步、体制改革和其他因素。

鉴于此，我们结合我国经济体制改革进程及未来改革走势，将与经济增长关系密切的重点领域改革确定为户籍、土地、金融、国企、财税、行政、对外开放等七个。这些领域改革涉及政府与市场、政府与企业、中央与地方、城市与农村、对内与对外等关系，既能比较全面地反映市场化改革的重要内容，也能够定量分析对经济增长的影响。为了方便叙述，将以上七个领域改革分为四组。要素组包括户籍制度、金融体制、土地制度，分别涉及劳动力、资本、土地等要素配置。市场主体组主要指国有企业改革，直接影响到资源使用效率和经济增长的微观效率。政府组包括财税、行政体制，财税体制涉及财政资金的收支，直接影响地方政府行为激励和其他市场主体的投资经营行为等；行政体制涉及到中央和地方的经济社会管理权限尤其是资源配置主导权和投资审批权的划分，都与经济增长直接相关。第四是开放组，对外开放本质上也是改革，全球化背景下研究改革对经济增长的影响必须考虑对外开放体制的变化。由于科技体制改革是影响科技进步进而决定全要素生产率的重要因素，但因很难严格区分制度因素和非制度因素带来的技术进步，我们统一考虑了技术进步这一特殊要素对经济增长的影响，并在要素组中一并论述。

本章以下部分构成如下：第二部分研究重点领域改革的进展及成效；第三部分研究重点领域改革影响经济增长的机理；第四部分用计量经济学模型估算改革开放以来重点领域改革的经济增长效应；第五部分预测不同情景下重点领域改革所产生的增长红利；第六部分深入分析当前重点领域改革尚未到位制约增长红利释放的症结；第七部分从更好地促进经济增长出发，提出深化重点领域改革的建议。

二、重点领域改革进展及成效

改革开放以来，我国按照渐进式改革思路，以经济体制改革为重点，先易后难、先增量（改革）后存量（改革），不断将改革引向深入。迄今为止，经历了20世纪80年代改革试验和探索、90年代社会主义市场经济建立、新世纪初期社会主义市场经济完善和2013年以来全面深化改革等四个阶段。户籍、土地、金融、科技、国企、财税、行政、对外开放等领域改革取得了积极进展，有力地支持了经济增长的三次大上升，呈现出改革密集推进期与经济增长上升期高度重合的特征。

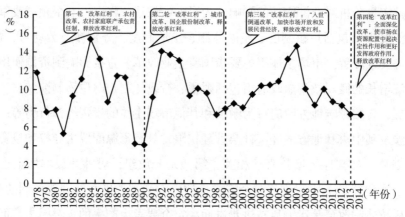

图1-1　1978—2014年中国经济增长与改革（单位：%）

数据来源：《中国统计年鉴（2015年）》。

（一）改革试验和探索阶段（1978—1992年）

我国的经济体制改革发轫于农村，70年代末探索实行的家庭联产承包责任制，很快释放出了巨大制度能量。80年代，改革由农村转向城市，从培育市场主体、理顺中央与地方关系、加强对外经济合作等方面推进改革。这一时期改革既释放了被传统体制压抑的农村生产力，将农村剩余劳动力解放出来，为释放人口红利和加快工业化进程创造了条件，也调动了国有企业和地方政府发展经济的积极性，激发了市场活力，为80年代经济高速增长提供了制度红利。

1. 探索建立要素使用制度和市场体系

城乡土地使用制度在探索中完善。为了解决农村家庭联产承包责任制下分散、零碎经营方式不适宜机械耕作和推广农业生产技术、承包期短影响农民对土地的长期投入等问题，1984年，中央提出"把土地承包期延长至15年"，并允许农村土地"协商转包"。80年代中期，允许集体建设用地在有限范围内流转。1988年，全国城镇普遍开征土地使用费（税），城市土地使用制度开始从无偿、无限期、无流动的"三无"制度向有偿使用转变。在深圳等地探索城镇建设用地以拍卖形式进入市场基础上，1990年国务院明确城市建设用地可以采用行政划拨、协议出让、"招拍挂"等三种方式公开出让。

户籍制度改革开始探索。1984年，允许务工、经商、办服务业的农民自理口粮到集镇落户，农村剩余劳动力开始成规模向城市转移。1985年，实行居民身份证和暂住证制度，户籍管理开始从由户管理向人户结合模式转变，并在居住时间上进一步放宽农业人口进入城市的限制。1992年，地方自行制定户籍优惠政策，出现蓝印户口等几十种地方性户口，推动农村剩余劳动力流动，但也给户籍管理造成一定混乱。

金融体制改革初步展开。70年代末至80年代中期，明确了中国人民银行专门行使中央银行职能，完成四大专业银行分设。80年代初，陆续建立保险、信用、投资等金融机构，并允许侨资、外资银行营业机构从经济特区进入我国。80年代中后期，为克服专业银行垄断经营、结构单一的弊端，开始推进金融机构多元化发展，陆续建立起一批新型商业银行和区域性商业银行。90年代初，设立上海证券交易所和深圳证券交易所，国债市场、外汇调剂市场等开始建立和发展。

科技创新开始探索科技与经济结合制度。80年代初期，明确提出"科学技术面向经济建设，经济建设依靠科学技术"的目标和要求，推进拨款制度、开放技术市场、调整组织结构、建立高新技术产业开发实验区等改革。随着技术市场开放，技术商品交易发展迅速，科技成果推广应用率大幅提高。民营科技企业异军突起，高新技术产业开始发展，为经济增长注入了动力。

2. 放权让利赋予国有企业更多自主权

国企改革围绕简政放权、减税让利推进。1979年全国开展扩大企业自主权试点，1981—1982年全面推行工业经济责任制，1983年、1984年先后实行两步利改税，着力解决国家同企业的分配关系。1984—1992年，推进所有权和经营权分离（"两权"分离）改革，对国有大中型工业企业实行承包责任制，对国有小型工业企业实行租赁制；对少数有条件的大中型工业企业实行股份制试点；赋予企业自主经营的14项权利，国有企业全部被推向市场。由于还没有真正触及产权制度变革和企业制度创新，企业还没有成为独立的市场主体，也无法从根本上消除国有企业的深层问题。

3. 围绕调整中央与地方关系启动行政和财税体制改革

全面推行以"分权让利"为核心的行政体制改革。中央逐步向地方下放计划管理权、固定资产投资权、外贸外汇管理权、物资分配权、工资调整权等经济管理权限，调动了地方主动性和积极性，也便于中央从宏观层面调控。为了解决地、市并立关系难以协调等问题，在经济发达地区将省辖中等城市周围的地委行署与市委市政府合并，实行"市管县"体制。为了增强县域经济发展活力，80年代掀起"撤县建市"热潮。积极探索改革投资体制，包括试点基本建设投资"拨改贷"，扩大施工企业经营管理自主权，实现利润留成和包干责任制。1983年开始对投资实行中央和省（市）两级管理，并逐步扩大地方投资审批上限。

初步建立相对完整的财税体系。1980年，除京津沪外，其他省、自治区统一实行"划分收支、分级包干"的财政体制，1985年起实行"划分税种、核定收支、分级包干"的财政体制，1988年实施不同形式的地方财政包干办法。"分灶吃饭"型包干制打破了中央集权的财政管理体制模式，调动了地方发展经济和组织收入的积极性，但也带来财政收入占GDP比重下降、中央财政收入比重下降等问题，严重影响了政府组织动员资源的能力，弱化了中央宏观调控能力。1978—1982年初步构建涉外税收制度，1984年实行两步利改税，以法律形式确定了国家与国营企业的利润分配关系，初步形成以流转税为主体的七大类37个税种构成的多层次复合税制框架和"以税代利"的财政收入体系。

4. 由点到面推进对外开放体制改革

以外贸管理体制改革为重点，逐步形成"经济特区—沿海开放城市—沿海经济开放区—内地"的开放格局。先后设立了4个经济特区，开放了14个沿海开放城市。1988年开始在全行业实施承包经营责任制，实行外贸减亏增盈分成和差别性外汇分成制度，1991年统一全国外汇留成比例。1985年4月起对出口产品实行退税政策；1981年开始实行人民币官方汇率和外汇内部结算汇率，为消除双重汇率带来的负面影响，1985年1月1日起重新实行单一固定汇率。以提供"超国民待遇"为手段吸引外国投资，对外资企业实行所得税"免二减三"政策，在进口机器设备、原材料以及出口产品时，享受免税待遇，给予外资企业外贸进出口自营、报关等权利。

（二）社会主义市场经济体制建立阶段（1993—2002年）

1992年春邓小平同志南方谈话后，把改革开放推向新一轮高潮。党的十四大确立了建立社会主义市场经济体制的改革目标，十四届三中全会明确了社会主义市场经济体制的基本框架，随后推进了财税、金融、投资等宏观管理体制改革，生产要素、国有企业、对外开放领域的改革也在加快。改革从微观领域转向宏微观领域同步推进，优化了资源配置，激发了发展活力，有力地支撑了90年代新一轮发展。

1. 要素市场化改革有所加快

城乡土地使用制度逐步完善。随着第一轮土地承包陆续到期，1993年11月中央提出"再延期30年不变"的精神；十四届三中全会再次明确农村土地使用权可以依法有偿转让和发展适度规模经营，土地流转在全国尤其是沿海地区明显加快。1999年芜湖首先开展集体建设用地流转试点，此后多个地区试点规范集体建设用地流转。1998年国家明确规定经营性国有土地使用权出让必须采用"招拍挂"方式，城市土地出让市场化程度在提高。

户籍制度改革进入小城镇重点推进阶段。配合发展小城镇、促进农村经济社会发展，上世纪90年代末期开始推进小城镇户口放开试点，2001年全面放开包括县级市在内的全部小城镇的户口。但由于小城镇所提供的公共服务水平较低、针对的主要是本地区农村居民、转户农民的土地权益得不到保障等原因，改革并没有带来大量农民迁入。

金融体制改革全面展开。1994 年，组建国家开发银行、中国进出口银行、中国农业发展银行等政策性银行，逐步建立起政策性金融与商业性金融分离，以国有商业银行为主体、多种金融机构并存的金融组织体系。1995—1998 年，推进专业银行向商业银行转变，取消对国有商业银行的贷款限额控制，全面实行资产负债比例和风险管理。组建了一批股份制商业银行，外资银行在中国设立分支机构速度加快，2001 年外资银行经营外汇业务全面放开。国债市场、股票市场、期货市场、保险市场在规范中得到较快发展。1994 年实行银行结售汇，开始实行以市场供求为基础的、单一的、有管理的浮动汇率。1996 年放开同业拆借市场利率，利率市场化改革迈出了重大步伐。

科技创新体制"稳住一头、放开一片"。重点展开以"科教兴国"为目标、以"稳住一头、放开一片"为导向的科技体制改革。政府注重对科技活动的财政投入和优化投入结构，同时鼓励科研机构转为企业或与企业合作实施技术创新工程等。改革取得了明显成效，R&D 经费支出占 GDP 比重稳步提高，企业研发活动空前繁荣，科技成果转化路径初步形成，科技成果转化率从 1992 年的 7.94% 提高至 2000 年的 10.02%。

2. 围绕建立现代企业制度和调整国有经济布局推进国企改革

党的十四届三中全会明确提出以建立"产权清晰、权责明确、政企分开、管理科学"的现代企业制度为国企改革目标。1995 年，按照"抓大、放小、搞活"方针，对国有企业实施战略性改组，鼓励民营经济参与国有企业改革。同时，在大型国有企业开展股份制公司制试点，建立企业法人产权制度、法人治理结构和劳动、人事、分配制度，通过规范上市、中外合资和企业互相参股等形式，将部分大型国有企业改为股份制企业，为发展混合所有制经济奠定了基础。国企改革从着眼于单个企业转到着眼于国有经济整体布局，按照"有进有退，有所为有所不为"的原则，国有经济开始从竞争性领域退出，向关系国民经济命脉的重要行业和关键领域集中。

3. 行政和财税体制继续完善

行政体制从"分权让利"走向制度完善。相继下放一系列经济社会管理权限，加强地方政府服务经济建设的能力。把省、市、县划分为大中小三类，确定各级政府编制总额，省级机关编制总数精简了 20% 左右。1994 年，中央将 16 个市升为副省级城市，赋予其更多自主权，加强了发展计划、经济贸易、财政和监管职能。开征"固定资产投资方向调节税"，实行业主责任制，实现政策性投资和商业性贷款分离，投资资金来源渠道得以拓宽，社会资本参与度有所提高。

构建了分税制财政体制。1994 年分税制改革，建立增值税和所得税并重的"双主体"复合税制，扭转了财政收入持续下降局面，在中央和省之间建立了比较规范的财政收入分配体制，既增强了中央宏观调控和统筹发展能力，也调动了地方积极性。逐步形成包括一般性转移支付、民族地区转移支付等转移支付方式，中央对地方转移支付力度逐步加大，增强了不发达地区经济发展能力。1998 年明确提出构建公共财政的目标，加大公共服务、社会发展和科技创新等方面的财政支出，初步改变了公共服务投入不足和社会事业发展相对滞后等问题。1999 年启动预算管理制度的实质性改革，2000 年开始推行中央部门预算改革，2001 年开始推行国库集中收付制度改革，深化"收支两条线"改革，规范政府收支行为，促进政府职能转变。

4. 初步构建全方位对外开放格局

推进外贸外汇体制改革，包括：取消进出口指令性计划，推进外经贸经营权由审批制向登记制过渡；1994 年建立以新的增值税、消费税制为基础的出口退（免）税制度。以改变"超国民待遇"和拓展投资领域为主改革外资管理体制，包括：1995 年底逐步取消对外资的普适性优惠政策，1997 年制定了《外商投资产业指导目录》引导外资投向；先后修改了《外资企业法》、《中外合作经营企业法》、《中外合资经营企业法》等法律法规，完善利用外资法律体系。1999 年明确提出"走出去"战略，大力发展境外投资办厂加工装配、境外资源开发、对外工程承包与劳务合作等。

（三）社会主义市场经济体制完善阶段（2003—2013 年）

党的十六届三中全会明确提出我国社会主义市场经济框架已基本建立，并对完善社会主义市场经济体制做出了全面部署。此后以重点领域改革为牵引，改革沿着推进科学发展和经济发展方式转变的方向深化，加之2001年我国加入世贸组织，对经济体制和管理制度进行了全面调整，这种倒逼式改革效应在此后几年继续释放，使中国充分分享了全球化红利，赢得了本世纪新一轮经济持续快速发展。

1. 围绕理顺产权关系和完善市场体系推进要素领域改革

城乡土地使用制度继续完善。党的十七届三中全会提出"现有土地承包关系要保持稳定并长久不变"和"逐步建立城乡统一的建设用地市场"，但由于《土地管理法》修订滞后，加之地方政府征收农村土地转化为城市建设用地可以获得巨额收益，现实中这项改革推进缓慢。从提高土地资源配置的市场化程度出发，2003年要求协议出让土地必须公开和引入市场竞争机制，2008年要求基础设施以及各类社会事业用地要积极探索实行有偿使用，但进展缓慢。

户籍制度进入新一轮改革酝酿期。2007年，12个省（市、区）[①]统一了城乡户口登记制度，但由于没有配套推进社会保障、教育、住房、就业、土地等领域改革，无法实现引导人口合理有序流动的改革目标。近年来，北京、上海、广州、深圳等城市用居住证取代暂住证，赋予居住证人口登记、身份证明、劳动就业、社会保障、教育等功能，但仍属于过渡阶段的权宜之举，户籍管理仍然分城市人口与外来人口两大"阵营"。提出了小城市和小城镇全面放开、中等城市有序放开、特大城市加强人口管理的"分类改革"精神。广东等省采取积分入户等方式解决进城农民工转户问题，为进一步深化户籍制度改革积累了经验。

金融体制改革深入推进。完成商业银行股份制改革，四大国有商业银行在上海和香港两地上市，全面推进农村信用社改革，按照分类指导、"一行一策"原则推动了政策性金融机构改革。2004年放宽了对人民币存贷款利率的管制，实现"存款利率管上限、贷款利率管下限"，2012年扩大了存贷款利率浮动空间，2013年7月20日取消金融机构贷款利率的下限管制，2006年推出上海银行间同业拆放利率（SHIBOR），全面实现货币市场和债券市场利率市场化。

科技体制进入以"自主创新"为基调的改革完善阶段。以"自主创新"

---

① 这12个省、自治区、直辖市包括河北、辽宁、江苏、浙江、福建、山东、湖北、湖南、广西、重庆、四川、陕西等。

为基调，以加强创新体系建设和加速科技成果产业化为重点，配套推进企业创新能力建设、产学研协同创新、建立现代科研院所、改革成果奖励等制度创新。R&D 经费支出占 GDP 比重从 2001 年 0.95% 增长到 2013 年 2.08%，科技成果转化率从 2001 年 10.2% 提高至 2011 年 12.8%，科技进步贡献率从 2001 年 42.3% 提高至 2011 年 53.4%。

2. 以建立现代产权制度为重点深化国企改革

党的十六届三中全会提出建立归属清晰、权责明确、保护严格、流转顺畅的现代产权制度。2003 年以来，围绕建立现代产权制度，加快国有经济布局调整和国有企业重组步伐，大多数国有企业实行了股份制改革，规范建设现代企业制度，建立了法人治理结构，推进企业高管市场化招聘和劳动、人事、分配制度改革，对企业负责人实行薪酬制度及业绩考核。但国际金融危机以来，一定程度上出现了国有经济重新进入竞争性领域的体制复归问题。

3. 行政和财税体制改革向纵深推进

行政体制改革重心转变为调整内部权力结构和配置机制。2003 年，一些地方开始推进行政审批制度改革，加快转变政府职能，政企分开、政资分开、政事分开、政社分开步伐加快。为纠正"撤县建市"带来的重复建设、恶性竞争等问题，实施"撤市设区"，2010 年开始推进"省直管县"试点，促进地方行政管理扁平化。2004 年出台《深化投资体制改革的意见》，明确了规范政府核准制、健全备案制、放宽社会资本投资领域、简化和规范政府投资项目审批程序、合理确定中央与地方、各部门之间的项目审批权限等规定。这些改革降低了市场主体准入门槛，给予地方政府更多投资决策权和灵活度。

财税体制改革重心转向完善分税制财政体制。2004 年，启动由生产型增值税转向消费型增值税的试点，2009 年全面实施增值税转型，有助于降低税负，促进经济增长。2011 年启动营业税改征增值税试点，2013 年推向全国。2003 年以来按照建设服务型政府的要求，进一步加大义务教育、公共卫生等领域的财政投入。2002 年开始全面推行政府采购制度，2007 年起全面实施政府收支分类改革，建立国有资本经营预算制度，2010 年试行社会保险基金预算，基本构建起复式预算体系。

4. 对外开放全面深入发展

以 2001 年我国正式加入世界贸易组织为契机，开启新一轮对外开放体制调整，初步建立起与国际通行规则接轨的对外开放体制。全面放开外贸经营权，统一各类企业外贸准入标准，外贸经营权由审批制改为备案登记制；降低进口关税总水平，完善配额、许可证、关税配额、质量安全卫生标准等，建立健全反倾销、反补贴和保障措施等公平贸易管理体制；2005 年开始实行以市场供求为基础、参考一篮子货币进行调节、有管理的浮动汇率制度。放宽外资准入领域，开放包括金融、电信、建筑、分销、法律、旅游、交通等服务领域，2007 年统一内外资企业所得税率。逐步放宽对外投资项目审批和外汇管理限制，赋予企业对外投资自主决策权，鼓励企业"走出去"。

（四）全面深化改革阶段（2014－2020 年）

党的十八届三中全会对全面深化改革进行战略部署，提出到 2020 年，在重要领域和关键环节改革上取得决定性成果，形成系统完备、科学规范、运行有效的制度体系，使各方面制度更加成熟更加定型。围绕全面深化改革的战略部署，中央深化改革领导小组和国务院相关部委相继出台了一系列改革指导意见和实施方案，逐步将重点领域改革引向深入。

以"还权赋能"为核心推进土地制度改革。十八届三中全会进一步明确了建立城乡统一的建设用地市场，赋予农民对承包地占有、使用、收益、流转及承包经营权抵押、担保权能、改革完善农村宅基地制度、保障农民公平分享土地增值收益等改革方向，2015 年 8 月开展农村承包地经营权和农民住房财产权抵押贷款试点。由于相关法律尚未修改，加之配套制度建设滞后，建立城乡统一的建设用地市场推进缓慢。

以农民工市民化为重点推进户籍制度改革。十八届三中全会从推进农业转移人口市民化、大中小城市户籍分类改革、城镇基本公共服务常住人口全覆盖、建立财政转移支付同农业转移人口市民化挂钩机制等方面，进一步明确了新一轮户籍制度改革的核心、方向和推进机制，相关配套文件提出，到 2020年努力实现 1 亿左右农业转移人口和其他常住人口在城镇落户的户籍制度改革目标，各地在探索试验中。

以提升金融服务功能为重点深化金融体制改革。十八届三中全会从完善金融市场体系、汇率市场化、利率市场化等方面进行战略部署。之后，相继推进了以下改革：第一批五家试点民营银行全部开业[①]，第二批民营银行正在筹备设立；推进政策性金融机构改革；启动沪港通和深港通交易试点、增加合格境外机构投资者（QFII）投资额度、扩大人民币合格境外机构投资者（RQFII）试点范围等；非对称下调人民币贷款与存款基准利率，推进人民币利率市场化，2015年10月24日放开存款利率上限，利率管制全部取消；银行间即期外汇市场人民币兑美元交易价浮动幅度由1%扩大到2%；资本项目开放和人民币国际化改革有序推进。

以市场配置科技资源为途径深化科技体制改革。十八届三中全会从建立健全鼓励原始创新、集成创新、引进消化吸收再创新的体制机制、改革院士遴选和管理体制、整合科技规划和资源、加强知识产权运用和保护等方面进行战略部署。之后，国家自主创新示范区股权激励、科技成果处置权、收益权改革等试点政策扩大到更多科技园区和科教单位，落实和完善企业研发费用加计扣除、高新技术企业扶持等普惠性政策。

以发展混合所有制经济为方向深化国有企业改革。十八届三中全会从积极发展混合所有制经济、完善国有资产管理体制、推动国有企业完善现代企业制度等方面对深化国有经济改革进行了战略部署。2015年9月新出台的《关于国有企业发展混合所有制经济的意见》进一步明确按照分类改革、分类发展、分类监管、分类定责、分类考核原则，推动国企改革，积极稳妥推进混合所有制改革，推进国有经济布局战略性调整。

以"简政放权"为主旋律深化行政体制改革。十八届三中全会以来，以行政审批制度和商事制度改革为重点，进一步深化了行政体制改革。两年来，国务院累计取消和下放了1200余项行政审批事项，非行政许可审批全部取消，商事制度改革先后推出注册资本"实缴"改为"认缴"、"先证后照"改为"先照后证"，简化住所登记条件、"年检"改为"年报"、"三证合一、一照一码"等

[①]　深圳前海微众银行、温州民商银行、天津金城银行、浙江网商银行、上海华瑞银行。

新政，为大众创业、万众创新清障搭台，有效激发了民间投资和市场主体活力。

以构建现代财政制度为目标深化财税体制改革。十八届三中全会明确了建立现代财政制度的改革目标，《深化财税体制改革总体方案》确定了改革推进路径。两年来已经推进了以下改革：允许地方政府自行发债；实行中期财政规划管理、建立跨年度预算平衡机制等；全面推进"营改增"改革，清费立税；改革完善转移支付制度；大力推广政府和社会资本合作模式等。这些改革对于更好地发挥财政对经济增长和社会发展的支撑作用有积极意义。

以构建全方位开放新格局为目标完善对外开放体制。2013年8月设立上海自由贸易试验区，开展外商投资管理、贸易监管、金融创新、政府监管等方面的制度创新试验，2015年增设了天津、福建和广东三个自贸试验区。外资审批制度改革稳步推进，外商投资项目实行备案制，新修订的外商投资产业指导目录限制类条目减少50%。创新对外投资管理方式，实行以备案为主、核准为辅的管理方式，除涉及敏感国家或地区、敏感行业的项目外，其余项目实行备案。

三、重点领域改革促进经济增长的机理

在增长核算框架下，我们将重点领域改革促进经济增长的机理总结为三种效应、两条渠道：一是效率改善效应，通过改善要素配置效率，提高全要素生产率；二是技术提升效应，通过促进技术进步，提高全要素生产率；三是要素投入增加效应，通过释放存量要素或吸引外部要素，增加实际投入到经济增长中的资本和劳动。前两者为TFP渠道，后者为要素投入渠道。

（一）要素市场化改革可以促进经济增长

以完善使用权和收益权为核心的城乡土地制度改革，通过三种效应影响经济增长。一是规模经济和集约利用效应。家庭联产承包责任制，将土地承包经营权赋予农民，可以提高农民的积极性。延长土地承包期，可以改善农民的预期，激发农民对土地的长期投资动力。允许农村承包地流转，将分散、细碎和撂荒土地集中起来，进行规模化、专业化、机械化经营，既可产生规模经济效应，又可优化农地配置利用效率，最终都有助于提高农业生产率。完善城市土地集约节约利用制度，能够提高单位土地产出效率和经济总产出。二是市场配置效应。农村土地以市场化方式转化为城市建设用地，城市土地采用"招拍挂"方式出让，都能使土地价格比较真实地反映其内在价值，提高土地资源利用效率。三是结构重配效应。农村土地制度改革可以提高农业用地效率，从而增加可用于其他用途的土地供给，而部分农业用地被转用到产出率更高的第二、三产业，则可以增加土地总产出率。

破除城乡分割的户籍制度改革，通过三种效应促进经济增长。一是劳动参与效应。户籍制度改革打破农村剩余劳动力进入城市就业的限制，农村闲置劳动力被充分利用起来，可以增加实际参与经济活动的劳动力数量。二是结构重配效应。单位农村劳动力从平均劳动生产率较低的第一产业转移到平均劳动生产率更高的第二、三产业时，能带来更多经济产出。三是技能提升效应。农业劳动力流向城市从事第二、三产业时，带来市场规模扩大和专业化分工，会促进劳动生产率提高；农业转移人口市民化后有精力和财力参加继续教育，由此带来人力资本积累和全要素生产率提高，有利于经济增长。

以完善金融体系和服务功能为重点的金融体制改革，通过三种效应促进经济增长。一是资本积累效应。金融体制市场化改革和金融体系完善，有利于引导居民储蓄转化为投资，促进资本形成，进而直接促进经济增长。二是效率改善效应。完善多层次资本市场，发展非国有金融机构，放宽利率管制，可以促进社会闲置资金高效利用和金融资产配置效率提高。三是技术提升效应。金融创新尤其是科技金融，可以为企业研发投入和技术产业化提供资金支持，促进企业和行业技术进步，进而提升全要素生产率。

以市场配置创新资源为导向的科技体制改革，通过两种效应促进经济增长。一是效率改善效应。以市场化为导向的科技体制改革在宏观层面可以优化科技资金投入结构和效率，在微观层面可以提高科技资源使用效率和投入产出率。二是技术转化效应。改革创新科技管理体制，加快建立产学研协同创新机制，提高研发成果转化率，可以提高全要素生产率。

（二）国企改革可以促进经济增长

国有企业既是要素的使用主体，也是技术创新主体。国企改革通过三种效应影响经济增长。一是效率改善效应。国企股份制公司化改革，逐步建立起绩效激励、风险控制和资本约束机制，可以提高企业劳动生产率和经营绩效，从而构建起全要素生产率提高和经济总量增加的微观机制。二是要素重配效应。国有经济布局战略性调整可以为民营经济腾出市场空间，释放大量被国企占有和低效使用的生产要素，推动整体经济效率改善和经济产出增加。三是技术提升效应。改革后的国企通过技术创新提升竞争力的压力和动力在增加，有利于行业技术进步和全要素生产率提高。

（三）行政和财税体制改革可以促进经济增长

我国围绕调整政府与市场、中央与地方间关系进行的行政体制改革，通过三种效应促进经济增长。一是要素增加效应。中央向地方下放经济社会管理权限，可以增强地方动员资源发展经济的能力和动力，有利于提高资本积累率和劳动参与率，尤其是以投资主体多元化、融资方式多样化为导向不断深化的投资体制改革，也可以显著提高社会资本参与率。二是效率提升效应。政府从管控型向服务型转变，有利于发挥市场配置资源的决定性作用，提高资源配置效率和全要素生产率；不断深化的投资体制改革，通过提高投资效率和效益，夯实经济增长的基础。三是结构重配效应。政府从"越位"领域退出，释放出的生产要素在公共部门和私人部门之间重新配置，有利于提高要素重配效率。

围绕税种划分、支出结构优化和效率提升推进的财税体制改革，通过三种效应促进经济增长。一是要素增加效应。以分税制为核心的财政分权通过调整中央与地方关系，使地方有动力将更多资源投入到经济建设中。二是结构重配效应。优化财政支出结构，将更多资源投入到公共领域，有助于改善基础设施和提高人力资本素质，为经济长期持续稳定增长提供高质量资本，推动经济增长质量提高。三是效率提升效应。取消税制中不利于专业化分工和社会化大生产的条款，可以提升经济效率；加强预算监督管理，提高财政透明度，可以改善财政资金使用效率，有利于更好发挥财政资金的引导功能，进而提高全社会资源配置效率。

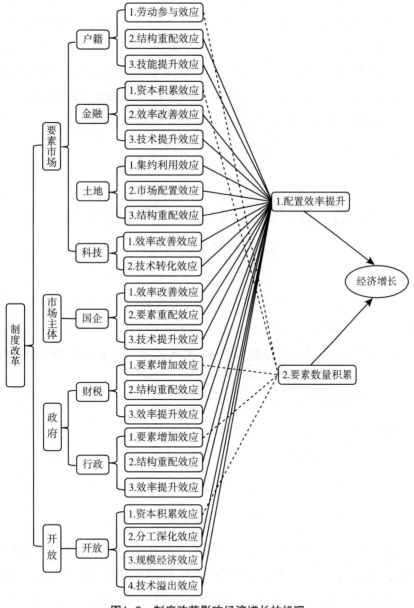

图1-2　制度改革影响经济增长的机理

（四）对外开放体制改革可以促进经济增长

以融入全球经贸网络和分工体系为核心的对外开放体制改革，通过四种效应促进经济增长。一是分工深化效应。改革开放以来实施的出口导向战略，在较短时间内将我国融入国际生产分工体系，促进产业分工深化和劳动生产率提升。二是规模经济效应。发展出口加工型贸易，利用广阔的国际市场为国内产业发展提供巨大的需求空间，产生规模报酬递增效应。三是资本积累效应。通过利用外商直接投资，可以有效缓解国内资本不足问题，加快资本形成。四是技术溢出效应。外商直接投资还带来技术溢出和现代管理经验等，通过专业化分工、"干中学"等，推动技术进步和经济增长。

四、改革开放以来重点领域改革的
经济增长效应测算

运用生产函数法，核算 1978—2013 年要素和全要素生产率对经济增长的贡献，并进一步分解全要素生产率、资本和劳动力投入中重点领域改革的贡献，以此来测算改革通过全要素生产率和要素投入渠道对经济增长的总贡献。

（一）计量模型及变量说明

1. 关于资本、劳动力和全要素生产率贡献的测算

采用标准生产函数的对数形式，运用增长核算法测算资本、劳动力和全要素生产率的贡献：

$$\ln Y_t = \ln A_t + \alpha \ln K_t + \beta \ln L_t + \upsilon_t \tag{1}$$

在增长核算时，产出使用 GDP 平减指数折算成 1978 年价格水平计价的实际 GDP。劳动力投入采用国家统计局公布的 1978—2013 年就业人数。实际资本存量采用永续盘存法计算得到，投资价格指数直接采用李宾（2011）的估算

结果，基期资本存量和折旧率采用张军等（2004）的研究设定，名义投资额直接采用国家统计局公布的历年固定资本形成总额，并根据投资价格指数折算成实际值[①]。

2. 关于重点领域改革通过全要素生产率对经济增长贡献的测算

采用如下计量模型，测算重点领域改革通过全要素生产率渠道对经济增长的贡献：

$$\ln A_t = \eta \ln rfm_t + \gamma \ln tech_t + \varepsilon_t \qquad (2)$$

$$\ln A_t = \eta \ln rfm_{jt} + \gamma \ln tech_t + \xi_t \qquad (3)$$

rfm_t、$tech_t$ 分别表示改革和科技进步；rfm_{jt} 则为户籍、土地、金融、国企、财税、行政、对外开放等分领域改革变量的向量组合，采用改革指数表示。将全要素生产率分解为改革和技术进步后，测算中出现的残差余值部分可以理解为改革摩擦，指因改革不配套或某些利益集团阻挠引起的经济损失，也即新制度经济学中的"制度非中性"，一般为负贡献（樊纲，1996；刘世锦，2000；李佐军，2015）。

3. 关于重点领域改革通过要素投入渠道对经济增长贡献的测算

由于经济增长中资本和劳动力的增加既有体制改革引起的制度原因，也有自然趋势性的非制度因素，我们用比例分配法测算资本和劳动对经济增长的贡献中改革所占比例，得到改革通过要素投入渠道对经济增长的贡献。这主要涉及财税、金融、对外开放等三个领域。财税体制改革对资本投入的影响，基于土地出让收入占地方财政收入比重、地方财政收入占全国财政收入比重推算由于分权激励增加的固定资产投资。对外开放体制改革对资本投入的影响，主要用实际利用外资金额按比例折算得到。金融体制改革对资本投入的影响，以非国有金融机构提供的贷款量占固定资产投资中国内贷款的比例表示。户籍制度改革对劳动力投入的影响，综合考虑了人口自然增长率变化趋势及户籍制度

---

① 2003 年以后，国家统计局公布的固定资本形成总额中不再包括土地出让金。为了保持指标前后一致性，我们在统计局公布的固定资本形成总额中加入了土地出让金，作为计量分析中的固定资本形成总额。考虑到土地出让金在固定资本形成总额中的比例相对较小，这样处理，并不会改变近年来固定资本形成总额的变化趋势。

改革，将农村每年新增18周岁成年人口中参加就业的一定比例作为户籍制度改革导致的新增劳动力。

4. 关于改革指数和技术进步指数

定量考察改革对经济增长的影响，必须有一套度量改革进程的指标体系。我们选取表征户籍、土地、金融、国企、财税、行政、对外开放等七个领域改革效果及科技进步成效的指标，采用最大最小值无量纲方法对二级指标数据进行标准化处理，得到二级指数，然后采用专家打分法获得二级指数和一级指数权重，最后采用线性加权方法合成得到七大领域改革指数和科技进步指数。在此基础上，综合运用主成分分析法和专家打分法确定分领域改革指数的权重，然后加权平均，构建了重点领域改革（总）指数。

本文构建的改革指数具有如下几个特点：第一，选用表示改革效果的指标反映改革进程，并根据不同时期改革的重点，确定相关领域改革的分项指数和分领域改革指数的权重，保持了跨年度数据的可比性；第二，使用基本一致的指标体系测度不同时期的改革进程，提供了一个反映制度变革效果的稳定的观测框架；第三，在七个领域选择了39个指标来合成改革（总）指数（表1-1），比较全面涵盖了我国已经推出及未来要继续推进的重点领域改革，并且在选取衡量各领域改革效果的指标时，尽量避免与反映发展程度的变量相混淆；第四，采用客观指标，同时结合专家对不同时期不同领域改革的重要性赋权，来衡量不同时期改革进展和效果，避免了一些研究单纯根据主观评价或印象打分而导致的偏颇。

表1-1　重点领域改革指数指标体系

改革领域	一级指标	二级指标
户籍制度	劳动参与率扩大	1. 农民工作时间净增加
		2. 农村人口就业参与率
	城乡劳动力再配置	1. 农转非产出净增加
		2. 城乡劳动力流动性
	农村转移劳动力素质提升	农民工人力资本净增加

续表

改革领域	一级指标	二级指标
金融体制	金融市场规模	1.间接融资规模
		2.直接融资规模
	金融市场结构	1.融资结构
		2.金融机构存款民营化
		3.金融机构资产民营化
	金融市场化程度	1.金融相关率
		2.金融中介效率
		3.利率市场化
土地制度	土地集约利用（延长承包期和流转）	1.农业用电强度
		2.农业机械化程度
		3.农业有效灌溉程度
		4.农业土地生产率
		5.非农土地生产率
	城乡土地再配置	农转非土地产出净增加
	城市土地市场化配置	城镇建设用地市场化
国有企业改革	国有经济绩效	1.国有工业企业每单位固定资产净额的亏损额
		2.国有工业企业每单位固定资产净额的利润额
	所有制结构	1.国有单位就业人数占全国就业人数的比重
		2.国有固定资产投资占全社会固定资产投资的比重
	国有经济布局	1.建筑业中国有企业就业人数占比
		2.金融业中国有企业就业人数占比
财税体制	税制改革	税负离差
	财政分权	分权离差
	财政资金使用	预算透明度
行政体制	行政分权	1.行政收入占地方财政收入比重
		2.行政管理费（一般公共服务）占财政支出的比重
	投资权下放	1.非公有制企业投资占比
		2.国有银行与企业自筹资金占比

续表

改革领域	一级指标	二级指标
对外开放领域	对外贸易	1. 货物和服务贸易额占全球贸易总额的比重
		2. 国外技术引进合同金额占 GDP 比重
	利用外资	1. 实际利用外国直接投资占全球直接投资比重
		2. 工业增加值中外商投资企业的比重
	对外投资	1. 对外直接投资占 GDP 比重
		2. 对外承包工程合同金额占 GDP 比重

　　图 1-3 是改革开放以来分领域改革指数和技术进步指数，图 1-4 是重点领域改革（总）指数。从图 1-4 可以看出，重点领域改革（总）指数呈现出波浪形上升趋势。其中，1978—1984 年、1992—2000 年、2003—2005 年改革指数上升较快，恰与改革开放以来我国三轮改革密集期相对应。其他时期受改革边际效应递减的影响，改革指数缓慢上升，个别年份如 1985 年、1989—1991 年改革指数下降，与这一时期改革处于探索中，重点领域改革没有取得明显进展有关[①]。

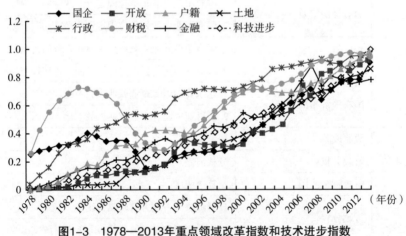

图1-3　1978—2013年重点领域改革指数和技术进步指数

数据来源：课题组测算。

---

① 关于分领域改革指数和技术进步指数变化趋势的详细说明，参见第三章至第十章。

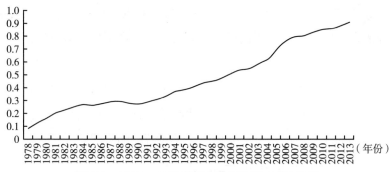

图1-4 1978—2013年重点领域改革（总）指数

数据来源：课题组测算。

（二）经济增长要素核算结果

对1978—2013年中国经济增长源泉的核算结果表明（表1-2），资本投入对经济增长贡献最大，全要素生产率贡献次之，劳动投入贡献最小，三者平均贡献率分别为61.1%、29.9%和9.0%。我们核算的分阶段全要素生产率，与李善同等（2005）、樊纲等（2011）、陈彦斌等（2012）、祝宝良等（2015）的估计结果较为接近。物质资本投入对经济增长贡献率最高，直接原因是资本存量年均增速长期高于其他要素（图1-5），深层原因则是在过去30多年劳动年

表1-2 不同阶段生产要素与全要素生产率对经济增长的贡献率

（单位：%）

时段	GDP年均增速	资本投入		劳动力投入		全要素生产率	
		年均增速	对经济增长的贡献率	年均增速	对经济增长的贡献率	年均增速	对经济增长的贡献率
1978—2013	9.8	11.3	61.1	1.9	9.0	2.9	29.9
1978—1992	9.4	8.9	50.1	3.6	18.2	3.0	31.7
1993—2002	9.8	11.7	63.0	1.0	4.9	3.2	32.0
2003—2013	10.2	14.0	72.6	0.4	2.1	2.6	25.3

注：贡献率是指经济每增长1个百分点中由资本、劳动、全要素生产率及其构成部分（体制改革、技术进步）等增长要素贡献的份额，根据[（资本、劳动力投入或全要素生产率的弹性系数）X（资本、劳动力投入或全要素生产率的增长率）/经济增长率]X100计算。下同。

数据来源：课题组测算。

龄人口占比大的人口结构下全社会储蓄率高、既定制度安排下较低的融资成本和较高的资本回报率刺激了投资高速增长等。全要素生产率对经济增长的贡献长期处于较高且比较稳定的水平，与技术进步和体制改革带来的资源配置效率改善有关。劳动投入贡献最小，直接原因是劳动力投入量的增长幅度变化较小，深层原因则在于我国处于快速工业化和城市化中，产业对资本的需求强度远高于对劳动的需求强度，资本深化产生了对劳动的替代。

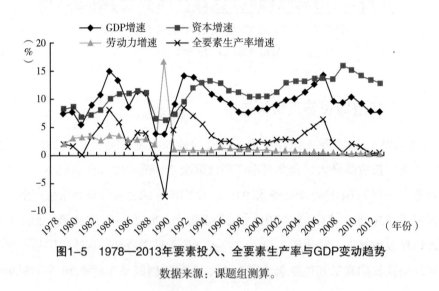

图1-5 1978—2013年要素投入、全要素生产率与GDP变动趋势

数据来源：课题组测算。

（三）不同阶段重点领域改革对经济增长均做出了较大贡献

改革试验和探索阶段（1978—1992年）。这一时期，农村家庭联产承包责任制、放宽农业人口进入城市的限制、国有企业放权让利、财政分灶吃饭、金融机构陆续建立、沿海开发区设立等重大改革举措，大幅提高了城乡劳动生产率和资源配置效率，对经济增长做出了较大贡献。1979—1992年，改革通过TFP渠道对经济增长的贡献率、贡献度分别达到38.73%和3.69个百分点（表1-3、表1-4）。由于改革开放之初，改革对经济增长的边际贡献大，体制微调就可以带来较大的增长效应，因此，改革通过TFP渠道对经济增长的影响在前半段（1979—1984年）大于后半段（1985—1992年）。从要素投入渠道看（表1-3、表1-4），改革对经济增长的贡献率、贡献度分别达到6.15%

和 0.58 个百分点，其中，通过劳动投入的贡献率、贡献度分别为 2.99% 和 0.28 个百分点，在三个阶段中最高。分领域看（表 1-5、表 1-6），对外开放体制改革对经济增长的贡献最大，户籍、土地、行政、金融体制改革效应显著，1984 年以后，国有企业改革在承包制、租赁制、股份制中摸索使得其经营效率持续改善，而分灶吃饭的财税体制尽管在不断完善，但改革红利大幅递减，财税和国企改革的贡献度都呈现"先正后负"变化。由于数据统计尚不完善，加之改革初期配套性不强，这一时期改革摩擦对经济增长的负向影响达到历史最高水平 [①] 。

社会主义市场经济建立阶段（1993—2002 年）。1992 年，邓小平南巡讲话把改革开放推向新一轮高潮。党的十四大确立了建立社会主义市场经济体制的改革目标，十四届三中全会明确了社会主义市场经济体制的基本框架，1994 年在财税、金融、外汇、投资、外贸等领域推出了一系列改革措施，生产要素、国有企业市场化改革进程也明显加快，资源配置效率大幅提高。1993—2002 年，改革通过 TFP 渠道对经济增长的贡献率、贡献度分别达到 35.22%、3.38 个百分点。由于十四届三中全会后进入改革密集期，通过全要素生产率对经济增长贡献明显，此后，改革效应递减，加之新出台的改革举措没有前期多，因此，这一时期改革对经济增长的影响也出现"前（1993—1997 年）高后（1998—2002 年）低"特征。从要素投入渠道看，改革对经济增长的贡献率、贡献度分别达到 13.5% 和 1.29 个百分点，其中通过资本积累对经济增长贡献率、贡献度分别为 11.48% 和 1.10 个百分点，在三个阶段中最高。分领域看，财税改革红利空前释放，国企改革贡献大幅提升，沿着前期改革方向继续完善的土地、户籍、金融、行政体制改革贡献有所下降，对外开放效应较之前减弱。由于改革广度和深度、综合性和配套性都在增强，改革成本大幅降低，改革摩擦效应在这一时期快速下降。

---

① 在测算改革总体影响时，改革摩擦对经济增长的负向影响达到 −2.18 个百分点；在测算分领域改革影响时达到 −10.92 个百分点，都是历史最高水平。两种情况下测算的改革摩擦效应差别较大，主要是因为测算整体改革贡献时，与其摩擦的因素较少，而在测算不同领域改革贡献时，不同改革之间均可能存在摩擦效应，因而使得改革摩擦效应相对较大，这相当于放大了摩擦效应。

表 1-3 改革通过要素投入和 TFP 渠道对经济增长的贡献率

（单位：%）

	要素渠道				TFP 渠道		
	改革因素		非改革因素		体制改革	技术进步	改革摩擦
	资本	劳动	资本	劳动			
1979—2013	6.99	2.26	54.19	6.67	32.79	7.48	−11.28
1979—1992	3.16	2.99	46.46	15.47	38.73	14.40	−22.84
#1979—1984	1.39	1.87	44.34	14.19	89.68	27.72	−83.49
#1985—1992	4.06	3.55	48.02	16.43	8.65	7.08	10.75
1993—2002	11.48	2.02	53.20	3.03	35.22	4.47	−7.52
#1993—1997	11.62	1.64	46.75	2.81	36.38	4.53	−4.92
#1998—2002	10.56	2.41	58.81	3.13	30.46	4.12	−9.62
2003—2013	7.35	1.82	66.98	0.30	25.07	3.19	−2.18
#2003—2004	7.13	2.06	62.53	1.07	32.30	2.52	−7.71
#2005—2013	7.20	1.72	66.11	0.12	23.80	3.24	−1.92

数据来源：课题组测算。

表 1-4 改革通过要素投入和 TFP 渠道对经济增长的贡献度

（单位：百分点）

	要素渠道				TFP 渠道		
	改革因素		非改革因素		体制改革	技术进步	改革摩擦
	资本	劳动	资本	劳动			
1979—2013	0.69	0.22	5.33	0.66	3.22	0.74	−1.11
1979—1992	0.30	0.28	4.43	1.48	3.69	1.37	−2.18
#1979—1984	0.13	0.18	4.25	1.36	8.60	2.66	−8.00
#1985—1992	0.39	0.34	4.56	1.56	0.82	0.67	1.02
1993—2002	1.10	0.19	5.10	0.29	3.38	0.43	−0.72
#1993—1997	1.33	0.19	5.35	0.32	4.16	0.52	−0.56
#1998—2002	0.87	0.20	4.85	0.26	2.51	0.34	−0.79
2003—2013	0.73	0.18	6.67	0.03	2.50	0.32	−0.22
#2003—2004	0.72	0.21	6.29	0.11	3.25	0.25	−0.78
#2005—2013	0.73	0.18	6.75	0.01	2.43	0.33	−0.20

注：贡献度是指经济每增长 1 个百分点中由资本、劳动或全要素生产率及其构成部分（体制改革、技术进步）等增长要素贡献的百分点，根据（资本、劳动力投入或全要素生产率的弹性系数）X（资本、劳动力投入或全要素生产率的增长率）计算。下同。

数据来源：课题组测算。

表 1-5　分领域改革对经济增长的贡献率

（单位：%）

	要素渠道				TFP渠道											
	改革因素		非改革因素		体制改革										技术进步	改革摩擦
	资本	劳动	资本	劳动	国企	对外开放	户籍	土地	行政	财税	金融	户籍·土地	财税·土地	行政·财税		
1979—2013	6.99	2.26	54.19	6.67	1.47	17.80	12.21	17.49	11.74	4.99	6.30	0.89	0.19	0.07	7.48	-51.63
1979—1992	3.16	2.99	46.46	15.47	-1.57	37.12	27.57	32.26	24.63	-6.63	14.10	3.59	-0.45	-0.18	14.40	-114.55
#1979—1984	1.39	1.87	44.34	14.19	3.15	94.76	59.23	40.01	49.63	24.08	27.59	9.62	2.02	1.31	27.72	-305.20
#1985—1992	4.06	3.55	48.02	16.43	-4.30	9.92	10.89	27.57	10.30	-23.95	6.70	1.21	-1.37	-0.27	7.08	-17.31
1993—2002	11.48	2.02	53.20	3.03	4.38	7.91	5.66	12.55	6.42	20.93	2.14	0.29	0.55	0.15	4.47	-33.27
#1993—1997	11.62	1.64	46.75	2.81	3.30	10.04	3.78	11.48	7.78	26.30	2.29	0.21	0.76	0.27	4.53	-34.74
#1998—2002	10.56	2.41	58.81	3.13	5.60	4.63	7.93	13.25	4.19	12.66	1.79	0.37	0.30	0.05	4.12	-29.93
2003—2013	7.35	1.82	66.98	0.30	2.64	7.78	2.74	7.11	3.06	5.27	2.15	0.08	0.08	0.02	3.19	-8.04
#2003—2004	7.13	2.06	62.53	1.07	4.89	7.29	-2.34	10.00	8.30	5.61	4.70	-0.10	0.12	0.05	2.52	-13.95
#2005—2013	7.20	1.72	66.11	0.12	2.09	7.67	3.81	6.29	1.84	5.05	1.54	0.10	0.07	0.01	3.24	-6.60

数据来源：课题组测算。

表1-6　分领域改革对经济增长的贡献度

（单位：百分点）

| | 要素渠道 | | | | TFP渠道 | | | | | | | | | | |
| | 改革因素 | | 非改革因素 | | 体制改革 | | | | | | | 户籍·土地 | 财税·土地 | 行政·财税 | 技术进步 | 改革摩擦 |
	资本	劳动	资本	劳动	国企	对外开放	户籍	土地	行政	财税	金融					
1979—2013	0.69	0.22	5.33	0.66	0.14	1.75	1.20	1.72	1.15	0.49	0.62	0.09	0.02	0.01	0.74	-5.08
1979—1992	0.30	0.28	4.43	1.48	-0.15	3.54	2.63	3.08	2.35	-0.63	1.34	0.34	-0.04	-0.02	1.37	-10.92
#1979—1984	0.13	0.18	4.25	1.36	0.30	9.08	5.68	3.83	4.76	2.31	2.64	0.92	0.19	0.13	2.66	-29.25
#1985—1992	0.39	0.34	4.56	1.56	-0.41	0.94	1.03	2.62	0.98	-2.28	0.64	0.11	-0.13	-0.03	0.67	-1.64
1993—2002	1.10	0.19	5.10	0.29	0.42	0.76	0.54	1.20	0.62	2.01	0.20	0.03	0.05	0.01	0.43	-3.19
#1993—1997	1.33	0.19	5.35	0.32	0.38	1.15	0.43	1.31	0.89	3.01	0.26	0.02	0.09	0.03	0.52	-3.97
#1998—2002	0.87	0.20	4.85	0.26	0.46	0.38	0.65	1.09	0.35	1.05	0.15	0.03	0.03	0.00	0.34	-2.47
2003—2013	0.73	0.18	6.67	0.03	0.26	0.77	0.27	0.71	0.30	0.52	0.21	0.01	0.01	0.00	0.32	-0.80
#2003—2004	0.72	0.21	6.29	0.11	0.49	0.73	-0.23	1.01	0.83	0.56	0.47	-0.01	0.01	0.01	0.25	-1.40
#2005—2013	0.73	0.18	6.75	0.01	0.21	0.78	0.39	0.64	0.19	0.52	0.16	0.01	0.01	0.00	0.33	-0.67

数据来源：课题组测算。

　　社会主义市场经济完善阶段（2003—2013 年）。党的十六届三中全会明确提出我国社会主义市场经济框架已经基本建成，并对完善社会主义市场经济体制做出了全面部署。此后以重点领域改革为牵引，改革沿着推进科学发展和经济发展方式转变的方向深化，加之 2001 年我国加入世贸组织，对经济体制和管理制度进行了全面调整，这种倒逼式改革效应在此后几年持续释放，使中国充分分享了全球化红利，激发了市场活力，促进了经济新一轮高速增长。2003—2013 年，重点领域改革通过 TFP 渠道对经济增长的贡献率、贡献度分别达到 25.07% 和 2.5 个百分点。2004 年夏出现了由否定国企改革到否定整个经济体制改革的思潮，此后改革处于缓慢推进阶段。2005 年之后，改革通过 TFP 渠道对经济增长的贡献率和贡献度快速下降。从要素投入渠道看，改革对经济增长的贡献率、贡献度分别为 9.17% 和 0.91 个百分点，增长红利明显减弱。分领域看，与 90 年代相比，开放体制改革红利略高，国企、户籍、土地、行政、财税等领域改革红利降低，推进步伐较快的金融体制改革红利逐步提高。由于改革配套性和协同性有所增强，加之推进改革力度相对较弱，这一时期改革摩擦对经济增长的负影响大幅收窄。

表 1-7　分领域改革通过要素投入渠道对经济增长的贡献率和贡献度

（单位：%）

	对经济增长的贡献率（%）				对经济增长的贡献度（百分点）			
	开放	户籍	财税	金融	对外开放	户籍	财税	金融
1979—2013	2.12	2.26	3.86	1.01	0.21	0.22	0.38	0.10
1979—1992	0.92	2.99	1.94	0.30	0.09	0.28	0.19	0.03
#1979—1984	0.10	1.87	1.19	0.10	0.01	0.18	0.11	0.01
#1985—1992	1.34	3.55	2.33	0.39	0.13	0.34	0.22	0.04
1993—2002	4.77	2.02	5.56	1.14	0.46	0.19	0.53	0.11
#1993—1997	5.53	1.64	4.94	1.14	0.63	0.19	0.57	0.13
#1998—2002	3.42	2.41	6.07	1.07	0.28	0.20	0.50	0.09
2003—2013	1.14	1.82	4.54	1.68	0.11	0.18	0.45	0.17
#2003—2004	1.66	2.06	3.77	1.70	0.17	0.21	0.38	0.17
#2005—2013	0.99	1.72	4.58	1.63	0.10	0.18	0.47	0.17

数据来源：课题组测算。

表 1-8　分领域改革通过 TFP 和要素投入渠道对经济增长的（总）贡献率

（单位：%）

	国企	对外开放	户籍	土地	行政	财税	金融
1979—2013	1.47	19.92	14.47	17.49	11.74	8.85	7.31
1979—1992	-1.57	38.05	30.55	32.26	24.63	-4.69	14.39
#1979—1984	3.15	94.86	61.10	40.01	49.63	25.26	27.69
#1985—1992	4.38	12.68	7.68	12.55	6.42	26.49	3.28
1993—2002	-4.30	11.27	14.44	27.57	10.30	-21.62	7.10
#1993—1997	3.30	15.57	5.42	11.48	7.78	31.24	3.43
#1998—2002	5.60	8.04	10.34	13.25	4.19	18.74	2.86
2003—2013	2.64	8.92	4.56	7.11	3.06	9.80	3.82
#2003—2004	4.89	8.95	-0.27	10.00	8.30	9.38	6.40
#2005—2013	2.09	8.67	5.52	6.29	1.84	9.63	3.17

数据来源：课题组测算。

表 1-9　分领域改革通过 TFP 和要素投入渠道对经济增长的（总）贡献度

（单位：百分点）

	国企	对外开放	户籍	土地	行政	财税	金融
1979—2013	0.14	1.96	1.42	1.72	1.15	0.87	0.72
1979—1992	-0.15	3.63	2.91	3.08	2.35	-0.45	1.37
#1979—1984	0.30	9.09	5.86	3.83	4.76	2.42	2.65
#1985—1992	-0.41	1.07	1.37	2.62	0.98	-2.05	0.67
1993—2002	0.42	1.22	0.74	1.20	0.62	2.54	0.31
#1993—1997	0.38	1.78	0.62	1.31	0.89	3.57	0.39
#1998—2002	0.46	0.66	0.85	1.09	0.35	1.55	0.24
2003—2013	0.26	0.89	0.45	0.71	0.30	0.98	0.38
#2003—2004	0.49	0.90	-0.03	1.01	0.83	0.94	0.64
#2005—2013	0.21	0.88	0.56	0.64	0.19	0.98	0.32

数据来源：课题组测算。

（四）不同阶段技术进步对经济增长做出了重要贡献

技术进步是全要素生产率的重要组成部分。尽管科技体制改革是影响科技进步的重要因素，但由于很难严格区分制度性与非制度性因素对技术进步的贡献，我们统一考虑了技术进步对经济增长的影响。从计量结果看，1979—2013 年，技术进步对经济增长的贡献率和贡献度分别达到 7.48% 和 0.74 个百分点，其中，1979—1992 年分别达到 14.40% 和 1.37 个百分点，1993—2002年分别达到 4.47% 和 0.43 个百分点，2003—2013 年分别达到 3.19% 和 0.32个百分点。技术进步对经济增长的贡献呈下降趋势，与改革开放以来我国走引进、消化、吸收、再创新道路，技术引进效应不断递减，而自主创新能力又不高有关。近年来，随着我国研发经费投入力度加大和科技成果转化率提高，技术进步对经济增长的贡献率和贡献度开始提高，2005—2013 年分别达到 3.24%和 0.33 个百分点，高于上世纪末和本世纪初的水平。

（五）重点领域改革释放增长红利具有经验事实和典型特征

综合量化分析结果可以发现，改革开放以来重点领域改革释放增长红利具有典型的经验事实和特征。

一是重点领域改革对经济增长的贡献大于技术进步的贡献。制度创新和技术进步是影响全要素生产率最主要的两个因素。在 1979—2013 年年均 9.8% 的经济增长中，重点领域改革和技术进步通过 TFP 渠道对经济增长的贡献率分别为 32.79% 和 7.48%，贡献度分别为 3.22 个和 0.74 个百分点，前者明显大于后者。过去三十多年，我国走引进、消化、吸收、再创新的技术创新道路，技术引进和外溢效应呈衰减趋势，加之科技体制改革总体缓慢，影响自主创新能力提升，致使技术进步对经济增长的贡献在三个阶段不断下降。而改革则通过提高全要素生产率和增加存量要素投入两条渠道促进经济增长。除了通过 TFP 渠道的影响外，1979—2013 年，重点领域改革通过增加资本积累对经济增长的贡献率和贡献度分别为 6.99%和 0.69 个百分点，通过增加劳动力投入对经济增长的贡献率和贡献度分别为 2.26% 和 0.22 个百分点。

二是重点领域改革带来的效率提升效应大于要素投入增加效应。1979—2013 年，重点领域改革通过 TFP 渠道对经济增长的贡献率和贡献度分别为32.79% 和 3.22 个百分点，通过要素投入渠道对经济增长的贡献率和贡献度分别为 9.25% 和 0.91 个百分点。可见，改革更多是通过效率渠道而不是数量渠道发挥作用的，这符合制度变迁是一种效率更高的制度替代低效率制度的基本理论假设。这一特征在 1979—1992 年、1993—2002 年、2003—2013 年等分阶段均表现了出来（表 1-3、表 1-4）。

三是重点领域改革对资本积累的影响大于对劳动投入的影响。1979—2013 年，财税、金融体制改革和对外开放体制改革引致的资本积累对经济增长的贡献率和贡献度分别为 6.99% 和 0.69 个百分点，户籍制度改革引致的劳动参与率提高对经济增长的贡献率和贡献度分别为 2.26% 和 0.22 个百分点（表1-7）。这符合发展中国家的现实需要，改革能够促进本国储蓄转化为投资，并通过引进外资增加资本存量，从而实现罗斯托设定的"经济起飞"的资本形成率条件。改革通过资本积累产生的增长红利在上世纪 90 年代最高，与 1994年我国启动金融、投资、财税、外资体制改革有关，近年来虽然有所减弱，但依然保持较高水平；通过劳动投入渠道释放的增长红利集中在上世纪 80 年代中后期和 90 年代初期，与这一时期出台了多项户籍改革措施及农村剩余劳动力丰裕有关，但近年来已经开始回落。

四是不同领域改革对经济增长的贡献存在明显差异。户籍、土地、对外开放等领域改革关系到资本、劳动力配置方式和配置效率，并在一定程度上影响存量资本和劳动力投入，对经济增长促进作用明显。从 TFP 渠道看，1979—2013 年，对外开放体制改革对经济增长的贡献率和贡献度分别为17.8% 和 1.75 个百分点，产生的增长效应很明显；土地制度改革对经济增长的贡献率和贡献度分别为 17.49% 和 1.72 个百分点，产生的增长效应次高；户籍制度改革对经济增长的贡献率和贡献度分别为 12.21% 和 1.2 个百分点。金融体制改革进展缓慢，财税体制改革受财权事权不匹配等制约，影响其经济增长效应发挥。行政体制改革对经济增长的贡献较为间接，国有企业改革一波三折，对经济增长的影响较小。

五是一些领域改革配套推进方可更好释放增长红利。计量分析表明，户籍与土地制度改革、财税与行政体制改革、财税与土地制度改革对经济增长的影响存在明显的交互效应（表1-5、表1-6），表明这些领域改革协调配套推进，可以产生组合效应，能释放出更多改革红利。80年代初期，适应农村实行承包责任制后剩余劳动力转移的需要，放松城镇户籍管理限制，二者共同成为80年代支撑经济增长的重要力量，其配套产生的交互效应对经济增长的贡献率和贡献度分别为9.62%和0.92个百分点，此后这两个领域改革力度明显减弱，且配套性越来越差，其对经济增长的贡献大幅下降[①]。1994年分税制改革后，财政分权和行政分权匹配度有所提高，财税和行政体制改革的交互作用对经济增长的贡献，也开始由此前负向影响转为正向，但正向影响一直较小且正在逐渐变小[②]。1993年分税制改革后，土地财政成为地方财政投资的重要来源，财税与土地制度改革的组合效应对经济增长的影响在90年代初期为正，但由于长期持续实施"土地财政"会损害经济效率，其对经济增长的积极影响不断降低[③]。

六是改革摩擦对经济增长产生不利影响但在逐步减弱。计量分析表明，1979—2013年，改革摩擦对经济增长的贡献率和贡献度分别为 –11.28%和 –1.11个百分点，说明我国体制改革确实存在较高成本。80年代改革单兵突进、配套性差，改革摩擦对经济增长的负向影响达到历史最高水平，此后改革配套性逐步增强，90年代改革摩擦效应不断降低，新世纪以来大幅收窄。

---

① 1979—1992年土地和户籍制度改革配套产生的交互效应对经济增长的贡献率和贡献度分别3.59%和0.34个百分点，1993—2002年分别为0.29%和0.03个百分点，2003—2013年则降低到0.08%和0.01个百分点。

② 1993—2002年财税与行政体制改革配套产生的交互效应对经济增长的贡献率和贡献度分别为0.15%和0.01个百分点，2003—2013年分别为0.02%和0.00个百分点，1979—1992年则分别为 –0.18%和 –0.02个百分点。

③ 1993—2002年间财税与土地制度改革配套产生的交互效应对经济增长的贡献率和贡献度分别为0.55%和0.05个百分点，2003—2013年则降低到0.08%和0.01个百分点。

五、"十三五"时期重点领域改革的
增长红利预测

设定基准、次乐观和乐观三种改革情景，分别指没有、部分和全面落实十八届三中全会所提出的改革总体部署，并运用情景分析法预测未来重点领域改革对经济增长的贡献。首先，综合运用定性分析和趋势外推法，对不同情景下 2014—2020 年 [①] 中国实际资本存量、劳动力投入、七大领域改革指数、重点领域改革（总）指数以及技术进步指数进行预测。其次，利用生产函数模型，得到不同情景下经济潜在增长水平，进而测算分领域、整体改革和技术进步通过全要素生产率渠道对经济增长的贡献。再次，运用趋势外推方法，计算不同情景下户籍制度改革对增量劳动力及财税、金融和对外开放等领域改革对增量资本的影响，进而得到不同情景下改革通过要素投入渠道对经济增长的贡献。

（一）变量假设和预测

劳动力投入。结合中国人口、适龄劳动力及 2009 年以来就业人口变化趋势，假定 2015—2020 年就业人口增速下降到 0.2%，则预计到 2020 年就业人口总数达到 7.81 亿。

实际资本存量。考虑到支撑资本存量高速增长的因素逐步消失，这里假定乐观情景下 2014—2020 年实际资本存量年均增速将下降到 1978—2012 年 10.0% 的平均水平，次乐观和基准情景下分别比乐观情形下降 0.5 和 1 个百分点。

改革指数与技术进步指数。运用趋势外推法对户籍、土地、金融、国企、财税、行政、对外开放等七个重点领域改革指数和科技进步指标进行情景预测，并运用德尔菲法确定权重，预测得到 2014—2020 年基准、次乐观和乐观

---

① 从保持数据连续性出发，须在研究 2014—2020 年重点领域改革释放增长红利基础上，方可预测"十三五"时期。

三种情景下的重点领域改革指数和技术进步指数（图1-6、图1-7）。到2020年，基准情景下、次乐观情景下和乐观情景下重点领域改革指数分别为1.03、1.10和1.18，技术进步指数分别为2.02、2.66和3.46。

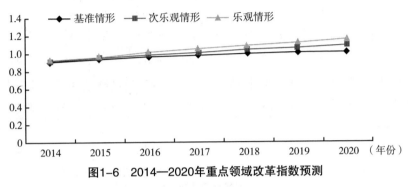

图1-6　2014—2020年重点领域改革指数预测

数据来源：课题组测算。

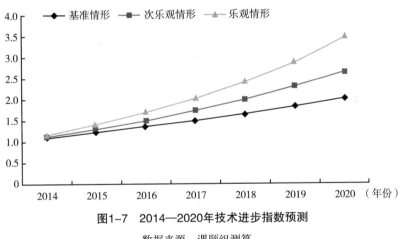

图1-7　2014—2020年技术进步指数预测

数据来源：课题组测算。

（二）潜在增长趋势呈现出与以往迥异的特征

依据前面分析和假设，得到2014—2020年不同情景下经济潜在增长水平及要素、重点领域改革和技术进步对经济增长的贡献（表1-10、表1-11）。相对于过去三十多年，未来我国经济潜在增速下降已成不争事实，但增长态势和机制将出现新变化和新特征。

表 1-10　改革通过要素投入与 TFP 渠道对经济潜在增长贡献率的
情景预测（2014—2020）

（单位：%）

| | 经济潜在增速 | 资源环境约束 | 要素渠道 | | | | TFP 渠道 | | | 资源环境 |
| | | | 资本 | | 劳动 | | 体制改革 | 技术进步 | 改革摩擦 | |
			改革	非改革	改革	非改革				
基准情景	6.36	6.36	1.68	73.27	1.63	−0.16	16.18	9.43	−2.03	0.00
次乐观情景	7.13	6.88	2.72	67.91	1.58	−0.26	21.81	11.92	−5.68	−3.51
乐观情景	7.89	7.39	3.63	63.51	1.54	−0.35	26.89	13.93	−9.15	−6.34

数据来源：课题组测算。

表 1-11　改革通过要素投入与 TFP 渠道对经济潜在增长贡献度的
情景预测（2014—2020）

（单位：百分点）

| | 经济潜在增速 | 资源环境约束 | 要素渠道 | | | | TFP 渠道 | | | 资源环境 |
| | | | 资本 | | 劳动 | | 体制改革 | 技术进步 | 改革摩擦 | |
			改革	非改革	改革	非改革				
基准情景	6.36	6.36	0.11	4.66	0.10	−0.01	1.03	0.60	−0.13	0.00
次乐观情景	7.13	6.88	0.19	4.84	0.11	−0.02	1.55	0.85	−0.40	−0.25
乐观情景	7.89	7.39	0.29	5.01	0.12	−0.03	2.12	1.10	−0.72	−0.50

数据来源：课题组测算。

一是经济潜在增长水平将大幅下滑。受劳动力供给减少、资本存量增速下降、资本边际报酬递减、技术引进和技术外溢效应衰减、改革红利效应弱化等影响，"十三五"时期，潜在增长水平将大幅下滑。在基准、次乐观和乐观三种改革情景下，经济增速分别下降到 6.36%、7.13% 和 7.89%，明显低于改革开放以来 9.8% 和 2005—2013 年 10.2% 的平均水平。考虑到资源环境对经济增长的约束强化，十八届三中全会已部署了资源环境制度改革，资源环境是预测未来增长趋势必须考虑的因素。我们运用附加资源环境的扩展生产函数测算了资源环境变化趋势及资源环境制度改革的影响。结果表明，如果不推进资源环境制度改革，在原有制度框架下，资源环境对经济增长的负向影响可以忽略不计，而全面或部分落实资源环境制度改革，将分别拉低经济增长0.5 和 0.25 个百分点。考虑资源环境因素后，三种情景下潜在增长速度分别为6.36%、6.88% 和 7.39%。

二是改革与非改革因素带来的要素投入对潜在增长水平的贡献都将下降。财税、金融和对外开放体制改革增加资本投入的作用将大幅减小，户籍制度改革增加劳动投入的作用也将大幅减弱，这将使得重点领域改革通过资本积累和劳动投入两个渠道对经济潜在增速的贡献率降至 3.63% 和 1.54%（乐观情景）及以下（其他情景）的水平，分别低于 1979—2013 年 6.99% 和 2.26% 的平均水平，也低于 2003—2013 年 7.35% 和 1.82% 的平均水平。从非改革因素对要素积累的影响来看，由于劳动力供需出现转折性变化，而非改革因素带来的劳动力投入对潜在增长速度的贡献率从 1979—2013 年 6.67%、2003—2013 年0.30% 的平均水平转为负贡献，导致潜在增长水平下降 0.01—0.03 个百分点。同时，尽管资本存量增速放缓及资本边际报酬递减拉低资本积累对潜在增长水平的贡献，但由于改革带来的资本配置效率提升，将使得资本积累对潜在增长水平的贡献率继续维持在 60% 以上。总体看，改革与非改革因素通过要素积累渠道对潜在增长水平的贡献都将下降。

三是全面深化重点领域改革有望通过 TFP 渠道拉高对潜在增长水平的贡献。2014—2020 年，基准、次乐观、乐观情景下重点领域改革通过 TFP 渠道对潜在增长水平的贡献率分别为 16.18%、21.81% 和 26.89%，分别拉动经济增长 1.03、1.55 和 2.12 个百分点。尽管受改革难度加大和改革红利效应逐步衰减的影响，改革通过 TFP 渠道对经济增长的贡献率相对于 1979—1992 年的 38.73%、1993—2002 年的 35.22% 均有所下降，但如果全面贯彻落实十八届三中全会的改革部署，则体制改革对经济增长的贡献率比 2003—2013 年的25.07% 要略高一些。可见，全面深化改革通过 TFP 渠道能够拉高对潜在增长水平的贡献。

四是技术进步对潜在增长水平的贡献将逐步提升。尽管技术引进和外资的技术外溢效应逐步消退，但随着自主创新能力提高，技术进步对长期经济增长水平的拉动效应逐步提升。2014—2020 年，基准、次乐观、乐观情景下技术进步对潜在增长水平的贡献率分别为 9.43%、11.92% 和 13.93%，高于 1979—2013 年 7.48% 的平均水平，更高于 2003—2013 年 3.19% 的平均水平，分别拉动经济增长 0.60、0.85 和 1.10 个百分点。

五是改革摩擦对潜在增长水平的负向效应将明显下降。随着我国改革综合配套性的增强，改革摩擦对经济增长的负向效应将明显下降。基准、次乐观和乐观三种情景下，改革摩擦对经济增长的负贡献度均在 1 个百分点以下，其中乐观情景改革摩擦的负效应最大，对经济增长的负向拉动达到 0.72 个百分点，但这是全面深化改革必然要承担的成本。

（三）不同情景下重点领域改革对潜在增长水平的影响存在差异

相对于不落实十八届三中全会关于重点领域改革部署，只是延续制度惯性的影响，经济增长只能保持 6.36% 的基准情形而言，全面落实十八届三中全会关于上述领域改革部署，对未来经济增长具有较明显的红利效应，在扣除改革摩擦降低潜在增速 0.72 个百分点之后，每年通过增加资本、劳动数量和 TFP 仍可拉高经济增长 1.81 个百分点，潜在增长水平将提升至 7.89%。如果考虑资源环境管理制度改革带来的约束效应，潜在增长水平仍可保持 7.39%。

部分落实十八届三中全会关于上述领域改革部署。对我国潜在增长红利效应虽有限，但在扣除改革摩擦降低潜在增速 0.4 个百分点之后，每年通过增加资本、劳动数量和 TFP 仍可拉高经济增长水平 1.45 个百分点，潜在增长水平将提升至 7.13%。如考虑资源环境管理制度改革的约束效应，潜在增长水平仍可达到 6.88%。

（四）不同领域改革对潜在增长水平的影响存在差异

全面深化重点领域改革中，财税体制改革红利最大，土地、户籍和国企改革红利次之，对外开放、金融和行政体制改革红利较小（表 1-12、表 1-13）。财税体制改革是全面深化改革的突破口，相比基准情景，全面推进将整体拉动经济增长 0.46 个百分点，其中通过 TFP 渠道拉动 0.31 个百分点，通过资本积累渠道拉动 0.15 个百分点。影响生产要素投入及其配置效率的户籍、金融、土地、对外开放等领域改革，重塑市场主体的国企改革和转变政府职能的行政体制改革，也是全面深化改革的重点。相比基准情景，全面推进土地制度改革，将通过 TFP 渠道拉动经济增长 0.23 个百分点；全面推进户籍制度改革，将拉动经济增长 0.20 个百分点，其中通过 TFP 渠道拉动 0.18 个百分点，通过劳动力投入渠道拉动 0.02 个百分点；全面推进国企改革，将拉动经济增长 0.18 个百分点；全面推进对外开放体制改革，将拉动经济增长 0.14 个百分点，其中通过 TFP 渠道拉动 0.12 个百分点，通过资本积累渠道拉动 0.02 个百分点；全面推进金融体制改革，将拉动经济增长 0.13 个百分点，其中通过 TFP 渠道拉动 0.12 个百分点，通过资本积累渠道拉动 0.01 个百分点；全面推进行政体制改革，将拉动经济增长 0.04 个百分点。

（五）重点领域改革可使实际增长水平接近潜在增长水平

户籍、土地、金融、财税、行政、对外开放等重点领域改革除了影响潜在增长水平外，还能优化投资结构、释放消费潜力，促进供给需求有效对接、投资消费有机结合，从而熨平经济波动，提高经济实际增长水平。

基准情景下，如果不推进改革，现行体制难以通过提振有效需求稳定经济增长，需求趋势性下滑可能将实际增长速度下拽到 5.70% 的较低水平，与潜在增长速度的差距为 0.66 个百分点。次乐观情景下，改革对提振短期有效需求有一定效果，通过需求侧对经济增长的拉动将达到 0.70 个百分点，经济实际增长有望提升至 6.40%，其与考虑资源约束的潜在增长速度差距为 0.48 个百分点。乐观情景下，全面推进重点领域改革并配套推进收入分配格局调整，能够提振短期有效需求，大大降低需求趋势性下滑对短期经济增长的负向作用，改革对经济实际增长的贡献可达到 1.50 个百分点，经济实际增长速度有望提升至 7.20% 的中高水平，与考虑资源约束的潜在增长速度差距为 0.19 个百分点。可见，改革有利于缩小经济实际增长速度与潜在增长速度的差距，充分发挥潜在增长能力。

表1-12　分领域改革对经济潜在增长贡献率的情景预测（2014—2020）

（单位：%）

	经济潜在增速	要素渠道					TFP渠道												
		资源环境约束	资本		劳动		体制改革										技术进步	改革摩擦	资源环境
			改革	非改革	改革	非改革	国企	对外开放	户籍	土地	行政	财税	金融	户籍·土地	财税·土地	行政·财税			
基准情景	6.36	6.36	47.8	29.0	7.5	-6.1	1.94	2.47	4.10	3.51	0.80	-0.12	1.45	0.04	0.00	0.00	9.43	-0.05	0.00
次乐观情景	7.13	6.88	45.3	26.4	13.3	-12.0	2.84	3.03	4.94	4.76	0.96	2.46	2.10	0.07	0.01	0.00	11.92	-5.03	-3.51
乐观情景	7.89	7.39	42.8	23.7	13.3	-12.1	3.83	3.48	5.61	5.66	1.12	3.80	2.63	0.11	0.01	0.00	13.93	-8.51	-6.34

数据来源：课题组测算。

表1-13　分领域改革对经济潜在增长贡献度的情景预测（2014—2020）

（单位：百分点）

	经济潜在增速	要素渠道					TFP渠道												
		资源环境约束	资本		劳动		体制改革										技术进步	改革摩擦	资源环境
			改革	非改革	改革	非改革	国企	对外开放	户籍	土地	行政	财税	金融	户籍·土地	财税·土地	行政·财税			
基准情景	6.36	6.36	0.11	4.66	0.10	-0.01	0.12	0.16	0.26	0.22	0.05	-0.01	0.09	0.00	0.00	0.00	0.60	0.00	0.00
次乐观情景	7.13	6.88	0.19	4.84	0.11	-0.02	0.20	0.22	0.35	0.34	0.07	0.18	0.15	0.01	0.00	0.00	0.85	-0.36	-0.25
乐观情景	7.89	7.39	0.29	5.01	0.12	-0.03	0.30	0.28	0.44	0.45	0.09	0.30	0.21	0.01	0.00	0.00	1.10	-0.67	-0.50

数据来源：课题组测算。

表 1-14 分领域改革通过要素投入渠道对经济潜在增长的影响预测（2014—2020）

（单位：%，百分点）

	贡献率				贡献度			
	对外开放	户籍	财税	金融	对外开放	户籍	财税	金融
基准情景	0.63	1.63	−0.43	1.48	0.04	0.10	−0.02	0.09
次乐观情景	0.62	1.58	0.72	1.38	0.04	0.11	0.05	0.10
乐观情景	0.73	1.54	1.65	1.25	0.06	0.12	0.13	0.10

数据来源：课题组测算。

表 1-15 分领域改革通过 TFP 和要素投入渠道对经济潜在
增长的总贡献（2014—2020）

（单位：%，百分点）

		国企	对外开放	户籍	土地	行政	财税	金融
贡献率	基准情景	3.11	5.74	3.51	0.80	−0.55	2.93	3.11
	次乐观情景	3.65	6.52	4.76	0.96	3.19	3.48	3.65
	乐观情景	4.21	7.14	5.66	1.12	5.45	3.87	4.21
贡献度	基准情景	0.12	0.20	0.37	0.22	0.05	−0.03	0.18
	次乐观情景	0.20	0.26	0.46	0.34	0.07	0.23	0.25
	乐观情景	0.30	0.34	0.56	0.45	0.09	0.43	0.31

数据来源：课题组测算。

表 1-16 重点领域改革通过需求侧影响实际增长水平的预测（2014—2020）

（单位：%，百分点）

	经济潜在增长速度	资源环境约束	经济实际增长速度	需求拉动的百分点								非改革因素
					改革通过需求渠道							
				合计	收入分配	对外开放	户籍	土地	行政	财税	金融	
基准情景	6.36	6.36	5.70	0.00	0.00	0.00	0.00	0.00	0.00	0.00	0.00	5.70
次乐观情景	7.13	6.88	6.40	0.70	0.17	0.06	0.10	0.04	0.09	0.16	0.08	5.70
乐观情景	7.89	7.39	7.20	1.50	0.37	0.15	0.22	0.08	0.21	0.29	0.18	5.70

数据来源：课题组测算。

分领域看，到 2020 年推进收入分配和财税体制改革红利最大，户籍、行政、金融、对外开放、土地制度改革依次减小。收入分配和财税体制改革短期内扩大消费和投资的效果明显，乐观和次乐观情景下，分别拉动经济实际增长 0.37、0.17 及 0.29、0.16 个百分点。其他领域改革通过扩大投资、消费、出口和吸引外资等途径拉高经济实际增长速度，乐观和次乐观情景下，户籍制度改革分别拉动 0.22、0.10 个百分点，行政体制改革分别拉动 0.21、0.09 个百分点，金融体制改革分别拉动 0.18、0.08 个百分点，对外开放体制改革分别拉动 0.15、0.16 个百分点，土地制度改革分别拉动 0.08、0.04 个百分点（详细测算参见第十二章：重点领域改革促进有效需求和经济增长的分析）。

六、重点领域改革尚未到位影响
增长红利持续释放的症结

过去 30 多年，我国在探索中不断深化重点领域改革，但受多种因素影响，户籍、土地、金融、科技、国企、财税、行政和对外开放等领域改革都尚未到位，部分领域改革进展迟缓，制约增长红利持续释放。

（一）要素领域改革尚未到位影响增长红利释放力度

土地、资本、劳动力、技术等要素市场化改革相对滞后，要素配置依然受到行政干预和管制，统一的要素市场体系尚未完全建立起来，要素市场在不同经济类型企业、不同行业、不同地区及城乡间存在一定程度的分割，影响到资源配置效率提升和增长红利释放力度。

1. 土地制度改革不到位制约经济持续稳定增长

现行城乡土地制度仍然不完善，既影响了经济增长质量提高，也不利于经济持续稳定增长。

一是农村土地权能不足和城乡节地制度不完善，不利于土地集约利用和产出率提高，影响经济持续增长。农村土地存在土地所有权主体虚置、使用权不稳定、处置权残缺和收益权受限等权能不足问题，加之一些地方承包经营权流转市场化程度低，影响土地规模化经营和农业劳动生产率提高。城镇节约用地制度尚不完善，农村闲置土地尚不能有效盘整利用，制约土地集约利用和土地产出率提高。

二是城乡土地市场二元分割和城市土地出让市场化程度低，不利于市场机制在土地资源配置中有效发挥作用，影响经济增长效率。城乡建设用地市场分割，农村土地必须经地方政府征收方可转化为城市建设用地，地方政府具有征收和供应的双重垄断身份，形成建设用地垄断供应的局面，不利于土地资源优化配置。城镇建设用地供应实行政府划拨和有偿出让并存的双轨制，土地价格扭曲、市场价格信号失实及地下隐性土地市场难以完全消除，削弱了市场机制在资源配置中发挥决定性作用，影响资源配置效率提高。此外，我国对城市建设用地实行"批租制"，地方政府在出让城市建设用地时，根据土地用途一次性收取 40 年、50 年和 70 年不等 ① 的土地出让金，一些地方为了获取短期利益，人为抬高地价，扭曲市场供需价格信号，削弱市场运行效率。

三是城乡土地制度制约居民消费需求扩大，不利于形成经济持续稳定增长的内生机制。农村集体土地和集体财产没有退出机制，宅基地流转范围受限，进城务工农民不能获得向城镇迁移落户所必要的货币资本，制约其定居城市及消费升级。农村集体土地只有经过地方政府低价征收转为国有土地后，才能作为城市建设用地，农民不能分享工业化城镇化进程中的土地增值收益，影响其收入和消费能力提高。一次性收取土地出让期内全部地租收入的方式提高了开发商的开发建设成本，一定程度上推高房价并挤压居民其他消费支出，抑制居民消费需求稳步增长。

2. 户籍制度改革不到位影响经济增长空间

相对于劳动力自由流动的要求，当前户籍制度改革仍未到位，突出表现在农业转移人口难以在城镇落户，在身份、社会地位和福利待遇上与城市居民

---

① 住宅用地 70 年、工业用地 50 年、商业用地 40 年。

依然存在很大差异，对经济社会发展产生不利影响。

一是户籍制度改革不到位不利于扩大劳动力资源利用空间，影响劳动参与效应释放，制约经济增长空间。城乡统一的户籍制度改革虽已启动，但与之配套的财税、土地、住房等制度改革却没有跟上，进城务工农民难以享受到同等的公共服务，再加上城镇较高的生活成本，农业闲置人口进城务工的净收益已大幅降低，不利于劳动参与率持续提高。已进入城镇的农业转移人口，也因社会保障不完善而不能长期在城镇工作与生活，大量"两栖型"产业工人"钟摆式"、"候鸟式"地往返于城乡之间，不少农民工40岁以后开始返乡，不利于农村劳动力资源充分有效利用，制约了未来经济增长空间。

二是现行户籍制度不利于劳动力资源优化配置，影响劳动力结构重配效应释放，制约经济增长方式转变。城乡分割的户籍制度将劳动者划分为城镇就业者和农民工就业者，形成人为分割的城乡二元劳动力市场，阻碍了劳动力在城乡间、行业间、区域间自由流动，不利于人力资源优化配置，并影响"干中学"效应、专业化分工及劳动力生产率提高，进而影响全要素生产率提高和经济增长方式转变。

三是现行户籍制度不利于农业转移人口技能分工提升和人力资本素质提高，制约技能提升效应释放，影响经济增长质量持续改善。与户籍制度改革相配套的公共服务领域改革滞后，农业转移人口不能真正融入城市，不仅使得农业转移人口没有足够精力和财力提高自身技能和素质，而且其子女也因不能接受到与城镇居民同等的公共服务而阻碍人口素质提高，影响全社会人力资本积累，进而影响经济增长质量持续改善。

四是现行户籍制度制约总需求扩大，不利于形成经济稳定增长的内生机制。我国已有2.77亿进城务工农民，他们已经成为城市生产主体，但并没有享受到应有的福利待遇，未能同步转变消费行为和生活方式，制约了农业转移人口消费升级潜力释放，影响城镇化过程中消费需求和投资需求扩大。

3. 金融体制改革不到位影响经济持续稳定增长

我国金融体系不健全，金融市场结构不合理，金融市场定价功能尚不完善，对经济增长的支撑功能不强，金融体制改革的增长红利尚未完全释放出来。

一是金融体系不能有效满足融资需求，不利于发挥对经济增长的资本积累功能。间接融资方面，银行体系中占据主导地位的大银行提供信贷服务时存在"规模歧视"，广大中小企业的融资需求不能得到满足。金融机构上收贷款审批权，按照"一次批准、分期支付"、票据贴现等方式发放贷款，既加剧了企业获取信贷资金的难度，又加大了企业的贷款成本[①]。直接融资方面，股票市场发展较为滞后、融资规模有限，债券市场尽管近年来发展迅速但产品种类不齐全，远远不能满足中小企业融资需要。此外，地方债务融资的规范机制尚未建立起来，地方政府融资能力受到限制。

二是金融市场结构和定价机制不完善，影响金融资源配置效率，不利于发挥效率改善效应。以国有银行为主导的银行体系在提供金融服务时，对国有企业有天然偏好，股票和债券发行行政控制环节过多、审批程序复杂，民营企业获取金融资源的渠道狭窄，影响金融资源在部门间优化配置。虽然利率管制已全部取消，但货币市场的短期利率变化向信贷利率的传导不畅，利率对资金供求变化的反应不灵敏，资金价格扭曲现象仍然存在，影响金融资源有效配置。

三是金融创新不足，不能对技术创新提供有力支撑，不利于释放对经济增长的技术提升效应。金融市场结构不合理、功能不完善，难以支持创新创业。中小企业板、创业板等多层次资本市场发展滞后，创业投资退出机制不完善，创业投资与企业成长阶段需求错配现象比较普遍。银行体系为企业提供的差异性信贷服务明显不足，加之缺乏专业、权威的无形资产价值评估机构和完善的交易市场，影响以无形资产质押为科技创新提供贷款。

4. 科技体制改革不到位影响经济增长质量提升

由于科技体制改革进展比较缓慢，巨大的创新潜力还没有充分发挥，技术进步对经济增长的动力作用尚未完全释放出来。

一是科技资源配置和利用效率较低，不能形成支撑技术进步的集体合力，

[①] 近期调研中部分企业反映，获得一笔贷款通常需要金融机构审批 1 个多月，实际贷款利率经常达到 8—9%，部分企业贷款年利率大于 10% 也是经常现象。

影响技术创新和全要素生产率提高。科技创新资金由科技部、发改委、工业和信息化部等多部门掌握，科技项目管理存在投入分散、重复立项、效率不高等问题，科技资源的投入产出率较低。科研资金和创新资源大多集中到科研院所，企业获取的创新资源有限，影响企业创新水平提高。科技人才自由流动还存在诸多障碍，科研创新激励机制尚不完善，科技人员创新的积极性不高，创新人才资源还没有得到合理高效利用。

二是科技与经济结合不紧密，科技成果转化为生产力的渠道不畅通，影响技术对经济增长贡献率的提高。科研立项中市场思维不够，科研项目适用性不强，产学研协同创新体系尚未形成。科研评价机制不健全，大学和科研院所对成果转化应用重视不够，加之技术转移机制不健全，造成研发成果转化利用率低。

（二）国有企业改革尚未到位影响增长红利释放速度

国有企业产权制度改革、现代企业制度建设和国有资本管理体制改革都尚未到位，加之要素市场化改革滞后，改革释放增长红利的微观机制不通畅，经济增长的微观效率不高，影响增长红利释放速度。

一是产权制度改革和国资管理制度改革尚未到位，不利于发挥国企改革的效率改善效应。大型国有企业尤其是央企母公司产权改革进展缓慢，公司治理结构和激励约束机制不完善，影响企业经营绩效和经济发展效率。国资委集出资人和监管者双重职能于一身，缺乏外部监督，国有资本经营预算改革也远未到位，国有资本收益仍主要在国有企业内部循环使用，不利于从总体上提高国有资本运营效率。

二是国有经济战略性调整尚未到位，不利于发挥国企改革的要素重配效应。新世纪尤其是 2004 年以后，国有企业出现体制复归现象，不少国企凭借其天然优势和行政垄断向竞争性领域扩张，获取大量经济资源，民营企业难以平等获取使用生产要素，在市场准入方面还受到行政垄断和既得利益集团的阻挠，发展空间受到限制，从而导致国企改革难以发挥要素重配和市场重构效应。

三是有效竞争的市场主体尚未形成，不利于发挥国企改革的技术提升效应。大型国企行政化倾向仍比较严重，在市场准入和获取生产要素方面享有特权，国有企业难以成为自主经营、自负盈亏、自担风险、自我约束的市场竞争主体。国企"分类改革、分类发展、分类监管、分类定责、分类考核"尚未完全落实到位，考核依然侧重短期内资产保值增值，造成企业虽有创新能力，却无创新动力和压力，影响行业技术进步和产业升级。

（三）行政和财税体制改革尚未到位影响增长红利释放强度

政府与市场、中央与地方责、权、利关系调整尚未到位，不仅影响自身增长红利的释放，而且制约其他领域改革释放红利，总体上影响增长红利释放强度。

1. 行政体制改革

一是行政分权与财政分权制度相容性和匹配度不高，制约改革通过要素投入增加效应促进经济增长。中央政府将较多事权下放给地方政府，财政收入却日益向中央集中，地方没能获得相应的财权和与支出责任相匹配的财力保障，影响地方发展经济的能力和动力，制约了更多资源参与经济发展。

二是地方政府的角色定位冲突，制约改革通过市场配置效应促进经济增长。地方政府作为"另类市场主体"的角色与市场监管者的职能定位存在冲突，促生了地方保护主义及其他变异行为。"块块"（地方）与"条条"（各部门）之间相互封锁，妨碍了全国统一市场和公平公正透明市场竞争环境的形成，制约市场机制发挥作用，从而对经济增长效率产生负向影响。

2. 财税体制改革

一是政府收入体系改革不到位，税收体系结构和税种设计存在缺陷，影响资源优化配置和技术创新。我国包括政府性基金收入和社会保障收入在内的广义税负水平比较高，加之不同产业、地区、企业和人群税负结构不合理，出现了一定程度的逆调节作用；税收体系结构不合理，主体税种设计存在缺陷，一些调节社会分配功能的重要税种缺失；税制过分倚重调节社会流通环节，增值税类型设置不合理，资源环境相关税收改革滞后，既不利于引导资源优化配置和提升经济效率，也对技术进步和自主创新产生一定的不利影响。

二是各级政府间事权与支出责任划分改革相对滞后，制约改革通过持续增加要素投入促进经济增长。中央与地方之间财权与事权不适应、财力与支出责任不匹配，加之中央对地方转移支付制度不规范，地方财政缺乏独立的主体税种，地方政府收支缺口比较大、财政困难，不利于地方政府通过优化支出结构提高要素质量和促进更多要素资源参与经济活动，影响经济长期健康发展。

三是预算覆盖范围狭窄、缺乏有效的监督制衡机制，制约了改革通过提升公共资源利用效率来促进经济增长。当前预算尚未覆盖所有财政收支活动，预算与经济周期、中长期战略规划缺乏协调衔接，预算管理体系不完善，缺乏有效的内部制约和外部监督机制，总体上不利于提高公共资源使用效率，也不利于引导社会资源优化配置，进而制约经济增长。

（四）对外开放体制改革尚未到位影响增长红利释放广度

在世界经济深度转型调整和我国传统比较优势发生深刻变化的背景下，对外开放体制不能很好地适应国内外形势变化，限制了为国内资源优化配置提供更大空间，从而影响增长红利释放的广度。

一是现行对外开放体制不利于统筹利用国内外两种资源，制约通过要素扩大效应和技术提升效应促进经济增长。外商投资管理中还存在政策透明度、稳定性与可预见性较低、法律法规执行标准不统一等问题，对外投资管理仍存在管理主体多元、权限职责交叉、政策系统性较差等问题，既不利于引进高端产业和高级生产要素，也不适应企业"走出去"整合外部资源的要求，影响企业更高层次上统筹使用国内外资源，难以为要素优化配置和技术提升提供更大空间，进而制约经济增长。

二是现行对外开放体制不利于培育参与国际竞争新优势，制约通过分工深化和规模经济效应促进经济增长。在新的国际竞争环境下，既要巩固和拓展我国在劳动密集型环节的既有专业化分工优势，又要努力增强在资本技术密集型环节的专业化分工优势和在更高层次上实现规模经济效益，以此实现参与国际竞争合作的比较优势向竞争优势转换。但由于相关改革不到位，现行对外开放体制限制了对外贸易深入发展，也制约了产业转型升级，进而影响经济增长。典型的如，进出口相关税制不完善，出口退税执行成本较高，进口在产业升级中的作用发挥不充分；服务领域开放不足，不能很好地适应我国产业转型升级和培育新动能的要求。

三是现行对外开放体制不利于创造良好的外部环境，不利于为效率改善提供有利条件，影响经济长期健康发展。在向第一大经济体迈进中，我国比以往任何时候都更需要良好的外部环境。但对外开放体制缺乏与国内体制联动，部门协调不力，尚未形成内外体制相互支持、彼此促进的格局，不能很好适应我国应对国际环境新变化的要求，不利于增强我国参与全球治理的能力，不利于把握参与全球资源配置和国际竞争的主动权，影响经济长期健康发展。

总的来说，重点领域改革不到位主要是由于：一是认识不到位、不统一。改革进入攻坚期和深水区后，深化改革的系统性、复杂性和风险性增大，聚焦改革最大公约数、协调各方面利益和达成共识、形成改革合力的难度也在加大，重点领域改革大多涉及核心利益调整和深层次、根本性矛盾，目前如何推进认识尚不到位、不够深入。二是改革措施不配套，统筹协调性较弱。随着改革进入深水期，各种矛盾与问题的相互交叉和相互制约更加突出，客观上更加强调不同领域改革的系统性、关联性和耦合性。但在实践中，由于配套改革措施推进力度和进度不协调、激励约束机制不健全、法律法规不完善等，限制了改革推进空间，阻碍改革预期目标的实现。当前改革呈现出的碎片化、部门化和短期化现象，制约全面深化改革深入推进，导致改革对提高全要素生产率的作用尚未充分发挥出来，改革对稳增长的促进作用比较有限。

七、释放重点领域改革增长红利的对策建议

依据对重点领域改革释放增长红利经验事实的判断以及对 2020 年前我国经济增长预测、因素分解和体制改革贡献测算，并结合当前重点领域改革尚未到位对经济增长的制约，提出释放重点领域改革增长红利的对策建议。

（一）全面深化并合理安排重点领域改革次序和作用

未来，应在加快完善资源环境管理体制，为经济长期持续增长创造条件的前提下，以充分发挥重点领域改革的效率提升效应为重点，合理安排改革优先度和时序，充分发挥不同领域改革的功能，内外联动、长短结合、供需并举、双侧发力，努力提高经济潜在增长率，并使实际增长水平接近潜在增长能力，为经济保持中高速增长注入持久动力。

一是将要素市场化改革放在首要位置。要素市场化改革是盘活存量要素和提高资源配置效率的必由之路，金融、户籍、土地等领域改革既能从供给侧提升要素配置利用效率、促进经济结构调整，还能从需求侧提升短期有效需求，是全面深化改革的基石，必须全面启动。过去 30 多年，土地、户籍、金融等要素市场化改革的增长效应一直较高。预测表明，全面推进金融、户籍、土地等领域改革可拉动经济增长 0.56 个百分点，对长期经济增长的贡献较大。因此，应将其作为全面深化改革、释放增长红利的基石，加快完善农村产权制度，建设城乡统一的建设用地市场，改革户籍制度，进一步完善金融市场，加快释放存量要素，优化要素配置效率，为提高经济增长质量和效率注入新动力。

二是发挥好财税体制改革的引领作用。财税体制改革在供给侧能引导全社会资源优化配置、激发地方政府的积极性，在需求侧能有效带动民间资本投入，并能为土地、户籍制度改革创造条件。以往几轮大的改革部署中，财税体制改革往往先行，如上世纪 80 年代初的"分灶吃饭"以及 90 年代"分税制"改革，在短期内都释放了明显的增长红利。预测表明，无论从供给侧还是从需求侧，财税体制改革有望释放的增长红利都居于各项改革首位，因此，应率先取得突破，发挥好对其他领域改革和对经济社会发展的引领作用。

三是积极稳妥推进国企改革。国企是我国重要的市场主体和宏观调控的基本工具。国企改革既能提升经营绩效、激发创新动力、释放市场活力，也能优化需求结构，进而通过提升微观市场效率促进宏观经济效益优化，是其他领域改革向微观传导的重要支点。过去 30 多年，国企改革对经济增长做出了重要贡献。预测表明，未来国企改革对经济增长的贡献度仍将保持 0.18 个百分点的较高水平。但受意识形态、利益集团干扰等因素的影响，推进国企改革难度大，引致的改革摩擦大，因此要循序渐进、积极稳妥推进，既不能操之过急，也不能久拖不决。

四是深入推进行政体制改革。行政体制改革既能从供给侧提升要素配置和利用效率，又能从需求侧促进和优化总需求，还能为其他领域改革创造环境。改革开放以来，行政体制改革对经济增长保持了比较稳定的贡献率。由于行政体制改革对经济增长的影响比较间接，不能在量化分析中完全表现出来，预测结果显示，未来行政体制改革的增长效应低于其他领域，但它是顺利推进其他领域改革的前提和保障，应在这两年简政放权改革基础上，进一步深入推进。

五是发挥好科技体制改革的核心作用。从发展阶段看，我国已经跨过了"全要素生产率门槛"，经济增长动力正在由要素驱动转向创新驱动。创新是引领未来发展的第一动力，科技体制改革则是经济保持中高速增长的引擎。"十三五"时期，必须深入实施创新驱动战略，加快完善科技创新体制，促进产学研协同创新，使科技成果真正转化为现实生产力，更好地发挥科技进步对经济增长的驱动作用。

六是发挥好对外开放体制改革的扩容作用。对外开放既能使我国深度融入全球价值链体系，从供给侧提高劳动生产率并进一步优化要素投入结构，也能从需求侧扩大和优化总需求，因而可以扩大其他领域改革发挥作用的空间。过去 30 多年，对外开放体制改革在经济增长中保持稳定的贡献率。从预测结果看，对外开放体制改革未来从供给侧和需求侧均可对经济增长产生较大促进作用。因此，应围绕着充分利用两种资源、两类市场和两类规则，加快完善全方位、高水平对外开放的体制机制。

七是发挥好综合配套改革的组合效应和减震作用。增强改革的综合配套性，是过去 30 多年我国改革红利得以充分释放的重要经验，也是未来顺利深化改革的有效方式。从历史看，户籍与土地制度改革、财税与行政体制改革之间存在明显的组合效应，改革配套性增强，不仅可以充分释放单个领域改革的增长红利，而且关联互动所产生的组合效应也能促进经济增长；随着改革配套性增强，改革摩擦对经济增长的负面影响在逐步减弱。尽管从预测结果看未来改革摩擦处于历史较低水平，但深入推进改革仍然可能产生难以预料的风险和成本，影响增长潜力挖掘和有效需求释放。未来，进一步提高改革的关联性、配套性和耦合性，在更好地发挥制度组合对经济增长拉动作用的同时，将改革摩擦对经济增长的负面影响降到最低程度，发挥好综合配套改革的减震作用。

八是发挥好重点领域改革的长短结合效应。长期看，重点领域改革能够从供给侧增加要素投入、改善要素使用环境、提高要素配置利用效率等，为经济长期持续增长提供动力支撑；短期看，能够从需求侧提振有效需求，这既可使生产要素和生产能力得以充分利用，使经济实际增长更接近潜在增长趋势，也可减缓投资、消费、出口需求波动，使短期经济增长更为平稳。因此，深化重点领域改革，要着眼于挖掘经济长期增长潜力和提振短期增长动力，充分发挥好长短结合效应。

（二）深化重点领域改革的具体建议

根据十八届三中全会的战略部署，结合当前重点领域改革不到位影响经济增长的症结，以增强重点领域改革的增长效应为主要目标加快深化改革。

1. 加快要素市场化改革

围绕形成产权清晰、功能完善、流动顺畅、统一开放、竞争有序的现代要素市场体系，加快土地、户籍、金融、科技等领域的市场化改革。

（1）改革完善土地制度

一是围绕"还权赋能"和"内涵挖潜"，加快完善城乡土地使用制度，努力提高城乡土地资源配置和利用效率。完善农村土地所有权、承包权、经营权分置制度，切实赋予农民对承包地占有、使用、收益、流转及承包经营权抵押、担保权能；建立健全土地承包经营权流转市场，引导农民规范流转土地承包经营权，提高劳动生产率和土地产出率。依法保障农民宅基地的财产性收入权利，开展宅基地融资抵押、适度流转、自愿有偿退出试点；严格执行一户一宅政策，对超过法定面积的宅基地实行有偿使用，提高宅基地利用效率。加强城市土地二次开发利用，积极探索工业用地到期退出机制，建立健全节约集约用地的激励约束和监督机制。

二是充分发挥市场在土地转化用途和出让中的决定性作用，提高土地资源配置效率。加快建立城乡统一的建设用地市场，在符合规划、用途管制和依法取得前提下，推进农村集体经营性建设用地与国有建设用地同等入市、同权同价，在提高城乡土地资源配置和利用效率的同时，增加农民的财产性收入。深化国有建设用地有偿使用制度改革，严格对经营性基础设施和社会事业用地实行有偿使用。完善工业用地市场化配置制度，在"招拍挂"基础上，允许分期分阶段出让、弹性出让、先租后让、租赁制等多种供地方式，提高土地配置效率。

三是改革完善征地制度，使农村居民充分分享城镇化工业化进程中的土地增值收益。健全集体土地征收制度，缩小征地范围，规范征收程序，完善被征地农民权益保障机制，形成由资产安置、社保安置、就业安置组成的多元安置机制。建立健全农村集体经营性建设用地增值收益分配制度，合理提高个人收益比例，提高农村居民收入、提振消费需求。

（2）深化户籍制度改革

以剥离户籍与福利的内在联系为核心，深化户籍制度改革，建立健全"人地财"挂钩机制，配套推进公共服务、土地、财税等领域改革，在稳定和增加劳动力供给，充分发挥户籍制度改革的劳动力参与扩大效应、结构重配效应和技术提升效应的同时，挖掘农民工市民化后带来的有效需求。

建立新型户籍准入制度。近中期，除了超大城市和特大城市要以具有合法稳定就业和合法稳定住所（含租赁）、参加城镇社会保险年限、连续居住年限等为主要条件，实行差异化落户政策外，其他城市都应推进有能力在城镇稳定就业和生活的农业转移人口举家进城落户，并与城镇居民享有同等权利和义务。远期，逐步实现户籍准入一元化管理，全国除少数特大城市外，其他城市户籍管理与公共服务彻底脱钩，回归其人口信息登记的社会管理职能。

推进公共服务与户籍制度协同改革。推进农业转移人口与城镇居民公共服务均等化：完善"就地入学"的管理服务机制，加快解决随迁子女的基础教育、异地中考、高考问题；扩大养老保险覆盖范围，将新农保与城镇职工养老保险进行对接；将外来人口纳入城镇住房保障体系，为外来人口提供与城镇居民相同的失业、工伤、生育等保险。建立政府、企业、社会共同分担农业转移人口市民化成本的机制。

推进户籍制度与土地制度联动改革。在加快农村土地"还权赋能"基础上，建立土地和农村集体资产退出机制。经济发达和靠近城市地区的进城落户农民，可以通过市场流转机制退出承包地和宅基地，边远和经济落后地区可探索进城农民交出土地后国家或地方政府给予补偿，补偿金主要来自政府征收宅基地所占建设用地指标转让收入，进城农民原承包地和宅基地归还农村集体和农村社区。加快农村集体资产股份制改造，鼓励农民持股进城。加快建立城镇建设用地同户籍人口增加规模挂钩机制，提高流入地政府推进农业转移人口市民化的积极性。

配套推进财税体制改革。加快理顺中央和地方的事权关系，建立事权和支出责任相适应的制度，完善地方税体系，完善转移支付制度，增强地方政府提供基本公共服务的能力。建立健全财政转移支付、财政性建设资金对城市基础设施补贴数额同农业转移人口市民化挂钩等激励机制，鼓励地方吸纳农业转移人口落户，延缓40岁以上劳动力返乡回流，引导农业转移人口有序落户城镇。

（3）深化金融体制改革

加快形成满足各类企业融资需求的金融体系，发挥金融体制改革的资本积累效应。扩大民间资本进入银行业，发展普惠金融和中小微金融，促进信贷市场供给主体多元化；积极发展多层次资本市场，促进主板、中小企业板、创业板等交易所市场与"新三板"等柜台交易市场协调发展，大力发展产权交易市场；实施股票发行注册制，完善债券的市场化发行机制，努力拓宽企业融资渠道，在提高金融服务实体经济效率的同时，增加城乡居民投资渠道和财产性收入。完善地方发债机制，加快研究设计永续债、基础设施建设可持续债券等新型地方政府债务融资工具，提高地方政府融资能力。

深化利率和汇率市场化改革，提高金融资源配置效率，充分发挥金融体制改革的效率改善效应。加快形成中央银行对市场基准利率更有效的调控机制，通过推进银行体系改革加快利率传导渠道的疏通，切实发挥存款保险制度的作用，抓紧完善信用评级体系，推动存贷款利率实现真正意义的市场化。继续完善人民币中间价形成机制，逐步建立起基于市场供求状况的自由浮动汇率制度。

创新金融服务，提高对技术创新的资本支撑，充分发挥金融体制改革的技术提升效应。积极培育天使投资和种子基金，鼓励大企业设立公司创投基金，放松对金融机构参与创业投资的限制。积极发展金融支持创新的投贷联动模式，对创业创新活动给予有针对性的股权和债权融资支持。探索设立专门服务于创业创新的、兼有股权投资、信贷等功能的金融机构。加快发展知识产权质押贷款、专利许可费收益权证券化、专利保险等金融服务。建立新三板与创业板之间的转板机制，加强股票市场支持创新的功能。

（4）完善科技创新体制

提高科技资源配置和利用效率，加快形成支撑技术进步和经济增长的整体合力。打破行政主导和部门分割，整合科技资源，建立由市场决定技术创新项目和经费分配、成果评价的机制，健全科技报告、创新调查、资源开放共享机制，建立健全对科技计划实施的第三方评估机制。建立开放、竞争、流动的用人机制，促进人才在企业、高校院所之间双向自由流动。完善人才评价激励机制，更加注重研究质量、原创价值和实际贡献，保障人才以知识、技能、管理等创新要素参与利益分配，提高科技人员创新创业积极性。改革基础教育和高等教育制度，大力发展职业教育和终身教育，促进人力资本素质提升，为创新创业提供人力资本支撑。

加快产学研协同创新，提高科技成果转化率，促进更多科技成果转化为现实生产力。建立产学研协同创新机制，强化企业创新主体地位，推进应用型技术研发机构市场化、企业化改革。扩大高校和科研院所自主权，全面下放创新成果处置权、使用权和收益权，提高科研人员成果转化收益分享比例。建立大学、科研机构研究成果转化机制和绩效考核机制，促进高校、科研机构以技术许可、技术转移为主实现成果产业化。推动科技创新与大众创业、万众创新有机结合，鼓励各类主体开发新技术、新产品、新业态、新模式，努力创造新供给、释放新需求。

2. 深化国有企业改革

加快完善国有资产管理制度和国有企业产权制度，充分发挥国有企业改革的效率改善效应。改组组建国有资本投资运营公司，改革和完善以管资本为主的国有资产管理体制，稳步推进经营性国有资产集中统一监管，建立覆盖全部国有企业、分级管理的国有资本经营预算管理制度，提高国有资本配置和运营效率。积极稳妥发展混合所有制经济，完善国有企业激励约束机制，努力提高国有经济的经营绩效，健全促进经济高效增长的微观机制。

加快国有资本布局战略性调整，为民营经济释放生产要素资源和发展空间，发挥好国企改革的要素重配和市场重构效应。按照分类改革、分类发展、分类监管、分类定责、分类考核的思路，推进国有经济布局战略性调整，健全国有资本合理流动机制，在不断提高国有经济整体素质的同时，释放出资金、土地等生产要素资源和市场空间，通过要素重配和市场重构促进经济增长。

加快培育有效竞争的市场主体，提高企业的创新能力和动力，充分发挥国有企业改革的技术提升效应。加快国有企业公司制股份制改革，完善现代企业制度、公司法人治理结构，建立国有企业职业经理人制度，完善差异化薪酬制度和创新激励，构建一批大中型现代公司制企业。配套推进要素市场化改革，倒逼企业创新，充分发挥大企业对中小企业的创新带动作用。

3. 完善行政和财税体制

以理顺政府与市场、政府与企业、中央与地方之间关系为重点，加快完善行政和财税体制，加快形成市场决定资源配置、政府与市场有效调节、中央与地方积极性充分发挥的政府管理经济新格局。

（1）深化行政体制改革

深化简政放权改革，建立监督放权实效的长效机制。加快优化权力配置，加强央地间"纵向贯通"和部门间"横向联通"，推进简政放权改革向纵横联动、协同并进转变。按照纵向权利下放条理化、横向权利配置系统化思路，合理配置纵横权力，确保权利同步放、协调放、放到位，进一步激发市场主体活力。健全权力下放的督查检查机制，做好权利下放、对接与利用的第三方评估。

建立健全权力清单、责任清单、负面清单管理模式，有效发挥市场在资源配置中的决定性作用。按照职权法定原则，积极探索建立规范、全覆盖的政府权力清单制度，做到"法无授权不可为"。按照权责一致原则，探索建立明确、可问责的政府责任清单制度，做到"法定职责必须为"。按照公平竞争原则，加快建立公开、可调整的负面清单管理制度，做到"法无禁止即可为"。通过严格划定政府与市场、社会的权责边界，最大限度减少政府对市场和企业的干预，降低制度性交易成本，激发社会投资。

加强事中事后监管，规范市场竞争秩序。制定科学有效的市场监管规则、流程和标准，创新监管机制和监管方式，建立跨部门、跨行业的综合监管和执法体系，运用市场、信用、法治等手段协同监管，构建全过程、立体式、开放型、现代化的政府监管体系，提高政府监管效能，规范市场竞争秩序。

深化投资审批体制改革，促进结构优化重配。建立企业投资项目管理权力清单、责任清单制度，更好落实企业投资自主权。进一步精简投资审批，减少、整合和规范报建审批事项，建立企业投资项目并联核准制度。改善"中央补助地方的投资项目资金"使用效果，由部门分散拨付转变为统一拨付，采取打捆下拨方式，由省级统筹安排，根据区域差异进行自主调节。

（2）深化财税体制改革

以增值税分享改革为重点调整完善中央与地方分税制，促进更多要素参与经济活动。按照"减少共享税种、规范税种划分"的思路改革完善分税制，将增值税作为中央转移支付的固定资金来源，联动推进企业所得税划归中央税改革，把适合作为地方收入的税种下划给地方，加快完善地方税体系，增加地方发展能力。

以功能完善为重点改革税收体系，提高要素参与效率。建立综合与分类相结合的个人所得税制，适当调整个人所得税税率。清理或归并现行交易、保有环节各类税费，开征房地产税，实行差别征税。按照"立税清费"原则推进资源税改革，以探矿权、采矿权使用费为基础，全面征收资源租，进一步扩大征收范围和适度提高税率。将排污费与相关税费整合改造为独立的排污税，并逐步扩大征收范围。

统筹协调行政分权与财政分权改革，加快推进事权与支出责任划分改革，为效率改善创造良好条件。按照中央－省－市（县）三级财政架构，在各级政府间进一步明确公共服务细分职能的划分，依据事权的决策权和支出责任相对应原则，形成各类基本公共服务合理的责任共享与分担机制。将基本公共服务的决策、监督和支出责任重心向省级和中央政府上移，执行和管理责任以省及省以下政府为重心。以此为基础，实行中央集权为主、适度分权的财权分配模式。以整块转移支付为主要形式规范专项转移支付，由指定具体支出项目转为指定支出方向，提高一般性转移支付比例。

以"扩面、监督和展期"为重点深化预算制度改革，提高公共资源使用效率。构建全口径复式预算体系，扩大国有资本经营预算征收范围和提高上缴比例，健全社会保险基金预算，规范政府性基金预算。建立健全预算编制、执行、监督相互制约、相互协调机制，健全各级预算审查机构，促进预算公开透明。全面推进预算绩效管理。建立全面规范、公开透明预算制度，实施跨年度预算平衡机制和中期财政规划管理，加强与经济社会发展规划计划的衔接。

4. 完善对外开放体制

以投资便利化和营造法治化、国际化、便利化的营商环境为重点推进外资管理制度改革，更好利用全球资源服务国内经济发展。加快营造公平竞争的市场环境、高效廉洁的政务环境、公正透明的法律政策环境和开放包容的人文环境。统一内外资法律法规，统一市场准入制度，统一市场监管，建立公开透明的市场规则。推进准入前国民待遇加负面清单的管理模式，促进外商投资便利化。分层次、有重点放开服务业领域外资准入限制，进一步放开一般制造业。完善外商投资监管体系，促进开发区体制机制创新和转型升级发展，提高引进外资质量。

　　加快建立完善的对外直接投资体制，提高在全球配置资源和利用要素的能力。健全备案为主、核准为辅的对外投资管理体制，健全对外投资促进政策和服务体系，提高企业对外投资的便利化程度。推进多边、区域和双边投资合作机制建设，拓展多双边产能合作机制，促进国内国际要素有序流动、市场深度融合。

　　构建更加平衡的对外开放格局，调动更多要素支撑经济增长。完善内陆开放新机制，推进整机生产、零部件、原材料配套和研发结算的内陆地区一体化集群发展。加快建设内陆地区面向东南亚、中亚、欧洲等地区的国际物流大通道。加快沿边开放，稳步发展跨境经济合作区。发挥好沿海地区对外开放门户作用。及时总结自贸试验区试点经验，适时向全国复制推广。提高贸易便利化水平，强化大通关协作机制。

　　积极拓展国际经济合作新空间，为改善经济效率创造良好条件。积极参与全球经济治理，引导全球经济议程。坚持世界贸易体制规则，坚持双边、多边、区域次区域开放合作，扩大同各国各地区的利益汇合点。加快实施自由贸易区战略，建立高标准自由贸易区网络。积极推进全球经济治理体系改革，全面参与国际经济体系变革和规则制定，增强话语权。建立国际经贸谈判新机制。形成以周边为基础、面向全球的高标准自由贸易区网络。

（郭春丽　王　蕴）

参考资料目录

［1］国家发改委经济所课题组：《已出台改革措施对宏观经济影响的初步估算》（内部研究报告），2015 年 1 月。

［2］许召元、张文魁：《国企改革对经济增速的提振效应研究》，《经济研究》2015 年第 4 期。

［3］白重恩、张琼：《中国的资本回报率及其影响因素分析》，《世界经济》2014 年第 10 期。

［4］都阳、蔡昉、屈小博、程杰：《延续中国奇迹：从户籍制度改革中收获红利》，《经济研究》2014 年第 8 期。

［5］蔡昉:《中国经济增长如何转向全要素生产率驱动型》,《中国社会科学》2013 年第 1 期。

［6］李宾:《我国资本存量估算的比较分析》,《数量经济技术经济研究》2011 年第 12 期。

［7］樊纲、王小鲁、马光荣:《中国市场化进程对经济增长的贡献》,《经济研究》2011 年第 9 期。

［8］尹振东:《垂直管理与属地管理:行政管理体制的选择》,《经济研究》2011 年第 4 期。

［9］国家发改委经济所课题组:《我国潜在经济增长率研究》,内部研究报告,2011 年。

［10］刘瑞明、石磊:《国有企业的双重效率损失与经济增长》,《经济研究》2010 年第 1 期。

［11］姚战琪:《生产率增长与要素再配置效应:中国的经验研究》,《经济研究》2009 年第 11 期。

［12］吴延兵:《自主研发、技术引进与生产率——基于中国地区工业的实证研究》,《经济研究》2008 年第 8 期。

［13］杨文举:《技术效率、技术进步、资本深化与经济增长:基于 DEA 的经验分析》,《世界经济》2006 年第 5 期。

［14］王志刚、龚六堂、陈玉宇:《地区间生产效率与全要素生产率增长率分解（1978—2003）》,《中国社会科学》2006 年第 2 期。

［15］赖明勇、张新、彭水军、包群:《经济增长的源泉:人力资本、研究开发与技术外溢》,《中国社会科学》2005 年第 2 期。

［16］颜鹏飞、王兵:《技术效率、技术进步与生产率增长: 基于 DEA 的实证分析》,《经济研究》2004 年第 12 期。

［17］张军、吴桂英、张吉鹏:《中国省际物质资本存量估算:1952—2000》,《经济研究》2004 年第 10 期。

［18］张军:《资本形成、工业化与经济增长:中国的转轨特征》,《经济研究》2002 年第 6 期。

［19］叶裕民:《全国及各省区市全要素生产率的计算和分析》,《经济学家》2002 年第 3 期。

［20］张军:《改革以来中国的资本形成与经济增长:一些发现及其解释》,《世界经济文汇》2002 年第 1 期。

［21］刘伟、李绍荣:《所有制变化与经济增长和要素效率提升》,《经济研究》2001 年第 1 期。

［22］王小鲁:《中国经济增长的可持续性与制度变革》,《经济研究》2000 年第 7 期。

［23］蔡昉、王德文:《中国经济增长可持续性与劳动贡献》,《经济研究》1999 年第 10 期。

［24］刘世锦:《宏观思考》,中国发展出版社 2000 年版。

［25］Xu Chenggang, 2011, "The Fundamental Institutions of China's Reforms and Development", Journal of Economic Literature, Vol.49, pp.1076–1151.

专题篇
ZHUANTI PIAN

第二章

重点领域改革增长红利的量化分析

改革开放以来，我国通过加快经济体制改革，促进了要素积累、盘活了存量要素、提高了要素配置效率、推进了技术进步，从而产生了巨大的体制红利效应。本章运用增长核算对改革开放以来我国体制改革与经济增长关系进行量化研究，试图厘清各项改革的增长效应，并对 2020 年前各项改革的增长效应进行模拟和预测，这有助于深刻理解我国体制变革与经济增长的数量关系，从而为未来体制改革深入实施提供指导。

一、理论框架、研究方法及数据说明

新制度经济学认为，制度是经济增长的内生变量，制度对于经济增长的推动甚至比技术更为重要。将制度纳入经济增长分析框架并进行核算，是量化体制变革的增长红利的前提条件。

（一）理论框架

现代经济增长理论认为，经济增长的源泉在于要素积累与技术进步，这也是新增长理论研究的两个重要层面（Lynn，2009）。而随着新制度经济学对制度促进经济增长机理研究的深入，制度逐渐成为内生变量，进入现代经济增长模型（Acemoglu，2009）。因此，从增长核算角度，现有文献认为经济增长的源泉有资本、劳动和全要素生产率三个部分，而全要素生产率包括技术进步、制度变革和其它因素。

为了分析体制变革对经济增长的影响，我们对基本的增长核算框架进行调整，认为增长的主要源泉是资本与劳动要素的增加以及配置效率与技术效率带来的全要素生产率提高。其中，劳动与资本的增加分为非制度性要素积累和制度性要素积累：非制度性要素积累主要表现为要素的自然与趋势性积累；制度性要素积累主要是通过体制变革释放存量要素，同时通过经济组织优化实现要素节约，从而相当于增加了要素供给。全要素生产率的提高有赖于配置效率的提升，其分为两个部分：一是技术进步带来的技术效率提升，另一方面是体制改革带来的整体效率提升。本章设定的增长核算框架如图2-1所示。

根据这一框架，我们将增长贡献分为五个部分：第一部分为非制度性因

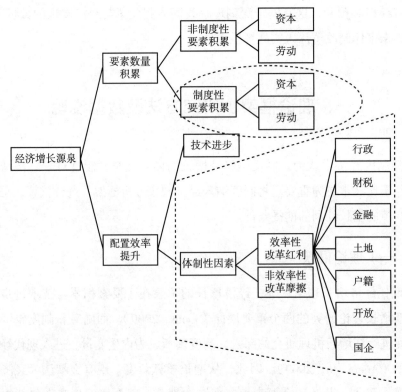

图2-1　经济增长因素机制示意图

素资本和劳动数量增长的贡献；第二部分为制度性因素导致的资本与劳动数量增长的贡献，包括财税、金融和对外体制改革对资本数量的影响，以及户籍等制度改革对劳动力数量的影响；第三部分为制度性与非制度性因素带来技术进步的贡献，因为二者相互影响较大，且协同发挥作用，故本研究在核算中并未区分这两个因素；第四部分为体制改革带来效率提升的贡献，主要包括土地、户籍、金融、科技、国企、财政、行政、对外开放等方面的体制红利；第五部分为改革摩擦及其他因素对经济造成的干扰，即核算中的残差余值，一般为负贡献（樊纲，1996；刘世锦，2000；李佐军，2015）。从本研究目的出发，我们重点关注第二部分和第四部分对经济增长的贡献变化。

表 2-1　经济增长核算因素的分解

	要素数量	配置效率	技术进步	残差余值
制度性因素	资本、劳动	效率性改革红利	科技体制改革	制度调整摩擦
非制度性因素	资本、劳动	—	技术适应性变迁	其他因素

（二）研究方法

运用生产函数法，对 1978—2013 年要素和全要素生产率对经济增长的贡献进行核算，然后从改革的角度对全要素生产率、资本和劳动力投入的贡献进行分解，测算改革通过全要素生产率渠道和通过要素投入渠道对经济增长的总体贡献。

1. 关于资本、劳动力和全要素生产率贡献的测算

采用标准生产函数的对数形式，运用增长核算法测算资本、劳动力和全要素生产率的贡献：

$$\ln Y_t = \ln A_t + \alpha \ln K_t + \beta \ln L_t + \upsilon_t \tag{1}$$

其中，Y_t 为实际 GDP，K_t 为实际资本存量，L_t 为劳动力投入，A_t 为全要

素生产率，α 和 β 分别为资本和劳动的产出弹性，假定生产函数规模报酬不变，则 α+β=1。

2. 关于重点领域改革通过全要素生产率对经济增长贡献的测算

采用如下计量模型，测算重点领域改革通过全要素生产率渠道对经济增长的贡献：

$$\ln A_t = \eta \ln rfm_t + \gamma \ln tech_t + \varepsilon_t \tag{2}$$

$$\ln A_t = \eta' \ln rfm_{jt} + \gamma \ln tech_t + \xi_t \tag{3}$$

其中，rfm_t、$tech_t$ 分别表示改革和科技进步；rfm_{jt} 则为土地、户籍、金融、科技、国企、财政、行政、对外开放等分领域改革变量的向量组合，拟用改革指数表示。根据模型估计参数后，可以得到改革、科技进步对全要素生产率和经济增长的贡献度分别为 $\eta \dot{rfm}_t/rfm_t$ 和 $\gamma \dot{tech}_t/tech_t$，对经济增长的贡献率则分别为 η（$\dot{rfm}_t/rfm_t$）/（$\dot{gdp}_t/gdp_t$）*100 和 γ（$\dot{tech}_t/tech_t$）/（$\dot{gdp}_t/gdp_t$）*100；分领域改革对全要素生产率和经济增长的贡献度为 $\eta' \dot{rfm}_{jt}/rfm_{jt}$，对经济增长的贡献率则为 η'（$\dot{rfm}_{jt}/rfm_{jt}$）/（$\dot{gdp}_t/gdp_t$）*100。将全要素生产率分解为改革和技术进步后，测算中还将出现残差余值部分，我们将其理解为改革摩擦及其他因素，即新制度经济学中的"制度非中性"（樊纲，1996；刘世锦，2000），一般为负贡献。

3. 关于重点领域改革通过要素投入对经济增长贡献的测算

测算重点领域改革对要素投入增量的影响，并计算要素投入增量占整个要素投入的比例，然后从要素投入对经济增长的贡献中，拆分改革通过要素投入对经济增长的贡献。重点领域改革对资本投入的影响，主要来源于财政、金融、对外开放等三个领域。财税体制改革对年度资本投入的影响，我们基于地方土地出让收入占地方财政收入比重、地方财政收入占全国财政收入比重推算由于分权激励带来的全社会固定资产投资规模（如 2010 年以来，全社会固定资产投资中大约有 1/10 是由于分权激励增加的量）。对外开放对资本投入的影响，主要用每年实际利用外资金额按比例折算得到。金融体制改革的资本增加效应，以非国有金融机构提供的贷款量占固定资产投资中国内贷款的比例表示。估算出上述三个领域改革的资本增加效应后，使用永续盘存法推算出每年由于改革新增的资本存量，得到改革对每年资本存量增量（由历史数据拟合得到）的贡献，最后由资本存量对经济增长的贡献得到由于改革而增加的资本存量的经济增长效应。对于户籍改革对劳动力投入的影响，将农村每年新增18周岁成年人口中参加就业的一定比例作为户籍制度改革导致的新增劳动力，然后按照比例分配法，从全社会劳动力对经济增长的贡献度中计算得到这部分新增劳动力的经济增长效应。

（三）数据说明

劳动力数量和资本存量的估算是增长核算的关键。由于对二者估算的差别，现有研究测算的全要素生产率的结果存在较大差异。本研究专门构造了体制改革指数，以此来估计体制改革的增长效应。

1. 资本、劳动历史数据

在增长核算时，产出使用 GDP 平减指数折算成 1978 年价格水平计价的实际 GDP。劳动力投入则采用国家统计局公布的 1978—2013 年就业人数。实际资本存量采用永续盘存法计算得到，运用这一方法计算时，需要确定基期资本存量、投资额、投资价格指数和折旧率。本文直接采用李宾（2011）估算的投资价格指数，基期资本存量及折旧率与张军等（2004）的研究相一致，名义投资额则直接采用国家统计局公布的历年固定资本投资总额，并根据投资价格指数折算成实际数 [①]。

2. 劳动力投入预测

改革开放以来，中国有利的生产型人口结构使得适龄劳动力人口数量大量增加，不仅从总量上保障了劳动力投入的持续增长，还压低了劳动力供给成本，产生人口红利效应。然而，随着中国人口老龄化推动人口结构步入拐

[①] 2003 年以后，国家统计局公布的固定资本形成总额中不再包括土地出让金的统计数据，因此，为保证指标的前后一致性，我们继续采用土地出让金的固定资本形成总额数据。考虑到土地出让金在固定资本形成总额中的比例相对较小，这样处理，并不会改变固定资本形成总额的变化趋势。

点时期及劳动力转移达到刘易斯转折点以后，中国人口总量增速、适龄劳动力增速和就业人口增速都呈现出持续下降趋势，这使得劳动力供给成本进入长期上升通道，人口红利效应也逐步消失。根据联合国人口委员会（2015）的数据，中国人口增长率在2010年达到峰值后迅速下降，而相应地，老龄人口增长率则呈现出迅速上升态势，在2018年达到新中国成立以来的最高值5.44%，这导致适龄劳动力增长率呈现出迅速下降的趋势，由2010年的0.93%下降到2016年的0.02%，此后增长率转为负数。伴随人口和适龄劳动力增速的转折性变化，中国就业人口增速也将呈现趋势性下滑。结合中国人口、适龄劳动力及2009年以来就业人口的变化趋势，假定2015年至2020年中国就业人口年均增速下降到0.2%，则预计到2020年就业人口总数达到7.81亿。

表2-2 中国人口及就业变化趋势

（单位：亿人，%）

年份	人口		（15—64）适龄劳动力		就业人口	
	总数	增速	总数	增速	总数	增速
1978	9.57		5.53		4.02	
1992	11.99	1.34	7.78	1.44	6.62	1.01
2002	12.95	0.58	8.95	1.88	7.33	0.66
2013	13.86	0.62	10.13	0.29	7.70	0.36
2014	13.94	0.59	10.14	0.15	7.73	0.36
2015	14.02	0.56	10.15	0.02	7.73	0.20
2016	14.09	0.52	10.13	−0.13	7.74	0.20
2017	14.16	0.49	10.11	−0.22	7.76	0.20
2018	14.22	0.45	10.08	−0.27	7.77	0.20
2019	14.28	0.40	10.06	−0.24	7.79	0.20
2020	14.33	0.36	10.04	−0.18	7.81	0.20

注：2015—2020年数据为联合国预测的中国人口增长数据。

3.实际资本存量预测

从历史数据来看，1992 年以来，中国高储蓄率和高资本形成率使得中国实际资本存量增速长期保持在 10% 以上，国际金融危机以来，实际资本存量增速甚至超过 15%。然而，这种高储蓄率—高投资率支撑的资本增长模式越来越不可持续，其原因有：一是随着劳动年龄人口绝对数量下降、抚养比提高，人口红利已经消失，储蓄率也倾向于降低，投资率也将随之下降。根据中国社科院人口与劳动经济所的测算，中国人口抚养比在 2014 年达到拐点，此后开始上升，预计到 2020 年将达到 39.7%。而根据国家发展改革委经济研究所（2011）对人口抚养比与储蓄率关系的测算，人口抚养比每上升 1 个百分点，储蓄率将下降 0.8 个百分点，则 2011 年至 2020 年人口结构的变化使得储蓄率下降 2.8 个百分点，受此影响，中国投资增长步伐放缓。二是白重恩等（2014）和蔡昉（2013）认为，受资本回报率递减的影响，未来中国投资率增速也将出现下降趋势，按照白重恩等（2014）的方法，蔡昉（2013）预测 2012 年至 2020 年中国资本存量年均增长率约为 12.99%，这与 2001 年至 2013 年中国实际资本存量增速基本相同。考虑到过去支撑资本存量高速增长的因素逐步衰退，我们假定 2014 年至 2020 年中国实际资本存量年均增速将会下降，结合国家发展改革委经济研究所（2011）对实际资本存量增速的设定，假定乐观情景下这一时期实际资本存量年均增速将下降到 1978 年至 2014 年的水平，为 10.0%，次乐观和基准情景下的实际资本存量增速则分别比乐观情景下降 0.5 和 1 个百分点。

表 2-3　资本存量数据估算与预测

（单位：亿元）

	历史数据	基准情景	次乐观情景	乐观情景
1978	6301.202	—	—	—
1979	6824.923	—	—	—
1980	7426.126	—	—	—
1981	7945.663	—	—	—

续表

	历史数据	基准情景	次乐观情景	乐观情景
1982	8534.618	—	—	—
1983	9227.975	—	—	—
1984	10153.1	—	—	—
1985	11280.48	—	—	—
1986	12518.65	—	—	—
1987	13985.95	—	—	—
1988	15552.72	—	—	—
1989	16578.95	—	—	—
1990	17597.36	—	—	—
1991	18905.17	—	—	—
1992	20736.33	—	—	—
1993	23247.65	—	—	—
1994	26320.37	—	—	—
1995	29836.23	—	—	—
1996	33662.36	—	—	—
1997	37533.25	—	—	—
1998	41760.57	—	—	—
1999	46152.66	—	—	—
2000	50934.45	—	—	—
2001	56280.29	—	—	—
2002	62682.71	—	—	—
2003	70826.03	—	—	—
2004	80346.59	—	—	—
2005	90948.93	—	—	—
2006	103596.9	—	—	—
2007	117967.3	—	—	—

续表

	历史数据	基准情景	次乐观情景	乐观情景
2008	134140.8	—	—	—
2009	155722	—	—	—
2010	179759.5	—	—	—
2011	205463.3	—	—	—
2012	233366.7	—	—	—
2013	263819.4	—	—	—
2014	—	287563.1	288882.2	290201.3
2015	—	313443.8	316326	319221.4
2016	—	341653.7	346377	351143.6
2017	—	372402.6	379282.8	386257.9
2018	—	405918.8	415314.7	424883.7
2019	—	442451.5	454769.6	467372.1
2020	—	482272.1	497972.7	514109.3

数据来源：课题组测算。

4. 改革指数和技术进步指数

定量考察改革对经济增长的影响，必须有一套度量改革进程的指标体系。我们选取了表征户籍、土地、金融、国企、财政、行政、对外开放等七个领域改革效果及科技进步成效的指标，采用最大最小值无量纲方法对二级指标数据进行标准化处理，得到二级指数，并进一步采用专家打分法（德尔菲法）获得二级指数和一级指数权重，最后采用线性加权方法合成得到七大领域改革指数和科技进步指数[①]。在构建分领域改革指数的基础上，综合运用主成分分析方法和德尔菲法确定分领域改革指数的权重，然后加权平均构

[①] 开放指数构建方法略有差异，首先采用主成分方法分析二级指标数据获得二级指数，并进一步进行主成分分析得到一级指数与开放改革指数主成分序列，最后采用最小最大值无量纲方法标准化开放改革指数主成分序列，得到开放指数。

建了重点领域改革（总）指数。我们构建的改革指数具有如下几个特点：第一，选用表示改革效果的指标反映改革相对进程，根据不同时期的改革重点，确定相关领域改革的分项指数和分领域改革指数的权重，保持了跨年度数据的可比性；第二，使用基本一致的指标体系对不同时期的改革进程进行持续测度，从而提供了一个反映制度变革效果的稳定的观测框架；第三，与以往大多研究仅使用一个或几个代理变量（例如非国有经济的发展、对外开放度等）来反映改革相比，我们对研究的七个重点领域共选择了39个指标来合成改革（总）指数（表2-4），比较全面涵盖了改革开放以来我国已经推进及未来继续推进的重点领域改革，而且在选取各个领域衡量改革效果的指标时，尽量避免把反映发展程度的变量同制度变量相混淆；第四，采用客观指标，同时结合专家对各时期不同领域改革的重要性赋权，衡量不同时期改革的深度和广度，避免了某些国外研究中单纯根据主观评价或印象打分而导致的偏颇。

表2-4　重点领域改革指数指标体系

改革领域	一级指标	二级指标
户籍制度	劳动参与率扩大	1. 农民工作时间净增加
		2. 农村人口就业参与率
	城乡劳动力再配置	3. 农转非产出净增加
		4. 城乡劳动力流动性
	农村转移劳动力素质提升	5. 农民工人力资本净增加
金融体制	金融市场规模	1. 间接融资规模
		2. 直接融资规模
	金融市场结构	3. 融资结构
		4. 金融机构存款民营化
		5. 金融机构资产民营化
	金融市场化程度	6. 金融相关率
		7. 金融中介效率
		8. 利率市场化

续表

改革领域	一级指标	二级指标
土地制度	土地集约利用 （延长承包期和流转）	1. 农业用电强度
		2. 农业机械化程度
		3. 农业有效灌溉程度
		4. 农业土地生产率
		5. 非农土地生产率
	城乡土地再配置	6. 农转非土地产出净增加
	城市土地市场化配置	7. 城镇建设用地市场化
国有企业改革	国有经济绩效	1. 国有工业企业每单位固定资产净额的亏损额
		2. 国有工业企业每单位固定资产净额的利润额
	所有制结构	3. 国有单位就业人数占全国就业人数的比重
		4. 国有固定资产投资占全社会固定资产投资的比重
	国有经济布局	5. 建筑业中国有企业就业人数占比
		6. 金融业中国有企业就业人数占比
财税体制	税制改革	1. 税负离差
	财政分权	2. 分权离差
	财政资金使用	3. 预算透明度
行政体制	行政分权	1. 行政收入占地方财政收入比重
		2. 行政管理费（一般公共服务）占财政支出比重
	投资权下放	3. 非公有制企业投资占比
		4. 国有银行与企业自筹资金占比
对外开放领域	对外贸易	1. 货物和服务贸易额占全球贸易总额的比重
		2. 国外技术引进合同金额占 GDP 比重
	利用外资	3. 实际利用外国直接投资占全球直接投资比重
		4. 工业增加值中外商投资企业的比重
	对外投资	5. 对外直接投资占 GDP 比重
		6. 对外承包工程合同金额占 GDP 比重

改革领域	一级指标	二级指标
技术进步	科技投入规模与结构	1. R&D 经费支出占 GDP 比重
		2. 科技拨款占公共财政比重
		3. R&D 人员全时当量
		4. 每万个劳动力中 R&D 人员数
		5. 基础研究经费占比
	科技资源市场化程度	6. 技术市场成交额
		7. 技术开发合同数
		8. 技术转让合同数
		9. 技术咨询合同数
	科技与经济结合程度	10. 科技成果转化率
		11. 高技术企业研发机构个数
		12. 大中型企业平均研发投入占主营业务收入比例
		13. 高技术企业 R&D 项目数
	科技产出数量与质量	14. 每万人口发明专利拥有量
		15. 国内外发明专利有效数
		16. 国内外实用型专利有效数
		17. 国外主要检索工具收录论文总数
		18. 高技术产品出口占工业制成品出口额比重

图 2-2 是我们测算的改革开放以来分领域改革指数和技术进步指数，图 2-3 是重点领域改革（总）指数。从图 2-3 可以看出，重点领域改革（总）指数呈现出波浪形上升趋势，其中，1978—1984 年、1992—2000 年、2003—2005 年是改革指数上升比较快的年份，恰与改革开放以来我国三轮改革密集期相对应。其他时期受改革效应递减的影响，改革指数缓慢上升，个别年份如 1985 年、1989—1991 年改革指数下降，与 80 年代中后期改革处于探索之中，重点领域改革没有取得明显进展有关。

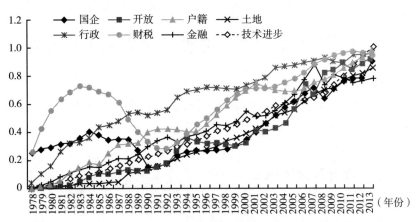

图2-2　1978—2013年重点领域改革指数和技术进步指数

数据来源：课题组测算。

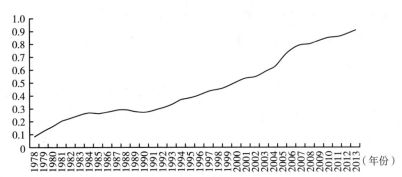

图2-3　1978—2013年中国经济体制改革指数（总）指数

数据来源：课题组测算。

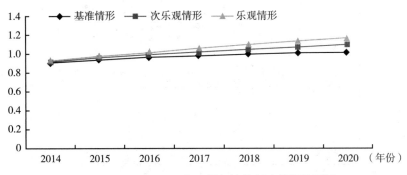

图2-4　2014—2020年中国经济体制改革指数预测

数据来源：课题组测算。

二、要素积累及全要素生产率的贡献测算

为了核算体制改革对经济增长的贡献，我们先对全要素生产率（TFP）进行核算，并分阶段进行分析和解释。

（一）增长核算结果

长期来看，经济增长主要由资本、劳动力、全要素生产率等因素决定。运用生产函数方法，我们对 1978 年至 2013 年中国经济增长源泉进行了核算。从核算结果来看，全要素生产率的整体变化趋势与改革进程大体对应。第一阶段为改革摸索期的 1978—1992 年，以家庭联产承包责任制为核心的改革在农村展开，农村劳动生产力得到极大解放，随后的国有企业改革直接或间接催生了中国经济发生一系列巨大变化，受此影响，全要素生产率和 GDP 增速均出现明显波动；第二阶段为改革攻坚期的 1993—2002 年，随着邓小平南巡讲话和"建立社会主义市场经济体制"改革目标的确立，及在财税、金融、外汇管理、企业制度和社会保障等方面采取了重要改革措施，宏观经济体系的建立和

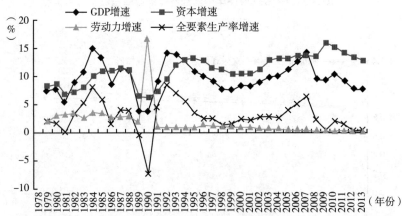

图2-5　1978—2013年生产要素与全要素生产率及GDP的变动趋势（单位：%）

数据来源：课题组测算。

所有制改革取得重大进展，在此背景下，全要素生产率及 GDP 增速的波幅渐趋平稳并保持高速增长；第三阶段为改革深化阶段的 2003—2013 年，以加入世贸组织为标志，中国积极融入全球化浪潮，进一步提高了对外开放水平，激发了经济活力，促进了新一轮高速增长，在此期间，全要素生产率与 GDP 增速均呈现出温和上升趋势。2008 年金融危机前后，由于内外原因导致的改革进程放缓，体制调整带来的红利逐步消褪，全要素生产率与 GDP 增速呈现出双双下降趋势。

表 2-5 列出了本研究核算的分阶段全要素生产率，与李善同等（2005）、陈彦斌等（2012）、祝宝良等（2015）、樊纲等（2011）的估计结果较为接近，但也略有差异。存在差异的原因有：一是研究时间段不同；二是资本存量与劳动力投入的计算方法存在差异，本文资本存量核算主要采用张军等（2004）所设定的初始资本存量和折旧率，劳动力核算采用国家统计局公布的历年就业人数指标；三是是否将人力资本直接纳入核算方程，本文与李善同等（2005）、祝宝良等（2015）采用相同方法，仅考虑了资本、劳动力和全要素生产率三大要素。根据核算结果，可以看到，资本投入和劳动力投入及全要素生产率对经济增长的贡献率存在显著差异，并且在中国改革开放的不同阶段，生产要素的供给水平和全要素生产率的提高方式皆具有阶段性特点，其对经济增长的贡献也呈现出阶段性变化特征（见表 2-5）。

表 2-5　不同时段生产要素与全要素生产率对经济增长的贡献率

（单位：%）

时　段	GDP 年均增速	资本投入		劳动力投入		全要素生产率	
		年均增速	对经济增长的贡献率	年均增速	对经济增长的贡献率	年均增速	对经济增长的贡献率
1978—2013	9.8	11.3	61.1	1.9	9.0	2.9	29.9
1978—1992	9.4	8.9	50.1	3.6	18.2	3.0	31.7
1993—2002	9.8	11.7	63.0	1.0	4.9	3.2	32.0
2003—2013	10.2	14.0	72.6	0.4	2.1	2.6	25.3

数据来源：课题组测算。

（二）核算结果总体分析

根据核算结果，可以得出以下几个基本结论。

从历史演进趋势看，资本投入对经济增长贡献最大，全要素生产率贡献次之，劳动投入贡献最小。改革开放 35 年间，中国经济年均增长率为 9.8%，资本投入、劳动力投入和全要素生产率的平均贡献率分别为 61.1%、9.0% 和 29.9%，物质资本投入是中国经济增长的最主要动力源泉，全要素生产率也是推动中国经济增长的重要力量，劳动力投入的贡献率则相对较低，这与学者们的研究结论较为一致（见表 2-6）。

表 2-6　与代表性学者的增长核算结果比较

	本文	李善同等（2005）	陈彦斌等（2012）	祝宝良等（2015）
资本投入对经济增长的贡献率（%）	50.1（1978—1992） 63.0（1993—2002） 72.6（2003—2013） 61.1（1978—2013）	52.0（1978—1985） 66.1（1985—1989） 60.0（1990—1997） 83.4（1997—2000） 75.0（2000—2003） 63.2（1978—2003）	45.3（1979—1990） 58.0（1990—1999） 65.9（2000—2007） 97.0（2008—2010） 59.3（1979—2010）	51.9（1978—2001） 58.6（2002—2008） 76.8（2009—2013） 57.1（1978—2013）
劳动力投入对经济增长的贡献率（%）	18.2（1978—1992） 4.9（1993—2002） 2.0（2003—2013） 9.0（1978—2013）	12.7（1978—1985） 11.7（1985—1989） 3.9（1990—1997） 5.7（1997—2000） 4.5（2000—2003） 10.6（1978—2003）	21.2（1979—1990） 8.3（1990—1999） 3.5（2000—2007） 1.8（2008—2010） 10.9（1979—2010）	13.5（1978—2001） 3.2（2002—2008） 2.3（2009—2013） 9.2（1978—2013）
全要素生产率对经济增长的贡献率（%）	31.7（1978—1992） 32.0（1993—2002） 25.3（2003—2013） 29.9（1978—2013）	35.3（1978—1985） 22.2（1985—1989） 36.1（1990—1997） 10.9（1997—2000） 19.8（2000—2003） 26.2（1978—2003）	32.8（1979—1990） 33.3（1990—1999） 30.5（2000—2007） 1.2（2008—2010） 29.5（1979—2010）	34.6（1978—2001） 38.2（2002—2008） 20.9（2009—2013） 33.7（1978—2013）

注：根据各学者们研究的结果整理所得，括号内为时间分段。

物质资本投入对经济增长贡献率最高，主要归因于物质资本存量年均增速长期高于其他要素和 GDP 的增速。改革开放以来，我国物质资本存量增速较高，年均增速达到 11.3%，明显高于我国 9.8% 的年均经济增速。物质资本存量增速较高的原因很多，归结起来主要是以下三个方面。一是中国剩余劳动力由农业向工业、由农村向城市、由国有向非国有的持续转移，人口红利缓解了资本报酬递减效应，刺激了高储蓄率和高投资率，促进了资本深化和资本宽化；二是较低的融资成本和较高的资本回报率刺激了投资高速增长；三是医疗、教育和社保等社会事业改革滞后，政府公共服务投入不足，在一定程度上迫使居民更多地进行预防性储蓄，从而提高了储蓄率和投资率，增加了资本积累。

劳动力总量对中国经济增长的贡献长期处于较低水平，主要源于劳动投入增速相对较低。1978 年至 2013 年，中国劳动力总量增速呈现出不断下降趋势，年均增速仅为 1.9%，低于 9.8% 的年均经济增速；其对经济增长的贡献率为 9%，低于同期资本积累和全要素生产率的贡献率。之所以出现这种现象，一方面源于中国处于快速工业化与城市化进程中，产业对资本的需求强度远高于对劳动力的需求，加之资本深化不断导致对劳动力的替代，抑制了劳动边际产出提高，使得劳动力对经济增长的贡献率持续下降；另一方面源于人口更新换代速度的制约，其在投入量上的变化幅度较小，1978 至 2013 年劳动力投入年均增速仅为 1.9%，远低于同期资本投入和全要素生产率增速。

全要素生产率对经济增长的贡献率保持在较高的水平，主要源于技术进步带来的资源配置效率改善。技术进步促进全要素生产率提升，原因在于以下几个方面。一是通过扩大对外开放，吸引外商直接投资，引进国外先进技术和设备、干中学以及自主创新，提升了中国技术能力，促进了全要素生产率的提升，进而促进了经济增长。二是改革开放以来，"科学技术是第一生产力"逐渐成为党中央治理经济的重要理念，使得政府和企业更加重视科技创新在经济增长和市场竞争中的作用，开始加大对技术创新的投入，研发经费投入也随之持续上升，技术进步速度加快。三是过去 30 多年，随着义务教育普及、科教兴国战略落实、高等院校扩招等政策和社会领域改革的推进，我国劳动者素质快速提升，人力资本迅速积累，进而促进技术进步和全要素生产率的不断提升[①]。

全要素生产率对经济增长的贡献率长期保持在较高水平，还源自于体制改革带来资源配置效率的改善。中国市场化导向的经济体制改革，极大地改善了经济主体的激励，激发了市场的活力和潜力，为全要素生产率和经济增长提供了稳定的制度环境。比较突出的改革措施有农村家庭联产承包责任制、国企改革、财税体制改革、户籍改革等，这些改革在很大程度上打破了各种体制障碍，促进了剩余劳动力和资本的跨部门、跨产业和跨区域流动，缓解了中国资源错配问题，促进了资源优化配置，释放了增长潜力，显著地促进了全要素生产率增长。

三、经济体制改革对经济增长的贡献测算

如上文所述，体制改革通过要素积累和TFP两个渠道促进经济增长。通过测算体制改革从两个渠道对经济增长的影响，我们通过对两个渠道的改革增长效应分析，进一步剖析经济体制改革对经济增长的实际贡献（表2-7、表2-8）。

（一）改革对增长贡献的总体分析

通过增长核算和贡献率以及贡献度分解，我们得到了改革通过要素积累和TFP提升两个渠道对经济增长的贡献率与贡献度。总体看，改革开放以来，体制改革对经济增长的贡献较大。具体来说，可以归为以下几个方面的特点。

改革对经济增长的贡献高于技术进步的贡献。改革和技术进步是全要素

[①] 一些研究将人力资本纳入技术进步范畴，来测算技术进步对经济增长的贡献率。祝宝良等（2015）测算结果表明，1978—2013年技术进步对经济增长贡献率是33.6%；樊纲等（2011）测算结果显示，1997—2007年技术进步对经济增长贡献率为29.2%；陈彦斌（2010）估算得到1979—2007年技术进步对经济增长贡献率为45.28%。

表 2-7　改革通过要素积累与 TFP 提升渠道对经济增长贡献率

（单位：%）

	要素				TFP		
	资本		劳动		体制改革	技术进步	改革摩擦
	改革	非改革	改革	非改革			
1979—2013	6.99	54.19	2.26	6.67	32.79	7.48	−11.28
1979—1992	3.16	46.46	2.99	15.47	38.73	14.40	−22.84
#1979—1984	1.39	44.34	1.87	14.19	89.68	27.72	−83.49
#1985—1992	4.06	48.02	3.55	16.43	8.65	7.08	10.75
1993—2002	11.48	53.20	2.02	3.03	35.22	4.47	−7.52
#1993—1997	11.62	46.75	1.64	2.81	36.38	4.53	−4.92
#1998—2002	10.56	58.81	2.41	3.13	30.46	4.12	−9.62
2003—2013	7.35	66.98	1.82	0.30	25.07	3.19	−2.18
#2003—2004	7.13	62.53	2.06	1.07	32.30	2.52	−7.71
#2005—2013	7.20	66.11	1.72	0.12	23.80	3.24	−1.92

数据来源：课题组测算。

表 2-8　改革通过要素积累与 TFP 提升渠道对经济增长贡献度

（单位：百分点）

	要素				TFP		
	资本		劳动		体制改革	技术进步	改革摩擦
	改革	非改革	改革	非改革			
1979—2013	0.69	5.33	0.22	0.66	3.22	0.74	−1.11
1979—1992	0.30	4.43	0.28	1.48	3.69	1.37	−2.18
#1979—1984	0.13	4.25	0.18	1.36	8.60	2.66	−8.00
#1985—1992	0.39	4.56	0.34	1.56	0.82	0.67	1.02
1993—2002	1.10	5.10	0.19	0.29	3.38	0.43	−0.72
#1993—1997	1.33	5.35	0.19	0.32	4.16	0.52	−0.56
#1998—2002	0.87	4.85	0.20	0.26	2.51	0.34	−0.79
2003—2013	0.73	6.67	0.18	0.03	2.50	0.32	−0.22
#2003—2004	0.72	6.29	0.21	0.11	3.25	0.25	−0.78
#2005—2013	0.73	6.75	0.18	0.01	2.43	0.33	−0.20

数据来源：课题组测算。

生产率增长最重要的两个因素，而改革还通过要素积累渠道对经济增长产生拉动效应。通过测算结果可以看到，1979—2013年，从TFP渠道看，体制改革和技术进步对经济增长的贡献率和贡献度分别为32.79%、7.48%及3.22个百分点、0.74个百分点。这主要是源自于过去三十多年，我国技术进步的途径主要是技术引进和外资技术外溢，而其作用发挥有赖于对外开放体制改革以及国内科研体制改革带来吸收能力提升（Xu，2011），技术进步在很大程度上取决于体制改革的成效；同时，体制改革还从要素配置效率提升、要素使用效率提升等层面对TFP提升产生影响，因此，体制改革带来的增长效应明显大于单纯技术进步的增长效应。此外，1979—2013年，从要素积累渠道看，改革通过资本积累渠道对经济增长的贡献率和贡献度分别为6.99%和0.69个百分点，通过劳动力积累渠道对经济增长的贡献率和贡献度分别为2.26%和0.22个百分点。综上所述，体制改革对经济增长的贡献明显高于技术进步，改革是我国经济增长的重要引擎。

改革带来的效率提升效应大于要素积累效应。体制改革通过要素配置效率和要素数量积累两个渠道对经济增长产生拉动效应。从测算结果看，1979—2013年，体制改革通过TFP渠道对经济增长的贡献率和贡献度分别为32.79%和3.22个百分点，通过资本与劳动积累渠道对经济增长的贡献率和贡献度分别为9.25%和0.91个百分点，前一渠道效应明显大于后者。这符合制度变迁是一种效率更高的制度替代低效率制度的基本理论假设（Williamson，2002），说明我国体制改革更多通过效率渠道而不是数量渠道发挥作用。

改革对资本积累影响大于对劳动力积累影响。从改革对经济贡献的两个渠道看，改革更多通过提升资源配置效率实现对经济增长的贡献。1979—2013年，财税、金融和外资等领域的体制改革引致的资本积累对经济增长的贡献率和贡献度分别为6.99%和0.69个百分点，户籍制度改革引致的劳动力积累对经济增长的贡献率和贡献度分别为2.26%和0.22个百分点。事实上，从现有文献看，处于赶超加转型的国家，体制改革能够迅速释放存量资本，并通过外资引入持续扩大资本存量，从而实现罗斯托设定的"经济起飞"的资本条件。因此，从本研究模型测度结果看，改革对资本积累的影响较大，符合现代经济增长和经济发展理论的基本原理。

改革摩擦对经济增长产生一定负向影响。改革成本分为实施成本和摩擦成本，实施成本是指因改革导致重新签约所发生的各种费用和损失，摩擦成本是指因社会上某些利益集团反对和抵触改革所引起的经济损失（樊纲，1996；刘世锦，2000）。从核算结果看，改革开放以来，我国改革摩擦带来的效率损失对经济增长产生了负向影响，1979—2013 年，改革摩擦对经济增长的贡献率和贡献度分别为 –11.28% 和 –1.11 个百分点，进一步说明体制改革存在成本效应，可能对经济增长产生负向效果。

（二）分阶段体制改革增长效应分析

改革通过要素积累与效率提升两个渠道对经济增长的贡献呈现出明显的阶段性特征，可以从以下四个方面来刻画与描述。

体制改革通过效率渠道的红利释放集中在改革初期以及上世纪 90 年代到本世纪初两个阶段，之后逐步消褪。从测算结果可以看到，1979—1984 年、1993—1997 年和 1998—2002 年是体制改革对经济增长贡献最大的三个小阶段，其贡献率和贡献度分别达到 89.68%、36.38% 与 30.46% 及 8.6 个百分点、4.16 个百分点与 2.51 个百分点。1979—1984 年是我国改革开放的发轫期，家庭联产责任制等制度变革带来了农村生产力大幅提升和商品经济逐步繁荣，由于处于改革开放肇始期，体制改革对经济增长的边际贡献很大，较小的体制调整都能带来较强的增长效应，因此这一时期体制改革对经济增长的贡献率在历史上是最大的。从 1993 年开始，我国加快推进多个领域改革，实行分税制改革、建立和完善资本市场、推进国企改革和加入 WTO，这轮综合改革效应一直持续到本世纪初。因此，从 1993 年开始至 2002 年，体制改革对经济增长的贡献大幅提升，成为仅次于上世纪 80 年代初的体制红利次高阶段。

体制改革通过资本积累渠道的红利释放集中在上世纪 90 年代，近年虽然有所减弱但依然保持在较高水平。从测算结果看，1993—1997 年和 1998—2002 年是体制改革通过资本积累渠道对经济增长贡献最大的两个阶段，其贡献率和贡献度分别达到 11.62% 和 1.33 个百分点以及 10.56% 和 0.87 个百分点；而从 2002 年以来，虽然该渠道贡献有所下降，但其贡献率与贡献度仍然保持在 7% 和 0.7 个百分点的较高水平，超过了 1979—2013 年的平均水平。1992 年邓小平南巡讲话和十四大"建立社会主义市场经济体制"改革目标的确立，为中国改革注入了新活力，财税、金融、外资、外贸、国企改革等领域改革逐步推进，激发了企业投资和财政投资规模迅速扩张，同时在人口红利的作用下，中国储蓄率和投资率继续保持快速增长态势，1993—2002 年平均储蓄率和投资率分别达到 40.7% 和 37.3%。因此，这一时期体制改革通过资本积累渠道对经济增长的贡献率达到了历史最高水平。而近年来，随着我国金融体系加快完善、财税体制进一步理顺以及外资管理体制逐步健全，这些领域改革的资本积累效应一直保持在较高水平，对经济增长形成了持续正向效应。

体制改革通过劳动力积累渠道的红利释放集中在上世纪 80 年代中后期以及 90 年代初期，但近年其增长效应有所回潮。从测算结果看，1985—1992 年是体制改革通过劳动力积累渠道对经济增长贡献最大的阶段，其贡献率和贡献度分别达到 3.55% 和 0.34 个百分点。这个期间，1984 年我国颁布了《关于农民进入集镇落户问题的通知》，允许务工、经商、办服务业的农民自理口粮到集镇落户；1992 年实行了"当地有效城镇居民户口制度"，极大地释放存量劳动力，增加了我国经济发展的劳动供给。近年来，各地就放开部分城市落户展开了多种改革尝试，这也使得近年由户籍制度改革带来劳动力积累对经济增长的贡献有所提升。

体制改革摩擦效应在上世纪 90 年代中后期到本世纪初最为明显，但之后在改革步伐整体放缓的背景下有所减弱。改革摩擦造成的经济效率损失是任何改革所必须面对的，我国过去三十多年的改革也不例外。从核算结果可以看到，1979—1984 年和 1998—2004 年是我国改革摩擦对经济增长负向影响最大的两个阶段，前者改革摩擦对经济增长贡献率和贡献度分别为 –83.49% 和 –8.00 个百分点，后者改革摩擦对经济增长贡献率和贡献度分别为 –8.70% 和 –0.79 个百分点。1979—1984 年是我国改革的初始阶段，基本上属于"摸着石头过河"，与农村改革和商品经济发展相关的改革争相推进，各项改革并未形成配套，可能成为导致改革摩擦对经济负向拉动较大的原因。以加入WTO 为契机，1998—2004 年我国处于制度和规则密集调整期，改革步伐加快引致经济制度处于剧烈变动中、体制摩擦增强，可能是造成这一时期改革摩擦负向贡献较大的原因。

四、分领域体制改革对经济增长贡献测算

从主要领域来看，土地、户籍、金融、科技、国企、财政、行政、对外开放等领域改革对于经济增长的贡献也存在总体和分阶段差异。

（一）对各领域改革增长效应的整体分析

总体来看，各领域体制改革对经济增长的贡献有所不同，主要原因在于改革的性质及其对增长的影响程度不同。通过测算，可以初步得出以下几个结论。

各改革领域中，要素市场化相关改革的增长效应明显大于市场主体和行政体制改革的增长效应。从核算结果看，土地、户籍、开放、财税等与要素市场相关改革的增长效应高于国企改革和行政体制改革，金融改革则略低于行政体制改革，而国企改革的贡献率与贡献度最低。究其原因，从理论来说，要素市场体制是整个经济体制改革的基石，其调整直接作用于经济增长，且对经济增长的贡献持续时间更长；而作为市场主体改革的国企改革以及作为营造发展环境的行政体制改革，前者更多是在短时期内释放增长红利，后者对经济增长的贡献较为间接，主要通过财税等其它配套改革间接实现。

要素市场化相关改革中，开放、土地、户籍等领域的改革增长效应明显高于其它改革。根据核算结果，如果仅考虑 TFP 渠道，1979—2013 年，开放领域改革对经济增长的贡献率和贡献度分别为 17.8% 和 1.75 个百分点，是要素市场化相关改革中最高的；土地制度改革对经济增长的贡献率和贡献度分别为 17.5% 和 1.72 个百分点，在各要素市场化相关改革中次高；紧随其后的是

户籍制度改革，其贡献率与贡献度分别为 12.2% 和 1.2 个百分点。如果考虑到资本积累和劳动力投入渠道，三者的贡献将更高。从要素市场相关改革看，土地、户籍以及开放将直接带来要素配置效率提升，而财税与金融对资本配置的影响相对缓慢，且并不直接。

在交互配套改革中，户籍和土地交互配套改革的增长效应高于行政和财税以及财税和土地。因为各领域改革可能存在配套效应，为此在核算中我们加入了户籍和土地、行政和财税以及财税和土地三个配套改革交互项。核算结果表明，1979—2013 年，户籍和土地交互项对经济增长的贡献率和贡献度分别为 0.9% 和 0.09 个百分点，高于行政和财税以及财税和土地两个交互项对经济增长的贡献率和贡献度。从现有研究看，一些研究认为户籍制度改革及其配套土地管理体制改革释放出来的土地资源是过去一段时间我国土地数量增加和使用效率提升的重要原因，对我国经济增长贡献很大（Prasad，2002）。而行政和财税以及财税与和土地对经济增长的贡献相对更为间接，因此核算结果呈现出户籍和土地交互配套改革的增长效应高于行政和财税的以及财税和土地的。

（二）分阶段各领域改革增长效应分析

从分领域的核算结果来看，不同阶段各项改革贡献存在此消彼长态势。从总的改革进程来看，我国经历了三个改革阶段，即 1979—1992 年、1993—2002 年和 2003—2013 年，历次改革都伴随着一次经济增速的大上升，而每轮改革中后期都伴随着经济增速下滑。具体来说，分阶段各领域改革增长贡献的情况与特征如下。

1979—1992 年，开放体制改革贡献最大，户籍、土地、金融体制改革效应显著，行政改革保障贡献明显，后期财税体制改革停滞以及国企改革进程徘徊拖累增长，体制改革对劳动力积累效应历史最高，改革摩擦效应历史最大。这个阶段是改革的启动阶段，即 1985 年前的农村改革及其之后的城市改革。这个阶段的开放体制改革由点到面全面推进，以外贸管理体制改革为重点，通过改革明显提高外贸企业经营活力，产品出口竞争力增强，更多劳动力资源和资本配置到外贸相关部门，提高资源再配置效率；这一时期，我国开放体制改革对经济增长的拉动效应巨大，直接贡献度达到 3.63 个百分点，其中 3.54 个百分点为通过 TFP 渠道拉动的点数。随着城乡户籍制度松动，长期被束缚在农村土地上的劳动力开始迅速从农村流向城镇、从农业流向非农业，使得长期被扭曲的劳动力资源配置开始趋向合理，这一时期户籍制度改革通过 TFP 渠道对我国经济增长的贡献度高达 2.63 个百分点，其中通过劳动力积累渠道贡献度也达到了 0.28 个百分点；家庭联产承包责任制的实施、农村土地"协商转包"和集体土地在允许范围内有限流转以及部分城市开展土地使用制度试点等土地制度改革，则极大释放了经济增长红利，这一时期土地制度改革对我国经济增长的贡献度高达 3.08 个百分点；而金融机构、金融资产多元化改革以及培育资本市场等金融体制改革，带来了显著的经济增长效应，通过 TFP 渠道对我国经济增长的贡献度达到 1.34 个百分点。从行政体制改革看，由于"市管县"制度以及投资体制改革先后经历"拨改贷"试点、扩大企业自主权、利润留成、包干责任制、逐步扩大地方投资审批上限等改革，对拉动经济增长起到了重要作用，对我国经济增长的贡献度达到 2.35 个百分点。这一阶段财税体制改革和国企改革的贡献度都呈现出前正后负的变化趋势，其中 1979—1984 年财税改革和国企改革通过 TFP 渠道对经济增长的贡献度分别为 0.3 和 2.31 个百分点，1985—1992 年则分别降至 −0.41 和 −2.28 个百分点，主要原因在于，1984 年之后，国有企业改革反复摸索而无法继续产生效率改善、要素优化配置等效应，而"划分收支，分级包干"体制改革红利的逐步消褪。从要素积累渠道效应看，金融、财税以及开放体制改革通过资本渠道对经济增长的拉动分别为 0.028、0.185 和 0.088 个百分点；而户籍改革通过劳动力积累渠道对经济增长的贡献达到了 0.28 个百分点，为历史最高水平。此外，就改革摩擦效应而言，一方面由于该阶段数据统计的不完善，另一方面由于初始改革配套性不强，改革成本带来的经济增长负向拉动效应达到 10.92 个百分点，也同样为历史最高水平。

1993—2002 年，财税体制改革释放空前红利，国企改革贡献大幅提升，土地、户籍、金融、行政体制改革贡献有所下滑，对外开放效应较之前减弱，体制改革对资本积累效应大幅增强，改革摩擦效应快速下降。这一阶段社会主义市场经济体制加快建立，各项改革配套进行，搭建起了社会主义市场经济体制的总体框架。在这一阶段，前期改革后半程贡献效应出现衰退的财税体制改革和国企改革开始发力，国有企业以建立现代企业制度为重点开始加快转换经营机制，同时分税制改革形成了适应市场经济的财税体制框架，带来了显著的增长效应，其通过 TFP 渠道对经济增长的拉动分别为 0.42 和 2.01 个百分点，均达到历史最高水平。从土地、户籍、金融、行政体制等领域改革看，农村土地与集体建设用地在一定范围流转以及城市土地使用权改革推向全国，小城镇户籍制度改革加速推进，金融体系建设和金融监管改革不断深化，政府职能逐步转变，这些改革都是在上世纪 80 年代改革的基础上完善、推广和深化，虽然配套性和全面性较强，但其分领域的增长效应已经开始衰退，各领域通过 TFP 渠道对经济增长的贡献度分别为 1.2、0.54、0.2 和 0.62 个百分点，明显低于前一阶段。就对外开放体制改革来看，由于这一阶段外资体制改革加快推进，其通过资本积累渠道对经济增长贡献度达到 0.63 个百分点的历史最高水平；但外贸体制等改革基本上是前期改革的延伸与拓展，因此其对经济增长的贡献开始弱化，通过 TFP 渠道贡献度仅为 0.76 个百分点，大大低于前一个阶段，总体上对外开放效应较之前阶段大幅减弱。从要素积累渠道来看，由于户籍制度改革突破不大，基本延续和深化其前改革，其对劳动力增加的效应开始平稳，因此其通过劳动力积累对经济增长的贡献度为 0.19 个百分点，低于前期的 0.28 个百分点；而随着金融、财税、对外开放体制改革，特别是分税制的建立和外资准入和管理体制的突破性改革，三者对经济增长的贡献度分别达到 0.11、0.53 和 0.46 个百分点，改革通过资本积累渠道的增长效应为历史最高水平。此外，从改革摩擦效应来看，因为有了前期改革经验，加之改革综合性和配套性不断增强，这一阶段改革的成本大幅降低，改革摩擦对经济增长的负向贡献度降低为 3.19 个百分点，大大低于前一阶段的 10.92 个百分点。

2003—2013 年，对外开放体制红利持续释放，国企、户籍、土地、行政、财税等领域改革红利开始弱化，金融体制改革红利逐步凸显，改革对资本和劳

表 2-9　分领域改革对 TFP 的贡献率

（单位：%）

		体制改革									技术进步	改革摩擦
	国企	对外开放	户籍	土地	行政	财税	金融	户籍·土地	财税·土地	行政·财税		
1979—2013	5.06	61.39	42.12	60.33	40.49	17.21	21.74	3.07	0.65	0.23	25.80	-178.08
1979—1992	-5.18	122.54	91.00	106.50	81.31	-21.90	46.54	11.85	-1.48	-0.59	47.54	-378.13
#1979—1984	9.29	279.37	174.61	117.95	146.31	70.98	81.33	28.35	5.96	3.86	81.73	-899.74
#1985—1992	-16.23	37.48	41.14	104.13	38.91	-90.46	25.31	4.56	-5.19	-1.01	26.75	-65.39
1993—2002	13.61	24.59	17.60	39.01	19.97	65.04	6.64	0.90	1.71	0.46	13.90	-103.43
#1993—1997	9.16	27.90	10.50	31.90	21.60	73.06	6.37	0.58	2.10	0.74	12.60	-96.52
#1998—2002	22.46	18.54	31.77	53.08	16.80	50.75	7.18	1.47	1.22	0.20	16.49	-119.95
2003—2013	10.13	29.84	10.49	27.28	11.72	20.20	8.23	0.31	0.31	0.07	12.21	-51.49
#2003—2004	18.05	26.89	-8.62	36.91	30.62	20.71	17.34	-0.37	0.46	0.20	9.30	-30.81
#2005—2013	8.32	30.53	15.15	25.05	7.34	20.09	6.14	0.41	0.28	0.04	12.91	-26.26

数据来源：课题组测算。

表2-10　分领域改革对经济增长的贡献率

（单位：%）

	要素渠道				TFP渠道											
	资本		劳动		体制改革										技术进步	改革摩擦
	改革	非改革	改革	非改革	国企	对外开放	户籍	土地	行政	财税	金融	户籍·土地	财税·土地	行政·财税		
1979—2013	6.99	54.19	2.26	6.67	1.47	17.80	12.21	17.49	11.74	4.99	6.30	0.89	0.19	0.07	7.48	-51.63
1979—1992	3.16	46.46	2.99	15.47	-1.57	37.12	27.57	32.26	24.63	-6.63	14.10	3.59	-0.45	-0.18	14.40	-114.55
#1979—1984	1.39	44.34	1.87	14.19	3.15	94.76	59.23	40.01	49.63	24.08	27.59	9.62	2.02	1.31	27.72	-305.20
#1985—1992	4.06	48.02	3.55	16.43	-4.30	9.92	10.89	27.57	10.30	-23.95	6.70	1.21	-1.37	-0.27	7.08	-17.31
1993—2002	11.48	53.20	2.02	3.03	4.38	7.91	5.66	12.55	6.42	20.93	2.14	0.29	0.55	0.15	4.47	-33.27
#1993—1997	11.62	46.75	1.64	2.81	3.30	10.04	3.78	11.48	7.78	26.30	2.29	0.21	0.76	0.27	4.53	-34.74
#1998—2002	10.56	58.81	2.41	3.13	5.60	4.63	7.93	13.25	4.19	12.66	1.79	0.37	0.30	0.05	4.12	-29.93
2003—2013	7.35	66.98	1.82	0.30	2.64	7.78	2.74	7.11	3.06	5.27	2.15	0.08	0.08	0.02	3.19	-8.04
#2003—2004	7.13	62.53	2.06	1.07	4.89	7.29	-2.34	10.00	8.30	5.61	4.70	-0.10	0.12	0.05	2.52	-13.95
#2005—2013	7.20	66.11	1.72	0.12	2.09	7.67	3.81	6.29	1.84	5.05	1.54	0.10	0.07	0.01	3.24	-6.60

数据来源：课题组测算。

表2-11 分领域改革对经济增长的贡献度

（单位：百分点）

时期	要素渠道				TFP渠道											
	资本		劳动		体制改革										技术进步	改革摩擦
	改革	非改革	改革	非改革	国企	对外开放	户籍	土地	行政	财税	金融	户籍·土地	财税·土地	行政·财税		
1979—2013	0.69	5.33	0.22	0.66	0.14	1.75	1.20	1.72	1.15	0.49	0.62	0.09	0.02	0.01	0.74	-5.08
1979—1992	0.30	4.43	0.28	1.48	-0.15	3.54	2.63	3.08	2.35	-0.63	1.34	0.34	-0.04	-0.02	1.37	-10.92
#1979—1984	0.13	4.25	0.18	1.36	0.30	9.08	5.68	3.83	4.76	2.31	2.64	0.92	0.19	0.13	2.66	-29.25
#1985—1992	0.39	4.56	0.34	1.56	-0.41	0.94	1.03	2.62	0.98	-2.28	0.64	0.11	-0.13	-0.03	0.67	-1.64
1993—2002	1.10	5.10	0.19	0.29	0.42	0.76	0.54	1.20	0.62	2.01	0.20	0.03	0.05	0.01	0.43	-3.19
#1993—1997	1.33	5.35	0.19	0.32	0.38	1.15	0.43	1.31	0.89	3.01	0.26	0.02	0.09	0.03	0.52	-3.97
#1998—2002	0.87	4.85	0.20	0.26	0.46	0.38	0.65	1.09	0.35	1.05	0.15	0.03	0.03	0.00	0.34	-2.47
2003—2013	0.73	6.67	0.18	0.03	0.26	0.77	0.27	0.71	0.30	0.52	0.21	0.01	0.01	0.00	0.32	-0.80
#2003—2004	0.72	6.29	0.21	0.11	0.49	0.73	-0.23	1.01	0.83	0.56	0.47	-0.01	0.01	0.01	0.25	-1.40
#2005—2013	0.73	6.75	0.18	0.01	0.21	0.78	0.39	0.64	0.19	0.52	0.16	0.01	0.01	0.00	0.33	-0.67

数据来源：课题组测算。

动力的积累效应有所减弱，改革摩擦效应大幅收窄。由于社会主义市场经济体制已初步确立，该时期我国改革力度低于前两个阶段，改革红利释放强度也显著减弱。对外开放领域，我国全面放开外贸经营权、扩大外资投资领域和范围、放宽对外投资外汇管理限制以及逐步放宽对外投资项目审批限制，这些改革通过 TFP 渠道带来的经济拉动效应达到 0.77 个百分点，略高于前一阶段；通过资本积累渠道带来的经济拉动效应为 0.11 个百分点，低于前一阶段，这也源于前一阶段突破性外资制度改革红利提前释放，在一定程度上弱化了后期的改革红利。与此同时，国企、户籍、土地、行政、财税等领域改革延续前期方向推进，以产权多元化和国资管理体制改革为核心的国企改革、以建立统一劳动力要素市场为重点的户籍制度改革、以完善"招拍挂"制度为主的土地管理体制改革、以确立企业的投资主体地位为重点的行政体制改革以及以完善部门预算制度为核心的财税体制改革顺利推进，但由于这些改革基本上是对前期改革的补充和修正，其增长红利效应开始减弱，各领域通过 TFP 渠道对经济增长的贡献度分别为 0.26、0.27、0.71、0.3 和 0.52个百分点，均低于前期水平，即使考虑个别领域通过要素积累渠道的贡献率，其总效应同样低于前期水平。从要素积累渠道效应看，改革通过资本积累和劳动力积累对经济增长的贡献度分别降至 0.73 和 0.18 个百分点，其中资本积累渠道贡献下降更快，相对于前两个阶段都处于较低水平，其主要原因在于前期改革或多或少具有突破性特征，而本期改革主要是完善与补充，其效应相对较小。就改革摩擦效应而言，改革成本产生的摩擦效应对经济增长的负向贡献降低至 0.8 个百分点，大幅低于前两个阶段，这一方面说明改革的配套性和协同性更强了，另一方面也是由于此阶段改革力度相对较弱造成的。

五、未来不同情景改革红利增长效应测算

利用上文设定的预测方法，我们对未来不同情景下改革的增长红利释放

情况进行预测。预测情景分为基准、次乐观和乐观等三种，分别是指没有、部分和全面落实十八届三中全会所提出的改革总体部署。具体预测结果及其分析如下。

（一）经济增长预测效应分解分析

通过情景预测，我们得到了三种情景下改革与非改革因素导致的资本与劳动、技术进步、体制改革以及改革摩擦等因素对经济增长的贡献率与贡献度。归总起来，可得出以下结论。

我国经济潜在增长水平将出现较为显著的下滑趋势。随着劳动力供给增量减少及资本存量增速下降与资本边际报酬递减等，我国要素数量投入对经济增长的拉动效应逐步下滑；加之我国逐步接近全球技术边界，技术引进和技术外溢的增长效应相对改革之初呈现趋势性下滑；此外，体制改革进入深水区，其红利释放也相对改革之初及其后一段时间有所弱化。这些因素导致我国经济潜在增长率出现下滑趋势，在基准、次乐观和乐观三种情景下，经济潜在增速将分别保持 6.36%、7.13% 和 7.89% 的水平，明显低于改革开放以来年均 9.8% 的水平和 2005—2013 年的 10.2% 的水平。

改革与非改革性要素积累贡献都将出现下降趋势。从非改革性要素积累效应看，由于刘易斯拐点和人口转变带来的劳动力增量下降，劳动力供需出现转变，未来劳动力增长将出现负增长，非改革因素劳动力对经济增长贡献率从之前 5% 以上的平均水平降至负贡献，可能拖累经济增长下降 0.01—0.03 个百分点；同时，虽然资本存量增长放缓以及资本边际报酬递减，但非改革因素造成的资本使用效率提升将使得资本积累对经济增长的贡献率维持 60% 以上；但总体看，改革与非改革因素要素积累对经济增长贡献率将出现下降趋势。从改革性要素积累效应看，前期财税、金融和开放体制改革对资本释放以及户籍改革对劳动力释放的效应已经结束，未来释放空间可能逐步缩小，因此改革通过资本积累和劳动力积累两个渠道对经济增长的贡献率降至 3% 以下和 2% 以下较低水平，分别低于前期 5% 以上和 2% 以上的平均水平。

技术进步因素对经济增长的贡献将逐步提升。虽然前期技术引进和外资的技术外溢效应逐步消褪，但是随着我国技术创新能力提升，国内自主技术进步对经济增长的拉动效应将逐步提升。根据预测，2014—2020年，基准、次乐观、乐观情景下技术进步对经济增长的贡献率分别为9.43%、11.92%和13.93%，高于1979—2013年年均7.48%的水平，三种情景分别拉动经济增长0.6、0.85和1.1个百分点，明显高于前期水平。

经济体制改革红利将较之前阶段更为密集的释放。根据预测，2014—2020年，基准、次乐观、乐观情景下体制改革对经济增长的贡献率分别为16.18%、21.81%和26.89%。由于经济体制相对之前更为成熟，改革难以再大范围内展开，从而改革红利具有递减的趋势。相对于上世纪80年代和90年代改革对经济增长贡献率达到40%左右的高水平，未来体制改革对经济增长的贡献有所下调。但是，相对于2003—2013年体制改革25.07%的增长贡献率，全面改革对经济增长的贡献有了明显提高。

改革摩擦因素对经济增长的负向效应将有所下降。从改革成本角度看，未来随着我国改革综合配套性增强，改革摩擦系数将较之前明显下降，对经济增长的负贡献率从1979—2013年11%以上的较高水平降至未来10%以下的低水平。其中，乐观情景改革摩擦负贡献率最大，达到–9.51%，这是全面改革带来的必然成本。

资源环境因素将对经济增速形成较为明显的约束。从资源环境约束看，全面或局部推进资源环境制度改革都将对经济增长产生较为显著的约束，分别拉低经济增长0.50和0.25个百分点。虽然短期内的约束效用较强，在一定程度上拉低潜在增速。

改革通过提振有效需求使实际增速接近潜在增速。从需求侧看（表2-16），如果按照现有的总需求演进趋势，2020年前我国经济增速可能下滑至6%以下的中低水平。但是，如果收入分配、财税、户籍、土地、行政、金融和对外开放等领域改革加快推进，将大幅提振有效需求，在次乐观和乐观情景下，可能将经济增速提高至6.40%和7.20%的中高水平，有效熨平经济波动带来的经济增速下滑，使实际增速更为接近潜在增速。

表 2-12　改革通过要素积累与 TFP 渠道对经济潜在增长贡献率的
情景预测（2014—2020）

（单位：%）

	经济潜在增长速度	资源环境约束	要素渠道				TFP 渠道			资源环境
			资本		劳动		体制改革	技术进步	改革摩擦	
			改革	非改革	改革	非改革				
基准情景	6.36	6.36	1.68	73.27	1.63	−0.16	16.18	9.43	−2.03	0.00
次乐观情景	7.13	6.88	2.72	67.91	1.58	−0.26	21.81	11.92	−5.68	−3.51
乐观情景	7.89	7.39	3.63	63.51	1.54	−0.35	26.89	13.93	−9.15	−6.34

数据来源：课题组测算。

表 2-13　改革通过要素积累与 TFP 渠道对经济潜在增长贡献度的
情景预测（2014—2020）

（单位：百分点）

	经济潜在增长速度	资源环境约束	要素渠道				TFP 渠道			资源环境
			资本		劳动		体制改革	技术进步	改革摩擦	
			改革	非改革	改革	非改革				
基准情景	6.36	6.36	0.11	4.66	0.10	−0.01	1.03	0.60	−0.13	0.00
次乐观情景	7.13	6.88	0.19	4.84	0.11	−0.02	1.55	0.85	−0.40	−0.25
乐观情景	7.89	7.39	0.29	5.01	0.12	−0.03	2.12	1.10	−0.72	−0.50

数据来源：课题组测算。

（二）分情景和分领域改革增长效应预测

总结分情景和分领域改革增长红利预测结果，可以得到以下结论。

基准情景下，如果没有落实十八届三中全会所提出的重点领域改革部署，只是延续制度惯性对经济增长的影响，制度微调将继续拉动经济增长 1.24 个百分点；但制度微调的摩擦效应对短期经济增长的负面拉动为 0.13 个百分点，从而将使其对经济增长的拉动下降至 1.11 个百分点，经济增速则仅维持在 6.36% 的水平。其中通过 TFP 可以贡献 1.03 个百分点，通过资本积累可以贡献 0.11 个百分点；通过劳动力投入渠道可以贡献 0.10 个百分点，改革摩擦对经济增长的负向效应为 0.13 个百分点。考虑资源环境约束，由于资源环境体制框架基本维持现状，短期内其对经济增长的负向效应为 0，经济增速仍将维持在不考虑资源环境因素 6.36% 的基准情景水平，但这可能将抑制和减弱长期增长的可持续性和承载能力。如果考虑短期有效需求因素，由于现行体制难以通过提振有效需求对经济增长起到稳定作用，需求趋势性下滑可能将年均经济增速拽至 5.7% 的较低水平，与潜在增速的差距为 0.66 个百分点，这一差距大大高于乐观和次乐观情景。

次乐观情景下，部分落实十八届三中全会所提出的改革总体部署，对我国未来经济增长的红利效应较为有限，但仍可拉高经济增长 1.85 个百分点，比基准情景高出 0.61 个百分点；如果考虑改革摩擦效应，改革对经济增长的拉动则会降至 1.45 个百分点，这仍然是一个相对较高的水平，而年均增速也将达到 7.13%，托住 7% 左右的阶段性中高速底部。其中通过全要素生产率渠道拉动经济增长 1.55 个百分点，通过资本积累渠道拉动 1.19 个百分点，通过劳动力积累渠道拉动 1.12 个百分点，扣除改革摩擦抑制潜在增速 0.4 个百分点后，可以拉动经济增长 1.45 个百分点。纳入资源环境约束因素，该情景下，资源环境使用和补偿制度改革推进相对乐观情景缓慢，资源约束效应相对较弱，仅拉低经济增长 0.25 个百分点，年均经济增速将从不考虑资源环境约束下的 7.13% 降至 6.88%。如果考虑短期有效需求因素，此情形下，改革对提振短期有效需求的效果有限，需求趋势性下滑对短期经济增长的负向作用较之乐观情景有所提高，改革通过需求侧对经济增长的拉动将达到 0.70 个百分点，可望将从需求侧核算的基准情景经济增速 5.7% 提升至 6.40% 的中等水平，其与考虑资源约束的潜在增速的差距为 0.48 个百分点，这一差距小于基准情景，而高于乐观情景。

乐观情景下，全面落实十八届三中全会所提出的改革总体部署，对我国未来经济增长具有较为明显的红利效应，可拉高经济增长 2.53 个百分点，比基准情景高出 1.29 个百分点；如果考虑改革摩擦效应，改革对经济增长的拉动则会降至 1.81 个百分点，但这仍然是一个很高的水平，而潜在增长水平也将从 6.08% 提升至 7.89%，接近 8% 左右的阶段性中高速顶部。其中通过全要

表 2-14 分领域改革对经济潜在增长贡献率的情景预测（2014—2020）

（单位：%）

	经济潜在增长速度	资源环境约束	要素				TFP											技术进步	改革摩擦	资源环境
			资本		劳动		体制改革													
			改革	非改革	改革	非改革	国企	开放	户籍	土地	行政	财税	金融	户籍·土地	财税·土地	行政·财税				
基准情景	6.36	6.36	47.8	29.0	7.5	-6.1	1.94	2.47	4.10	3.51	0.80	-0.12	1.45	0.04	0.00	0.00	9.43	-0.05	0.00
次乐观情景	7.13	6.88	45.3	26.4	13.3	-12.0	2.84	3.03	4.94	4.76	0.96	2.46	2.10	0.07	0.01	0.00	11.92	-5.03	-3.51
乐观情景	7.89	7.39	42.8	23.7	13.3	-12.1	3.83	3.48	5.61	5.66	1.12	3.80	2.63	0.11	0.01	0.00	13.93	-8.51	-6.34

数据来源：课题组测算。

表 2-15 分领域改革对经济潜在增长贡献度的情景预测（2014—2020）

（单位：%，百分点）

	经济潜在增长速度	资源环境约束	要素				TFP											技术进步	改革摩擦	资源环境
			资本		劳动		体制改革													
			改革	非改革	改革	非改革	国企	开放	户籍	土地	行政	财税	金融	户籍·土地	财税·土地	行政·财税				
基准情景	6.36	6.36	0.11	4.66	0.10	-0.01	0.12	0.16	0.26	0.22	0.05	-0.01	0.09	0.00	0.00	0.00	0.60	0.00	0
次乐观情景	7.13	6.88	0.19	4.84	0.11	-0.02	0.20	0.22	0.35	0.34	0.07	0.18	0.15	0.01	0.00	0.00	0.85	-0.36	-0.25
乐观情景	7.89	7.39	0.29	5.01	0.12	-0.03	0.30	0.28	0.44	0.45	0.09	0.30	0.21	0.01	0.00	0.00	1.10	-0.67	-0.50

数据来源：课题组测算。

素生产率渠道拉动经济增长 2.12 个百分点，通过资本积累渠道拉动 0.29 个百分点，通过劳动力积累渠道拉动 0.12 个百分点，扣掉改革摩擦降低潜在增速 0.72 个百分点的影响，可以拉动经济增长 1.81 个百分点。考虑资源环境约束，由于资源环境使用和补偿制度进一步严格，将拉低经济增长 0.50 个百分点，年均经济增速将从不考虑资源环境约束下的 7.89% 降至 7.39%。如果考虑短期有效需求因素，在此情景下，改革全面推开将有效提振短期有效需求，需求趋势性下滑对短期经济增长的负向作用较之基准情景大大下降，改革通过需求侧对经济增长的拉动将达到 1.50 个百分点，可望将从需求侧核算的 5.70% 的基准情景经济增速提升至 7.20% 的中高水平，而其与考虑资源约束的潜在增速的差距为 0.19 个百分点，这一差距小于基准和次乐观情景。

从供给侧看，改革能通过有效增加实际要素投入数量和提高全要素生产率两条渠道提升潜在经济增长水平，从而实现经济持续增长。分领域看，到 2020 年，全面推进财税改革红利最大，土地、户籍和国企改革红利次之，开放和金融改革红利相对较小，行政体制改革红利最小。财税体制改革是全面深化改革的突破口，从测算结果可以看到，与基准情景相比，全面推进财税体制改革，将整体拉动经济增长 0.46 个百分点，其中通过 TFP 渠道拉动 0.31 个百分点，通过资本积累渠道拉动 0.15 个百分点。土地、户籍、开放、金融等直接提供土地资源和劳动要素的改革以及重塑市场主体的国企改革，也是全面深化改革的重要领域。相比基准情景，全面推进土地制度改革，将通过 TFP 渠道拉动经济增长 0.23 个百分点；全面推进户籍制度改革，将拉动经济增长 0.20 个百分点，其中通过 TFP 渠道拉动 0.18 个百分点，通过劳动力投入渠道拉动 0.02 个百分点；全面推进国企改革，将拉动经济增长 0.18 个百分点；全面推进对外开放体制改革，将拉动经济增长 0.14 个百分点，其中通过 TFP 渠道拉动 0.12 个百分点，通过资本积累渠道拉动 0.02 个百分点；全面推进金融体制改革，将拉动经济增长 0.13 个百分点，其中通过 TFP 渠道拉动 0.12 个百分点，通过资本积累渠道拉动 0.01 个百分点；全面推进行政体制改革，将拉动经济增长 0.04 个百分点。

从需求侧看，改革能通过提高有效供给创造有效需求，在短期内使总需求和总供给关系更为均衡，压缩增长缺口，从而使实际增长率更加接近潜在增长率，从而实现经济稳定增长。分领域分析，到2020年全面推进收入分配和财税改革红利最大，户籍、土地、行政、金融和开放相对较小。收入分配和财税体制改革分别是提振消费和优化投资的关键性改革，在短期内对消费需求和投资需求的影响最大。乐观和次乐观情景下，收入分配和财税改革从需求侧分别拉动经济增长 0.37 个百分点、0.17 个百分点以及 0.29 个百分点、0.16 个百分点，在所有改革中的效应最强。户籍、土地、行政、金融和开放等领域改革，也不同程度从国内投资消费以及外需外资等方面对经济增长产生拉动效应，具体拉动情况请参阅表2–16。

表 2-16　考虑到需求侧因素的经济增长情景预测（2014—2020）

（单位：%，百分点）

| | | 经济潜在增长增速 | 资源环境约束 | 实际可能实现的经济增速 | 需求拉动百分点 | | | | | | | | 非改革因素 |
| | | | | | 合计 | 改革通过需求渠道 | | | | | | | |
						收入分配	开放	户籍	土地	行政	财税	金融	
2014—2020	基准	6.36	6.36	5.70	0.00	0.00	0.00	0.00	0.00	0.00	0.00	0.00	5.70
	次乐观情景	7.13	6.88	6.40	0.70	0.17	0.06	0.10	0.04	0.09	0.16	0.08	5.70
	乐观	7.89	7.39	7.20	1.50	0.37	0.15	0.22	0.08	0.21	0.29	0.18	5.70

数据来源：课题组测算。

六、基本结论与建议

本章通过对过去三十多年我国经济增长的核算以及分领域体制改革的贡献测度，并基于对 2020 年前我国经济增长预测、因素分解和体制改革贡献核算，针对未来我国通过全面推进改革释放体制红利，可以得到以下主要结论和初步政策建议。

（一）通过加快改革保持经济中高速增长

从历史数据核算可以看到，1979—2013 年，体制改革通过 TFP 渠道对经济增长的贡献率和贡献度分别为 32.79% 和 3.22 个百分点，通过资本与劳动积累渠道对经济增长的贡献率和贡献度分别为 9.25% 和 0.91 个百分点，是我国经济快速增长的重要动力，甚至超过了通过技术引进和外资技术外溢实现技术进步的贡献。从未来预测看，如果全面落实十八届三中全会所提出的改革总体部署，改革可拉动我国经济增长 1.81 个百分点，经济增速有望保持在 6.36—7.89% 的区间。因此，应全面推进各项改革，加快改革配套，为我国经济增长保持中高速提供必要的体制保障。

（二）将财税体制改革放在优先地位考虑

财税体制改革能使地方政府有动力将更多要素资源投入到经济建设活动中，显著增强政府公共产品供给能力和宏观调控能力，并更大程度激发了市场活力，从而提升配置效率与生产效率，是全面深化改革的突破口。从历史数据核算看，在我国几轮大的改革周期中，财税改革往往先行，并带来了巨大红利。上世纪 80 年代初的"划分收支，分级包干"体制改革以及 90 年代初的"分税制"改革，在短期内集中释放了显著的改革红利，1979—1984 年以及1993—2002 年，财税改革对经济增长的贡献度为 2.42 个百分点和 2.54 个百分点。因此，应该率先在财税体制取得突破，激发政府与市场活力，从而带动各项领域改革推进。

（三）尽快启动要素市场相关领域的改革

要素市场改革是盘活存量资源和加快资源配置效率最为重要的途径，在我国改革历史上发挥出了十分显著的改革红利效应。从核算结果看，1979—2013 年，土地、户籍、开放等与要素市场相关改革的增长效应高于国企改革和行政体制改革。从未来预测来看，相比基准情景，全面推进金融、户籍、土地和对外开放等领域改革将分别多拉动经济增长 0.13、0.20、

0.23 和 0.14 个百分点，加总为 0.70 个百分点，贡献很大。因此，应该尽快启动要素市场改革，在财税体制改革率先启动的前提下，推进土地加快流转，推进户籍制度改革，加快完善外资体制，进一步释放金融体系活力，为通过释放存量要素和优化要素配置效率，提升经济增长效率与质量提供制度保障。

（四）渐进推进塑造市场主体的国企改革

国有企业是整个国民经济中的重要部门，其改革将提升国有企业内部的劳动生产率、资本生产率，促进劳动、资本跨部门优化配置进而提升要素生产率，提升国有企业技术进步水平以及通过给其他企业带来技术溢出效应推动其他部门的技术水平提升。从核算结果看，1979—2013 年，国企改革对经济增长的贡献度为 0.14 个百分点，其中在上世纪 90 年代国企改革后，贡献度一度上升至 0.5 个百分点的高水平。同时，根据预测估计，全面推行国有企业改革情景下，其对 GDP 增长的贡献率可以达到 0.09%，对经济增长的拉动比不进行改革高出 0.04 个百分点。但从历史看，国企改革比较艰难，引致的改革摩擦大，因此要循序渐进，不能操之过急。

（五）深入推进行政体制改革

行政体制改革效果主要体现在行政分权上，行政分权可以为促进经济高速增长提供制度保证，为其他各领域改革顺利开展创造条件。从历史核算数据看，1979—2013 年，行政体制改革对经济增长的贡献度为 1.15 个百分点，对于经济增长的贡献很大，且一直保持比较稳定的贡献率。根据预测估计，全面推行行政体制改革情景下，其对 GDP 增长的贡献度可以达到 0.04 个百分点。未来拉动点数较低，主要是由于行政改革往往是配套性的，往往是通过与其他改革配套发挥作用，因此其本身的改革红利效应相对较小。由此，行政体制改革是各项改革的重要配套，关系到其他改革红利的释放程度，应以深入推进简政放权、放管结合、优化服务为重点，进一步推进行政体制改革、加快转变政府职能。

（六）协调各项改革以切实降低改革成本

体制改革是有成本的，契约转换与利益博弈可能对经济效率产生较强的负向效应。从历史核算看，1979—1984 年，改革成本导致的摩擦效应最大，1993—2002 年次之，总体而言，改革摩擦在不断缩小。这一方面是由于1979—1984 年和 1993—2002 年是我国改革推进较快的时期，多项改革可能带来协调成本；另一方面，随着我国改革经验不短增加，改革综合性与配套性不断增强，源于改革不协同的摩擦逐步减弱。从未来一段时间看，虽然从核算结果看改革摩擦处于历史较低水平，但全面深化改革可能造成难以预测和测算的改革成本，应高度关注改革成本，提高改革的配套性，稳步推进改革，将改革成本降到最低，尽量减少改革摩擦对经济增长带来的负向影响。

（七）考虑资源环境因素对增长的约束作用

经济发展是一个跨期概念，特别是资源环境容量对各期经济增长的承载力是有限的，因此必须考虑资源约束对实际增速的影响。未来一段时间，我国致力于加快制定更为严格的资源环境有偿使用和违规处罚的制度，环境修复和治理也将全面推开，这都给经济增长带来的一定成本。从我们的预测看，全面推行和部分推行资源环境改革，将使潜在增速分别下降 0.50 和 0.25 个百分点。但是，这是经济长期持续健康发展的必要条件，必须从尽量化解增长极限的角度出发，全面推进资源环境体制改革，为更长远的经济增长创造条件和空间。

（八）注重改革对短期有效需求的提振作用

经济实际增长除了受资本、劳动、技术等供给面影响外，其短期实际增长也收到有效需求的约束。特别是我国处于工业化中后期发展阶段，人均GDP 相对较低，储蓄率较高，社会保障还不完善，收入分配倾向资本，导致消费率不高，投资报酬率开始下降，加之短期外需市场的萎靡，我国需求约束正在强化，并且这一趋势有可能延续一段时间。改革除了在长期内有效配置资本、劳动资源和有效提高生产率外，短期内对消费扩大与升级、投资扩张与优化、外需提升产生积极影响。根据预测，未来五年，在乐观和次乐观情境下，改革通过需求侧将分别拉动经济增长 1.50 和 0.70 个百分点，对促进实际增长接近潜在增长起到了积极作用。因此，在改革中要注重其对短期有效需求的提振作用，有效发挥体制改革的长短结合效应。

（曾　铮　王　磊）

参考资料目录

[1] 祝宝良、牛犁、张鹏：《我国经济增长潜力和动力》，《中国金融》2015 年第 6 期。

[2] 白重恩、张琼：《中国的资本回报率及其影响因素分析》，《世界经济》2014 年第 10 期。

[3] 蔡昉：《中国经济增长如何转向全要素生产率驱动型》，《中国社会科学》2013 年第 1 期。

[4] 陈彦斌、姚一旻：《中国经济增速放缓的原因、挑战与对策》，《中国人民大学学报》2012 年第 5 期。

[5] 李宾：《我国资本存量估算的比较分析》，《数量经济技术经济研究》2011 年第 12 期。

[6] 樊纲、王小鲁、马光荣：《中国市场化进程对经济增长的贡献》，《经济研究》2011 年第 9 期。

[7] 国家发改委经济研究所课题组：《我国潜在经济增长率研究》，内部研究报告，2011 年。

[8] 齐明珠：《我国 2010—2050 年劳动力供给与需求预测》，《人口研究》2010 年第 5 期。

[9] 陈彦斌、姚一旻：《中国经济增长的源泉：1978—2007 年》，《经济理论与经济管理》2010 年第 5 期。

[10] 王小鲁、樊纲、刘鹏：《中国经济增长方式转换和增长可持续性》，《经济研究》2009 年第 1 期。

[11] 蔡昉：《中国经济面临的转折及其对发展和改革的挑战》，《中国社会科学》2007 年第 3 期。

[12] 林毅夫、苏剑：《论我国经济增长方式的转换》，《管理世界》2007 年第 11 期。

[13] 李善同、侯永志、刘云中、何建武：《中国经济增长潜力与经济增长前景分析》，《管理世界》2005 年第 9 期。

[14] 宋立刚、姚洋：《改制对企业绩效的影响》，《中国社会科学》2005 年第 2 期。

［15］ 刘小玄、李利英:《企业产权变革的效率分析》,《中国社会科学》2005 年第 2 期。

［16］ 李扬、殷剑峰:《劳动力转移过程中的高储蓄、高投资和中国经济增长》,《经济研究》2005 年第 2 期。

［17］ 张军、吴桂英、张吉鹏:《中国省际物质资本存量估算：1952—2000》,《经济研究》2004 年第 10 期。

［18］ 易纲、林明:《理解中国经济增长》,《经济研究》2003 年第 3 期。

［19］ 张军:《改革以来中国的资本形成与经济增长：一些发现及其解释》,《世界经济文汇》2002 年第 1 期。

［20］ 刘伟、李绍荣:《所有制变化与经济增长和要素效率提升》,《经济研究》2001 年第 1 期。

［21］ 刘世锦:《宏观思考》, 中国发展出版社 2000 年版。

［22］ 樊纲:《渐进改革的政治经济学分析》, 上海远东出版社 1996 版。

［23］ Lin, J. Y., 1992, "Rural Reforms and Agricultural Growth in China", The American Economic Review, Vol.3, pp.34–51.

［24］ March, J. G. and Johan P. Olsen, 1995, "Democratic Governance", The Prentice Hall Press.

［25］ Williamson, J., 2002, "What Washington Means by Policy Reform", Peterson Institute for International Economics Working Paper.

［26］ Lynn S. R., 2009, "Economic Development: Theory and Practice for a Divided World", The Free Press.

［27］ Acemoglu, D., 2009, "Introduction to Modern Economic Growth", Princeton Press.

［28］ Xu Chenggang, 2011, "The Fundamental Institutions of China's Reforms and Development", Journal of Economic Literature, Vol.49, pp.1076–1151.

第三章

户籍制度改革的增长红利研究

建国初期，在城市优先发展、重工业优先发展战略下，我国实行了严格控制农村人口进入城市的户籍制度，并将户籍这一人口管理制度与福利保障挂钩，确保各类资源优先供应城市。这种制度安排对稳定政权和恢复社会秩序、集中财力进行重工业建设发挥了积极作用。改革开放以来，适应工业化城镇化发展的需要，我国逐步放宽农村居民进入城市的限制，大量农业剩余劳动力向城市转移，释放人口红利，有力地支撑了改革开放30多年来的高速经济增长。总结改革开放以来户籍制度改革进展及成效，厘清户籍制度影响经济增长的机理，分析当前户籍制度影响经济增长的效应，并结合我国人口流动变化趋势及工业化城镇化发展的现实需要，提出通过深化户籍制度改革促进经济增长的建议，具有重大现实意义。

一、改革开放以来户籍制度改革进展及成效

适应经济社会发展和社会主义市场经济体制建设的现实需要，我国户籍制度改革经历了上世纪80年代放松农民进城限制（农村人口进城务工的渠道打开）、90年代探索小城镇户籍制度改革、本世纪以来新一轮户籍制度改革酝酿和提速等阶段。

（一）20 世纪 80 年代属于户籍制度改革探索阶段

改革开放初期，我国首先对高级专业技术干部、科技骨干、煤矿井下职工、三线地区其他职工的农村家属等人群实行"农转非"指标，并将"农转非"控制目标由不超过当地非农业人口的 0.15% 调整为 0.2%。80 年代，农村土地承包制实行几年后，农村剩余劳动力问题逐渐显性化，同时一部分富裕起来的农民也需要进入集镇投资和发展，从满足这部分群体的要求及促进集镇发展出发，1984 年 10 月国务院颁布《关于农民进入集镇落户问题的通知》，允许务工、经商、办服务业的农民自理口粮到集镇落户，从而出现了介于农村户口与城市户口之间的非农业户口——"自理口粮户口"。自理口粮户口是我国户籍制度改革历程上具有里程碑意义的一项重大突破。据统计，从 1984 年至 1986 年底不到三年的时间里，全国办理自理口粮户达 1633828 户，总计 4542988 人，极大地促进了农村剩余劳动力转移，推动了城乡经济发展和小城镇建设[①]。随着城市流动人口迅速增加，一户一本的《户口簿》难以满足人口管理需要，人户分离日益严重、流动人口管理趋于失控，1985 年 9 月，全国人大常委会审议通过了《中华人民共和国居民身份证条例》，并于当月生效，从此我国正式实行居民身份证制度，户籍管理开始从由户管理模式向人户结合模式转变。同年 7 月，公安部还颁布了《关于城镇暂住人口管理的暂行规定》，规定暂住时间超过三个月的十六周岁以上的人员，可申领"暂住证"，暂住证制度使公民开始拥有在非户籍所在地长期居住的合法权利，从居住时间上进一步放宽了农业人口进入城市的限制。

（二）20 世纪 90 年代进入小城镇户籍制度改革推进阶段

90 年代，随着粮油价格放开、票证制度成为历史及各类经济成分的合法性进一步明确，弱化户籍制度限制性功能的要求越加迫切。1992 年公安

---

① 王春雷：《新中国户籍制度产生的历史背景及发展演变》，《商业时代》2013 年第 3 期。

部出台文件，实行"当地有效城镇居民户口制度"，允许在城镇有稳定住所和职业并要求定居的农村人口以蓝印户口的形式入户，统计为"非农业人口"，享受与城镇常住户口同等待遇。一些地方自行制定户籍优惠政策，买卖户口，出现了蓝皮户口、绿皮户口、开发区户口、城区居民户口、市内"农转非"户口等几十种不同形式的地方性户口，对劳动力的流动起到了积极作用，但给户籍管理工作造成一定混乱。面对打工潮涌起、农民工大规模流动，1992 年成立的户籍制度改革文件起草小组草拟的《国务院关于户籍制度改革的决定》，1994 年公安部完成的户籍制度改革文件草案，都曾对户籍管理制度改革提出了大胆设想，但关于户籍制度改革成本分担等问题没有形成共识，最终中央选择以小城镇户籍制度改革为先行探索。1997 年 6 月，国务院批转了公安部《小城镇户籍管理制度改革试点方案》，规定试点镇机关、团体、企业和事业单位聘用的管理人员、专业技术人员，在试点镇购买商品房或者有合法自建房的居民，以及其共同居住的直系亲属，而且在有合法固定的住所居住已满两年的，可以办理城镇常住户口。1998 年《中共中央关于农业和农村工作若干重大问题的决定》提出"发展小城镇是带动农村经济和社会发展的一个大战略"，改革小城镇户籍制度便成为各地的主流。2001 年3 月，国务院批转公安部《关于推进小城镇户籍管理制度改革的意见》，小城镇户籍制度改革从试点转向全面实施，包括县级市在内的全部小城镇的城镇户口全面放开，但由于小城镇所提供的公共服务水平较低、针对的主要是本地区农村居民、转户农民的土地等权益得不到保障等原因，小城镇户籍制度改革并没有带来大量农民迁入。

（三）2002—2013 年进入新一轮户籍制度改革酝酿阶段

经过多年改革，户籍制度严格限制人口在城乡和城市间流动的政治功能明显减弱，而主要保留了城镇福利和保障载体的经济功能。城市政府特别是大城市和超大城市政府利用户籍准入条件选择城市发展需要的资源和要素，既享受劳动力带来的改革红利又尽量减少所要承担的支付责任，户籍制度进入新一轮改革酝酿期。各地就户籍制度改革展开了多种尝试，但全局改革基本上处于徘徊和摸索状态。2006年中共中央下发"一号文件",要求加快推进户籍制度改革,逐步形成城乡统一的要素市场。2007年,全国治安工作会议上公安部宣布将逐步取消农业户口、非农业户口的二元户籍管理制度,截至3月底已有12个省自治区、直辖市①统一了城乡户口登记制度,但仅仅在户口登记上取消农业户口与非农业户口的区别,没有配套推进社会保障、教育、住房、就业、土地等领域的改革,无法实现引导人口合理有序流动的改革目标。近年来,北京、上海、广州、深圳等城市用居住证取代暂住证,赋予居住证包括人口登记、身份证明、劳动就业、社会保障、教育等公共服务功能,给外来人口一定的城市福利,但仍然属于过渡阶段的权宜之举,户籍管理仍然是城市人口与外来人口两大"阵营"。随着城镇化在我国经济社会发展中的战略地位提升,2010年中央1号文件明确要求深化户籍制度改革,继放开小城镇落户之后,中小城市也正式成为户籍改革的重点。2011年2月《国务院办公厅关于积极稳妥推进户籍制度改革的通知》,提出小城市和小城镇全面放开、中等城市有序放开、特大城市加强人口管理这一"分类改革"精神,中等城市户籍制度正式纳入改革视野,并要求大城市尽可能对常住居民提供教育、医疗、社保等基本公共服务。2010年以来,地方层面开始了新一轮户籍制度改革探索,广东省的积分入户制,重庆、成都在统筹城乡的大背景下重点解决本市进城农民工转户问题,都为进一步深化户籍制度改革积累了经验。

(四)2013年以来进入新一轮户籍制度改革推进阶段

党的十八届三中全会明确要求"推进农业转移人口市民化,逐步把符合条件的农业转移人口转为城镇居民"、"加快户籍制度改革,全面放开建制镇和小城市落户限制,有序放开中等城市落户限制,合理确定大城市落户条件,严格控制特大城市人口规模"、"稳步推进城镇基本公共服务常住人口全覆盖",

---

① 这12个省、自治区、直辖市包括:河北、辽宁、江苏、浙江、福建、山东、湖北、湖南、广西、重庆、四川、陕西。

"建立财政转移支付同农业转移人口市民化挂钩机制"，进一步明确了新一轮户籍制度改革的核心、方向和推进机制，将新一轮户籍制度改革引向深入。2014 年 4 月出台的《国家新型城镇化规划（2014—2020 年）》提出到 2020 年努力实现 1 亿左右农业转移人口和其他常住人口在城镇落户的户籍制度改革目标。为了更好落实党的十八届三中全会的户籍制度改革精神，2014 年 7 月出台的《国务院关于进一步推进户籍制度改革的意见》，从调整户口迁移政策、创新人口管理、保障农业转移人口及其他常住人口合法权益等方面进行了更为具体的部署。

总的来说，适应工业化城镇化进程中人口流动的形势要求，改革开放以来户籍制度遵循了渐进式改革的思路，从对流动人口特别是农村人口流入城市的严格控制，到有计划逐步放开，再到条件准入方式的引入，政府管制程度越来越宽松，农村人口到城市居住和工作的自由选择机会越来越多，农村剩余劳动力向城市转移的制度条件和社会环境明显改善，为第二、三产业发展提供了源源不断的低成本劳动力，不仅推进了我国工业化城镇化进程，而且为我国过去 30 多年的高速增长注入了强劲动力。如果没有户籍松动带来的农村剩余劳动力向城镇转移，我国以劳动力为主的低成本比较优势就很难发挥出来，也就不可能形成以制造业为突破口全方位参与全球分工的格局，综合国力和国际影响力也不可能大幅提升。从这个意义上来说，户籍制度改革对过去 30 多年的经济社会发展做出了重大贡献。

不可忽视的是，户籍制度改革成功与否，并不取决于户籍制度本身，而是由相关制度改革的成效所决定。当前改革与其他相关制度改革尚不配套，致使户籍制度改革缺乏系统性和彻底性，难以形成突破性进展，因而改革进展总体缓慢，并已影响到扩大内需、新型城镇化、区域协调发展乃至经济转型升级。户籍制度背后的社会管理功能、经济利益分配以及社会福利格局错综复杂，需要公共服务、农村土地、财税等领域改革配套推进，必须进行顶层设计。

二、户籍制度改革影响经济增长的机理

按照经典二元经济结构理论，发展中国家并存着以传统生产方式为主、劳动生产率低的农业部门和以制造业为主、劳动生产率高的城市部门，传统农业部门人口过剩，而耕地数量有限，加之生产技术简单而很难有突破性进展，农业达到一定产量后无法再增加，原因在于每增加一个人所增加的产量几乎为零，即农业生产中的边际生产率趋于零甚至是负。随着经济发展，城市现代部门对劳动力的需求增加，在这种情况下，农村剩余劳动力从生产率低的农业部门转移到生产率高的城市部门就业，会提高全社会劳动就业率和劳动生产率，这不仅有利于经济增长，而且随着农村剩余劳动力被吸纳到城市，传统部门和现代部门的劳动生产率大致趋同，从而还可以缩小城乡发展差距。二元经济结构理论在我国同样适用。建国初期，在重工业优先发展战略下，我国采取限制性人口管理措施，将农村剩余劳动力固定在传统农业部门，有其现实合理性。而改革开放以来推进的户籍制度改革，本质上是适应经济社会发展需要，打破农村剩余劳动力自由向城市转移的制度障碍。在这一过程中，劳动力从生产效率低的传统农业部门流向劳动生产率高的城市现代部门，必然带来经济增长。户籍制度改革，主要可以使农村剩余劳动力转移到城市，由此可以通过劳动参与扩大效应、结构重配效应和技能提升效应等三条途径影响经济增长。

（一）劳动参与扩大效应

劳动参与扩大效应来自于劳动力数量增加和有效劳动时间延长两方面。劳动力数量增加指的是，实行家庭联产承包责任制后，农业劳动力的生产积极性提高和效率提升，释放出了农业中的一部分劳动力。户籍制度改革后，这部分农民或者直接进入城市部门就业，或原来从事农业的劳动力流向城市后，这部分农民进入农业，从而有效利用了原来没有参加任何经济活动的农村居民，产生劳动力投入增加效应，在其它条件不变的情况下，必然促进经济增长。有效劳动时间延长效应指的是，户籍制度改革之前，农业就业人员每年只需要劳动三两个月，其他时间大多赋闲[①]。而户籍制度改革后，农业剩余劳动力除了农忙季节干农活，其他时间还可以到城市部门就业，等于延长了这部分劳动力的劳动时间，在其他条件不变情况下，能创造出更多经济产出。

（二）结构重配效应

劳动力的结构重配效应指的是，由于第二、三产业劳动生产率相对高于第一产业，所以当劳动力从平均劳动生产率低的第一产业流到平均劳动生产率相对更高的第二、三产业时，同样的经济活动人口能带来更多经济产出，在其它条件不变情况下，可以促进经济增长。

（三）技能提升效应

劳动力的技能提升效应指的是，原来分散在人口密度较低的农村第一产业的劳动力流向人口密度较高的城市第二、三产业时，人口的空间聚合效应可以创造更多就业机会，并带来规模经济和收益递增，而这种源于劳动力市场规模扩大而带来的分工、专业化及生产率提高（斯密定理），在其他条件不变情况下也能促进经济增长。户籍制度改革释放的人口红利，还包括为知识分子、经营管理者和公务员等社会各阶层的自由流动，知识型、实用型和技能型人才有更加广泛的工作选择机会等创造条件，以及这部分人力资本合理利用产生的技能提升和专业化分工效应。这也说明"人口红利消失后，户籍制度改革红利可补位"。更为深入地推进户籍制度改革，推进农业转业人口市民化，为进城务工农民提供与城镇居民大致同等的收入和福利待遇，使他们真正融入城市，有精力和财力参加继续教育，提高劳动技能，为人力资本积累和全要素生产率提高创造条件。

[①]　当然，也有部分时间从事修渠、垒堰等农业基础设施修建工程。

表 3-1　户籍制度改革影响经济增长的机理

制度变革	影响机制	影响结果	效应类别
	供给层面		
允许农业剩余劳动力进入城市	赋闲或处于隐蔽失业状态的农民进入城市部门就业，或原来从事农业的劳动力流向城市后，这部分农民进入农业领域就业，增加了参加经济活动的人口（全社会劳动参与率）	增加劳动要素投入和社会总产出	劳动力增加效应
	劳动力从工作时间短的部门流向工作时间长的部门，延长了工作时间，有效利用这部分劳动力	提高劳动力参与率和社会总产出	劳动时间延长效应
	劳动力从边际劳动生产率低的第一产业流到边际劳动生产率相对更高的第二、三产业时，同样的经济活动人口获得更多经济产出	提高全要素生产率，增加社会总产出	结构重配效应
	●农业剩余劳动力流向城市，人口的空间聚合效应创造更多就业机会，带来规模经济和专业化分工效应 ●城市其他就业群体可以自由流动、广泛选择就业空间，人力资源得到更为合理利用可以产生专业化分工效应	提高全要素生产率，增加社会总产出（斯密增长）	技能提升效应
农业转移人口市民化	进城务工农民可以真正融入城市，有精力和财力参加继续教育，提高技能素质	提高全要素生产率，增加社会总产出	
	需求层面		
农业转移人口市民化	进城务工农民获取与城镇居民大致同等的收入和福利待遇，消费预期、消费能力和消费行为将发生变化，并产生对基础设施等的配套需求	增加消费需求和投资需求，扩大社会总需求	需求扩大效应

　　以上是供给面的效应。在需求面，推进更为深刻的户籍制度改革，推进农业转移人口市民化，这部分人群能够获取与城镇居民大致同等的收入和福利待遇，在其它条件不变的情况下，其消费预期、消费能力和消费行为都将发生重大变化，将带来消费需求扩张；农业转移人口市民化还会带来对新的消费品的需求及城市基础设施、公共服务设施等的需求，最终都有利于经济增长。

三、户籍制度改革指数构建、预测及对经济增长的影响

我国城乡户籍制度改革为大量农村闲置劳动力进入城镇就业消除了制度障碍，大幅提高了农村劳动力的劳动参与率和配置效率，并促进了人力资本积累等，对我国过去三十多年的经济增长产生了重要影响。我们将在构建户籍制度改革指数基础上，量化分析户籍制度改革对经济增长的影响。

（一）户籍制度改革指数构建

1. 指标选择与数据处理

根据户籍制度改革影响我国经济增长的劳动参与扩大、结构重配与技能提升等机制，同时充分考虑指标准确性、数据可得性等因素，分别选取农民工作时间净增加、农村人口就业参与率，农转非产出净增加、城乡劳动力流动性，及农民工人力资本增加等五个指标，以此构建户籍制度改革指数。

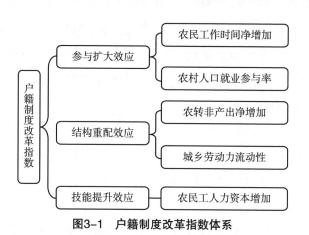

图3-1 户籍制度改革指数体系

农民工作时间净增加（简称"工作时间"），反映户籍制度改革通过参与扩大效应影响经济增长，采用城乡劳动力工作时间差额乘以农村向城镇转移的

劳动力数量或农民工数量来刻画。随着我国户籍制度放开，农民将约4个月务农时间之外的6.5个月时间用于进城务工，从而提高了有效劳动力资源总量。

农村人口就业参与率（简称"就业参与"），反映户籍制度改革通过参与扩大效应影响经济增长，用乡村就业人口加农业向非农业劳动力转移数量占农业户籍人口比重刻画。随着户籍放开，很多赋闲在家没有进入劳动力市场的农民得以进城务工，从而增加了劳动力数量，提高了农村人口的就业参与率。

农转非产出净增加（简称"产出增加"），反映户籍制度改革通过结构重配效应影响经济增长，采用农业与非农业劳动生产率差值乘以农民工数量刻画。随着户籍放开，城乡劳动力得以更为顺畅流动，并进入城镇从事劳动生产效率更高的非农产业工作，提高了整个社会的劳动力利用效率。大批进城农业转移人口进入制造业、交通运输、仓储和邮政业等非农产业，国家统计局发布的《全国农民工监测调查报告》表明，2008年以来，约有53%的农民工进入了第二产业、34%的农民工进入了第三产业。

城乡劳动力流动性（简称"流动性"），反映户籍制度改革通过结构重配效应影响经济增长，采用农民工数量占城镇就业人口比重刻画。户籍制度通过降低城乡劳动力流动成本，便利了农业转移人口进入效率更高的非农产业，使得更多农村闲置劳动力能够进入城镇从事更高生产效率的非农生产。

农民工人力资本增加（简称"人力资本"），反映户籍制度改革通过技能提升效应影响经济增长，采用城乡平均受教育年限差值乘以农民工数量表示。农民工进入城镇可以享受到更好的技能培训、再教育、医疗等公共服务，并因周围人群的技能溢出效应、工作中的"干中学"效应改善人力资本。

上述各指标数据主要来自历年《中国统计年鉴》、《中国劳动统计年鉴》、《中国农村统计年鉴》及《新中国60年统计资料汇编》。

2. 指数构建及评价

为了将各子指标合成为综合反映我国户籍制度改革的总指数，要求各指标数据序列同时满足年度纵向可比与指标间横向可比。参考樊纲等（2011）构建市场化分指数与合成市场化总指数的方法，标准化户籍制度改革二级指标数据（无量纲化），并在专家打分测算权重基础上线性合成户籍制度改革总指数。

首先，计算指标得分，标准化二级指标。如果第 i 个指标与户籍制度改革成正向关系，计算该指标的得分可以采用如下公式：

$$第\,i\,个指标得分 = \frac{V_i - V_{min}}{V_{max} - V_{min}}$$

如果第 i 个指标与户籍制度改革成负向关系，计算该指标的得分可以采用如下公式：

$$第\,i\,个指标得分 = \frac{V_{max} - V_i}{V_{max} - V_{min}}$$

其中，V_i 是第 i 个指标的原始数据，V_{max} 是第 i 个指标原始数据的最大值，V_{min} 是第 i 个指标原始数据的最小值。

经过上述数据的标准化处理，各指数都与户籍制度改革正相关、得分均处于 0—1 之间。指数越大说明户籍制度改革推进越深入，指数变化速度越快则说明户籍制度改革推进越快。

其次，计算指数权重，合成户籍制度改革总指数。合成户籍制度改革总指数的关键是如何选取各指数的权重。专家打分法可充分利用专家积累的研究经验，并可根据我国户籍制度改革进展快慢分时期测算各项指标权重，相对主成分分析方法更为灵活、可靠。为此，课题组调研了国务院发展研究中心、国家发改委宏观经济研究院、中国社科院、中国人民大学等单位的 30 余位相关领域专家对我国户籍制度改革问题的认识与理解，最后算术平均得到户籍制度改革各一级指标指数、二级指标指数在不同时间段的权重。

表 3-2 专家打分法所得权重

（单位：%）

一级指标	二级指标	1978—1984		1985—1992		1993—1997		1998—2001		2002—2013		2014—2020	
参与扩大效应	工作时间	50	50	42.5	50	45	50	40	50	30	50	15	50
	就业参与		50		50		50		50		50		50
结构重配效应	产出增加	45	20	42.5	20	40	20	45	20	45	20	35	20
	流动性		80		80		80		80		80		80
技能提升效应	人力资本	5	100	15	100	15	100	15	100	25	100	50	100

图 3-2 表明，改革初期，随着放松户籍限制尤其是 1984 年实行"自理口粮户口"政策，实行联产承包责任制后从农业分离出来的农业剩余劳动力得以涌入城镇，我国户籍制度改革指数出现了一次持续快速上升，从 1978 年的 0.00 上升到 1992 年的 0.42；上世纪 90 年代初期到中后期，前期户籍制度改革效应释放进入了衰退期，但随着新时期蓝印户口改革、小城镇户籍制度改革等快速推进，我国出现了新一轮城乡人口流动高潮期，户籍制度改革指数从 1993 年的 0.42 下降到 1995 年的 0.40 之后持续快速上升到 2001 年的 0.75；新世纪以来，户籍制度改革进入了新一轮酝酿期，除了局部地区开展准入条件放宽等户籍制度改革试验外，大多数地区没有实质推进户籍制度改革，加之前期改革效应逐步衰退，户籍制度改革指数从 2002 年的 0.73 下降到 2006 年的 0.71；2007 年以来，各地开始探索以城乡福利均等化为核心的户籍制度改革，户籍制度改革指数又从 2007 年的 0.75 上升到 2013 年的 0.98。

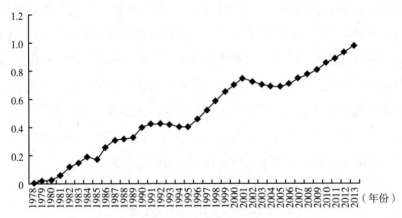

图3-2　户籍制度改革指数（1978—2013）

数据来源：课题组测算。

（二）分情景预测户籍制度改革指数

党的十八届三中全会通过的《中共中央关于全面深化改革若干重大问题的决定》（下文简称《决定》）绘制了我国全面深化改革的美好蓝图，户籍领域要求"推进农业转移人口市民化，逐步把符合条件的农业转移人口转为城镇居民"。2014 年 4 月颁布的《国家新型城镇化规划（2014—2020 年）》明确提出到 2020 年 "常住人口城镇化率达到 60% 左右，户籍人口城镇化率达到 45% 左右，户籍人口城镇化率与常住人口城镇化率差距缩小 2 个百分点左右，努力实现 1 亿左右农业转移人口和其他常住人口在城镇落户"。2014 年 7 月 24 日颁布的《关于进一步推进户籍制度改革的意见》则提出，要统筹推进教育、就业、医疗、养老、住房保障等领域配套改革，到 2020 年，基本建立与全面建成小康社会相适应，有效支撑社会管理和公共服务、依法保障公民权益的新型户籍制度，努力实现 1 亿左右农业转移人口及其他常住人口在城镇落户。如果按照《决定》部署，扎实全面落实户籍制度改革及相关配套措施，未来户籍制度改革进展怎么样，对经济增长的影响有多大？在回答这个问题之前，首先需要估算在没有《决定》推出的各项改革及其配套措施，而只延续过去各项户籍制度改革情况下，我国户籍制度改革可能进程，并以此作为比较基准来评判十八届三中全会以来的户籍制度改革进程增量及其对经济增长的影响。

改革基准情景。2014—2020 年，假定各项户籍制度改革仍延续过去十年的改革内容、速度、强度等，而不推出其他任何新的户籍制度改革措施，其在数量上相当于各户籍制度改革二级指数增长速度延续了过去 10 年平均值。同时，考虑到制度改革的边际递减效应，我们还进一步将各年二级指数增长速度按照逐年降低 10% 的标准进行衰减调整。

改革次乐观情景。2014—2020 年，如果《决定》部署的各项户籍制度改革及配套改革只能落实 50%，假定反映参与扩大效应、结构重配效应与技能提升效应的各项二级指数在基准情景年均增长率基础之上再提高 0.9%。

改革乐观情景。2014—2020 年，如果《决定》部署的各项户籍制度改革及配套改革能够全部落实，假定反映参与扩大效应、结构重配效应与技能提升效应的各项二级指数在基准情景年均增长率基础之上再提高 1.8%。

户籍制度改革指数表明，乐观情景下的户籍制度改革推进速度最快、强度最大，次乐观次之，基准情景推进速度最慢、强度最弱。2014—2020 年，基准情景下，户籍制度改革指数从 0.98 提高到 1.18，七年间只提高 0.20；乐观情景下，从 0.98 提高到 1.33，共提高 0.35；次乐观情景下，从 0.98 提高到 1.25，提高了 0.27。

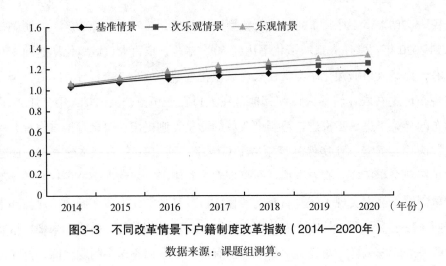

图3-3　不同改革情景下户籍制度改革指数（2014—2020年）

数据来源：课题组测算。

（三）户籍制度改革影响经济增长的计量分析和预测

经济增长的源泉来自要素配置效率改善及要素数量积累。户籍制度改革既可通过提升劳动力配置效率影响经济增长，也可通过增加劳动投入数量影响经济增长。具体而言，既可通过结构重配、技能提升对 TFP 产生效率改善效应，也可通过扩大劳动参与率产生要素（劳动力）增加效应。在测算过程中，第一种效应通过将户籍制度改革指数代入生产函数模型，分解 TFP 得到；第二种效应根据户籍制度改革引致的新增农村劳动力[①]占当年新增劳动力总量比例，并进一步按照比例分配法，从劳动力对经济增长总的贡献度中计算得到。

1.户籍制度改革增长效应的历史分析

根据我们测算，改革开放以来，户籍制度改革为我国经济快速增长释放了巨大制度红利。1979—2013 年，在我国 GDP 年均增长 9.83% 的增速中，户籍制度改革通过效率改善效应贡献了 1.20 个百分点，贡献率达到了 12.2%；通过劳动力增加效应贡献了 0.22 个百分点，贡献率也达到了 2.24%。

在不同时期，户籍制度改革对我国经济增长的影响也存在差异，这与各时期户籍制度改革推进速度、强度及改革方式、改革空间等有很大关系。改革

[①]　将每年农村新增 18 周岁参加就业人口中的 30% 作为户籍制度改革导致的新增劳动力。

开放初期（1979—1992 年），长期被束缚在农村的劳动力在城乡户籍制度放松改革背景下，开始迅速从农村流向城镇、从农业流向非农业，使得长期被扭曲的劳动力资源配置开始趋向合理，户籍制度改革通过效率改善效应对我国经济增长的贡献度高达 2.26 个百分点、通过劳动力增加效应对我国经济增长的贡献度也达到了 0.28 个百分点。上世纪 90 年代初期到本世纪初期（1993—2002 年），我国户籍制度改革重点转移到城镇，蓝印户口改革、小城镇户籍制度改革等相继推出，但经过多年改革与发展，城乡劳动力生产率差距已逐步缩小，户籍制度改革结构重配效应相应减弱；与此同时，国有企业改革、城市就业压力加大、乡镇企业发展速度放慢等也导致农村劳动力城乡流动受阻，这一时期户籍制度改革通过效率改善效应对我国经济增长的贡献度下降到 0.68 个百分点、通过劳动力增加效应对我国经济增长的贡献度下降到 0.19 个百分点。新世纪初期以来（2003—2013 年），户籍制度改革进入新一轮酝酿期，各地不断探索、突破，改革从"停滞"进入到"积分入户"等新路径探索阶段，户籍制度改革对 TFP 的贡献从 2003—2004 年的负向转为后几年的正向。2005—2013 年，户籍制度改革通过效率改善效应对我国经济增长的贡献度上升到 0.49 个百分点、通过劳动力增加效应对我国经济增长的贡献度达到 0.18 个百分点。

表 3–3　户籍制度改革增长效应的历史分析

年　份	GDP 增长率（％）	TFP 增长率（％）	户籍制度改革增长贡献度（百分点）		
			效率改善效应	劳动力增加效应	合计
1979—2013	9.83	2.85	1.20	0.22	1.42
#1979—1992	9.53	2.89	2.26	0.28	2.54
##1979—1984	9.58	3.25	5.24	0.18	5.42
##1985—1992	9.50	2.52	0.71	0.34	1.05
#1993—2002	9.58	3.08	0.68	0.19	0.87
##1993—1997	11.44	4.12	0.51	0.19	0.7
##1998—2002	8.25	2.06	0.85	0.20	1.05
#2003—2013	9.95	2.59	0.33	0.18	0.51
##2003—2004	10.06	2.73	−0.36	0.21	−0.15
##2005—2013	10.21	2.57	0.49	0.18	0.67

数据来源：课题组测算。

2.对户籍制度改革增长效应的预测

根据我们的测算，户籍制度改革仍将持续影响我国经济增长，继续释放改革红利。2014—2020年，基准情景下，在GDP年均6.36%的增速中，户籍制度改革将通过效率改善效应与劳动力增加效应分别贡献0.26、0.10个百分点；乐观情景下，在GDP年均7.89%的增速中，户籍制度改革通过以上两条渠道分别贡献0.44、0.12个百分点；次乐观情景，在GDP年均7.13%的增速中，户籍制度改革通过以上两条渠道分别贡献0.35、0.11个百分点。

综合以上得出结论，如果《决定》及其配套改革措施部署的户籍制度改革能够全面推进，那么户籍制度改革对我国经济增长速度的增量贡献将达到0.20个百分点。如果《决定》及其配套改革措施部署的户籍制度改革只能部分推进（50%），那么户籍制度改革对我国经济增长速度的增量贡献仍将达到0.10个百分点。

表 3-4　户籍制度改革增长效应的未来预测

2014—2020	GDP 增长率（%）	TFP 增长率（%）	户籍制度改革增长贡献度（百分点）		
			效率改善效应	劳动力增加效应	合计
基准情景（a）	6.36	1.50	0.26	0.10	0.36
乐观情景（b）	7.89	2.50	0.44	0.12	0.56
次乐观情景（c）	7.13	2.00	0.35	0.11	0.46
b-a	1.53	1.00	0.18	0.02	0.20
c-a	0.77	0.50	0.09	0.01	0.10

数据来源：课题组测算。

四、户籍制度改革尚未到位对经济增长的不利影响

改革开放以来，尽管我国户籍制度改革取得了积极进展，对"人口红利"形成、促进经济增长发挥了重要作用，但当前户籍制度仍存在一些不容忽视的问题，影响我国未来经济增长量与质的持续提高与改善，不利于经济长期健康

可持续发展。

一是现行户籍制度不利于充分释放劳动力参与扩大效应的潜力，不利于劳动力资源利用空间的扩大，制约经济增长空间。我国城乡福利均等化的户籍制度改革虽已持续推进，但与户籍改革配套的财税、土地、住房等相关制度改革却没有相应跟上，导致城乡分割的户籍制度没有发生实质性改变，城镇农业转移人口仍难以享受到与城镇居民同等的基本公共服务，再加上城镇较高的生活成本，大幅降低了农村闲置劳动力进城务工的净收益，不利于全社会劳动参与率提高。即使那些已进入城镇的农业转移人口，也因没有应有的养老、医疗等社会保障而不能长期在城镇工作与生活，大量城乡"两栖型"产业工人"钟摆式"、"候鸟式"往返于城乡之间。这不仅造成社会资源的浪费，而且也不利于农村劳动力资源充分有效利用，制约了我国未来经济增长空间。

二是现行户籍制度不利于结构重配效应发挥作用，不利于劳动力配置效率提高，影响经济增长质量。我国城乡分割的户籍制度在身份上将人口划分为城镇居民与农村居民，将劳动者划分为城镇就业者和农民工就业者，从而形成了一个人为分割的城乡二元劳动力市场，导致市场机制在人力资源配置方面的作用不能有效发挥。由户籍带来的劳动力流动障碍及就业歧视，阻碍了劳动力在城乡间、行业间、区域间自由流动，不利于人力资源流向效率更高的地方，并产生了劳动力错配等效率损失问题，影响经济增长质量提高。

三是现行户籍制度不利于农业转移人口技能提升，不利于劳动力人力资本稳步提高与消费需求扩大，影响经济可持续发展。深入推进户籍制度改革，必须配套推进教育、就业、医疗、社会保障等基本公共服务改革，而我国基本公共服务改革滞后导致农业转移人口不能真正融入城市，这不仅使得农业转移人口没有足够精力和财力参加继续教育来提高自身技能与素质，而且还使得农业转移人口的子女也因不能接受到与城镇居民同等教育、医疗、就业等公共服务业而阻滞了未来全社会人力资本提高，制约了我国"人口红利"的延续，影响了全要素生产率不断提升和经济增长质量持续改善。当前，我国有 2.7 亿进城务工农民及其家属，他们虽已成为城市生产主体，也因没有享受到应有的福利待遇，其消费行为和生活方式与城市居民完全不同，直接影响了消费需求扩大。此外，农民工和市民"双轨运行"的城镇化推进方式，已成为阻碍我国走新型城镇化道路的主要因素，将进一步影响城镇化过程中的消费需求和投资需求扩大。

五、深化户籍制度改革、促进经济增长的建议

从增强户籍制度改革与其他领域改革的关联性、配套性和耦合性及更好发挥对经济增长的促进作用出发，应按照以下思路深化户籍制度改革。

户籍制度的核心是剥离户籍与福利的内在联系，建立一种新型户籍准入制度和城市福利保障获取机制。按照分类分步改革思路，推进有能力在城镇稳定就业和生活的农业转移人口举家进城落户，并与城镇居民享有同等权利和义务。优先解决农村学生升学和参军进入城镇的人口、在城镇就业居住年限较长、举家迁徙的农业转移人口、新生代农民工落户问题。全国除少数超大城市和特大城市外，不得设置落户限制，逐步使户籍管理与公共服务脱钩，户籍制度回归其人口信息登记的社会管理职能，实现人口自由迁徙。

户籍制度改革必须与公共服务制度和农村土地制度改革联动推进。公共服务领域，将城镇社会管理和公共服务由户籍人口为主向常住人口拓展，逐步取消不平等的歧视性福利政策，实现常住人口公共服务均等化，建立适度普惠性社会福利体系。教育要完善"就地入学"的管理服务机制，为外来人口子女提供良好的基础教育服务，加快解决外来人口随迁子女异地中考、高考问题；扩大养老保险覆盖范围，择机将新农保与城镇职工养老保险进行对接；解决外来人口在城镇和农村双重参保的权益累加问题，加大财政对基本养老保险的投入力度，降低低收入人群缴费水平；进一步完善养老保险关系转移接续制度；给予外来人口同城镇居民同等的住房政策待遇，将外来人口纳入城镇住房保障体系，为外来人口提供与城镇居民相同的失业、工伤、生育等保险。建立农业转移人口市民化成本由政府、企业、社会共同参与的多元化成本分担机制，中央政府重点负责公共卫生和计划生育、子女义务教育、就业扶持、社会保障等方面支出，加强对外来人口流入地区的补助，特别要加大对外来人口流入集中

区公租房等保障性住房建设的补助，健全财政转移支付同农业转移人口市民化挂钩机制；省级政府则重点对省（市、区）内跨市县迁移的外来人口公共服务投入提供支持；流入地政府主要承担农民工市民化过程中扩建城市所引致的基础设施投资成本和廉租房等保障性住房的大部分投入；企业要为农民工提供必要的劳动保护条件和职业病防治措施，改善农民工的工作环境，加强职工的技能培训素质提升，逐步增强农民工的市民化能力。

加快农村土地还权赋能改革。完善农村土地所有权、承包权、经营权分置制度，将农民对土地和宅基地的使用权能落实到位，给予农民充分、自由的流转和处置权。按照"有偿、渐进、分类"原则，建立土地及农村资产退出机制。经济发达和靠近城市地区的进城落户农民工可以通过市场流转机制退出承包地和宅基地，边远和经济落后地区可探索进城农民交出土地后国家或地方政府给予补偿，农业转移人口农村宅基地及所属住房退出的补偿金，主要应来自政府征收宅基地所占建设用地指标转让收入，补偿后进城农民原承包地和宅基地应归还农村集体和农村社区。农村集体资产股份制改造，将农村资源资本化，鼓励农民持股进城，按股分红，增强迁移农民在城市发展能力。建立城镇建设用地增加规模同吸纳农业转移人口落户数量挂钩机制，提高流入地政府推进农业转移人口市民化的积极性。

顺利推进户籍制度改革，还要配套推进财税体制改革。加快理顺中央和地方的事权关系，建立事权和支出责任相适应的制度，完善地方税体系，完善转移支付制度，增强地方政府提供基本公共服务的财力保障。

（郭春丽　易　信）

参考资料目录

［1］都阳、蔡昉、屈小博、程杰：《延续中国奇迹：从户籍制度改革中收获红利》，《经济研究》2014 年第 8 期。

［2］王春雷：《新中国户籍制度产生的历史背景及发展演变》，《商业时代》2013 年第 3 期。

［3］樊纲、王小鲁、朱恒鹏：《中国市场化指数：各地区市场化相对进程 2011 年报告》，经济科学出版社 2011 年版。

［4］刘世锦、陈昌盛、许召元、崔小勇：《农民工市民化对扩大内需和经济增长的影响》，《经济研究》2010 年第 6 期。

［5］张士斌：《户籍制度与经济增长中的贫困陷阱》，《开放导报》2009 年第 1 期。

附表　指标体系基础数据（无量纲化）

一、历史数据

年份	农村人员流向城镇的就业时间净增加量	农业人口向非农业就业的净增加值	农业户籍人口就业参与率	外来农村劳动力占当地城镇从业人员比重	城乡教育差距
1978	0.0000	0.0000	0.0000	0.0000	0.0000
1979	0.0101	0.0002	0.0197	0.0324	0.0072
1980	0.0125	0.0004	0.0510	0.0257	0.0089
1981	0.0280	0.0007	0.0874	0.0754	0.0198
1982	0.0576	0.0014	0.1454	0.1856	0.0409
1983	0.0703	0.0019	0.1834	0.2230	0.0499
1984	0.0890	0.0027	0.2647	0.2740	0.0631
1985	0.0815	0.0032	0.3206	0.2192	0.0578
1986	0.1354	0.0054	0.3689	0.3921	0.0960
1987	0.1728	0.0076	0.4216	0.4955	0.1225
1988	0.1768	0.0096	0.4564	0.4811	0.1254
1989	0.1798	0.0112	0.4786	0.4843	0.1276
1990	0.2231	0.0122	0.7662	0.4797	0.1848

续表

年份	农村人员流向城镇的就业时间净增加量	农业人口向非农业就业的净增加值	农业户籍人口就业参与率	外来农村劳动力占当地城镇从业人员比重	城乡教育差距
1991	0.2433	0.0156	0.7742	0.5150	0.2034
1992	0.2473	0.0198	0.7840	0.5071	0.2063
1993	0.2445	0.0256	0.7944	0.4816	0.2036
1994	0.2313	0.0324	0.8038	0.4311	0.1926
1995	0.2342	0.0402	0.8106	0.4231	0.1945
1996	0.2880	0.0540	0.8377	0.5183	0.2412
1997	0.3496	0.0698	0.8668	0.6243	0.3138
1998	0.4190	0.0862	0.8976	0.7404	0.3601
1999	0.4801	0.1037	0.9256	0.8319	0.4185
2000	0.5312	0.1350	0.9486	0.9000	0.4360
2001	0.5854	0.1618	0.9740	0.9574	0.5238
2002	0.6037	0.1850	0.9861	0.9392	0.5314
2003	0.5894	0.2036	0.9983	0.8619	0.5338
2004	0.5988	0.2318	1.0000	0.8321	0.5264
2005	0.6057	0.2618	0.9994	0.7992	0.5410
2006	0.6447	0.3114	0.9714	0.8147	0.5846
2007	0.7028	0.3944	0.9461	0.8552	0.6465
2008	0.7395	0.4660	0.9146	0.8674	0.6904
2009	0.7842	0.5290	0.8936	0.8876	0.7426
2010	0.8498	0.6662	0.8752	0.9298	0.8158
2011	0.8930	0.7961	0.8603	0.9441	0.8693
2012	0.9426	0.8908	0.8682	0.9671	0.9302
2013	1.0000	1.0000	0.8716	1.0000	1.0000

二、基准情景

年份	农村人员流向城镇的就业时间净增加量	农业人口向非农业就业的净增加值	农业户籍人口就业参与率	外来农村劳动力占当地城镇从业人员比重	城乡教育差距
2014	1.0470	1.1658	0.8619	1.0057	1.0592
2015	1.0912	1.3397	0.8533	1.0109	1.1155
2016	1.1281	1.4996	0.8464	1.0151	1.1630
2017	1.1548	1.6249	0.8417	1.0180	1.1977
2018	1.1712	1.7064	0.8388	1.0197	1.2191
2019	1.1795	1.7491	0.8374	1.0206	1.2300
2020	1.1828	1.7667	0.8368	1.0210	1.2344

三、次乐观情景

年份	农村人员流向城镇的就业时间净增加量	农业人口向非农业就业的净增加值	农业户籍人口就业参与率	外来农村劳动力占当地城镇从业人员比重	城乡教育差距
2014	1.0564	1.1763	0.8697	1.0148	1.0687
2015	1.1109	1.3639	0.8687	1.0292	1.1357
2016	1.1588	1.5405	0.8695	1.0427	1.1947
2017	1.1969	1.6842	0.8724	1.0551	1.2414
2018	1.2248	1.7845	0.8772	1.0665	1.2750
2019	1.2446	1.8457	0.8837	1.0770	1.2980
2020	1.2594	1.8810	0.8910	1.0871	1.3144

四、乐观情景

年份	农村人员流向城镇的就业时间净增加量	农业人口向非农业就业的净增加值	农业户籍人口就业参与率	外来农村劳动力占当地城镇从业人员比重	城乡教育差距
2014	1.0658	1.1868	0.8774	1.0238	1.0782
2015	1.1308	1.3884	0.8843	1.0476	1.1561
2016	1.1901	1.5821	0.8929	1.0709	1.2270
2017	1.2402	1.7451	0.9039	1.0933	1.2863
2018	1.2804	1.8656	0.9171	1.1149	1.3329
2019	1.3127	1.9467	0.9320	1.1359	1.3690
2020	1.3402	2.0017	0.9481	1.1568	1.3986

第四章

金融体制改革的增长红利研究

改革开放以来，我国金融改革持续推进，金融业从单一银行到多种金融机构并存，金融资产从简单的现金、存款、贷款到多种金融资产并存，金融资源配置从计划行政分配逐渐转向市场配置。目前，金融改革仍是最热门的话题之一，但关于具体改什么、如何改等问题仍存在较大分歧，其中一个重要原因可能是对于金融改革的影响缺乏科学的量化分析。本章在回顾金融体制改革进展及成效的基础上，构建金融体制改革指数，以刻画金融改革历程、现状和未来走势，并将金融改革指数嵌入生产函数，运用生产函数法量化分析金融改革对经济增长的影响，最后就更好发挥金融体制改革对经济增长的促进作用提出对策建议。

一、金融体制改革进展及成效

我国金融改革始于20世纪70年代末。总体来说，金融改革成效显著，已初步建立了适应市场经济的金融体系。银行业方面，建立了以国有商业银行为主体、股份制商业银行、城市商业银行在内的多层次商业银行体系，国有商业银行股改上市，资本实力、资产质量和盈利能力显著改善。证券业方面，股权分置改革和证券机构综合治理顺利完成，公司信用类债券市场发展迅速。保险业方面，现代保险企业制度基本建立。农村金融和小企业金融，引入了小额贷款公司、村镇银行等新型金融机构。利率市场化稳步推进，人民币存贷款利率逐步放开，以 SHIBOR（上海银行间同业拆放利率）为代表的市场基准利率体系初步建立。建立了有管理的浮动汇率制度，人民币汇率弹性逐步加大。金融监管特别是银行监管有所改善，防范化解金融风险能力增强。

第一阶段（1978—1992 年）。改革开放之前，金融资产只有银行存款、贷款和现金，银行信贷的投放领域非常狭窄，仅限于超定额流动资金和商业贷款。改革开放后，金融机构、金融资产开始多元化发展，资本市场开始起步。一是银行信贷规模膨胀、结构软化，对经济增长的支持作用显著提升。从1986 年起陆续建立起一批新型商业银行和一些区域性商业银行；银行突破只贷流动资金的限制，进入固定资产贷款领域；统一管理国营企业流动资金，利用利率杠杆促进企业加强资金管理。二是实行信贷资金供给的双轨制，放开了一些非银行类金融机构的经营。积极推动综合性、股份制银行发展，先后恢复了交通银行，成立了中信实业银行等多家股份制银行；信托投资公司快速发展，1988 年最高时曾达到 745 家。三是资本市场恢复发展。股票市场初步建立，股票发行逐渐规范，上海证券交易所和深圳证券交易所先后于 1990 年和1991 年正式成立，1992 年国务院证券委员会、中国证券监督管理委员会成立。四是外汇管理体制由此前高度集中的"统收统支"制度变为外汇留成与上缴制度，并在此基础上培育和发展外汇调剂市场，形成并不断完善了官方汇率与市场汇率并存的双重汇率制度。

第二阶段（1993—2002 年）。1994 年国务院做出了《关于金融体制改革的决定》，提出"建立一个适应市场经济要求的、在国务院领导下，独立执行货币政策的中央银行宏观调控体系；建立政策性金融与商业性金融相分离，以国有商业银行为主体，多种金融机构并存的金融组织体系；建立统一开放、有序竞争、严格管理的金融市场体系"的目标。按照这一目标模式，1994 年以来增加了改革开放力度，金融改革进一步深化，金融结构进一步多元化。一是 1995 年以国家立法形式确定了中国人民银行的中央银行地位。二是 1994 年成立国家开发银行、中国进出口银行、中国农业发展银行三家政策性银行，实现政策性金融与商业金融分离。三是 1995 年至 1998 年，逐步完成了专业银行向商业银行改革的目标，包括取消对国有商业银行的贷款限额控制；全面实行资产负债比例和风险管理；加强中央财政对国有商业银行的支持，通过发行 2700 亿元特种国债筹措资金，以增加国有商业银行的资本金等。四是金融监管体制进一步完善，1998 年 11 月成立保监会，对保险业实施专业监管。五是 1994 年对外汇管理体制进行重大改革，包括：实行银行结售汇制度，取消外汇上缴和留成，取消用汇的制定性计划和审批，对境内机构经常项目下的外汇收支实行银行结汇和售汇制度；实行以市场供求为基础的、单一的、有管理的浮动汇率；建立统一的、规范的银行间外汇交易市场。

第三阶段（2003—2013 年）。一是 2003 年至 2010 年，商业银行股份制改革顺利完成。运用国家外汇储备注资大型商业银行，推动四大国有商业银行在上海和香港两地上市。二是 2006 年底，在全国范围全面推行农村信用社改革，人民银行通过发放专项再贷款或专项中央银行票据，有效降低农村信用社的不良贷款率。三是在分类指导、"一行一策"的原则下，继续推动政策性金融机构改革，坚持以政策性业务为主题，实行分账管理、分类核算。四是金融监管职能进一步调整，分业监管体系初步形成。2003 年，银行业监管职能从中国人民银行分离，成立了银行业监督管理委员会，中国人民银行作为中央银行的职能转换为金融稳定、金融宏观调控和金融服务。五是利率市场化改革不断推进。2006 年，推出上海银行间同业拆放利率（SHIBOR），已全面实现货币市场和债券市场利率的市场化。六是汇率形成机制改革继续深化。人民币汇率弹性不断加大，2007 年 5 月 21 日，人民币汇率浮动区间由 0.3% 扩大至 0.5%；2012 年 4 月，人民币汇率浮动区间由 0.5% 进一步扩大至 1%。

第四阶段（2013 年以来）。2013 年，十八届三中全会对我国下一步的总体改革进行了系统而全面的战略部署，其中金融改革是整个改革中十分关键和重要的部分，金融改革明显加速。一是利率市场化改革取得突破，2013 年 7 月放开了贷款利率管制，并于 2015 年 10 月 24 日放开了存款利率上限，利率管制至此全部取消，利率市场化进入新的阶段，未来将重点完善利率的市场化形成和调控机制，加强利率体系建设以及提高货币政策传导效率。二是人民币汇率弹性进一步增强，自 2014 年 3 月 17 日起，人民币兑美元交易价浮动幅度由 1% 扩大到 2%。三是探索建立存款保险制度。四是资本市场改革快速推进，包括启动沪港通和深港通交易试点、IPO注册制改革、增加合格境外机构投资者（QFII）投资额度、扩大人民币合格境外机构投资者（RQFII）试点范围、将全国中小企业股份转让系统试点有序扩大至全国等。五是深入推进政策性金融机构改革，明确其政策性银行定位。六是允许民间资本进入银行业，开展民营银行试点，已批准深圳前海微众银行、温州民商银行、天津金城银行、浙江网商银行、上海华瑞银行五家民营银行筹建。

总的来看，金融改革取得了显著成效，有效促进了金融发展和经济增长。一方面，随着金融产品和金融工具不断完善，以及多层次金融市场持续发展，金融创新速度明显加快，大大拓宽了企业融资渠道，适当缓解了小微企业融资难、融资贵问题。另一方面，随着银行股份制改革、利率市场化、汇率市场化等改革不断推进，实体经济融资成本有所降低，金融体系对实体经济的支撑作用明显增强，对企业发展与创新提供了必要的金融支持。

二、金融体制改革影响经济增长的机理

金融改革能够从多个渠道对经济增长产生影响，包括通过要素增加效应、效率提升效应和技术提升效应等增加生产要素投入和提升全要素生产率。此外，金融改革还促使企业和居民的金融需求扩张，如随着互联网金融、普惠金融快速发展，大量中小企业和中低收入居民的潜在信贷需求被逐渐激活。但是，考虑到金融供给仍然是约束我国金融深化和经济发展的主要因素，因此本研究将重点分析金融改革对金融供给，进而影响经济增长的传导渠道。

（一）金融体制改革有利于促进资本积累

金融改革可以促进金融市场快速发展以及金融资产迅速累积。从微观来看，金融资产在家庭和企业中的占比明显提高；从宏观来看，资本积累速度显著加快。金融改革通过疏通储蓄到投资的转变渠道，促进资本积累，可以为经济快速增长奠定基础。

（二）金融体制改革有利于提高资金配置效率

金融体系通过提供各种金融产品，实现资金的聚集、转移与分配，有助于资金从生产效率较低的部门流向生产效率较高的部门，实现资源优化配置。一是金融中介机构通过降低信息获得成本来改善资金配置效率。金融体系的信息揭示功能能够在很大程度上缓解信息不对称产生的逆向选择和道德风险问题，有助于资金流向更高效率的项目，从而优化资源配置，促进经济增长。二是在现代金融体系下，股东和债权人对公司的有效监管能够提高公司治理水平。公司治理机制的有效性直接影响到公司业绩并进而影响到经济增长，由于经理人和股东之间存在信息不对称，经理人可能会偏离投资者目标，而运作良好的股票市场能够有效改善公司治理。

中国现行金融政策的实质是政府干预资本的定价和分配，融资方面明显偏向于大型企业和国有企业，比如目前国有企业对工业产出的贡献不到20%，但其在银行信贷中的占比超过40%。与此同时，效率相对较高的民营企业却一直面临融资难、融资贵问题。金融资源配给出现较为严重的"马太效应"。通过金融改革可以校正定价与配置扭曲，资金从效率低的企业流向效率高的企业，将改善总体资金利用效率，从而促进经济增长。

（三）金融体制改革有利于加快技术和人力资本提升

金融改革有利于加快技术提升。一是技术提升离不开研发投入，资本积累带来社会财富增加，使得外源性研发投入快速增长成为可能；二是各类金融工具、金融市场创新层出不穷，特别是普惠金融的发展，对众多民营中小企业的金融支持有所增强，而技术创新的主要动力就是来自这些企业。金融改革还有利于加快人力资本提升。随着金融市场化改革，家庭和企业可更为便利地受益于金融服务，来增加人力资本的投入、提高劳动力素质，因此会促进经济增长。

三、金融体制改革指数构建、预测及对经济增长的影响

（一）金融体制改革指数构建

1. 指标选择与数据处理

改革开放以来，我国金融体系不断完善、多层次资本市场逐渐健全、利率市场化有序推进等，大幅提高了金融体系集聚资金、配置金融资源的能力与效率，对经济增长产生了重要影响。由于金融改革通过资本规模扩大、资金结构重配与技术提升等机制影响经济增长，我们分别选取了直接融资规模、间接融资规模、融资结构、金融机构存款民营化、金融机构贷款民营化、金融相关率、金融中介效率、利率市场化等八个指标，构建金融体制改革指数。

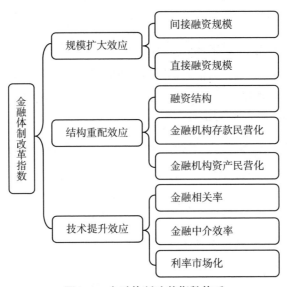

图4-1　金融体制改革指数体系

间接融资规模，采用存款性金融机构存贷款规模与GDP的比值表示，反映银行等存款性金融机构集聚和配置金融资源的能力。

直接融资规模，采用股市市值与GDP的比值表示，反映金融改革通过规模扩大效应影响经济增长。

融资结构，采用股市融资规模与金融机构贷款融资规模的比值表示，反映金融改革通过结构重配效应影响经济增长。

金融机构存款民营化（简称"存款民营化"）与金融机构资产民营化（简称"资产民营化"），分别采用非国有金融机构存款占全部金融机构存款比重、非国有金融机构资产占全部金融机构资产比重表示，反映金融改革通过结构重配效应影响经济增长。

金融相关率，采用全部金融资产与GDP的比值表示，反映金融改革通过技术提升效应影响经济增长。

金融中介效率，采用全部金融机构贷款与存款的比值表示，反映金融改革通过技术提升效应影响经济增长。

利率市场化，采用贷款利率浮动区间表示，反映金融改革通过技术提升效应影响经济增长。

2.指数构建及评价

为了将各子指标合成为综合反映我国金融改革的总指数，要求各指标数据序列同时满足年度纵向可比与指标间横向可比。借鉴樊纲等（2011）构建市场化分指数与合成市场化总指数的方法，标准化金融改革子指标（无量纲化），并线性合成金融体制改革总指数。

首先，计算指标得分，标准化二级指标。如果第 i 个指标与金融体制改革成正向关系，计算该指标的得分可采用如下公式：

$$第\ i\ 个指标得分 = \frac{V_i - V_{min}}{V_{max} - V_{min}}$$

如果第 i 个指标与金融改革成负向关系，计算该指标的得分可采用如下公式：

$$第\ i\ 个指标得分 = \frac{V_{max} - V_i}{V_{max} - V_{min}}$$

其中，V_i 是第 i 个指标的原始数据，V_{max} 是第 i 个指标原始数据的最大值，V_{min} 是第 i 个指标原始数据的最小值。

经过上述标准化处理，各指数都与金融体制改革正相关、得分均处于0-1

之间，并且指数越大说明金融体制改革推进得越深入、指数变化速度越快则说明金融体制改革推进得越快。

其次，计算指数权重，合成金融体制改革总指数。合成金融体制改革总指数的关键是如何选取各指数的权重。专家打分法可充分利用专家积累的研究经验，并还可根据我国金融体制改革快慢分时期测算各项改革权重，从而相对主成分分析方法更为灵活、可靠。为此，我们调研了国务院发展研究中心、国家发改委宏观经济研究院、中国社科院、中国人民大学等单位的30余位相关领域专家对我国金融体制改革问题的认识与理解，算术平均得到金融体制改革各一级指标指数、二级指标指数在不同时间段的权重。

总体而言，改革开放以来，我国金融体制改革指数波动上行，表明金融制度经历了多轮改革，对我国经济增长带来多轮影响，基本符合我国金融改革进程。具体而言，上世纪80年代初期及中期，金融改革启动，改革指数经历了第一轮持续上升，从1978年的0.00上升到1987年的0.22。上世纪80年代后期到90年代初期，金融市场化改革涉足股市等资本市场，改革指数出现新一轮加速上升，从1988年的0.21上升到1992年的0.36。上世纪90年代中期到本世纪初期，银行业股份制改革、汇率市场化改革等相继启动，改革指数出现"波浪式"加速上升，从1993年的0.34提高到2000年的0.55。本世纪初期以来，资本市场改革、银行业股份制改革、汇率市场化以及利率市场化改革等继续全面推进，改革指数从2001年的0.51上升到2007年的0.88；但2008年国际金融危机之后，受国际金融市场等外部不利冲击，改革指数出现大幅波动及下滑，但2012年以来又再次加速上升。

表4-1　专家打分法所得权重

（单位：%）

一级指标	二级指标	1978—1992		1993—2000		2001—2013		2014—2020	
规模扩大效应	直接融资规模	50	0	30	25	30	50	20	50
	间接融资规模		100		75		50		50

续表

一级指标	二级指标	1978—1992		1993—2000		2001—2013		2014—2020	
结构重配效应	金融结构		0		30		40		50
	存款民营化	30	50	40	35	40	30	40	25
	资产民营化		50		35		30		25
技术提升效应	金融相关率		50		40		35		30
	金融中介效率	20	50	30	40	30	35	40	35
	利率市场化		0		20		30		35

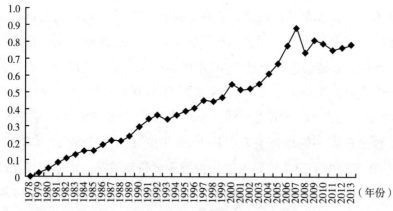

图4-2　金融体制改革指数（1978—2013）

数据来源：课题组测算。

（二）分情景预测金融体制改革指数

党的十八届三中全会通过的《中共中央关于全面深化改革若干重大问题的决定》（下文简称《决定》）绘制了我国未来全面深化改革的蓝图，金融领域要求"完善金融市场体系"，表4-2列举了未来改革的几大方向、具体内容以及相对应的增长效应。分三种情景（包括基准、乐观和次乐观），对未来金融改革进展及金融改革指数变化趋势作出预测，并以此来估计未来金融改革对经济增长的影响。

表 4-2　十八届三中全会及相关配套文件关于金融体制改革的部署

改革方向	具体内容	效应类别
扩大金融业对内对外开放	• 发展普惠金融 • 鼓励金融创新，丰富金融市场层次和产品	规模扩大效应
推动资本市场改革、促进利率市场化改革	• 健全多层次资本市场体系，推进股票发行注册制改革，多渠道推动股权融资，发展并规范债券市场，提高直接融资比重 • 在加强监管前提下，允许具备条件的民间资本依法发起设立中小型银行等金融机构 • 深化利率市场化改革，完善利率形成和调控机制，提高金融服务实体经济效能，着力解决融资难、融资贵问题	结构重配效应
完善科技金融体系	• 促进科技和金融结合，加快科技成果转化和培育战略性新兴产业	技术提升效应

资料来源：《决定》及其他相关文件。

改革基准情景。假定未来各项金融改革仍延续过去十年的改革内容、速度、强度等，而不推出其他任何新的金融改革措施，各金融改革二级指数增长速度延续过去 10 年平均值。考虑到制度改革的边际递减效应，进一步将各二级指数增长速度按照逐年降低 10% 的标准进行衰减调整。

改革次乐观情景。假定十八届三中全会《决定》部署的各项金融改革及配套改革只能部分落实，即在基准情景基础之上，直接融资规模、间接融资规模、融资结构、金融机构存款民营化、金融机构资产民营化、金融相关率、金融中介效率、利率市场化等指标年均增长率提高 0.9%。

改革乐观情景。根据已出台各项金融改革部署，未来几年金融改革将着重在资本市场、金融市场准入、利率市场化、资本账户开放等方面。假定在基准情景基础上，直接融资规模、间接融资规模、融资结构、金融机构存款民营化、金融机构资产民营化、金融相关率、金融中介效率、利率市场化等指标年均增长率提高 1.8%。

图 4-3 表明，2014—2020 年间，基准情景下，金融改革指数从 0.81 提高到 0.87；乐观情景下，从 0.82 提高到 0.98；次乐观情景下，从 0.82 提高到 0.92。

图4-3　不同情景下金融体制改革指数（2014—2020）

数据来源：课题组测算。

（三）金融体制改革是促进经济增长的重要因素之一

在用增长核算法分解经济增长源泉基础上，定量分析金融改革通过 TFP 渠道和资本积累渠道对我国经济增长的影响。

1. 通过提升 TFP 促进经济增长

依照金融改革推进情况，计算不同时段金融改革对 TFP 的贡献度。整体来看，改革开放以来，金融改革对 TFP 的贡献度为 0.62 个百分点，即金融改革每年平均拉动 TFP 增长 0.62 个百分点。

分阶段来看，金融改革对经济增长的边际贡献逐渐下降，这与金融改革推进的力度、改革的空间等有很大关系。第一阶段（1979—1992 年），改革开放之初，生产力受到压抑，金融体制改革对经济增长的影响很大，释放了巨大制度红利，对 TFP 的贡献度和贡献率分别高达 2.64 个百分点和 81.33%，但 1985 年之后改革效应走弱，对 TFP 的贡献大幅下降。第二阶段（1993—2002年），金融体制改革加大了开放力度、金融结构进一步多元化、金融体系进一步市场化，但前期改革效应衰减及改革的边际效应降低相叠加，金融体制改革对 TFP 的贡献度和贡献率分别进一步下降到了 0.20 个百分点和 6.49%。第三阶段（2003—2013 年），商业银行股份制改革逐步完成，利率、汇率市场化改革加快推进，金融体制改革对经济增长的贡献有所回升，对 TFP 的贡献度和贡献率分别为 0.21 个百分点和 8.2%。

2. 通过增加资本积累促进经济增长

整体看，因金融改革引致的新增资本[①]在规模和比重上都逐年增大，意味着金融改革激励资本增加的效应在持续释放。根据新增资本占新增资本总量比例，并进一步按照比例分配法，从资本对经济增长总的贡献度中测算得到金融改革通过资本积累渠道对经济增长的贡献。测算表明，改革开放以来，金融改革对经济增长的贡献度为 0.10 个百分点。依照改革阶段来看，各阶段的贡献度不断上升，从第一阶段的 0.03 个百分点上升到第三阶段的 0.17 个百分点。

表 4-3　金融体制改革对经济增长的影响

年份	GDP 增长率（%）	TFP 年均增长率（%）	金融体制改革增长贡献度（百分点）		
			TFP 渠道	资本积累渠道	合计
1979—2013	9.83	2.85	0.62	0.10	0.72
#1979—1992	9.53	2.89	1.34	0.03	1.37
##1979—1984	9.58	3.25	2.64	0.01	2.65
##1985—1992	9.50	2.52	0.64	0.04	0.67
#1993—2002	9.58	3.08	0.20	0.11	0.31
##1993—1997	11.44	4.12	0.26	0.13	0.39
##1998—2002	8.25	2.06	0.15	0.09	0.24
#2003—2013	9.95	2.59	0.21	0.17	0.38
##2003—2004	10.06	2.73	0.47	0.17	0.64
##2005—2013	10.21	2.57	0.16	0.17	0.32

数据来源：课题组测算。

---

①　以民营金融机构贷款占金融机构总贷款比重计算固定资产投资中因金融改革带来的投资额，并进一步按照永续盘存法计算这部分资本存量。

（四）金融体制改革有望释放更大的增长红利

以分情景对2014—2020年的金融改革指数预测为基础，采用生产函数法，测算金融改革对经济增长的影响。测算结果表明，未来金融改革将释放更大的增长红利。

改革基准情景。金融改革通过促进TFP增长对经济增长的贡献度为0.09个百分点，即在延续历史改革既定趋势情况下，金融改革将拉动经济增长0.09个百分点；通过引致资本积累对经济增长的贡献度为0.09个百分点。二者加总，对经济增长的贡献度为0.18个百分点，贡献率为2.8%。

改革次乐观情景。金融改革通过促进TFP增长对经济增长的贡献度为0.15个百分点，通过引致资本积累对经济增长的贡献度为0.1个百分点。二者加总，对经济增长的贡献度为0.25个百分点，贡献率为3.5%。

改革乐观情景。金融改革通过促进TFP增长对经济增长的贡献度为0.21个百分点，通过引致资本积累对经济增长的贡献度为0.1个百分点。二者加总，对经济增长总的贡献度为0.31个百分点，贡献率为3.9%。

比较三种情景，发现如果《决定》及其配套改革措施部署的金融制度改革能够完全推进，未来年均经济增速能多提高1.53个百分点，其中金融改革的增量贡献为0.13个百分点；如果《决定》及其配套改革措施部署的金融制度改革只能部分推进，那么我国未来年均经济增长能多提高0.77个百分点，其中金融改革的增量贡献为0.07个百分点。

表4-4　金融体制改革对经济增长的影响预测

2014—2020	GDP 增长率（%）	TFP 增长率（%）	金融体制改革增长贡献度（百分点）		
			TFP 渠道	资本积累渠道	合计
基准情景	6.36	1.50	0.09	0.09	0.18
次乐观情景	7.13	2.00	0.15	0.10	0.25
乐观情景	7.89	2.50	0.21	0.10	0.31
次乐观 – 基准	0.77	0.50	0.06	0.01	0.07
乐观 – 基准	1.53	1.00	0.12	0.01	0.13

数据来源：课题组测算。

四、金融体制改革尚未到位对经济增长的不利影响

（一）当前金融改革不到位阻碍效率提升和技术创新

总体来看，1998 年以来的金融改革取得了重要进展，初步建立了适应市场经济体系发展的金融体制框架。但此前金融改革的背景是应对加入 WTO，过于强调金融安全和风险控制，导致金融领域市场化改革始终滞后于实体经济，金融服务供给结构和实体经济需求结构不对称、金融创新不足、金融结构扭曲货币政策等问题至今未能得到解决，在一定程度上制约了经济发展，对经济增长造成不利影响。

一是金融服务供给结构和实体经济需求结构严重不对称，影响资金配置效率。从金融需求看，企业是以中小微企业为主体的正金字塔结构，随着非国有经济占国民经济份额迅速上升，对金融服务的需求已经越来越多地由中小企业产生；从金融供给结构看，金融体系是以大型国有商业银行为主体的倒金字塔结构，四大国有商业银行一枝独秀，中小银行规模十分有限，股票、债券等资本市场发育缓慢，金融服务仍然主要面向国有或国有控股的大中型企业，对民营中小企业存在事实上的歧视。全社会资金配置出现严重的"马太效应"，资金价格扭曲现象仍然存在，影响金融资源有效配置。

二是金融创新能力不足，不利于技术进步和创新发展。金融创新能力不足已成为制约我国新兴产业发展、科学技术进步和经济创新发展的主要瓶颈之一。金融体系由大型国有商业银行主导，难以对前沿技术和新兴产业的灵活、多样化、不断变化的金融服务需求做出全面、及时、有针对性的反应；金融服务专业化程度不高，一些细分金融业态发展较为滞后，如科技金融发展缓慢，消费金融至今仍属于边缘化产品等。金融创新以模仿西方发达国家金融产品为主，未能系统化形成具有我国特色、符合我国经济发展要求的金融创新理念和战略。

三是扭曲了货币政策，使货币政策陷入进退两难的困境，不利于维护宏观经济稳定。近年来，货币政策"一收就滞、一放就胀"的问题反复交替出

现，其根源就在于金融结构扭曲。政策放松时，对大企业信贷供给首先快速膨胀，只有松动到一定程度才能惠及小微企业；政策紧缩时，首先收缩中小微企业信贷，只有紧缩到一定程度时才能影响大企业资金供给。因此，政策放松时常常是大水漫灌，虽然可以解决中小微企业融资需求，但通货膨胀压力往往成为不可避免的副产品；政策紧缩时又难免事与愿违，不仅未能达到预期紧缩目标，还常常将中小微企业融资成本抬至更高，损害实体经济发展。在这种情况下，如果要保持货币供应总量合理，就必然导致中小微企业资金供给不足；如果要保证中小微企业得到足够融资支持，就必然导致一定程度过量货币信贷供给。货币政策由此陷入两难境地，既松不得，也紧不得。

（二）未来金融改革的伴随成本不可忽视

任何一项改革都是有成本的，金融改革也不例外。金融改革可能会在短期内导致资金成本上升，也可能增加宏观经济的不稳定性。因此，金融改革短期对经济增长产生不利影响具有一定的客观必然性，其短期调整成本不容忽视。

一是金融改革推进时机和方式不合理可能增加经济不稳定性，对经济增长产生不利影响。随着资本账户逐步开放，资本流入和流出将更加频繁，可能导致经济增长不确定性增加、波动幅度增大。尽管取消对资本流出的限制，可以消除投资者后顾之忧，鼓励更多资本流入。但是，过去三十几年来，中国资本项目管制的原则是宽进严出，从这个角度看，进一步开放意味着大力放开对资本流出的管制，这可能会引发大量的资本流出。因此，选择资本账户等金融改革的时机至关重要，不仅要选择在国内宏观经济条件比较有利的时候开放资本项目，更要首先完善国内金融体制机制、提升金融监管质量。

二是金融改革的短期调整成本不容忽视。在考察金融改革的影响时，仅仅对两个静态的稳态进行比较分析远远不够，因为简单的稳态比较忽视了金融改革的短期调整成本。在资本再配置过程中，部分行业或企业会萎缩，另一些行业或企业会扩张，但是两者之间将存在时间差，并由此可能引致一些重要的经济和社会问题，造成社会福利损失。比如，随着利率市场化推进，产能明显过剩的一些行业可能会发生大规模去产能过程，更多资源重新被配置到正在迅速扩张的互联网金融、机械设备等领域。尽管这种调整长期内是有益的，但难以避免调整期间的工人失业和产能萎缩等问题。因此，在制定和落实改革政策时，短期调整成本问题不容忽视。

五、深化金融体制改革、促进经济增长的建议

面对新常态下经济转型和产业升级的新要求，只有坚持市场化导向，进一步释放金融体系活力，建成完善的金融机构体系、金融市场体系、金融运行体系和金融监管体系，才能有效分散金融风险，为实体经济全要素生产率提升和经济持续稳定增长提供金融支持。新一轮金融改革的重点则应逐步转移到构建制度、完善市场、改进利率汇率市场化形成机制、提高金融资源配置效率与金融服务实体经济的功能上来。

一是充分发挥金融对实体经济的支持力度，提高金融市场的资金配置效率。加快与实体经济关系密切的金融部门发展壮大，扩大政策性和开发性金融银行提供融资的能力，在调整监管标准的前提下引导保险资金采取长期融资方式进入实体经济部门，大力发展融资租赁行业，缓解实体经济部门资金占用压力等。继续推进利率市场化改革，形成反映流动性偏好和风险溢价的完整收益率曲线，提高资本配置的市场化水平，提升金融市场的资金配置效率。扩大资本市场直接融资，推动社保基金等采取多种融资方式与实体经济部门有效结合，加快融资转化为固定资产投资的速度。

二是加强金融创新，增强金融对技术创新支撑作用。加快建立有利于创新发展的金融体系，丰富金融业态，去除金融服务死角，为创新活力足的中小企业提供金融支撑。加强创新创业领域各级财政引导资金的机制设计，充分考虑创新的风险，在政府资金成功退出环节、预留部分资金用于承担创业失败损失，真正实现政府与市场共担成本、共享利益。

三是提高金融改革稳定性，促进经济稳定发展。总体保持适度宽松的流动性，加强市场流动性监测预警，避免时点性流动性枯竭。有效引导市场利

率水平保持低位，降低融资成本。加强信用建设，通过政府增信、扩大中央财政代发地方发债规模、优化评级等，降低市场利率风险加权水平。保持汇率基本稳定，保持汇率形成机制的稳定，保持外汇交易中心交易制度的基本稳定，避免汇率大幅波动冲击国内市场预期。关注金融多元化、利率市场化条件下商业银行新兴业务、表外业务快速增长势头，警惕理财、代付和各类跨业合作业务风险，强化防火墙制度，重点严管股票市场风险、债券市场风险、互联网金融风险等风险向银行体系的传染渗透，避免出现汇率市场风险与资本市场风险交织。

四是提升金融改革的有效性，切实推进有关改革措施取得实效。一方面，借鉴国际监管政策实践经验，进一步提升及时有效执行改革政策的能力，以及对潜在风险和冲击的快速反应机制。另一方面，加强利率市场化、汇率市场化和资本项目可兑换进程的协调；在利率市场化和民营银行试点等改革进程中，及时推进存款保险和市场退出机制建设；进一步完善金融监管框架，加强不同监管者之间的协调和信息共享，着力解决监管分置、监管盲区和监管套利。此外，继续稳定和发展多层次资本市场。审慎推进注册制改革，进行优先股试点和新三板、OTC 市场扩容，完善新三板做市商和转板制度。加强股票市场的制度建设，增强保障股市健康发展的法制基础，规范交易行为和市场秩序。更好地发挥债券市场的直接融资功能，加强对信用违约风险地监控预警，逐步打破刚性兑付，完善信用风险的市场定价机制，促进债券市场长远稳定发展。

（曹玉瑾　易　信）

参考资料目录

［1］黄益平：《完成金融改革带来的影响》，《中国投资》2014 年第 8 期。
［2］黄益平：《中国金融改革前景》，《资本市场》2014 年第 6 期。

［3］周业安、赵坚毅:《我国金融市场化的测度、市场化过程和经济增长》,《金融研究》
2005 年第 4 期。

［4］Abdul A., Enrica D, and Thierry T., 2008,"A New Database of Financial Reforms", IMF
WP/08/266.

附表　指标体系基础数据（无量纲化）

一、历史数据

年份	股票市场规模/GDP	金融机构存贷款总额/GDP	股市融资规模/贷款规模	非国有银行资产/银行部门总资产	非国有金融机构吸收存款/全部金融机构吸收存款	全部金融资产/GDP	金融机构贷存比	贷款利率浮动空间
1978	0.0000	0.0000	0.0000	0.0000	0.0000	0.0000	0.0000	0.0000
1979	0.0000	0.0121	0.0000	0.0283	0.0353	0.0253	0.0468	0.0000
1980	0.0000	0.0359	0.0000	0.0562	0.0701	0.0539	0.0766	0.0000
1981	0.0000	0.0734	0.0000	0.0837	0.1044	0.0856	0.1340	0.0000
1982	0.0000	0.0934	0.0000	0.1108	0.1382	0.1032	0.1765	0.0000
1983	0.0000	0.1080	0.0000	0.1374	0.1714	0.1201	0.2133	0.0000
1984	0.0000	0.1302	0.0000	0.1637	0.2042	0.1563	0.1901	0.0000
1985	0.0000	0.1228	0.0000	0.1896	0.2365	0.1582	0.1347	0.0000
1986	0.0000	0.1707	0.0000	0.2151	0.2683	0.2074	0.1272	0.0000
1987	0.0000	0.1942	0.0000	0.2403	0.2997	0.2317	0.1537	0.0000
1988	0.0000	0.1762	0.0000	0.2650	0.3306	0.2184	0.1355	0.0000
1989	0.0000	0.2050	0.0000	0.2894	0.3610	0.2364	0.1519	0.0000
1990	0.0000	0.2803	0.0000	0.3134	0.3910	0.3055	0.2001	0.0000
1991	0.0000	0.3350	0.0071	0.3371	0.4205	0.3478	0.2553	0.0000

续表

年份	股票市场规模 / GDP	金融机构存贷款总额 / GDP	股市融资规模 / 贷款规模	非国有银行资产 / 银行部门总资产	非国有金融机构吸收存款 / 全部金融机构吸收存款	全部金融资产 /GDP	金融机构贷存比	贷款利率浮动空间
1992	0.0317	0.3630	0.1078	0.3605	0.4496	0.3815	0.3031	0.0000
1993	0.0471	0.3428	0.1771	0.3834	0.4783	0.4082	0.3115	0.2308
1994	0.0625	0.3438	0.2464	0.4224	0.5269	0.4000	0.4345	0.2308
1995	0.0884	0.3825	0.2280	0.4439	0.5537	0.4157	0.4916	0.2308
1996	0.1143	0.4329	0.2096	0.4533	0.5655	0.4584	0.5517	0.1538
1997	0.1829	0.4837	0.5207	0.4487	0.5597	0.5092	0.5281	0.1538
1998	0.1915	0.5474	0.2932	0.4543	0.5667	0.5618	0.5348	0.1538
1999	0.2437	0.5976	0.3038	0.4357	0.5435	0.6223	0.5937	0.2308
2000	0.3996	0.6198	0.6381	0.4588	0.5723	0.6344	0.6859	0.2308
2001	0.3280	0.6628	0.3362	0.4939	0.6161	0.6875	0.7214	0.2308
2002	0.2621	0.7323	0.2208	0.5764	0.6467	0.7449	0.7463	0.2308
2003	0.2562	0.8020	0.2575	0.6073	0.7016	0.8008	0.7536	0.2308
2004	0.1893	0.7804	0.2568	0.6414	0.8143	0.7767	0.8050	0.6154
2005	0.1438	0.8167	0.2915	0.6573	0.8554	0.7926	0.9334	0.8462
2006	0.3372	0.8099	0.7486	0.7468	0.8953	0.7817	0.9485	0.8462
2007	1.0000	0.7496	1.0000	0.8143	0.9366	0.7329	0.9474	0.8462
2008	0.3128	0.7586	0.3828	0.8594	0.9625	0.7300	1.0000	0.8462
2009	0.5838	0.9428	0.4620	0.8426	1.0000	0.8922	0.9556	0.8462
2010	0.5407	0.9691	0.7532	0.4725	0.8011	0.9110	0.9592	0.8462
2011	0.3733	0.9237	0.3199	0.9125	0.8275	0.9162	0.9357	0.8462
2012	0.3620	0.9520	0.1979	0.9598	0.8743	0.9543	0.9136	1.0000
2013	0.3439	1.0000	0.1622	1.0000	0.9237	1.0000	0.9085	1.0000

二、基准情景

年份	股票市场规模/GDP	金融机构存贷款总额/GDP	股市融资规模/贷款规模	非国有银行资产/银行部门总资产	非国有金融机构吸收存款/全部金融机构吸收存款	全部金融资产/GDP	金融机构贷存比	贷款利率浮动空间
2014	0.3675	1.0279	0.1542	1.0506	0.9367	1.0285	0.9207	1.0554
2015	0.3902	1.0297	0.1473	1.0984	0.9486	1.0548	0.9319	1.1081
2016	0.4095	1.0298	0.1420	1.1384	0.9582	1.0765	0.9410	1.1523
2017	0.4237	1.0298	0.1384	1.1674	0.9650	1.0919	0.9474	1.1845
2018	0.4324	1.0298	0.1363	1.1853	0.9691	1.1013	0.9513	1.2043
2019	0.4369	1.0298	0.1353	1.1943	0.9712	1.1061	0.9533	1.2144
2020	0.4387	1.0298	0.1349	1.1980	0.9720	1.1080	0.9540	1.2185

三、次乐观情景

年份	股票市场规模/GDP	金融机构存贷款总额/GDP	股市融资规模/贷款规模	非国有银行资产/银行部门总资产	非国有金融机构吸收存款/全部金融机构吸收存款	全部金融资产/GDP	金融机构贷存比	贷款利率浮动空间
2014	0.3708	1.0372	0.1555	1.0600	0.9451	1.0377	0.9290	1.0649
2015	0.3973	1.0483	0.1499	1.1183	0.9657	1.0739	0.9488	1.1281
2016	0.4207	1.0579	0.1458	1.1694	0.9843	1.1058	0.9667	1.1837
2017	0.4391	1.0674	0.1435	1.2100	1.0002	1.1318	0.9820	1.2277
2018	0.4523	1.0770	0.1426	1.2396	1.0136	1.1518	0.9949	1.2595
2019	0.4611	1.0867	0.1428	1.2603	1.0249	1.1672	1.0059	1.2815
2020	0.4671	1.0965	0.1436	1.2755	1.0350	1.1797	1.0158	1.2974

四、乐观情景

年份	股票市场规模 / GDP	金融机构存贷款总额 / GDP	股市融资规模 / 贷款规模	非国有银行资产 / 银行部门总资产	非国有金融机构吸收存款 / 全部金融机构吸收存款	全部金融资产 / GDP	金融机构贷存比	贷款利率浮动空间
2014	0.3741	1.0464	0.1569	1.0695	0.9536	1.0470	0.9373	1.0744
2015	0.4044	1.0671	0.1526	1.1383	0.9830	1.0932	0.9658	1.1483
2016	0.4320	1.0864	0.1498	1.2010	1.0109	1.1357	0.9928	1.2156
2017	0.4550	1.1060	0.1487	1.2538	1.0364	1.1727	1.0175	1.2721
2018	0.4728	1.1259	0.1491	1.2959	1.0596	1.2041	1.0401	1.3167
2019	0.4863	1.1461	0.1506	1.3293	1.0809	1.2310	1.0610	1.3516
2020	0.4971	1.1668	0.1528	1.3573	1.1013	1.2554	1.0809	1.3806

第五章

土地制度改革的增长红利研究

　　土地是民生之本，发展之基，财富之源。作为稀缺的不可再生资源，土地既是人类生存的基本条件，也是推动经济增长的重要生产要素。建国初期以来，我国建立起城市土地属于国家、农村土地属于集体的土地所有权制度。改革开放以来，适应工业化城镇化发展需要，我国以市场化为方向，按照土地所有权和使用权分离的思路，开展了城乡土地使用制度改革，有力地支撑了过去30多年的高速经济增长。总结改革开放以来土地制度改革进展及成效，厘清土地制度影响经济增长的机理，分析当前土地制度影响经济增长的效应，并结合我国工业化城镇化发展的现实需要，提出通过深化土地制度改革促进经济增长的建议，具有重大现实意义。

一、改革开放以来土地制度改革进展及成效

　　改革开放以来，按照土地所有权和使用权分离的思路，我国对农村承包地、集体建设用地、城市土地等开展了使用制度改革。以下循着农村土地制度、城市建设用地制度两条线，总结改革开放以来我国土地制度改革进展及成效。

（一）农村土地制度改革进展及成效

　　农村土地有承包地和集体建设用地之分。由于我国对土地实行用途管制，两类土地制度的演进路径不尽相同。

1. 农村承包地

中国的改革开放首先从农村土地制度开始。发轫于 20 世纪 70 年代末 80 年代初，首先秘密出现在农村贫困地区的家庭联产承包责任制，经过 1981 年中央工作会议的争议和讨论，到 1982 年在中央发布的第一个农村工作 1 号文件中予以认可，随之由地下转入地上，并在全国取得了合法性。经过两年大力推广，1984 年在全国普遍实行，到该年底，全国已有 99% 的生产队、96.6% 的农户实行了包干到户。这一制度变革爆发了巨大能量，1979—1984 年，农业总产值增长了 355.4%，平均每年增长 7.9%，比 1978 年前 26 年年均 2.7% 的增长速度高 1.8 倍；全国粮食产量由 1978 年前的 30477 万吨增加到 1984 年的 40731 万吨，平均每年增长 1709 万吨，增长率达 4.95%，比解放后的前 26 年 2.41% 的增长率高一倍多。但家庭联产承包责任制存在两大弊端：一是分散、零碎的家庭经营方式不适宜机械耕作、农业生产技术推广，阻碍农业技术进步及生产要素使用效率提高，与农业现代化生产方式不相容；二是承包期短，土地经营缺乏稳定性，影响农民对土地的长期投入。80 年代中后期，我国农业生产陷入低谷。从克服家庭联产承包责任制的固有弊端和促进农村发展的现实需要出发，农村土地使用制度主要沿着稳定土地承包关系、提高规模经营水平两方面不断加以完善。

为了稳定土地承包关系，农村土地承包期经历了三次延长。首先，在家庭联产承包责任制取得明显成效的基础上，1984 年中共中央颁发了《关于 1984 年农村工作的通知》的 1 号文件，把土地承包期延长至 15 年。随着 1978 年开始的 15 年期限第一轮土地承包陆续到期，1993 年 11 月中共中央、国务院发布的《关于当前农业和农村经济发展的若干政策措施》，指出"在原定的耕地承包期到期之后，再延期 30 年不变"，2002 年颁布的《农村土地承包法》进一步明确了这一精神。2008 年党的十七届三中全会提出要"稳定和完善农村基本经营制度，赋予农民更加充分而有保障的土地承包经营权，现有土地承包关系要保持稳定并长久不变"，赋予农民对承包经营地"无固定期限的永久使用权"。

农村土地流转经历了 80 年代探索发展、90 年代加快发展和新世纪以来规范发展三个阶段。80 年代中期以后，随着乡镇企业在发达地区和大城市郊区兴起，部分农村劳动力采取"离土不离乡"的方式，转入非农产业就业，就产生了土地流转现象。1984 年、1986 年中央发布的第三个、第五个农村工作 1 号文件明确规定农村土地"协商转包"、"发展适度规模的种植专业户"，从政策上加以引导，并于 1987 年在江苏苏锡常、北京顺义、广东南海进行适度规模经营试验。总的来看，80 年代到 90 年代初，土地适度规模经营在探索中推进。1993 年党的十四届三中全会进一步明确土地使用权依法有偿转让，发展适度规模经营之后，土地流转和适度规模经营在我国尤其是沿海地区明显加快，但部分地区发展适度规模经营出现操之过急的苗头，而在大多数传统农区，承包地流转以农户之间自发流转为主，进展缓慢。总体而言，这一时期承包地流转在全国占比并不高[①]。2002 年通过的《土地承包法》在总结部分地区土地流转经验基础上，明确提出土地承包经营权流转应当遵循"平等、协商、自愿、有偿"的原则，可以依法采取转包、出租、互换、转让或者其他方式流转。2005 年 1 月农业部颁布的《农村土地承包经营权流转管理办法》，以及 2008 年党的十七届三中全会通过的《关于推进农村改革发展若干重大问题的决定》，对土地承包权流转进行了规范，我国农村土地承包经营权流转进入规范发展轨道。

家庭联产承包责任制实行的 30 多年，释放出巨大的制度红利。源于此的一系列土地制度变革，不仅激发了农民的生产积极性，促进了农村生产力发展，解决了上亿人的温饱问题，使我国农村贫困人口从改革开放初的 2.5 亿人下降到现在的 7000 万，而且从农业中解放出来的剩余劳动力，自主创业，形成了乡镇企业异军突起[②]和 20 世纪 90 年代初一直延续到现在的流动于城市和农村之间的数以千万计的"民工潮"现象，有力推进工业化和城镇化进程。

2. 农村集体建设用地

改革开放以来，我国农地转非农地仍然沿用计划经济时期的国家征用办

---

①　尽管很难获取农村承包地流转的权威数据，但据农业部抽样调查，1992 年全国共有473.3 万承包农户转包、转让农地 774 千公顷，分别占当年承包农户总数和承包土地总面积的 2.3% 和 0.9%；流转程度比较高的广东省，2004 年 8 月的调查统计结果表明，除深圳市外，全省土地流转面积 584.7 万亩，其中耕地流转面积 429.4 万亩，占耕地总面积的 14.4%。

②　1978 年以来，乡镇企业在中国异军突起，并且在国民经济比重中所占比例越来越大，形成了"三分天下有其一"的局面。1978 年中国社办企业只有 152.42 万个，1989 年乡镇企业已经发展到 1868.63 万个。1978 年乡镇企业就业人数只有 2826.56 万，占农村劳动力的 9.5%，到 1990 年就业人数已达 9264.8 万，占农村总劳力的 22.1%。

法，明令禁止农村集体建设用地买卖、出租和违法转让，农村集体土地只有通过政府征收转化为国有土地后才能在市场上流转，但现实中集体土地买卖和租赁一直以"隐形市场"的形式存在。1985年出台的《关于进一步活跃农村经济的十项政策》和1988年出台的《土地管理法》，对集体土地从全面禁止流转到允许有限范围内流转开了一个"口子"。上世纪80年代中期到90年代中期集体土地流转相当普遍，并发展出转让、入股、联营、出租和抵押等形式，形成了庞大的"隐形市场"。由于缺乏法律法规，这一时期土地流转处于自发、无序和混乱状态。1999年底，国土资源部将芜湖市确定为全国首个集体建设用地流转试点地区，随后全国多个地区都广泛开展了集体土地流转试点。2005年广东省出台了《广东省集体建设用地使用权管理办法》，并开始探索集体建设用地流转，此后多个省市分别以政府令的形式发布了土地流转的地方性政府规章，但由于集体建设用地涉及到工商经营性用途转用限制及只能在集体内部流转的流转范围限制，因此改革进展滞后。2008年，党的十七届三中全会提出"逐步建立城乡统一的建设用地市场"，但由于《土地管理法》修改滞后，其中有关"任何单位和个人进行建设，需要使用土地的，必须依法申请使用国有土地"、"农民集体所有的土地的使用权不得出让、转让或者出租用于非农业建设"的规定，加之在土地财政成为地方收入主要来源、财税关系没有重大调整情况下，地方政府将农村土地转化为国有城市建设用地可以获得巨额收益，现实中这项改革很难实质性推进。

长期以来，我国对农村宅基地一直实行无偿使用制度，同时规定宅基地不能用于抵押，仅能在本村范围内流转，这在一定程度上影响了农村居民的财产性收入和贷款融资发展能力。2007年颁布的《物权法》和党的十七届三中全会均明确了农村宅基地用益物权性质，为宅基地改革提供了法律保障，但现实中宅基地制度涉及到农村小产权房这一敏感问题，并与地方财政收入密切相关，现实中推进改革进程缓慢。

改革开放30多年来，我国通过征收、转用等方式，90年代严格保护耕地的要求下，通过"占补平衡"、"增减挂钩"试点，大量农村土地（包括耕地）转化为城市用地，有力支撑了工业发展、城市基础设施建设和房地产开发用地，不仅为经济增长提供了物质资本支撑，而且加快推进了工业化和城镇化进程。

（二）城市土地使用制度改革进展及成效

建国以来，我国对城市土地实行无偿、无限期、无流动的"三无"制度，城市建设用地通过无偿划拨方式供应。改革开放后，适应体制改革和经济发展的需要，我国城市土地以市场化为方向，按照所有权与使用权分离的思路，推进了从无偿、无限期、无流动使用到有偿、有限期、可流动使用，从行政划拨到公开出让的改革。上世纪80年代属于城市土地使用制度试点时期，适应外商投资的需要，1979年颁布的《中华人民共和国中外合资经营企业法》，允许将土地出租给外商使用。1986年颁布的《中华人民共和国土地管理法》提出分离土地的使用权和所有权，土地使用权可以按照其商品属性进入市场。1987年9月，深圳出让了一块5千多平方米土地50年的使用权，12月敲响了国有土地使用权公开拍卖的"第一槌"，揭开了国有土地使用制度改革的序幕。1988年，国务院决定在全国城镇普遍实行收取土地使用费（税）。1990年国务院发布了《中华人民共和国城镇国有土地使用权出让和转让暂行条例》和《外商投资开发经营成片土地暂行管理办法》，土地使用权出让更加合法和规范化，并在全国推开，这一时期城市土地主要以协议出让方式为主，个别地区尝试对房地产用地采用"招拍挂"方式出让。上世纪90年代以来，城市土地使用制度改革在全国范围内推开，1990年5月国务院发布《中华人民共和国城镇国有土地使用权出让和转让暂行条例》，明确规定土地使用权出让可以采用协议、招标和拍卖三种方式，从法规上明确要求土地出让步入商品化轨道。1992年，党的十四届三中全会决定把土地使用制度改革作为整个经济体制改革的重要组成部分，明确规定了规范和发展土地市场的内容和要求，此后通过市场配置土地的领域不断拓宽，并扩大到全国各地。1999年、2002年国土资源部两次颁布条例，明确规定经营性国有土地使用权出让必须采用招标拍卖挂牌方式；2003年6月再次颁布通知，要求协议出让土地也必须公开和引入市场竞争机制，土地资源配置的市场化程度进一步提高。2008年，《国务院关于促进节约集约用地的通知》明确要求严格落实工业和经营性用地"招拍挂"出让制度，对国家机关、基础设施以及各类社会事业用地积极探索实行有偿使用。尽管土地有偿使用制度改革已经进行了近30年，但我国城市行政划拨用地仍占有较大比例，房地产用地"招拍挂"属于真正的市场竞争，而工业用地报批时要求有项目、有可研报告等，"招拍挂"只是程序性、走形式，形成的价格只是土地指导价或在其基础上小幅上浮。

节约集约用地制度对于人多地少的我国至关重要，也是改革开放尤其是新世纪以来我国努力建立的土地制度。新世纪以来，我国先后通过规定工业用地的投资强度、鼓励"三旧"（旧厂房、旧村居、旧城镇）改造、城镇低效用地再开发、农村建设用地整治、历史遗留工矿废弃地复垦利用等途径，促进土地节约集约利用，提高土地利用效率，取得了一定成效。但从各地推进情况来看，土地节约挖潜的空间还比较大。

改革开放以来，城市土地按照所有权和使用权分离思路推进市场化改革，土地使用权流动起来以后，国内外资本通过转让、购买股权、租赁、抵押、担保等途径流向城市，不仅大大促进了城市基础设施建设和房地产市场发展，而且还为我国发挥低成本比较优势创造了条件。外资获取土地使用权后，充分利用我国的低成本劳动力，在全国各地投资办厂，大大促进了对外开放和经济快速发展，成为支撑过去30多年经济高速增长的重要动力。

二、土地制度改革影响经济增长的机理

正如著名经济学家诺斯所言，经济增长的根本原因是制度变迁，一种提供适当个人激励的有效产权制度体系是促进经济增长的决定性因素。土地制度影响经济增长，本质上是由于在不同的土地产权制度安排下，土地资源的配置和使用效率不同，进而必然影响全要素生产率和经济增长。改革开放以来，我国以市场化为方向、按照土地所有权和使用权分离的思路推进的城乡土地制度改革，主要通过集约利用效应、结构重配效应与市场配置效应等三条途径，影响经济总产出。

（一）集约利用效应

城乡土地制度改革均产生了集约利用效应。对农村土地而言，1978年我国实行的家庭联产承包责任制，通过分离农村土地所有权和使用权，对土地使用权和收益权在家庭和集体之间进行重新配置，并使农户获得部分剩余收益权，发挥出产权的激励功能，激发了农民的生产积极性，提高了农业产出效率，在改革初期取得了巨大经济绩效。但家庭联产承包责任制的土地产权权能不足的弊端很快显露出来，直接导致农村经济产出水平降低，而后推进的延长土地承包期、促进土地流转，都在一定程度上促进了土地集约化利用，提高了农业劳动生产率，进而促进农业长期持续稳定增长。

延长土地承包期是在不触动土地所有权的情况下，对土地使用权的使用期限进行扩展和延长，这在很大程度上可以保证土地产权权能充分发挥，有利于稳定农民预期，激发农民对土地长期投资的动力，可以改善农业生产条件，提高土地产出效率。此外，延长土地使用期限，可以提高土地使用权作为抵押资产的价值，从而提高农民的贷款融资能力，为农民获得更多的农业生产要素提供资金支持。

促进农村承包地流转也可产生土地集约利用效应。资源流动是实现其优化配置，促进经济增长的前提条件。在家庭承包经营责任制下，农地细碎分割，经营规模小，造成生产效率低，不少地区还出现耕地抛荒弃耕现象。促进农村承包地流转[①]，将分散、细碎的农村土地集中起来，将撂荒土地利用起来，进行规模化、专业化、机械化、产业化经营，既可以产生规模经济效应，促进土地利用实现规模收益递增，增强农地经营的集约化程度，优化农地的配置和利用效率；也有利于农业技术推广应用，推进农业技术进步；还有利于调整农业结构，提高了农业经济效益，最终都有利于提高农业劳动生产率和土地资源利用率、土地产出率，而农村土地实际利用数量增加和效率提升最终都能促进农业增长。

城市土地集约节约利用制度也可以产生集约利用效应。在我国严格土地用途管制、确保18亿亩地红线不被突破的形势下，完善城市土地集约节约利用制度，有利于增加城市建设用地有效利用数量、提高土地产出效率，而由此导致的建设用地空间数量增加和土地产出提高，都可以产生经济增长效应。

---

① 农村土地流转方式有转包、转让、互换、入股、租赁等。与土地股份制、大规模的租赁制相比，农户之间的转包、转让、互换的规模效率、技术投入、分工与专业化程度、农业产业组织化程度都比较低，但与家庭个体化经营和撂荒相比，土地利用效率和产出效率还是有所提高的。

（二）市场配置效应

土地资源作为重要的生产要素，以何种机制配置，对经济效率影响很大。我国沿着市场化方向推进土地制度改革，对土地资源的配置方式也越来越从行政主导配置向市场机制主导配置转变。相对来说，后一种配置机制能够更合理地反映要素的稀缺程度和资源成本，更有利于实现对要素资源的最佳配置和经济效率。

市场配置效应首先与农村土地转化为城市建设用地环节的市场化程度有关。一直以来，我国农村土地经过政府征收转化为城市国有土地后，才能用于城市建设。征地是行政行为，不利于土地资源优化配置。而加快建设城乡统一的用地市场、允许农村集体建设用地直接进入市场，必然有利于土地资源优化配置，从而有利于全要素生产率和经济总产出提高。

市场配置效应还与土地出让环节的市场化程度有关。上世纪90年代，我国城市土地出让有行政划拨、协议出让、"招拍挂"等三种方式，行政划拨是政府通过行政手段、直接配置土地资源，协议出让通常是地方政府在招商引资中以低价方式将土地出让给使用方，唯有"招拍挂"是通过市场机制公开出让土地。将行政划拨和协议出让土地改为"招拍挂"，使土地要素的价格更真实地反映其所具有的用途和价值，必然可以提高土地资源配置效率，进而促进经济增长。

（三）结构重配效应

土地资源在不同产业和用途间的重新分配，特别是从生产率相对较低的产业和用途转移到生产率相对更高的产业和用途时，都会带来对土地利用效率的提高，从而有利于经济增长。土地资源的结构重配效应来自于农村土地转化为城市用地。农村土地制度改革释放了农村生产力，以相对少的土地满足了对粮食的需求，产生了相对富余的农业用地，从而使这些农业用地可以转化为别的用途，由此增加了对生产率相对高的其它产业的用地供给，而适应改革开放和经济社会发展需要，城市用地需求不断增加，同样的土地用于城市第二、三产业获得的产出远远大于农村第一产业，必然推动经济总量增加。

需求面上，进一步提高农村土地的权能，赋予农村承包地和宅基地完整的使用、收益和处置权，允许承包地抵押、担保，允许宅基地抵押、担保并在更大范围内转让，可以增加居民财产性收入，进而提高居民消费能力；而完善农村承包地退出机制，则可以使进城务工农民变现在农村的财产，为在城市发展筹集更多发展资金，有利于推进新型城镇化，进而扩大投资需求和消费需求，以上都能增加经济总产出。改革现行征地制度，建立城乡统一的建设用地市场，健全对被征地农民合理、规范、多元保障机制，使农村居民分享城市化工业化进程中的土地增值收益，有利于提高被征地农民的收入和消费需求，进而也能促进经济增长。

表 5-1　土地制度改革影响经济增长的机理

制度变革	影响机制	效应类别
供给层面		
延长土地承包期	●稳定农民预期，激发长期投资动力，改善农业生产。 ●提高土地抵押价值，从而提高农民的投融资能力。	集约利用效应
农村承包地流转制度	将细碎的农村土地和撂荒土地集中起来，进行规模化、专业化、机械化、产业化经营。 ●产生规模经济效应 ●推广农业先进技术 ●促进农业结构调整	
城市土地集约利用制度	增加城市建设用地有效利用数量。	
农村集体建设用地直接入市制度	有效发挥市场在土地资源配置中的作用。	市场配置效应
城市土地出让制度	有效发挥市场机制在土地资源配置中的作用。	
农用地转化为非农用地	土地由边际产出低的部门流向边际产出高的部门。	结构重配效应
需求层面		
提高农村土地的权能	增加居民财产性收入，进而提高居民消费能力。	总需求扩大效应
完善农村承包地退出机制	使进城务工农民变现农村的财产，为在城市发展筹集更多发展资金，有利于推进新型城镇化。	
改革征地制度，建立城乡统一的建设用地市场	使农村居民分享城市化工业化进程中的土地增值收益，提高被征地农民的收入。	

三、土地制度改革指数构建、预测及对经济增长的影响

改革开放以来，我国城乡土地制度改革提高了城乡土地使用主体集约利用土地的积极性及城乡土地利用效率，对经济增长产生了重要影响。我们将在构建土地制度改革指数基础上，量化分析土地制度改革对经济增长的影响。

（一）土地制度改革指数构建

1. 选择与数据处理

根据土地制度改革集约利用效应、结构重配效应和市场配置效应等影响经济增长的途径，同时充分考虑指标准确性、数据可得性等因素，我们分别选取了农业用电强度、农业机械化程度、农业有效灌溉程度、农业土地生产率、非农土地生产率、农转非土地产出净增加、城镇建设用地市场化等七个指标，

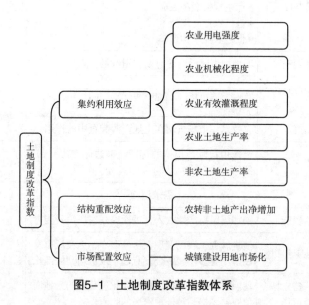

图5-1　土地制度改革指数体系

构建了土地制度改革指数体系。

农业用电强度（简称"农业用电"），反映土地制度改革通过农业用地集约利用影响经济增长，采用农村用电量与农作物播种总面积的比值刻画。随着农村土地家庭联产承包责任制改革、延长农村土地承包期限等土地制度改革的推行，农民有更大积极性增加土地投入、采用规模化经营等，农业土地用电强度将提高。

农业机械化程度（简称"农业机械"），反映土地制度改革通过农业用地集约利用影响经济增长，采用农业机械总动力与农作物总播种面积的比值刻画。随着农村家庭联产承包责任制改革、延长农村土地承包期限、实施农村土地使用权流转等土地制度改革，农民将会采取更为有效率的规模化经营模式，提高农业机械化程度。

农业有效灌溉程度（简称"农业灌溉"），反映土地制度改革通过农业用地集约化利用影响经济增长，采用有效灌溉面积与农作物总播种面积的比值刻画。随着农村家庭联产承包责任制改革、延长农村土地承包期限等土地制度改革，农民以更大的积极性增加投入、改善灌溉设施等农业生产基础设施。

农业土地生产率（简称"农业土地"），反映土地制度改革通过农业用地集约化利用影响经济增长，采用农林牧渔业增加值与农作物总播种面积的比值表示。随着土地制度改革推进，阻碍土地生产效率提高的障碍被清除，农业土地单位面积增加值会不断提高。

非农土地生产率（简称"非农土地"），反映土地制度改革通过非农用地集约化利用影响经济增长，采用非农产业增加值（二三次产业增加值）与非农用地面积（工矿建设用地面积与商服用地面积）的比值刻画。随着城镇国有土地集约节约利用制度不断完善，非农用地单位面积增加值不断提高。

农用地转非农用地产出净增加（简称"农转非"），反映土地制度改革通过结构重配影响经济增长，采用农转非土地面积（征地面积）乘以非农产业与农业土地生产率差值①刻画。随着土地制度改革深入推进，大量农业用地转为生产效率更高的非农用地，可以提高土地利用效率，促进经济增长。

城镇建设用地市场化（简称"土地市场化"），反映土地制度改革通过市场配置效应途径影响经济增长，采用协议出让土地、"招拍挂"出让土地与租赁土地面积占国用建设用地供应面积比重表示。随着城镇土地市场化改革推进，更多土地通过协议出让、"招拍挂"出让、租赁等市场化更高的机制配置给生产效率更高的产业或企业，可以提高城镇土地利用效率，促进经济增长。

2. 指数构建及评价

为了将各子指标合成为综合反映我国土地制度改革的改革总指数，要求各指标历年纵向及与其他指标横向均可比，因此首先需要标准化各子指标。本文借鉴樊纲等（2011）标准化市场化分指数与合成市场化总指数的方法，标准化土地制度改革二级指标数据（无量纲化），并线性合成土地制度改革总指数。经过标准化处理，各指数都与土地制度改革正相关、得分均处于 0—1 之间。指数越大说明土地制度改革推进得越深入，指数变化速度越快则说明土地制度改革推进得越快。

其次，计算指数权重，合成土地制度改革总指数。合成土地制度改革总指数的关键是如何选取各指数的权重。专家打分法可充分利用专家经验，根据我国土地制度改革快慢分时期测算各项指标权重，相对于主成分分析方法更为

---

① 在测算二产用地生产率、三产用地生产率时，我们做了一些简化。假定当年第二产业全部在国有工矿建设用地上生产、第三产业全部在国有商服用地上生产，由此算出单位面积的二产、三产增加值，其中，二产用地生产率 = 二产增加值 / 国有工矿建设用地面积、三产用地生产率 = 三产增加值 / 国有商服用地面积。在数据处理上，由于公开的国有土地数据不全，其中，1989—2010 年国有工矿建设用地面积、1989—2009 年国有商服用地面积数据均来自天则经济研究所报告《我国国有工业与商业用地的地租缺失》，1978—1990 年国有工矿建设用地面积数据根据《我国国有工业与商业用地的地租缺失》假定其年增长 3.19% 推算出来，1981—1990 商服用地面积根据其占城市建成区面积的 8.76% 推算出来，2011—2013 年国有工矿建设用地面积根据国土资源部 2012—2014 年统计公报每年供应的国有工矿用地建设面积推算，2010—2013 年国有商服用地面积根据国土资源部 2011—2014 年统计公报每年供应的国有商服用地建设面积推算。另外，在估计农业用地转非农业用地净收益时，根据历年国有建设用地供应中约 9% 的用于商服用地、30% 用于工矿用地，由此推算出农转非土地中 9% 用于商服用地、30% 用于工矿用地，61% 用于其他非生产性用地。

灵活、可靠。为此，课题组调研了国务院发展研究中心、国家发改委宏观经济研究院、中国社科院、中国人民大学等单位的 30 余位相关领域专家对我国土地制度改革问题的认识与理解，最后算术平均得到土地制度改革各一级指标指数、二级指标指数在不同时期的权重。

表 5-2　专家打分法所得权重

（单位：%）

一级指标	二级指标	1978—1984		1985—1992		1993—1997		1998—2002		2003—2013		2014—2020	
集约利用效应	农业用电	55	25	50	25	40	25	35	25	30	25	25	25
	农业机械		25		25		25		25		25		25
	农业灌溉		25		25		25		25		25		25
	农业土地		25		25		25		25		25		25
	非农土地	0	100	0	100	0	100	0	100	5	100	5	100
结构重配效应	农转非	45	100	40	100	45	100	45	100	40	100	35	100
市场配置效应	土地市场化	0	100	10	100	15	100	20	100	25	100	35	100

图 5-2 表明，上世纪 80 年代初期及中后期，受农村土地联产承包责任制、延长农村土地承包期、开展农村土地流转等多项改革叠加影响，土地制度改革指数在上世纪 80 年代经历了一次稳步上升期，从 1978 年的 0.00 上升到 1988 年的 0.11。上世纪 80 年代末期至本世纪初期，受城镇建设用地有偿使用、市场化出让等改革影响，土地制度改革指数出现了新一轮持续快速上升，从 1989 年的 0.12 上升到了 2002 年的 0.46。本世纪初期以来，土地制度改革逐渐陷入停滞状态，同时前期土地制度改革效应也出现不同程度衰减，土地制度改革指数进入波动上升期，从 2003 年的 0.52 缓慢上升到 2005 年的 0.56；2005 年以后，农村土地流转速度加快、部分省市开展农村建设用地集体入市试点，加之这一时期城市土地出让"招拍挂"占比迅速上升，使得改革指数上升到 2013 年的 0.86。

图5-2　土地制度改革指数（1978—2013）

数据来源：课题组测算。

（二）土地制度改革指数预测

　　党的十八届三中全会提出土地领域要"建立城乡统一的建设用地市场"、"加快构建新型农业经营体系"和"赋予农民更多财产权利"等。如果按照《中共中央关于全面深化改革若干重大问题的决定》（下文简称《决定》）部署，扎实全面落实土地制度改革及相关配套措施，未来土地制度改革进展怎么样，对经济增长的影响有多大？在回答这个问题之前，首先需要估算没有落实《决定》推出的各项改革措施，而只延续过去各项土地制度改革情况下，我国土地制度改革的进程，并以此作为比较基准评判十八届三中全会以来的土地制度改革进程增量及其对经济增长的影响。

　　改革基准情景。假定未来各项土地制度改革仍延续过去十年的趋势，而不推出其他任何新的改革措施，其在数量上表现为二级指数增长速度延续过去10年平均值。同时，考虑到改革的边际递减效应，将各年二级指数增长速度按照逐年降低10%的标准进行了衰减调整。

　　改革次乐观情景。如果十八届三中全会《决定》部署的各项土地制度改革及配套改革只能落实50%，假定在基准情景基础之上，农业用电强度、农业机械化程度、农业有效灌溉程度、农业土地生产率、非农土地生产率、农转非土地产出净增加、城镇建设用地市场化等指标指数年均增长率将只提高 0.9%。

改革乐观情景。根据十八届三中全会的部署，未来几年我国土地制度改革将集中在集约节约利用建设用地、农村集体建设用地入市、提高工业用地投资强度等方面，这将大幅提高城乡土地利用效率。如果十八届三中全会部署的各项土地制度改革及配套改革能够全部落实，假定在基准情景基础之上，农业用电强度、农业机械化程度、农业有效灌溉程度、农业土地生产率、非农土地生产率、农转非土地产出净增加、城镇建设用地市场化等指标指数年均增长率提高 1.8%。

表 5-3　十八届三中全会及相关配套文件关于土地制度改革的部署

改革方向	具体内容	增长效应
建立城乡统一的建设用地市场	●在符合规划和用途管制前提下，允许农村集体经营性建设用地出让、租赁、入股，实行与国有土地同等入市、同权同价 ●扩大国有土地有偿使用范围，减少非公益性用地划拨 ●完善土地租赁、转让、抵押二级市场	市场配置效应
承包地还权赋能、流转和规模经营	●稳定农村土地承包关系并保持长久不变 ●赋予农民对承包地占有、使用、收益、流转及承包经营权抵押、担保权能，允许农民以承包经营权入股发展农业产业化经营。 ●鼓励承包经营权在公开市场上向专业大户、家庭农场、农民合作社、农业企业流转，发展多种形式规模经营	集约利用效应
土地节约集约利用	实施建设用地总量控制和减量化、土地内涵挖潜和整治再开发战略，完善区域节约集约用地控制标准，引导城乡提高土地利用强度，建立健全低效用地再开发激励约束机制，提高建设用地利用效率。到 2020 年，单位建设用地二、三产业增加值比 2010 年翻一番	集约利用效应
农用地转化为非农用地	在确保城乡建设用地总量稳定、新增建设用地规模逐步减少的前提下，逐步增加城乡建设用地增减挂钩等指标，统筹保障建设用地供给	结构配置效应

注：表中仅列出了与供给端增长因素直接相关的改革部署，而没有列出从需求端影响经济增长的征地制度和宅基地制度改革。

图 5-3 表明，乐观情景下土地制度改革推进速度最快、强度最大，次乐观次之，基准情景下推进速度最慢、强度最弱。2014—2020 年间，基准

情景下，土地制度改革指数从 0.86 提高到 0.98，只提高 0.13；乐观情景下，从 0.86 提高到 1.11，共提高 0.25；次乐观情景下，从 0.86 提高到 1.04，提高了 0.18。

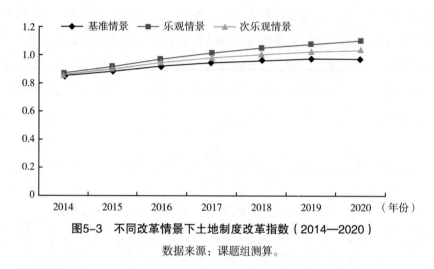

图5-3　不同改革情景下土地制度改革指数（2014—2020）

数据来源：课题组测算。

（三）土地制度改革影响经济增长的测度

土地制度改革通过集约利用效应、结构重配效应与市场配置效应改善 TFP 进而影响经济增长。将土地制度改革指数代入生产函数模型，分解 TFP 得到土地制度改革的增长效应量。

1.土地制度改革增长效应的历史分析

根据测算，改革开放以来，土地制度改革为我国经济快速增长释放了制度红利。1979—2013 年，在 GDP 年均 9.83% 的增速中，通过效率改善效应贡献了 1.72 个百分点，贡献率达到 17.5%。

在不同时期，土地制度改革对经济增长的影响程度不尽相同，一定程度上反映了各个时期改革的速度、强度等差异。改革开放初期（1979—1984 年），我国土地制度打破计划时代"吃大锅饭"，逐步推广家庭联产承包责任制，长期被压抑的土地生产力得以释放，农村土地集约利用效率大幅提高，这一时期土地制度改革通过效率改善效应对我国经济增长的贡献度高达 3.83 个百分点。上世纪80年代中期到90年代初期（1985—1992年），相继开展了延长农村土地承包期、农村土地流转等土地制度改革，进一步释放了农村生产力，农村土地集约利用效率进一步提高，此时期土地制度改革通过效率改善效应对我国经济增长的贡献度也高达2.62个百分点。上世纪90年代初期到本世纪初期（1993—2002年），土地规模化经营开始加快、农村集体建设用地被转化为城镇用地速度加快、城镇建设用地出让引入"招拍挂"制度等，土地制度改革通过效率改善效应贡献了年均经济增长的1.20个百分点。本世纪初期以来（2003—2013年），土地制度改革除了延续城镇土地出让市场化改革、延长土地承包期限外，提出建立城乡统一的建设用地市场等重大改革措施没有深入推进，土地制度改革通过效率改善效应对我国年均经济增长的贡献度下降到了0.71个百分点。

表5-4　土地制度改革增长效应的历史分析

年份	GDP增长率（%）	TFP增长率（%）	土地制度改革对经济增长贡献度（百分点）
1979—2013	9.83	2.85	1.72
#1979—1992	9.53	2.89	3.08
##1979—1984	9.58	3.25	3.83
##1985—1992	9.50	2.52	2.62
#1993—2002	9.58	3.08	1.20
##1993—1997	11.44	4.12	1.31
##1998—2002	8.25	2.06	1.09
#2003—2013	9.95	2.59	0.71
##2003—2004	10.06	2.73	1.01
##2005—2013	10.21	2.57	0.64

数据来源：课题组测算。

2.土地制度改革的增长效应预测

根据测算，土地制度改革仍将持续影响我国经济增长，继续释放改革红利。2014—2020年，基准情景下，在我国GDP年均6.36%的增长中，通过效率改善效应贡献了 0.22 个百分点；次乐观情景下，在 GDP 年均 7.13% 的增长中，通过效率改善效应贡献了 0.34 个百分点。乐观情景下，在 GDP 年均 7.89% 的增长中，通过效率改善效应贡献了 0.45 个百分点；

比较不同情境下土地制度改革对经济增长的影响，如果《决定》及其配套改革措施部署的土地制度改革能够全部推进，土地制度改革对经济增长的增量贡献将达到 0.23 个百分点；如果部分推进（50%），对经济增长的增量贡献仍将达到 0.12 个百分点。

表 5-5　土地制度改革增长效应的未来预测

2014—2020	GDP 增长率（%）	TFP 增长率（%）	土地制度改革增长贡献度（百分点）
基准情景（a）	6.36	1.50	0.22
乐观情景（b）	7.89	2.50	0.45
次乐观情景（c）	7.13	2.00	0.34
b-a	1.53	1.0	0.23
c-a	0.77	0.50	0.12

数据来源：课题组测算。

四、土地制度改革尚未到位对经济增长的影响

尽管我国城乡土地制度改革取得了积极进展，释放了较大的增长红利，有力地支撑了过去 30 多年的高速经济增长，但当前土地制度仍还存在一些不容忽视的问题，影响了我国经济增长量的提高与质的改善，不利于经济长期可持续发展。

一是现行土地制度不利于充分调动集约节约利用土地的积极性，不利于土地利用空间扩大与利用效率提高，制约经济增长。我国农村土地还存在土地所有权主体虚置、土地使用权不稳、土地处置权残缺、土地收益权受限等权能

不足问题。农民对承包地只有耕种权、部分收益权和极少量的处置权，加之一些地方农村土地承包关系不够稳定，出现了农民种粮积极性不高、种地不养地现象；受土地确权不到位、政府流转服务不到位、流转市场不健全的影响，土地承包经营权流转中纠纷时有发生，还出现了农地非农化和侵犯农民权益现象。这影响了农民未来预期，降低了农民集约利用土地的积极性，不利于土地规模化经营和农业劳动生产率提高。另外，我国对宅基地实行无偿使用，一定程度上造成其低效使用，尤其是随着农村大量人口外出务工就业，农村闲置宅基地、空置住宅现象呈上升趋势，宅基地仅能在本村范围内流转，进城务工农民没有退出机制，影响农民在城市发展能力。农村土地不能有效盘整利用，不仅影响农村经济发展，而且还影响城乡土地统筹开发利用，进而影响经济增长。而农村土地权能不足，农民对承包地只有少量的处置权，严格规定"农村宅基地只能在村集体内部流转"，影响宅基地的融资功能和市场价值，进而影响到农民财产权利的实现，最终影响农村居民消费预期和消费能力。此外，城乡节约用地制度均不完善，城市建设用地使用效率不高，导致同样土地创造的经济产出较低，也不利于增加经济总量。

二是现行土地制度不利于土地结构重配效应发挥应有作用，不利于资源配置效率提高，影响经济增长质量改善。我国农地转化为非农用地时，农民的土地权利在获得原用途的倍数补偿后即告消失，农民的土地权益没有完全得到保障。农村土地必须经地方政府征收方可转化为城市建设用地，地方政府一手从农民手中低价征地，一手将转为国有的土地独家向市场需求者高价供应，形成垄断土地供应的局面，既不利于土地资源优化配置，也导致农民不能分享到工业化、城镇化进程中的土地增值收益，影响农民收入和消费能力提高，不利于经济增长质量提高。

三是现行土地制度不利于市场机制在土地资源配置领域发挥应有作用，不利于提高资源配置效率，影响了经济可持续发展。我国城镇建设用地供应实行政府划拨与"招拍挂"并行的双轨制，产生了一些问题，例如基础设施、机关事业单位、军事用地等公益性用地存在粗放使用、乱用、转用现象，一些地方巧立名目，将无偿划拨用地转为经营性用地。城镇土地供应双轨运行造成土地要素价格扭曲、市场价格信号失实及地下隐性土地市场难以消除，削弱了市场机制在资源配置中发挥作用，影响资源配置效率提高与经济运行效率改善。另外，我国对城市建设用地实行"批租制"，地方政府在出让城市建设用地时，根据土地用途一次性收取 40 年、50 年和 70 年不等（住宅用地 70 年、工业用地 50 年、商业用地 40 年）的土地出让金，作为地方政府预算外收入，导致不少地方政府采取大量批地或人为抬高地价的短期行为。这同样扭曲我国市场供需价格信号，削弱市场运行效率，而且按照一次性收取土地出让期内全部地租收入的方式出让土地，还将大大提高开发商的开发建设成本，以致推高房价与挤压居民房地产之外的支出，抑制居民消费需求稳步增长。

五、深化土地制度改革、促进经济增长的建议

从增强土地制度改革与其他领域改革的关联性、配套性和耦合性及更好发挥对经济增长的促进作用出发，应按照以下思路和建议深化土地制度改革。

（一）完善农村土地使用制度

完善土地承包经营制度。稳定农村土地承包关系并保持长久不变，完善农村土地所有权、承包权、经营权分置制度，切实赋予农民对承包地占有、使用、收益、流转及承包经营权抵押、担保权能。建立健全土地承包经营权流转市场，加强土地承包经营权流转管理和服务，培育流转中介服务组织，按照依法自愿有偿原则，允许农民以转包、出租、互换、转让、股份合作等形式流转土地承包经营权，发展多种形式规模经营，促进农业集约经营、内涵发展，提高劳动生产率和土地产出率，促进农业持续稳定健康增长。探索建立土地承包权依法自愿有偿退出机制。

完善农村宅基地管理制度。保障农户宅基地用益物权，积极稳妥推进农民住房财产权抵押、担保、转让试点，发挥其融资功能，为农村、农业和农民发展提供资金支持。适当放宽宅基地流转范围，借鉴城市住宅用地使用权 70

年限期的规定，明确农村宅基地的流转期限，引导宅基地合法有序流转，依法保障农民宅基地的财产性收入权利。严格执行一户一宅政策，对超过法定面积的宅基地实行有偿使用，提高宅基地的使用和持有成本。探索宅基地使用权退出补偿制度。

完善农村土地制度改革的法律和相关制度。修改《土地管理法》中征收农民土地按照青苗费的倍数补偿的相关规定，修订《物权法》和《担保法》中农村承包地、宅基地不能用于抵押融资的相关规定，加快完善农村承包地、宅基地用于抵押融资时的抵押资产处置机制。

（二）完善农村土地转化为城市用地的相关制度

按照公益性用地靠征用、经营性用地靠市场的思路，加快完善农村土地转化为城市土地的相关制度，使农民能够分享到城镇化工业化进程中的土地增值收益。

引导和规范农村集体经营性建设用地入市。在符合规划、用途管制和依法取得前提下，推进农村集体经营性建设用地与国有建设用地同等入市、同权同价，完善土地增值收益分配制度，在提高城乡土地资源配置和利用效率的同时，增加农民的财产性收入。完善城乡建设用地增减挂钩试点，扩大农村集体建设用地流转范围，探索建立土地跨区域调剂使用制度，允许农村集体经营性建设用地与城镇建设用地远距离、大范围流转置换，在缓解城市建设用地不足矛盾的同时，提升偏远农村的土地价值，使边远农村地区能够分享城市化工业化进程中的土地增值收益。

加快完善征地制度。一是缩小征地范围。严格界定公益性用地和经营性建设用地，采取排除法界定"公益性"用地，把明显属于公益性和经营性的用地列出，对介于二者之间的用地，通过引入听证、裁决机制等决定是否采取征收的办法，挤压公益性和经营性用地之间的模糊空间，逐步形成公益性用地目录，缩小征地范围[①]。二是完善征地补偿机制。建立对被征地农民合理、规

---

① 徐绍史：《健全严格规范的农村土地管理制度》，《理论参考》2009 年第 1 期。

范、多元保障机制，采用综合安置方式，尽可能使农民既有房产、留用地形式的资产安置，低保、医疗保险形式的社保安置，还有再就业扶持形式的就业安置，解决好被征地农民的就业、住房、社会保障等问题。三是规范征地程序。推进征地公众参与和过程公开，完善征地补偿争议的协调裁决机制。

（三）改革完善城市土地使用制度

围绕使市场在资源配置中起决定性作用和更好发挥政府作用，坚持和完善最严格的节约用地制度，遵循严控增量、盘活存量、优化结构、提高效率的要求，加快推进土地内涵挖潜和整治再开发，择机推进土地使用制度改革。

加强存量土地调整和综合利用。进一步加大对"三旧"（旧厂房、旧村居、旧城镇）改造的支持力度，加强城市土地二次开发，提高土地开发的投入强度、建筑容积率和产出效率。积极探索工业用地到期退出机制，逐步推行租赁制，解决产业用地周期与土地出让年期不对应，土地收回难度大的问题。加快"城中村"改造，加强农村"空心村"整治。建立健全节约集约用地的激励约束和监督机制，提高工业用地的投资强度和产出标准，完善土地税费政策，提高土地取得和保有成本。

完善市场在土地资源配置中的决定性作用。利用土地总体规划及征收土地使用税等经济手段引导土地资源配置，逐步取消中央政府对各地年度建设用地指标的数量管制。深化国有建设用地有偿使用制度改革，扩大国有土地有偿使用范围，逐步对经营性基础设施和社会事业用地实行有偿使用，缩小划拨供地范围；经营性用地严格实行"招拍挂"，建立有效调节工业用地和居住用地合理比价机制，提高工业用地价格。

加快完善土地批租制。从促进土地长期有效利用及减轻城镇居民住房支出负担出发，加快改革土地出让制度，将一次性土地出让金收入改为分年度收取。有两种思路：其一，将土地批租制改为年租制，经营性建设用地按一定年限由政府与用地者签订合同，年租金由用地者逐年缴纳。其二，采取混合年租制，土地使用者在签订土地使用合同时一次性交纳地价，自批出土地之日起，每年交纳年租金。年租金收取有捆绑征收和合并征收两种方式：以完善房产税为契机，将年租金同保有环节的房产税结合起来捆绑征收；将二者合并征收为统一的房地产税或物业税。年租金的水平可根据具体情况进行调整。

（郭春丽 易 信）

参考资料目录

［1］钟国辉：《土地供给方式、土地出让金与经济增长》，《经济与管理评论》2014 年第 5 期。

［2］颜燕、刘涛、满燕云：《基于土地出让行为的地方政府竞争与经济增长》，《城市发展研究》2013 年第 3 期。

［3］陈志勇、陈莉莉：《财税体制变迁、"土地财政"与经济增长》，《财贸经济》2011 年第 12 期。

［4］陆铭：《建设用地使用权跨区域再配置：中国经济增长的新动力》，《世界经济》2011 年第 1 期。

［5］樊纲、王小鲁、朱恒鹏：《中国市场化指数：各地区市场化相对进程 2011 年报告》，经济科学出版社 2011 年版。

［6］薛白、赤旭：《土地财政、寻租与经济增长》，《财政研究》2010 年第 2 期。

［7］盛济川、施国庆、梁爽：《农地产权制度对农业经济增长的贡献》，《经济学动态》2010 年第 8 期。

［8］杜雪君、黄忠华、吴次芳：《中国土地财政与经济增长——基于省际面板数据的分析》，《财贸经济》2009 年第 1 期。

［9］徐绍史：《健全严格规范的农村土地管理制度》，《理论参考》2009 年第 1 期。

［10］黄少安、孙圣民、宫明波：《中国土地产权制度对农业经济增长的影响——对 1949—1978 年中国大陆农业生产效率的实证分析》，《中国社会科学》2005 年第 3 期。

附表　指标体系基础数据（无量纲化）

一、历史数据

年份	农村用电量 / 农作物播种总面积	农业机械总动力 / 农作物总播种面积	有效灌溉面积 / 农作物总播种面积	农业土地生产率	农用地转非农用地净收益	土地市场化程度	非农土地生产率
1978	0.0000	0.0000	0.0000	0.0000	0.0000	0.0000	0.0000
1979	0.0036	0.0214	0.0412	0.0037	0.0001	0.0000	0.0000
1980	0.0082	0.0406	0.0825	0.0066	0.0009	0.0000	0.0019
1981	0.0141	0.0538	0.0874	0.0099	0.0015	0.0000	0.0022
1982	0.0173	0.0660	0.0654	0.0135	0.0022	0.0000	0.0028
1983	0.0219	0.0848	0.1219	0.0169	0.0042	0.0000	0.0047
1984	0.0254	0.1029	0.1008	0.0224	0.0074	0.0000	0.0090
1985	0.0308	0.1218	0.0819	0.0274	0.0146	0.0000	0.0166
1986	0.0402	0.1463	0.0829	0.0319	0.0182	0.0000	0.0209
1987	0.0489	0.1683	0.0786	0.0396	0.0233	0.0000	0.0263
1988	0.0553	0.1902	0.0786	0.0538	0.0305	0.5429	0.0363
1989	0.0648	0.2048	0.0806	0.0608	0.0380	0.5618	0.0419
1990	0.0713	0.2084	0.2320	0.0730	0.0426	0.5807	0.0440
1991	0.0856	0.2138	0.2342	0.0780	0.0527	0.5997	0.0545
1992	0.1029	0.2263	0.3085	0.0891	0.0683	0.6186	0.0720
1993	0.1195	0.2479	0.3519	0.1123	0.0854	0.6312	0.0992
1994	0.1471	0.2708	0.3414	0.1672	0.1125	0.6439	0.1364
1995	0.1691	0.2943	0.3401	0.2180	0.1343	0.6565	0.1701
1996	0.1880	0.3160	0.3613	0.2369	0.1528	0.6691	0.1960
1997	0.2082	0.3520	0.3863	0.2504	0.1743	0.6817	0.2162
1998	0.2156	0.3836	0.4221	0.2558	0.1955	0.6944	0.2268
1999	0.2315	0.4251	0.4696	0.2544	0.2238	0.7070	0.2378

续表

年份	农村用电量/农作物播种总面积	农业机械总动力/农作物总播种面积	有效灌溉面积/农作物总播种面积	农业土地生产率	农用地转非农用地净收益	土地市场化程度	非农土地生产率
2000	0.2613	0.4668	0.5207	0.2589	0.2618	0.7196	0.2607
2001	0.2842	0.4993	0.5680	0.2739	0.2999	0.7398	0.2823
2002	0.3303	0.5360	0.6040	0.2894	0.3322	0.7903	0.3028
2003	0.3833	0.5750	0.6376	0.3199	0.3361	0.9749	0.3331
2004	0.4436	0.6126	0.6422	0.3909	0.3613	0.9587	0.3769
2005	0.4969	0.6540	0.6320	0.4215	0.4038	0.9285	0.4294
2006	0.5596	0.7205	0.7774	0.4465	0.4568	1.0000	0.4929
2007	0.6336	0.7611	0.7991	0.5334	0.5459	0.9816	0.5901
2008	0.6581	0.8097	0.8677	0.6240	0.6294	0.9262	0.6767
2009	0.7053	0.8561	0.8612	0.6402	0.6854	0.8356	0.7142
2010	0.7689	0.9028	0.8841	0.7280	0.7816	0.8589	0.8157
2011	0.8301	0.9477	0.9364	0.8479	0.8920	0.7152	0.9192
2012	0.9464	0.9935	0.9633	0.9279	0.9517	0.5931	0.9603
2013	1.0000	1.0000	1.0000	1.0000	1.0000	0.6312	1.0000

二、基准情景

年份	农村用电量/农作物播种总面积	农业机械总动力/农作物总播种面积	有效灌溉面积/农作物总播种面积	农业土地生产率	农用地转非农用地净收益	土地市场化程度	非农土地生产率
2014	1.0873	1.0431	1.0288	1.0989	1.0970	0.5847	1.0812
2015	1.1727	1.0836	1.0554	1.1967	1.1928	0.5458	1.1603
2016	1.2464	1.1172	1.0773	1.2819	1.2761	0.5168	1.2282
2017	1.3012	1.1415	1.0929	1.3458	1.3385	0.4976	1.2784
2018	1.3355	1.1564	1.1025	1.3861	1.3778	0.4865	1.3098
2019	1.3531	1.1639	1.1073	1.4068	1.3980	0.4810	1.3259
2020	1.3603	1.1670	1.1092	1.4152	1.4062	0.4789	1.3325

三、次乐观情景

年份	农村用电量/农作物播种总面积	农业机械总动力/农作物总播种面积	有效灌溉面积/农作物总播种面积	农业土地生产率	农用地转非农用地净收益	土地市场化程度	非农土地生产率
2014	1.0971	1.0525	1.0380	1.1088	1.1069	0.5958	1.0910
2015	1.1939	1.1032	1.0745	1.2183	1.2144	0.5620	1.1813
2016	1.2803	1.1477	1.1067	1.3168	1.3109	0.5376	1.2616
2017	1.3487	1.1832	1.1328	1.3949	1.3874	0.5227	1.3251
2018	1.3967	1.2094	1.1530	1.4496	1.4409	0.5158	1.3699
2019	1.4279	1.2282	1.1684	1.4845	1.4752	0.5148	1.3992
2020	1.4483	1.2425	1.1810	1.5068	1.4972	0.5171	1.4187

四、乐观情景

年份	农村用电量/农作物播种总面积	农业机械总动力/农作物总播种面积	有效灌溉面积/农作物总播种面积	农业土地生产率	农用地转非农用地净收益	土地市场化程度	非农土地生产率
2014	1.1068	1.0619	1.0473	1.1187	1.1168	0.5952	1.1007
2015	1.2153	1.1230	1.0938	1.2402	1.2361	0.5656	1.2024
2016	1.3149	1.1787	1.1365	1.3524	1.3463	0.5452	1.2957
2017	1.3974	1.2259	1.1738	1.4454	1.4375	0.5344	1.3730
2018	1.4601	1.2643	1.2053	1.5154	1.5063	0.5319	1.4321
2019	1.5060	1.2954	1.2324	1.5657	1.5559	0.5354	1.4757
2020	1.5412	1.3222	1.2567	1.6034	1.5932	0.5426	1.5097

第六章

科技体制改革和科技进步的
增长红利研究

现代经济长期增长的动力主要来自于技术进步，而科技体制改革是技术进步的直接体制因素。因此，科技体制改革是体制红利释放的核心环节，它可以为形成经济长期增长的动力源泉创造制度环境。科技体制改革的历史经验告诉我们，科技体制改革是我国全要素生产率提升的重要因素，也必将是未来我国通过改革逐步释放体制红利的核心环节。应加快科技体制改革，破除制约科技创新的一切体制机制障碍，充分释放改革红利，保障创新驱动发展战略顺利实施。

一、我国科技体制改革的历程与成效

改革开放三十多年以来，我国经历了四次科技体制改革与调整，历次改革与调整都是与我国全面改革相适应的。

（一）开放技术市场：1978—1992 年

上世纪 70 年代末、80 年代初，随着我国改革开放步伐加快，以"承认技术的商品属性、积极开拓技术市场"为核心目标的科技体制改革拉开了帷幕，这一改革为 80 年代初到 90 年代初我国现代技术运用和产业技术进步提高提供了基础动力。在这个阶段，我国相继出台了《中共中央关于科学技术体制改革的决定》和《国务院关于深化科技体制改革若干问题的决定》，改革的指导思想是"科学技术面向经济建设，经济建设依靠科学技术"，政策走向是"堵死一头，网开一面"，政策措施包括改革拨款制度、开放技术市场、调整组织结构、改革人事制度、建立高新技术产业开发实验区。

这一时期，由于技术市场的开放，技术商品交易发展迅速。技术交易金额 1983 年仅为 5000 万元，1984 年为 72000 万元，1985 年为 230000 万元，1985 年为 206000 万元，4 年增长了 40 倍。随着技术成果商品转化率的提高和技术商品流通的搞活，中国科技成果的推广应用率大幅度提高。1981 年以前，科技成果推广应用只有 10%，1981—1984 年为 40%，1985—1992 年上升到 80—90%。技术市场经营网络也因此而不断扩展。到 1992 年，全国初步形成了一个多层次、多渠道、多形式的技术市场经营网络体系。

（二）推进科教兴国：1993—2000 年

从 1992 年邓小平南巡讲话开始到 2000 年，为了适应"建设社会主义市场经济体制"战略的基本要求，我国展开了以"科教兴国"为战略目标的科技体制改革。这一阶段科技体制改革的指导思想开始调整，不仅是"经济建设必须依靠科学技术，科学技术工作必须面向经济建设"，还要攀登科学技术高峰。1995 年全国科学技术大会提出"科教兴国战略"，中央政府先后发布了《中共中央国务院关于加速科学技术进步的决定》、《国务院关于"九五"期间深化科学技术体制改革的决定》和《中共中央国务院关于加强技术创新，发展高科技，实现产业化的决定》，1996 年颁布了《促进科技成果转化法》，并在 1999 年围绕企业成为创新主体出台了一系列政策。该阶段科技体制改革走向是"稳住一头，放开一片"，各级政府增加了对科技活动的财政投入，优化科技投入结构，推进研究所制度改革，鼓励各科研机构转变为企业，并与企业结合，实施技术创新工程等。

这个时期，从国家科研投入、企业科研发展到科技与企业结合都有长足进步。从投入来看，R&D 经费支出占 GDP 比重从 1993 年 0.54% 增长到 2000

年的 9%，增长了近一倍；科技拨款占公共财政比重从 1992 年的 3.2% 增长
至 2000 年的 3.6%，增长了 13%。与此同时，企业研发活动空前繁荣，高技术
企业研发项目数也从 1992 年 22177 项提升至 2000 年 35529 项，增长了 60%
多；大中型企业平均研发投入占主营业务收入比例从 1992 年的 0.35% 提高
至 2000 年的 0.55%，增幅达到近 60%。此外，科技与企业结合度逐步提高，
科技成果转化率从 1992 年的 7.94% 提高至 2000 年的 10.02%，提升了 26%，
科技对经济发展贡献的转化路径初步形成，为下一步提高科技对经济贡献打
下了坚实基础。

（三）加快自主创新：2001—2011 年

本世纪以来，顺应加入世贸组织的时代背景，我国开启了以"自主创新"
为核心目标的科技体制改革。2006 年国务院发布了《中共中央国务院关于实
施科技规划纲要增强自主创新能力的决定》和《国家中长期科学和技术发展规
划纲要（2006—2020 年）》，之后其配套政策及实施细则的相继颁布，建设创
新性国家战略从战略思想、战略决策到指导方针、政策部署已形成相对完整的
思路，标志着我国科技发展战略体系基本形成。这一阶段科技体制改革以"自
主创新"为指导思想，通过加强创新体系建设和加速科技成果产业化两条路径
推进战略实施，具体政策措施包括推进科研机构改革与转制、培育企业创新
能力、促使企业成为创新主体、大力推进成果转化、改革成果奖励制度等。

促进自主创新政策的实施，使我国科技发展出现了全方位的提升。从
投入看，R&D 经费支出占 GDP 比重从 2001 年 0.95% 增长到 2011 年的
1.84%，增长了近一倍；从成果转化看，科技成果转化率从 2001 年的 10.2%
提高至 2011 年的 12.8%，提升了 25%；从科技对经济增长的贡献看，科技
进步贡献率从 2001 年的 42.3% 提高至 2011 年的 53.4%，提升了 26.2%，自
主创新和科技进步对经济增长的贡献作用逐步凸显，创新体系建设取得初步
成效。

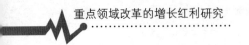

（四）实现创新驱动：2012年以来

2012年召开的全国科技创新大会，发布了《中共中央国务院关于实施科技规划纲要增强自主创新能力的决定》，提出实施"创新驱动发展战略"。2013年，《中共中央关于全面深化改革若干重大问题的决定》要求，从建立健全鼓励原始创新、集成创新、引进消化吸收再创新的体制机制、改革院士遴选和管理体制、整合科技规划和资源和加强知识产权运用和保护等方面促进科技创新，积极建设国家创新体系，为创新驱动战略提供保障能力。2012年以来，我国先后出台了《关于改进加强中央财政科研项目和资金管理的若干意见》、《关于深化中央财政科技计划（专项、基金等）管理改革的方案》、《关于开展深化中央级事业单位科技成果使用、处置和收益管理改革试点的通知》、《关于加快科技服务业发展的若干意见》以及《关于国家重大科研基础设施和大型科研仪器向社会开放的意见》等配套改革文件，标志着我国科技体制改革进入全面深化阶段。

2012年全国科技大会是我国科技体制改革的新起点，十八届三中全会则指明了实施创新驱动发展战略的方向。从发展趋势看，未来一段时间，我国科技体制改革实施的绩效评价应放在科技转化与贡献、微观主体科技活动以及科技成果质量等三个方面。

表6-1　我国科技体制改革重要文件与改革方向回顾

阶段	时间	指导文件	改革方向
开放技术市场（1978—1992）	1985	《中共中央关于科学技术体制改革的决定》	"放活科研机构，放活科技人员。"提出全国主要科技力量要面向国民经济主战场，为经济建设服务。要求适应市场经济要求，承认技术的商品属性，开拓技术市场，促进技术和经济的结合
	1988	《国务院关于深化科技体制改革若干问题的决定》	科技体制改革必须从社会主义初级阶段的实际出发，适应有计划商品经济的需要，发挥科技优势，以发展生产力为目标，进一步建立科技与经济紧密结合的机制，促进传统产业技术改造和新技术、高技术产业的形成，提高我国科学技术水平，推动经济和社会发展

续表

阶段	时间	指导文件	改革方向
推进科教兴国（1993—2000）	1995	《中共中央国务院关于加速科学技术进步的决定》	实施"科教兴国"战略，坚持教育为本，把科技和教育摆在经济、社会发展的首要位置，提高全民族的科技文化素质，把经济建设转移到依靠科技进步和提高劳动者素质的轨道上来
	1996	《国务院关于"九五"期间深化科学技术体制改革的决定》	进一步落实经济建设必须依靠科学技术，科学技术工作必须面向经济建设和努力攀登科学技术高峰的方针；坚持在面向经济建设和社会发展主战场、发展高技术和建立高新技术产业、加强基础性研究三个层次上进行体制改革的战略部署
	1999	《中共中央国务院关于加强技术创新，发展高科技，实现产业化的决定》	把加强技术创新作为科技与经济结合的切入点，把发展高新技术产业作为国民经济新的增长点，进一步优化科技力量布局和科技资源配置，以加强科技创新和促进科技成果产业化为重点，从体制、机制、政策等方面促进科技与经济的紧密结合
加快自主创新（2001—2011）	2006	《中共中央国务院关于实施科技规划纲要增强自主创新能力的决定》《国家中长期科学和技术发展规划纲要（2006—2020年）》	有效整合全社会科技资源；充分发挥政府的主导作用，充分发挥市场在科技资源配置中的基础性作用，充分发挥企业在技术创新中的主体作用，充分发挥国家科研机构的骨干和引领作用，充分发挥大学的基础和生力军作用；加强经济政策和科技政策的相互协调，形成激励自主创新的政策体系
实现创新驱动（2012以来）	2012	《中共中央国务院关于深化科技体制改革加快国家创新体系建设的意见》	促进科技与经济紧密结合；提高创新体系整体效能；改革科技管理体制；激发科技人员积极性创造性，促进科技和金融结合，加强知识产权的创造、运用、保护和管理
实现创新驱动（2012以来）	2013	《中共中央关于全面深化改革若干重大问题的决定》	建立健全鼓励原始创新、集成创新、引进消化吸收再创新的体制机制；健全技术创新市场导向机制；建立产学研协同创新机制，建设国家创新体系；加强知识产权运用和保护；建立主要由市场决定技术创新项目和经费分配、评价成果的机制；发展技术市场；构建公开透明的国家科研资源管理和项目评价机制；改革院士遴选和管理体制

经过 30 多年的改革与发展，我国科技体制改革取得了显著成就，科技与经济"两张皮"的问题初步得到改观，科技对传统产业的改造和升级、对经济结构的调整以及促进高新技术发展的作用明显增强，产学研之间的紧密结合大大加速了科技成果转化、推广和应用，科技管理和科技服务体系不断完善，科技创新意识和市场意识不断增强，科研环境明显改善。科技事业的快速发展，为我国有效引进世界先进技术、加快吸收外资技术外溢和推动技术进步提供了重要的制度保障，为经济增长效率提升和技术引领提供了基础条件。

二、科技进步指标体系与权重设定

科技进步指数的合成，应该在科技体制改革红利效应机理分析的基础上，设置指标体系，并根据各阶段改革重点与主体效果设置分阶段的加总权重，以此评价改革开放以来我国科技体制改革的演进过程。

（一）指标体系构建的基本理论与机制

构建科技进步指数，必须从科技体制改革机理入手，分析其经济影响渠道，从而构建合理系统的指标体系。

1.科技体制改革的基本层次

科技体制是国家组织和管理科技活动的制度框架，这一框架是同分配科技资源以满足个人、集体和国家的需要有关的，主要包括科技体系结构（组织系统）和运行机制（规则系统）这两个互为条件、相互依存的方面（方新，2007）。从科技进步与经济发展关系看，科技体制改革至少涵盖宏观、中观和微观三个层面的结构（Benner、Liu 和 Serge，2012）。宏观层面，主要是通过国家科技战略政策以及科技组织体系的完善，增加公共投资力度，优化投入结构以及实现产出效益提升。中观层面，主要是加快科技与经济的结合。微观层面，主要是完善技术市场机制，引导技术有序自由流动与交易，同时优化技术资源的配置（Neal 和 Smith，2008）。

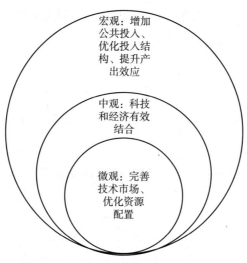

图6-1　科技体制改革的三个层次示意图

2.科技体制改革效应分析框架

以上分析表明，从科技体制改革对经济影响的渠道来看，其流程是优化宏观科技投入与微观技术资源配置，中观上通过提高转化率以及产业科技行为实现科技与经济的有效结合，从而最终实现宏观科技效率提升和产出提高，是一个微观—中观—宏观—经济增长红利释放的过程（OECD，2008）。

（二）科技进步指标体系构建与指标推算

根据前述科研体制改革的层面和改革效应分析框架，科技体制改革主要由基本投入机制、科技产出机制、资源配置机制和经济结合机制组成，其中科技产出机制与其他机制有交叉。从科技体制改革引导科技进步渠道上看，应该从基本投入、产出效果、资源配置和经济结合四个维度进行评价。其中，基本投入包括数量与结构两个维度，产出效果包括数量与质量两个维度，经济结合包括转化贡献以及微观企业活动两个维度。

基于此，我们设置了科技投入规模与结构、科技资源市场化程度、科技与经济结合程度和科技产出数量与质量4个一级指标，相应设立了7个二级指标和18个三级指标，指标具体设置与对应如表6-2所示。由于我国科技统计开始于20世纪90年代，因此本研究运用回归法对缺失的数据进行补齐，具体数据来源与回归的对象如表6-2所示。

图6-2　科技体制改革红利的评价流程示意图

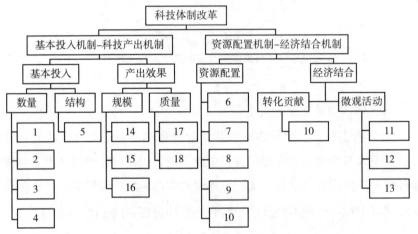

图6-3　科技体制改革系数指标体系构成及其机理关系示意图

注：图中具体指标序号对应表6-2。

表6-2　科技进步指数构建对应的分类指标体系

一级	二级	三级指标	数据推算
科技投入规模与结构	数量	1. R&D经济费支出占GDP比重（%）	开始于1991年，之前的数据根据该指标与TFP、经济增长等变量的关系回归推算得出
		2. 科技拨款占公共财政比重（%）	开始于1991年，之前的数据根据该指标与TFP、R&D经费总支出、财政收入增长、经济增长等变量的关系回归推算得出
		3. R&D人员全时当量（人年）	开始于1991年，之前的数据根据该指标与TFP、科技人员数量、R&D经费总支出、规上企业从业人员等变量的关系回归推算得出

续表

一级	二级	三级指标	数据推算
科技投入规模与结构	数量	4. 每万个劳动力中R&D人员数（个）	开始于1991年，之前的数据根据该指标与TFP、科技人员数量、R&D经费总支出、规上企业从业人员等变量的关系回归推算得出
	结构	5. 基础研究经费占比（%）	开始于1991年，之前的数据根据该指标与TFP、R&D经费总支出等变量的关系回归推算得出
科资源市场化程度	科技资源市场化程度	6. 技术市场成交额（万元）	开始于1993年，之前的数据根据该指标与TFP、R&D经费总支出、全球技术市场成交额等变量的关系回归推算得出
		7. 技术开发合同数（项）	开始于1993年，之前的数据根据该指标与TFP、R&D经费总支出、技术市场成交额等变量的关系回归推算得出
		8. 技术转让合同数（项）	开始于1993年，之前的数据根据该指标与TFP、R&D经费总支出、技术市场成交额等变量的关系回归推算得出
		9. 技术咨询合同数（项）	开始于1993年，之前的数据根据该指标与TFP、R&D经费总支出、技术市场成交额等变量的关系回归推算得出
科技与经济结合程度	转化贡献	10. 科技成果转化率（%）	开始于1993年，之前的数据根据该指标与TFP、R&D经费总支出、技术市场成交额等变量的关系回归推算得出
	微观活动	11. 高技术企业研发机构个数	开始于1993年，之前的数据根据该指标与TFP、各类企业主体数、R&D经费总支出、R&D人员全时当量等变量的关系回归推算得出
		12. 大中型企业平均研发投入占主营业务收入比例（%）	开始于1993年，之前的数据根据该指标与TFP、R&D经济费支出占GDP比重、规上企业主营业务收入、高技术企业研发机构个数等变量的关系回归推算得出
		13. 高技术企业R&D项目数（个）	开始于1993年，之前的数据根据该指标与TFP、高技术企业研发机构个数等变量的关系回归推算得出
科技产出数量与质量	规模	14. 每万人口发明专利拥有量（个）	开始于1993年，之前的数据根据该指标与TFP、R&D经费总支出、经济活动人口、科技成果转化率等变量的关系回归推算得出
		15. 国内外发明专利有效数（项）	开始于1993年，之前的数据根据该指标与TFP、R&D经费总支出、科技成果转化率等变量的关系回归推算得出

一级	二级	三级指标	数据推算
科技产出数量与质量	规模	16. 国内外实用型专利有效数（项）	开始于1993年，之前的数据根据该指标与TFP、R&D经费总支出、科技成果转化率等变量的关系回归推算得出
	质量	17. 国外主要检索工具收录论文总数（篇）	开始于1993年，之前的数据根据该指标与TFP、R&D经费总支出、基础研究经费占比等变量的关系回归推算得出
		18. 高技术产品出口占工业制成品出口额比重（%）	开始于1995年，之前的数据根据该指标与TFP、R&D经费总支出、高技术企业R&D项目数、高技术企业研发机构个数、科技成果转化率、工业制成品出口总额等变量的关系回归推算得出

注：主要数据来自于历年《中国统计年鉴》和《中国科技统计年鉴》，部分数据来自于世界银行和联合国科学技术组织相关文献和网络数据库。

（三）科技进步指数合成权重

由于各阶段科技体制改革侧重点不同，为了科学合理对科技进步指数进行合成，我们根据之前对各阶段科技改革的回顾，确定了不同阶段改革重点，对各阶段各类指标的重要性进行排序，具体设定参见表6-3。

我们将排序作为参考提供给中国社会科学院工业经济研究所、中国社会科学院数量与技术经济研究所、国务院发展研究中心技术经济研究部以及科技部中国科学技术发展战略研究院的专家进行权重打分。经过对专家打分进行平均计算，并结合课题组研究人员的意见适当微调，得出以下结果，如表6-4所示。

表6-3　不同阶段各项指标重要性排序

一级指标	二级指标	1978—1992	1993—2000	2001—2011	2012—
科技投入规模与结构	数量	2	2	2	6
	结构	4	6	3	3

续表

一级指标	二级指标	1978—1992	1993—2000	2001—2011	2012—
科技资源市场化程度	科技资源市场化程度	1	3	6	5
科技与经济结合程度	转化贡献	6	1	5	2
	微观活动	7	4	1	1
科技产出数量与质量	规模	3	5	7	7
	质量	5	7	4	4

表 6-4　科技进步指数构建分阶段对应指标权重

（单位：%）

类型	指标	1978—1992		1993—2000		2001—2011		2012—	
		分项指标权重	类型总权重	分项指标权重	类型总权重	分项指标权重	类型总权重	分项指标权重	类型总权重
科技投入规模与结构	R&D 经费支出占 GDP 比重	5.4	26	5.1	24	6.2	30	4.8	26
	科技拨款占公共财政比重	5.4		4.8		6		4.7	
	基础研究经费占比	4.3		4.5		5.5		6	
	R&D 人员全时当量	5.5		4.6		6.1		5.2	
	每万个劳动力中 R&D 人员	5.4		5		6.2		5.3	
科技资源市场化程度	技术市场成交额	6.5	30	5.6	26	4	20	4.5	24
	技术开发合同数	6		5.1		4		5	
	技术服务合同数	5.8		5.1		4		5	
	技术转让合同数	5.8		5.1		4		5	
	技术咨询合同数	4.9		5.1		4		4.5	

续表

类型	指标	1978—1992		1993—2000		2001—2011		2012—	
		分项指标权重	类型总权重	分项指标权重	类型总权重	分项指标权重	类型总权重	分项指标权重	类型总权重
科技与经济结合程度	科技成果转化率	6	20	6.5	30	5.5	26	6.8	30
	高技术企业 R&D 项目数	4.5		7.5		6.8		7.2	
	高技术企业研发机构个数	4.5		8		7		8	
	大中型企业平均研发投入占主营业务收入比例	5		8		6.7		8	
科技产出数量与质量	国外主要检索工具收录我国论文总数排名	5.1	24	4.2	20	5.4	24	4.2	20
	每万人口发明专利拥有量	4.8		3.8		4.6		3.8	
	国内外发明专利有效数	4.6		3.8		4.3		4	
	国内外实用型专利有效数	4.5		4		4.3		3.8	
	高技术产品出口占工业制成品出口额比重	5		4.2		5.4		4.2	

（四）科技进步指数合成方法

由于设置指标之间存在量纲的差别，我们采用无量纲化（标准化）方法对各指标数据进行处理，从而使各指标易于进行加总以形成最终单一数据的综合指标。本章所使用的指标皆为正向指标，因此其标准化处理的公式为：

$$Z_i = (x_i - x_{min}) / (x_{max} - x_{min})$$

其中，Z_i 为指标的标准化值，x_i 为指标的实际值，x_{max} 为指标的最大值，x_{min} 为指标的最小值。

此外，我们采用线性加权综合法合成，其计算公式为：

$$\int (x) = \sum w_i z_i$$

其中，z_i 为指标 x_i 的标准化指数，w_i 为分阶段指标 x_i 的权数（参见表 6-4）。

本文对分指标基础数据进行无量纲化处理，运用上述加权方法对分指标标准化数据进行线性加权平均，得到科技进步指数的合成数据，再对合成数据进行二次无量纲化，得到科技进步指数。

三、我国科技进步指数的演进与预测

根据以上设定的指标体系、分阶段权重和指数合成方法，我们将指标进行无量纲化和指数线性合成，并通过对未来改革的基本判断，预测出基准、乐观和次乐观三种情景的科技进步指数。

（一）我国科技进步指数的历史演进

为了进行无量纲化，我们按照历史数据的最大最小值进行排序，以通过维持数列的变化趋势对历史数据进行无量纲化，并以此为基础计算出科技进步指数的历史演进数据。

从科技进步指数的核算情况看，基本符合我国科技体制改革进程及对红利释放的经验判断。由于是基于体制改革的发展指数，科技进步指数表示的是存量评价。2008 年以前，我国技术进步主要依赖于国外技术引进和外资技术外溢，国内科技体制改革带来的技术进步相对较弱。而 2008 年以来，随着技术引入效应衰减，国内科技体制改革带来的技术创新效应开始逐步凸显，科技进步指数开始出现加速上升趋势。

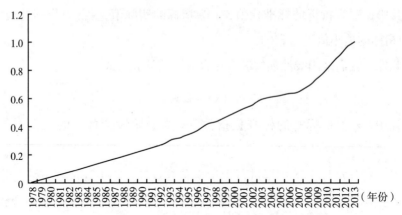

图6-4　改革开放以来我国科技进步指数演进情况

数据来源：课题组测算。

（二）我国科技进步对经济增长的贡献

测算发现，我国科技体制改革带来的技术进步效应对经济增长产生了重要影响。表 6-5 列出了不同时间段科技体制改革带来的科技进步对全要素生产率提升与经济增长的贡献度与贡献率。

1979 至 1992 年，我国加快技术市场开放，科技开始广泛运用于经济，经济与科技开始结合，科技体制改革带来的技术进步对经济增长起到了拉动作用。由于前期技术进步效用存量较低，所以这一时期科技体制改革带来的技术进步对全要素生产率和经济增长的贡献率很高，是改革开放以来三十多年时间中效应最强的阶段，科技进步对 TFP 增长的贡献度、贡献率分别达到 1.4 个百分点、47.5%，对 GDP 增长的贡献率则达到 14.4%。其中，1979 至 1984 年，改革之初科技进步的边际效应显著，对 TFP 增长的贡献度、贡献率分别达到 2.7 个百分点、81.7%，对 GDP 增长的贡献率则达到 27.7%；1985 年开始，边际效应有所减少，但科技体制改革带来的技术进步对 TFP 和经济增长的拉动效应仍然超过了之后数年的历史平均水平，说明除了技术市场放开带来的技术进步效应外，仍然存在一定的历史存量效应。

表6-5　不同时间段科技进步的增长效应估算

时间段	科技进步对TFP增长的贡献度（个百分点）	科技进步对TFP增长的贡献率（%）	科技进步对经济增长的贡献度（个百分点）	科技进步对GDP增长的贡献率（%）
1979—2013	0.7	25.8	0.7	7.5
#1979—1992	1.4	47.5	1.4	14.4
##1979—1984	2.7	81.7	2.7	27.7
##1985—1992	0.7	26.8	0.7	7.1
#1993—2002	0.4	13.9	0.4	4.5
##1993—1997	0.5	12.6	0.5	4.5
##1998—2002	0.3	16.5	0.3	4.1
#2003—2013	0.3	12.2	0.3	3.2
##2003—2004	0.3	9.3	0.3	2.5
##2005—2013	0.3	12.9	0.3	3.2

数据来源：课题组测算

1993—2002年及2003—2013年，我国加快推进科教兴国和自主创新战略，但由于我国加快对外开放步伐，技术引进的成本远远低于国内科技创新的成本，这一阶段的科技体制改革所释放出来的国内技术进步效应相对于前期开始大大降低。特别是2000年之后，科技体制改革带来的技术进步对全要素生产率和经济增长的贡献率相比1978至1992年有大幅下降。其中，1993至2002年，科技进步对TFP增长的贡献度、贡献率分别达到0.4个百分点、13.9%，对GDP增长的贡献率则仅为4.5%；2003至2013年，科技进步对TFP增长的贡献度、贡献率分别达到0.3个百分点、12.2%，对GDP增长的贡献率则达到3.2%。

需要特别指出的是，2012以来，我国加快了创新驱动发展战略的实施，随着产业技术不断靠近全球技术边界，前期技术引进和技术外溢效应开始逐步减弱，国内技术创新带来的技术进步效应开始显现。这一阶段，科技体制改革带来的技术进步对全要素生产率和经济增长的贡献率相比1993—2000年及2001—2011年两个阶段，大幅提高，且具有加速趋势。

（三）未来我国科技体制改革的重点领域

十八届三中全会明确了我国科技体制改革的基本方向，包括优化科技投入模式、健全科技资源市场机制、构建创新主体协同机制以及完善人才培养投入机制等，其分别与我们前述构建的指标体系对应如下表6-6。

表6-6　未来我国科技体制改革方向及其与指标体系层面匹配

改革层面	具体任务	对应层次
投入模式	改革科研经费管理制度，整合科技规划和资源，完善政府对基础前沿、社会公益和共性关键技术研究的支持机制；建立统一的科技管理平台，市场导向的科技项目主要由企业牵头，国家重大科研基础设施依照规定应该开放的一律对社会开放；建立创新调查制度和创新报告制度，构建公开透明的国家科研资源管理和项目评价机制。	科技投入规模与结构 科技产出数量与质量
市场机制	实施科技成果转化行动，建立健全鼓励原始创新、集成创新、引进消化吸收再创新的体制机制，健全技术创新市场导向机制，发挥市场对技术研发方向、路线选择、要素价格、各类创新要素配置的导向作用；打破行政主导和部门分割，建立由市场决定技术创新项目和经费分配、评价成果的机制；加强知识产权运用和保护，健全技术创新激励机制，探索建立知识产权法院。	科技资源市场化程度 科技产出数量与质量
创新主体	建立产学研协同创新机制，强化企业在技术创新中的主体地位，发挥大型企业创新骨干作用，激发中小企业创新活力，推进应用型技术研发机构市场化、企业化改革，建设国家创新体系；实行以增加知识价值为导向的分配政策，加强对创新人才的股权、期权、分红激励；发展技术市场，健全技术转移机制，改善科技型中小企业融资条件，完善风险投资机制，创新商业模式，促进科技成果资本化、产业化。	科技与经济结合程度 科技产出数量与质量
人才体系	改革院士遴选和管理体制，优化学科布局，提高中青年人才比例，实行院士退休和退出制度；健全人才流动机制，提高社会横向和纵向流动性；实施更加积极、更加开放和更为有效的人才引进政策。	科技投入规模与结构 科技产出数量与质量

（四）科技改革红利的情景及预测

根据以上关于科技体制改革的部署，我们设置了基准、次乐观和乐观三种情景，各种情景分别对应各项改革都未推进、各项改革顺利推进和改革部分推进三种现实可能发生的情况。各种情景的基本描述，及其对应指标一侧的基本方法，如表 6-7 所示。

表 6-7　未来我国科技体制的三种情景及其描述

具体情景	描述	主要指标变动情况
基准情景	各项改革都未推进，科技体制按照以前的基本框架进行运行	大部分指标延续过去十年的变化趋势
次乐观情景	科技体制改革部分推进，但主要机制性改革设计推进缓慢甚至没有推进，改革配套没有跟进，未形成合力，科技体制改革红利释放十分微弱	大部分指标出现了增速加快趋势，但是加快的幅度不大，设定增速相对过去十年增长 15%
乐观情景	各项改革顺利推进，科技体制不断完善，科技体制改革带来的技术进步以及技术渗透经济的红利不断释放	大部分指标出现增速显著加快趋势，设定增速相对过去十年增长 20%

根据以上的设定和方法计算，我们得出了未来不同情景下我国科技进步指数的预测，如图 6-5 所示。

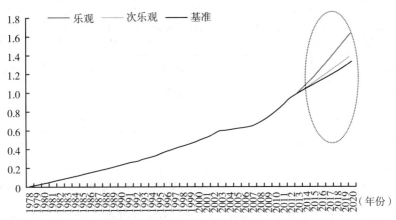

图6-5　三种情景下我国科技体制改革系数演进情况及其预测

数据来源：课题组测算。

基准情景下，科技进步指数可能延续现有趋势，保持在较低的水平上；次乐观情景下，科技体制改革指数将出现小幅上升，幅度较之前几轮科技体制改革幅度明显下降；乐观情景下，科技体制改革指数将出现大幅上升，幅度和前几轮科技体制改革峰谷相当。

根据科技进步指数的预测，我们将数据代入专题研究的主模型，测算结果如表 6-8 所示。根据结果，科技体制改革全方位推进的乐观情景，其导致的技术进步对全要素生产率和经济增长的贡献度与贡献率明显强于基准和次乐观情景。基准情景下，科技体制改革导致的技术进步对全要素生产率的贡献度和贡献率分别为 0.6 个百分点和 40%，对经济增长的贡献率和贡献度分别为 9.43% 和 0.6 个百分点。次乐观情景下，科技体制改革导致的技术进步对全要素生产率的贡献度和贡献率分别为 0.85 个百分点和 42.5%，对经济增长的贡献率和贡献度分别为 11.92% 和 0.85 个百分点。乐观情景下，科技体制改革导致的技术进步对全要素生产率的贡献度和贡献率分别为 1.1 个百分点和 44%，对经济增长的贡献率和贡献度分别为 13.93% 和 1.1 个百分点。

表 6-8　三种预测情景下科技体制改革引致技术进步的增长效应估算（2014—2020）

情景假设	经济增长	科技进步对 TFP 增长的贡献度（个百分点）	科技进步对 TFP 增长的贡献率（%）	科技进步对经济增长的贡献度（个百分点）	科技进步对经济增长的贡献率（%）
基准情景	6.36	0.60	40.00	0.60	9.43
次乐观情景	7.13	0.85	42.50	0.85	11.92
乐观情景	7.89	1.10	44.00	1.10	13.93

数据来源：课题组测算

从预测结果可以说明，随着我国科技资源存量不断增长和离全球技术边界距离逐步缩小，科技进步对经济增长的拉动很难再达到 80 年代到 90 年代初的水平。但是，乐观情景下，科技体制改革导致的技术进步对全要素生产率的贡献度和贡献率以及对经济增长的贡献率和贡献度均高于 1992 年以来的水平，这说明加快科技体制改革可能使科技进步在经济增长中的贡献率大于 90 年代以来的平均水平。

从三种情景看，通过科技体制改革引致技术进步将是未来我国全要素生产率提升和维持中高速增长的重要保证。

四、基本结论和政策建议

从上述实证分析可以看到，虽然近期我国科技体制改革带来的技术进步对经济增长的拉动效应开始显现，但是其力度还明显不够，低于改革开放以来的平均水平。为此，需要从科技体制制约经济增长的症结出发，加快推进相关改革，塑造和提升国内体制改革导致的技术进步对经济增长的长期支撑力。

（一）现行科技创新体制不利经济持续增长

从改革历史和现实情况看，我国现行科技体制仍然存在诸多影响经济增长的问题，总结起来可以归为以下三点。

首先，科技与经济协同机制不健全，不利于科技进步向经济增长传递。我国科技体制改革从 1985 年开始，历经了"科学的春天"、"科教兴国"、"建设创新型国家"、"创新驱动"等多次重大战略调整和变革，取得了诸多进展和成就，但科技与经济"两张皮"问题依然凸显，科技进步与经济发展脱节导致经济实力与科技竞争力不相称，不利于科学技术直接转化为生产力和经济竞争力。

其次，科技投入与成果产出不对称，不利于通过优化科技投入促进技术进步和经济增长。由于缺乏科技资源投入的集约优化和宏观协调，科技投入和成果产出不相称，科技资源配置中"分散、重复、封闭、低效"等问题还比较突出；科研绩效问题突出表现为，科研人员人力多，但人均科研成果产出较少；论文数量多，但高引频次论文较少；专利数量多，但核心专利较少；科研创新模仿和跟跑多，但原创和领跑较少，不利于我国通过科技投入优化加快科技进步。

同时，科研评价体制难以创造良好的科研创新文化，不利于塑造长期持续增长的基础科研基石。现行相对单一的科技评价标准普遍存在重数量轻质量、重经费轻水平、重产出轻应用、重短期轻长远、重成果轻人才等问题，以致创新活动目标异化和行为扭曲，滋生学术腐败等不良风气。此外，"短平快"的评价模式、行政化倾向及评价程序日益烦琐，严重压抑了科研主体的创新激情，直接影响创新文化的塑造，不利于加快发展基础研究，经济长期增长的动力有所弱化。

（二）通过深化科技体制改革促进经济增长的建议

强化基础科研投入机制，做实科技体制红利释放的根基。首先，建立以政府为中心的创新投入体系。继续增加财政对企业技术创新的支持力度，重点支持基础前沿、社会公益和共性技术研究，注重发挥其引导、放大、辐射的"乘数效应"。加快建立健全政府资助和企业研发相结合的机制，强化企业对产业技术选择的参与和市场导向的自主决策，继续完善科技税收激励政策体系，落实企业研发费用加计扣除和扩大固定资产投资加速折旧实施范围政策；开拓资本市场融资支持企业研发、创业投资的空间，大力发展风险投资和创业投资。其次，构筑以基础研究为核心的创新平台。根据国家创新体系的总体布局，明确和完善基础研究的管理体制，扩大高校和科研院所自主权，实行中长期目标导向的考核评价机制，在国家层面上统一规划、协调科研基地和基础设施的地域分布。再次，统筹各类创新人才发展和激励制度，全面下放创新成果处置权、使用权和收益权，实施滚动管理制度、退休制度、退出制度，尽快建立完善科学的、标准相对统一的人才评价、选拔和使用制度，合理规范人才的待遇标准。

健全科技资源配置机制，孕育科技体制红利创造的市场。首先，应系统梳理各部门科技管理职能，归并整合，防止交叉，从国家层面设立宏观管理决策与协调机制。其次，加大对基础类、公益类科研等的非竞争性研究经费支持力度，引导企业和社会加大研发投入，充分发挥市场在配置科技资本中的作用。实施严格的知识产权保护制度，完善有利于激励创新的知识产权归属制度，建设知识产权运营交易和服务平台，依法惩治侵犯知识产权和科技成果的违法犯罪行为。建立激励制度，鼓励发明专利申请，提高专利水平和质量，依法保护企业家财产权利和创新收益。

完善科技经济结合机制，构建科技体制红利挖掘的平台。首先，研究制定促进产学研结合的税收优惠政策，加大政府资源配置引导和支持产学研结合的力度，强化对创新产品的首购、订购支持，设立产学研结合研究开发专项计划或基金，构建面向产学研结合的公共服务平台。其次，构建产学研合作信息平台，促进资金、技术、人才、设备等信息的有效对接，大力发展促进产学研结合的各类专业中介机构，发挥行业协会在信息沟通、人才培训、组织协调等方面的优势，积极组织和推动对本行业内的产学研结合，推动产学研技术创新联盟的建设。再次，形成以市场为导向的创新成果转化系统，加快建设资源共享平台体系，打造科技文献信息服务、自然科技资源共享、科学数据共享、大型科学仪器共享和网络科技环境等公共平台；构建创新成果转化平台体系，加强科技成果转化平台和科技成果交流合作平台体系建设，构建包括省部会商、省院合作、各类展会、对外科技交流等多方式、多层次的成果交流平台。

构建科学技术产出机制，优化科技体制红利实现的效率。从我国科技改革历史可以看到，评价体系的优劣决定了科技产出效率的高低，应加快完善科技活动评鉴与监督机制。首先，根据不同类型科技活动特点，注重科技创新质量和实际贡献建立评价方法多元化的成果评价体系，建立重大成果产出导向的评价体系。其次，建立分类管理的科研成果评价体制，应用研究由用户和专家等相关第三方评价，着重评价目标完成情况、成果转化情况以及技术成果的突破性和带动性；产业化开发由市场和用户评价，着重评价对产业发展的实质贡献。最终，加强科研诚信和科研行为规范的教育，维护科学研究的正常秩序和公平竞争。

（曾　铮）

参考资料目录

［1］张仲梁、邢景丽：《城市科技创新能力的核心内涵和测度问题研究》，《科学学与科学技术管理》2013 年第 9 期。

［2］黄文琦、张红辉：《宁波市科技管理体制改革现状、问题及对策研究》，《科技管理研究》2013 年第 6 期。

［3］傅诚德：《科技体制及其改革的若干思考》，《石油科技论坛》2010 年第 6 期。

［4］李家俊：《加快体制机制创新构筑自主创新高地充分发挥科技对经济社会发展的支撑引领作用》，《天津科技》2010 年第 2 期。

［5］隆国强：《扩大对外开放，促进自主创新》，《国际贸易》2009 年第 4 期。

［6］刘世锦：《市场开放、竞争与产业进步》，《管理世界》2008 年第 12 期。

［7］吴延兵：《创新的决定因素：基于中国制造业的实证研究》，《世界经济文汇》2008 年第 2 期。

［8］王领红、李稻葵、冯俊新：《FDI 与自主研发：机遇行业数据的经验研究》，《经济研究》2006 年第 2 期。

［9］李正风：《关于深化我国科技体制改革的若干思考》，《清华大学学报（哲学社会科学版）》2000 年第 6 期。

［10］Ernst Dieter and Kim Linsu, 2002, "Global Production Networks, Knowledge Diffusion, and Local Capability Formation", Research Policy, Vol.8–9, pp.1417–1429.

［11］Yi, Kei-Mu, 2003, "Can Vertical Specialization Explain the Growth of World Trade?", Journal of Political Economy, Vol.111, pp.52–102.

［12］Swenson, D. L.,2004, "Overseas Assembly and Country Sourcing Choices", NBER Working Papers, No.10697.

附表一　指标体系基础数据

一、历史数据

	R&D经费支出占GDP比重	科技拨款占公共财政比重	基础研究经费占比	R&D人员全时当量	每万名劳动力中R&D人员	技术市场成交额	技术开发合同数	技术服务合同数	技术转让合同数	技术咨询合同数
1978	0.33	2.72	3.44	37.73	6.97	12.34	945	521	729	727
1979	0.34	2.76	3.49	40.07	8.07	28.34	2879	5511	1812	2580
1980	0.36	2.8	3.54	42.41	9.17	44.34	4813	10501	2895	4433
1981	0.37	2.84	3.59	44.75	10.27	60.34	6747	15491	3978	6286
1982	0.39	2.88	3.64	47.09	11.37	76.34	8681	20481	5061	8139
1983	0.4	2.92	3.69	49.43	12.47	92.34	10615	25471	6144	9992
1984	0.42	2.96	3.74	51.77	13.57	108.34	12549	30461	7227	11845
1985	0.43	3	3.79	54.11	14.67	124.34	14483	35451	8310	13698
1986	0.44	3.04	3.84	56.45	15.77	140.34	16417	40441	9393	15551
1987	0.46	3.08	3.89	58.79	16.87	156.34	18351	45431	10476	17404
1988	0.47	3.12	3.94	61.13	17.97	172.34	20285	50421	11559	19257
1989	0.49	3.16	3.99	63.47	19.07	188.34	22219	55411	12642	21110
1990	0.5	3.2	4.04	65.81	20.17	204.34	24153	60401	13725	22963
1991	0.51	3.24	4.09	68.15	21.27	220.34	26087	65391	14808	24816
1992	0.53	3.28	4.14	70.49	22.37	236.34	28021	70381	15891	26669
1993	0.54	3.32	4.19	72.83	23.47	252.34	29955	75371	16974	28522
1994	0.56	3.36	4.24	75.17	24.57	268.34	31889	80361	18057	30375
1995	0.57	3.4	4.57	80.4	25.67	300.2	33823	85351	19140	32228
1996	0.57	3.44	4.67	83.12	26.77	351.37	35757	90341	20223	34081
1997	0.64	3.5	5.25	75.52	27.87	435.82	37691	95331	21306	35934
1998	0.65	3.51	4.99	82.17	28.97	523.45	39625	100321	22389	37787

续表

	R&D 经费支出占GDP 比重	科技拨款占公共财政比重	基础研究经费占比	R&D 人员全时当量	每万名劳动力中R&D 人员	技术市场成交额	技术开发合同数	技术服务合同数	技术转让合同数	技术咨询合同数
1999	0.75	3.52	5.22	92.2	30.07	650.75	41559	105311	23472	39640
2000	0.9	3.6	5.33	95.65	31.17	782.75	43493	110301	24555	41493
2001	0.95	3.7	5.73	103.51	32.27	884.17	45427	115291	25638	43346
2002	1.06	3.72	5.69	109.48	33.37	1084.67	47207	118025	27618	44528
2003	1.13	3.83	5.96	115.26	34.47	1334.36	48987	120759	29598	45710
2004	1.22	3.84	5.36	136.48	35.57	1551.37	50767	123493	31578	46892
2005	1.32	3.93	5.19	150.25	36.67	1818.18	52547	126227	33558	48074
2006	1.39	4.18	4.7	173.62	37.77	2226.53	54327	128961	35538	49256
2007	1.4	4	4.78	196.54	38.87	2665.23	56107	131695	37518	50438
2008	1.47	4.12	4.66	229.13	39.97	3039	57887	134429	39498	51620
2009	1.7	4.25	4.59	255.38	41.07	3906.6	59667	137163	41478	52802
2010	1.76	4.23	4.74	288.3	45.19	4763.56	61447	139897	43458	53984
2011	1.84	4.49	4.84	324.7	51.13	6437.07	63227	142631	45438	55166
2012	1.93	4.52	4.68	353.3	55.13	7469	65007	145365	47418	56348
2013	2.09	4.66	4.9	393.7	59.13	8577	66787	148099	49398	57530

	科技成果转化率	高技术企业R&D项目数	高技术企业研发机构个数	大中型企业平均研发投入占主营业务收入的比例	科技进步贡献率	国外主要检索工具收录我国论文总数	每万人口发明专利拥有量	国内外发明专利有效数	国内外实用型专利有效数	高技术产品占工业制成品出口额的比重
1978	4.3	210	28	0.09	22.1	1022	0.14	1334	5463	0.94
1979	4.56	480	117	0.09	22.7	9182	0.13	9105	15708	1.08
1980	4.82	2149	299	0.08	23.4	17342	0.14	16876	25953	1.11
1981	5.08	3818	481	0.11	23.5	25502	0.14	24647	36198	1.23
1982	5.34	5487	663	0.14	24.6	33662	0.16	32418	46443	2.13
1983	5.6	7156	845	0.15	25.4	41822	0.19	40189	56688	3.22
1984	5.86	8825	1027	0.15	25.2	49982	0.17	47960	66933	4.23
1985	6.12	10494	1209	0.16	25.3	58142	0.18	55731	77178	5.05
1986	6.38	12163	1391	0.21	26.2	66302	0.21	63502	87423	5.11

续表

	科技成果转化率	高技术企业R&D项目数	高技术企业研发机构个数	大中型企业平均研发投入占主营业务收入的比例	科技进步贡献率	国外主要检索工具收录我国论文总数	每万人口发明专利拥有量	国内外发明专利有效数	国内外实用型专利有效数	高技术产品占工业制成品出口额的比重
1987	6.64	13832	1573	0.24	27.1	74462	0.22	71273	97668	5.32
1988	6.9	15501	1755	0.28	28.2	82622	0.25	79044	107913	5.38
1989	7.16	17170	1937	0.26	30.7	90782	0.26	86815	118158	6.11
1990	7.42	18839	2119	0.28	33.1	98942	0.32	94586	128403	6.24
1991	7.68	20508	2301	0.31	35.2	107102	0.34	102357	138648	6.45
1992	7.94	22177	2483	0.35	36.3	115262	0.36	110128	148893	6.44
1993	8.2	23846	2665	0.34	37.4	123422	0.37	117899	159138	7.09
1994	8.46	25515	2847	0.34	37.3	131582	0.37	125670	169383	8.29
1995	8.72	27184	3029	0.36	36.1	139742	0.36	133441	179628	10.43
1996	8.98	28853	3211	0.41	37.2	147902	0.41	141212	189873	12.42
1997	9.24	30522	3393	0.45	38.1	156062	0.54	148983	200118	13.12
1998	9.5	32191	3575	0.49	39.7	164222	0.8	156754	210363	15.36
1999	9.76	33860	3757	0.5	40.3	172382	0.83	164525	220608	17.2
2000	10.02	35529	3939	0.5	41.2	180542	0.9	172296	230853	18.98
2001	10.28	37198	4121	0.51	42.3	188702	1.03	180067	241098	20.96
2002	10.54	38867	4303	0.53	44.1	196862	1.41	187838	251343	23.67
2003	10.8	40536	4485	0.56	45.6	205022	1.46	195609	261588	27.38
2004	11.06	42205	4667	0.61	47.3	213182	1.64	203380	271833	30.06
2005	11.32	43874	4849	0.61	48.2	221342	2.04	211151	282078	30.84
2006	11.58	45543	5031	0.61	48.1	229502	2.66	218922	292323	30.51
2007	11.84	47212	5213	0.63	49.3	237662	3.1	271917	299242	26.66
2008	12.1	48881	5395	0.68	51.1	245822	4.36	337215	469729	25.57
2009	12.36	50550	5577	0.72	52.4	253982	4.56	438036	565804	27.53
2010	12.62	52219	5759	0.75	53.1	320354	4.98	564760	857968	27.51
2011	12.88	53888	5941	0.81	53.4	328699	5.21	696939	1120596	25.81
2012	13.14	67921	9708	0.82	53.8	337044	5.43	875385	1501044	26.27
2013	13.4	80860	8972	0.84	54.1	345389	5.71	890045	1659023	26.97

二、基准情景

	R&D经费支出占GDP比重	科技拨款占公共财政比重	基础研究经费占比	R&D人员全时当量	每万个劳动力中R&D人员数	技术市场成交额	技术开发合同数	技术服务合同数	技术转让合同数	技术咨询合同数
2014	2.1	4.71	5.06	406.69	61.08	8860.04	68991	149986	51028	59428
2015	2.1	4.87	5.23	420.11	63.09	9152.42	69268	150035	52712	61390
2016	2.3	5.04	5.4	433.98	65.18	9454.45	70620	151250	54452	63415
2017	2.3	5.11	5.58	448.3	67.33	9766.45	71049	152637	56248	65508
2018	2.4	5.21	5.76	463.09	69.55	10088.74	72559	154202	58105	67670
2019	2.4	5.36	5.95	478.37	71.84	10421.67	74151	155951	60022	69903
2020	2.5	5.45	6.15	494.16	74.22	10765.59	75829	157889	62003	72210

	科技成果转化率	高技术企业R&D项目数	高技术企业研发机构个数	大中型企业平均研发投入占主营业务收入的比例	科技进步贡献率	国外主要检索工具收录我国论文总数	每万人口发明专利拥有量	国内外发明专利有效数	国内外实用型专利有效数	高技术产品占工业制成品出口额的比重
2014	13.84	83528	9268	0.87	54.7	346787	5.94	899416	1653771	27
2015	14.3	86285	9574	0.9	55.3	350561	6.3	909757	1670325	27.07
2016	15.77	89132	9890	0.93	56.1	354723	7.4	911099	1682746	27.22
2017	16.26	92074	10216	0.96	56.8	358287	8.7	921345	1693095	27.35
2018	18.76	95112	10553	0.99	57.6	36266	9.9	929692	1701435	27.41
2019	20.28	98251	10902	1.02	58.8	389672	10.6	930147	1715832	27.65
2020	21.82	101493	11261	1.05	60	403522	12	951715	1732354	27.85

三、汉乐观情景

	R&D经费支出占GDP比重	科技拨款占公共财政比重	基础研究经费占比	R&D人员全时当量	每万个劳动力中R&D人员数	技术市场成交额	技术开发合同数	技术服务合同数	技术转让合同数	技术咨询合同数
2014	2.1	4.67	5.09	409.45	61.49	8920	69458	151023	51374	59831
2015	2.1	5.04	5.3	425.83	69	9277	70237	152184	53429	62224
2016	2.35	5.14	5.51	442.86	74	9648	71126	156591	55566	64713
2017	2.45	5.25	5.8	460.57	79	10034	72131	157255	57789	67302
2018	2.54	5.37	6.1	479	85	10435	74257	159185	60100	69994
2019	2.58	5.5	6.5	498.16	93	10853	76507	161392	62504	72794
2020	2.6	5.63	6.7	518.08	101	11287	78887	164888	65004	75706

	科技成果转化率	高技术企业R&D项目数	高技术企业研发机构个数	大中型企业平均研发投入占主营业务收入的比例	科技进步贡献率	国外主要检索工具收录我国论文总数	每万人口发明专利拥有量	国内外发明专利有效数	国内外实用型专利有效数	高技术产品占工业制成品出口额的比重
2014	13.94	84094	9331	0.87	54.7	359205	5.9	905647	1675384	27.04
2015	15.49	87458	9704	0.91	55.3	363573	6.3	912673	1694399	27.17
2016	17.07	90957	10092	0.94	57.2	378516	8.2	930118	1700175	27.33
2017	19.68	94595	10496	0.98	58.8	394056	9.1	941227	1720822	27.55
2018	21.3	98379	10916	1.02	59.4	400219	10.7	968288	1748455	27.81
2019	24.96	102314	11352	1.06	60.2	417027	11.8	972620	1769193	28.12
2020	26.63	106406	11807	1.11	61.14	424508	13.5	997129	1791161	28.48

四、乐观情景

	R&D经费支出占GDP比重	科技拨款占公共财政比重	基础研究经费占比	R&D人员全时当量	每万个劳动力中R&D人员数	技术市场成交额	技术开发合同数	技术服务合同数	技术转让合同数	技术咨询合同数
2014	2.1	4.78	5.4	418.7	64.13	8893	69609	152350	52098	60530
2015	2.1	5.1	5.7	456	80	9400	72431	156601	54998	64430
2016	2.35	5.22	6	480	92	9900	75253	160852	57898	68330
2017	2.45	5.43	6.3	522	105	10451	78075	165103	60798	72230
2018	2.6	5.5	6.7	567	112	10987	80897	169354	63698	76130
2019	2.78	5.9	7.1	611	121	11452	83719	173605	66598	80030
2020	2.85	6.3	7.5	680	128	12034	86541	177856	69498	83930

	科技成果转化率	高技术企业R&D项目数	高技术企业研发机构个数	大中型企业平均研发投入占主营业务收入的比例	科技进步贡献率	国外主要检索工具收录我国论文总数	每万人口发明专利拥有量	国内外发明型专利有效数	国内外实用型专利有效数	高技术产品占工业制成品出口额的比重
2014	13.8	85860	9472	0.89	54.7	360389	5.9	910045	1679023	27.23
2015	16.7	92060	10072	0.97	55.3	376389	6.3	945045	1709023	28.47
2016	19.9	98260	10672	1.05	57.2	392389	8.1	980045	1739023	29.51
2017	22.6	104460	11272	1.13	59.2	408389	10.5	1015045	1769023	30.22
2018	25.7	110660	11872	1.21	61.2	424389	12.1	1050045	1799023	31.48
2019	28.8	116860	12472	1.29	62.8	440389	14.3	1085045	1829023	32.61
2020	31.9	123060	13072	1.37	64.7	456389	15.4	1120045	1859023	33.83

附表二　科技进步指数数据

	次乐观	乐观	基准
1980	0	0	0
1981	0.0157	0.0157	0.0157
1982	0.0323	0.0323	0.0323
1983	0.0501	0.0501	0.0501
1984	0.0708	0.0708	0.0708
1985	0.0904	0.0904	0.0904
1986	0.1079	0.1079	0.1079
1987	0.1260	0.1260	0.1260
1988	0.1460	0.1460	0.1460
1989	0.1651	0.1651	0.1651
1990	0.1847	0.1847	0.1847
1991	0.2042	0.2042	0.2042
1992	0.2248	0.2248	0.2248
1993	0.2454	0.2454	0.2454
1994	0.2649	0.2649	0.2649
1995	0.2968	0.2968	0.2968
1996	0.3147	0.3147	0.3147
1997	0.3432	0.3432	0.3432
1998	0.3700	0.3700	0.3700
1999	0.4106	0.4106	0.4106
2000	0.4279	0.4279	0.4279
2001	0.4579	0.4579	0.4579
2002	0.4863	0.4863	0.4863
2003	0.5215	0.5215	0.5215
2004	0.5494	0.5494	0.54942
2005	0.5905	0.5905	0.5905

	次乐观	乐观	基准
2006	0.5996	0.5996	0.5996
2007	0.6189	0.6189	0.6189
2008	0.6303	0.6303	0.6303
2009	0.6445	0.6445	0.6445
2010	0.6813	0.6813	0.6813
2011	0.7347	0.7347	0.7347
2012	0.7978	0.7978	0.7978
2013	0.8690	0.8690	0.8690
2014E	1.0631	1.0522	1.0431
2015E	1.1634	1.1065	1.0875
2016E	1.2564	1.1629	1.1335
2017E	1.3531	1.2216	1.1810
2018E	1.4462	1.2827	1.2300
2019E	1.5496	1.3462	1.2806
2020E	1.6522	1.4123	1.3330

第七章

国有企业改革的增长红利研究

一、国有企业改革的进展及成效

国有企业属于全民所有，是推进国家现代化、保障人民共同利益的重要力量，是我们党和国家事业发展的重要物质基础和政治基础。推进国有企业改革，有利于增强国有经济活力、控制力、影响力、抗风险能力，主动适应和引领经济发展新常态，促进经济社会持续健康发展。改革开放以来，伴随计划经济向市场经济过渡和转型，国有企业改革逐步深入，在扩大自主权、实行承包责任制、转换经营机制、建立现代企业制度、股份制、建立现代产权制度、发展混合所有制经济等方面进行了大量尝试。经过改革，国有企业治理结构不断优化、资产管理体制日趋合理、市场主体地位明显改观，国有经济影响力和控制力持续扩大。

（一）初步探索（1978—1992 年）

我国国有企业改革起步于放权让利。十一届三中全会后，应该让地方和企业有更多的经营管理自主权成为共识。1979 年，国务院先后颁布了《关于扩大国营工业企业经营自主权的若干规定》等五个文件，国家开始下放权力，在物资采购、财务管理、用人计划等十四个方面逐步扩大了企业经营自主权。但由于信息不对称，工资侵蚀利润等行为短期化问题非常突出。为了缓解"内部人"控制问题，国家推行工业经济责任制、承包经营责任制等，并通过"利改税"、两权分离等措施明确了企业经营中的权责利划分。中共十三大肯定了股份制是企业财产的一种组织形式，1988 年国家颁布《全民所有制工业企业法》，国务院确定了"包死基数、确保上交、超收多留、欠收自补"的承包原则。但由于承包制实行不理想，1992 年 7 月国务院公布了《全民所有制工业企业转换经营机制条例》，实行所有权和经营权分离。与此同时，国有企业改革还与价格体制、融资体制改革进行了同步调整。

尽管这一阶段国企改革出现了企业为扩大自销比例而压低计划指标、不完成调拨任务和财政上缴任务等问题，但调动了国有企业的积极性，取得了一定效果。截至 1979 年底，试点企业扩大到 4200 个，1980 年又发展到 6000 个，约占全国预算内工业企业数的 16%，产值的 60%，利润的 70%。试点改革把重点放在调整国家与企业关系上，与五十年代后期的改革思路相比是一个明显进步。这一阶段的改革对传统计划经济体制打开了缺口。例如，首都钢铁公司通过改革使企业有了自主权，增加了留利，改进了管理，提高了经济效益。1979 至 1981 年和改革前的 1978 年比较，首都钢铁的利润净额平均每年增长 45.32%，上缴利润和税金平均每年增长 27.91%，企业留利和职工收入都有较大的增加[①]。总体来看，这一时期的改革存在短期性、指令性、试探性特征，并未触及企业产权这个根本性问题。

（二）制度创新（1993—2000 年）

党的十四届三中全会提出建立"适应市场经济和社会化大生产要求的、产权清晰、权责明确、政企分开和管理科学"的现代企业制度，使企业成为自主经营、自负盈亏、自我发展、自我约束的法人实体和市场竞争主体。国有企业开始积极转换经营方式，推进人员晋升、正常进出与工资机制方面的改革。1995 年，国家按照"抓大、放小、搞活"的方针，采取分类指导、改组、联

---

① 周叔莲：《20 年中国国有企业改革经验的理论分析》，《中国社会科学院研究生院学报》2000 年第 3 期。

合、兼并、股份合作、租赁、承包经营和出售等多种形式，对国有企业实施战略性改组。通过兼并、收购、投资控股、承包、租赁、委托经营等举措，鼓励民营经济参与国有企业改革。先后选定2500多家国有企业参与现代企业制度试点，通过规范上市、中外合资和企业互相参股等形式，改为股份制企业，这为后来发展混合所有制经济奠定了基础。

通过股权多元化，企业治理结构更趋合理，经营机制更趋灵活，经营绩效明显提升。对不同所有制企业技术效率的测算发现，私营和外资工业企业的技术效率整体上要优于国有工业企业，但这种差距有逐步缩小的趋势（图7-1）。国家发改委经济研究所课题组（2014）的研究表明，国有股占比过高与过低可能都不利于提升企业绩效，而适度的国有股占比（即混合所有制）可以取得更高绩效（图7-2）。相关研究也发现，政府在私有化企业中保留一部分股权能提升企业的托宾Q值；第一大股东为非国家股股东的公司有着更高的企业价值和更强的盈利能力；市场化改革后的国有企业比完全被政府控制的国有企业绩效更好；被政府直接持有企业的绩效比被政府间接持有的企业更高。这些都从不同角度说明改制后企业的效率和效益有了明显提高。

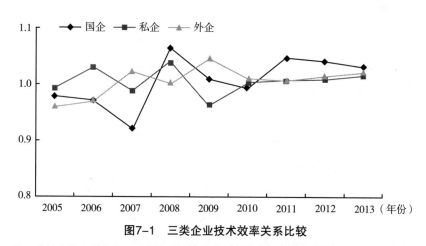

图7-1　三类企业技术效率关系比较

注：纵轴为综合效率值，纯技术效率和规模效率值此处未予以展示。

数据来源：课题组根据相关年份《中国统计年鉴》、《中国工业统计年鉴》计算。

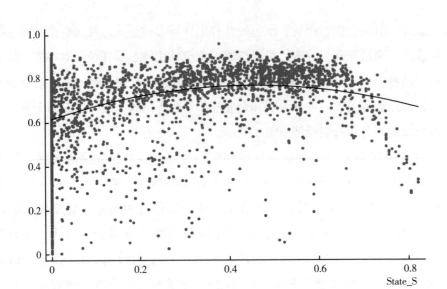

图7-2 国有股占比与企业技术效率关系拟合

注：纵轴为根据 E（exp（–u）|e）估计的技术效率值。

资料来源：国家发改委经济研究所课题组（2014）。

（三）改革深化（2001—2013年）

十六大之后，国有企业改革继续向纵深推进。一是国有资产管理体制出现重大变革。2002年11月，十六大报告中提出了深化国有体制改革的重大任务，明确要求成立专门的国有资产管理机构，形成了管人、管事和管资产的国有资产管理体制。同时，剥离社会业务、实现主辅分离，以及以产权多元化和优化治理结构为核心的企业改革也持续加速。二是国家明确提出建立归属清晰、权责明确、保护严格、流转顺畅的现代产权制度，从而为非公有制经济健康发展提供保障。2005年，证监会启动了股权分置改革试点工作。2006年末，股权分置改革基本完成，资本市场的功能逐渐回归，为国企改革提供了一个全国范围的资源配置平台。三是国有企业重组开始加速。2006年，国资委发布《关于推进国有资本调整和国有企业重组的指导意见》，提出推进国有资本向关系国家安全和国民经济命脉的重要行业和关键领域集中，到2010年国资委履行出资人职责的企业调整和重组至80—100家。

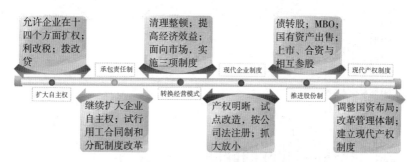

图7-3　十八大之前国企改革的主要内容

资料来源：课题组根据相关资料整理。

改革使国有经济结构持续调整，经济布局不断优化。目前中央企业80%以上的资产集中在国防、能源、通信、冶金、机械等行业，承担着我国大部分的原油、天然气和乙烯生产，提供了所有的基础电信服务，发电量占全国的50%多，生产了全国超过60%的高附加值钢材、70%的水电设备、75%的火电设备。从各行业的国有及国有控股占比来看，烟草、电力热力水的生产与供应、金属冶炼与采选等行业的国有股占比超过50%（图7-4），这些领域基本涵盖了所有公共事业领域，也包括了关系国计民生的关键性行业，体现了国有资本的控制力和影响力。国有经济布局的调整优化，为科技创新资源向重点企业集中提供了条件，也大大提高了其影响力和带动力。

（四）发展混合所有制经济（2013以来）

十五大以来，以产权多元化为特征的混合所有制经济快速发展。十八大进一步将其定位为"基本经济制度的重要实现形式"。同时，还与优化国有经济布局、推动国资国企改革等相联系，成为全面深化改革的重要内容。现实中非公经济主要采取上市、资产重组及参与新建投资项目等多种方式实现与公有制经济产权混合。十八届三中全会明确指出，进一步深化国资管理体制改革，使要管人、管事和管资产向"管资本"转变。对已有的国有企业进行战略重组，成立若干产业资本投资公司和资本运营公司，形成更为合理的管理结构。当前，改革进程正继续有序推进。混合所有制已经在部分国有企业

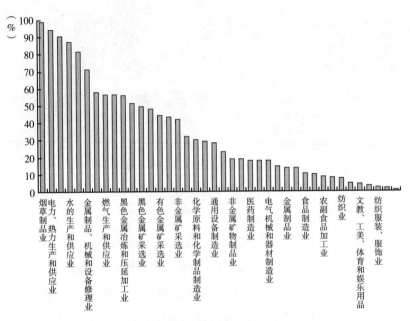

图7-4　2013年各行业国有及国有控股比例（%）（各行业总额＝100）

资料来源：根据《中国统计年鉴2014》数据计算。

和地区率先开始试点。2014年7月，国资委宣布在中粮、中国建材、中国医药等6家企业分别开展中央企业改组国有资本投资公司、发展混合所有制经济、董事会行使高级管理人员选聘、业绩考核和薪酬管理职权、派驻纪检组共四类试点。上海、广东等全国部分省市也制定了国有企业混合所有制改革方案，试点和完善员工参与持股、国有企业监管、三会一层治理结构、剥离企业社会职能等改革。中石油等一批大型国企主动开放部分项目，鼓励民营资本进入。国有企业分类改革轮廓逐渐清晰，通过改组和新建一批国有资本投资运营公司，国有企业并购重组、分红改革、国有资本经营预算资金管理体制改革也加速推进。同时，全国普遍建立了企业股权交易中心，通过培育壮大做市商，逐步降低了协议转让比例，为非上市国有企业股权流动创造了条件。2015年6月，全面深化改革工作领导小组会议提出，加快形成全面覆盖、分工明确、协同配合、制约有力的新的国有资产统一监督体系。2015年9月，《中共中央、国务院关于深化国有企业改革的指导意见》和《国务院关

表 7-1　不同阶段国有企业改革的特征及含义

改革阶段	主要特征	具体含义
初步探索 （1978—1992）	短期性 指令性 试探性	国有企业上缴的利润与国家投资不相称，国家生产资料和人民生活资料长期处于严重短缺状态。因此，国企改革成为解决当时短缺问题的重要选择。中央层面出台的规定成为国有企业改革的重要依据，并在资源调配、企业经营方面存在较多的行政指令。由于国有企业改革刚刚起步，许多配套制度并未全面建立，改革的试探性色彩较浓。
制度创新 （1993—2000）	中长期性 制度性 实践性	南巡讲话完全消除了人们的疑虑和担心，解放了思想，解除了长期以来困扰社会各界的左右纷争，指明了深化改革的方向和目标。国企改革开始着眼于中长期性的改革来优化结构、布局与增效。相关改革更加注重制度设计，一些试点工作也开始在全国范围内普及，改革与企业生存密切相关，改革的实践性更强。
改革深化 （2001—2013）	制度性 协同性 市场导向性	把产权制度提到新的高度，提出"产权是所有制的核心和主要内容"，突出强调现代产权制度改革的重要性。国资管理体制改革与资本市场的监管改革、投融资体制改革等协同配套为国有企业改革纵深发展创造了条件。改革更趋市场导向，支持非公有经济发展进入政府的战略视野，成为国家的重要目标。
发展混合所有制经济 （2013 以来）	顶层设计 协同性 市场导向性	在混改方案的出台与实施上，更加重视顶层设计和相关配套。在确保职工权益不受损和国有资产不流失的前提下，尊重地方首创精神。突出强调分类改革的思路，对国有企业分成公益类与商业类。更加重视与国有企业改革密切相关的国资管理体制与国资监管体制改革。尊重市场主体意愿，突出了混合所有制改革的市场导向原则。

资料来源：课题组整理。

于发展混合所有制经济的意见》先后正式公布，明确提出分类推进国有企业混合所有制改革、完善国有资产管理体制等重大改革举措，使国有企业各项改革加速推进。

改革使混合所有制企业数量增多，国有企业治理结构不断优化。截至2013 年 6 月，全国国资委系统监管的国有企业（含母公司和各级独立法人子公司）总数 15.6 万户，其中引入民资、外资等非国有资本的混合所有制企业户数为 67513 户，占 43.25%（参见表 7-2）。从国务院国资委监管的中央企业情况看，混合所有制占比过半，净资产占比接近 50%。国资委监管的地方国有企业中，混合所有制企业户数占比逾四成，净资产占比也接近 50%。混合所有制企业规模和占比不断扩大，为优化国有企业治理结构创造了条件。在部分领域一批民营企业入股国有企业，并成为控股股东。通过国有控股和参股的方式，国有企业广泛吸纳社会资本，非公有经济主体通过参与董事会拥有了一定话语权。以竞争性行业在 1997—2001 年首次公开募股的 487 家样本企业为例，大部分企业的治理结构在 2005—2013 年间都发生了积极变化。比如，国有股比例总体呈现下降趋势，企业的股权集中度也有所下降，前十大股东中所有者性质呈现多样化，不同性质所有者之间的制衡明显加强。

表 7-2　我国国有企业发展混合所有制经济情况

	企业户数（户）	占比（%）	净资产（万亿元）	占比（%）
国资委系统管理企业	156099	100	30.4	100
国资委系统国有独资全资企业	88586	56.75	16.42	54
国资委系统混合所有制企业	67513	43.25	13.98	46
其中：中央混合所有制企业	23225	51.55	7.51	46.7
地方混合所有制企业	44240	39.84	6.57	45.96
中央管理的金融企业	43	100	5.03	100
其中：混合所有制金融企业	18	57.86	3.56	70.7

注：国有金融企业为一级企业户数，数据截止 2013 年底。
资料来源：国家发改委经济研究所课题组（2014）。

二、国有企业改革影响经济增长的机理

经济增长理论主要从供给角度分析经济增长的源泉，认为生产要素数量增加与质量提升、资源配置效率改进以及技术进步，均会促进经济增长。国有企业改革主要是通过优化要素配置、提升生产效率、推动技术进步，成为助推

经济持续增长的"发动机"。国有企业是国有经济中的核心组成部分，可以将其视为整个国民经济中的一个部门。因此，本文尝试从部门与渠道两个维度来分析国有企业改革对经济增长的影响①。按照部门内与部门间，资源配置与技术进步进行划分，可以得到国有企业改革促进经济增长的四条途径（图7–5）：一是国有企业改革提升国有企业内部的劳动生产率和资本产出率；二是国有企业改革促进劳动、资本跨部门优化配置进而提升要素生产率；三是国有企业改革可以增强企业创新动力，提升技术进步水平；四是国有企业改革可以带来技术溢出效应，推动其他企业的技术水平提升。总体来看，国有企业改革会产生结构重配、技术进步、效率改善等效应，促进经济增长。

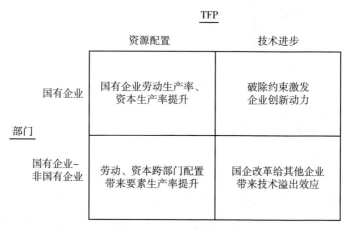

图7–5　国有企业改革促进经济增长的渠道分解

（一）国企改革提升企业内部资源配置效率

国有企业普遍存在低效率特征。利用随机前沿方法计算出 2005—2013 年国有企业与其他两类企业（民营企业与外资企业）的技术效率差值，反映出国

---

①　已有文献对这一问题的分析主要有两种观点，一种观点认为国企改革促进经济增长主要是通过提升 TFP 来实现的（Brandt and Zhu，2010；伍小鹰，2013），另一种观点认为国企改革可以提升资本生产率、资本配置效率和外溢来进而促进经济增长（许召元和张文魁，2015），详见文献综述报告。本文提出的维度划分综合了上述两种观点，从逻辑上大致理顺并排除了可能存在的重叠交叉部分。

有企业与其他两类企业在技术效率方面存在系统性差异（图7-6）。从表7-3可以看出，在大部分行业国有企业与非国有企业的资本生产率存在系统性差异，且前者明显低于后者。已有研究证实，公司盈利能力与法人股比例正相关，与国家股比例负相关和不相关，劳动生产率随着国有股比重上升而下降。

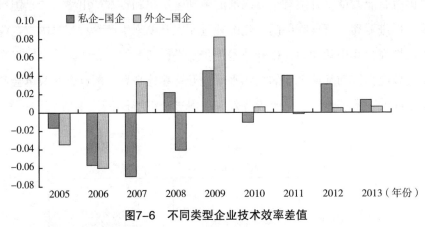

图7-6　不同类型企业技术效率差值

注：纵轴为两个综合效率值的差值。

数据来源：课题组根据相关年份《中国统计年鉴》、《中国工业统计年鉴》计算。

国有企业低效率的主要原因是企业内部机制不灵活，产权激励不充分。由于产权虚置，在"全民所有"的背后找不到真正且具体的"财产所有者"，委托人代理人之间的道德风险问题较为严重，导致国有企业存在大量的无效投资和冗余员工。随着国有企业改革逐步深入，企业治理结构会不断优化，企业决策会受到更多监督，迫使代理人在激励相容的条件下采取更为符合委托人利益的决策，从而提升企业内部的要素配置效率。在此情况下，国有企业将股份转移至私有部门会提升企业的全要素生产率。这表明通过改革，国有企业的每单位要素可以获得更多产出，进而促进经济增长。

（二）国企改革提升资源跨部门配置效率

国企改革提升资源跨部门配置效率主要来自释放生产要素与优化国有经济布局。在要素方面，由于体制壁垒和既得利益根深蒂固，要素不仅在国企之间流动不畅，更无法在国有企业与非国有企业之间流动。国有企业还凭借"国家信用"拥有较强的贷款能力，面临"预算软约束"。这不仅容易造成要素资源错配、闲置，还阻碍要素动态优化配置的实现。

国有企业改革有助于释放生产要素，使其流动到配置效率更高的非国有部门。图7-7与图7-8表明，随着国有企业改革的推进，国有经济在固定资产投资、就业人数方面都出现下降。其中，国有经济固定资产投资占比下降较快，就业人数占比从1997—1998年开始出现明显下降。表7-3显示在主要代表性行业中国企的资本产出率均低于非国有企业。因此，大量固定资产投资从国有企业转向非国有企业可以提升资本产出率。

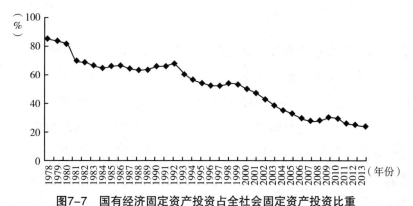

图7-7　国有经济固定资产投资占全社会固定资产投资比重

数据来源：历年《中国统计年鉴》。

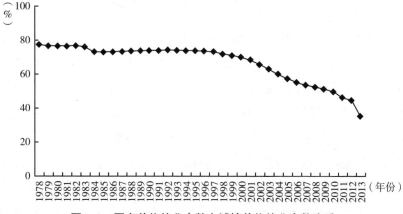

图7-8　国有单位就业人数占城镇单位就业人数比重

数据来源：历年《中国统计年鉴》。

表 7-3　2010 年国有企业与非国有企业资本产出率比较

行业	国企			非国企		
	增加值	固定资产净值	资本产出率	增加值	固定资产净值	资本产出率
采掘业	11591	17240	0.67	10401	6223	1.67
制造业	25600	39101	0.65	107952	113711	0.95
建筑业	8100	3837	2.11	18561	6068	3.06
批发零售业	6503	3913	1.66	24052	6455	3.73
住宿餐饮业	46	77	0.60	8023	7700	1.04
金融业	18883	2004	9.42	2098	233	9.00
房地产业	4689	1560	3.01	18093	2684	6.74

资料来源：许召元和张文魁（2015）。

优化国有经济布局也是加快国有企业改革的重要方面。竞争性行业国有经济部门的就业人数占比大幅降低，反映出国有经济布局战略调整速度和节奏。以建筑业为例，国有经济部门的就业人数占比从 1985 年的 68% 左右下降至 2013 年的 9% 左右。布局调整增强了国有经济在关键领域的控制力和影响力，也凸显了国有资本的战略导向和意图。这表明国有企业改革不仅可以释放更多要素进入非国有企业提高配置效率，还可以通过优化国资布局调整扩大非国有经济的发展空间进一步强化资源的跨部门优化配置，从而促进经济增长。

（三）国企改革激发企业创新促进技术进步

国有企业普遍存在创新激励不足与创新效率较低现象。表 7-4 比较了 2000—2011 主要高新技术行业国有企业与民营企业技术进步指数，可以看出前者在多数年份均低于后者。对国有企业在创新激励与效率方面存在短板的现象存在三种代表性解释。第一种解释强调内部制度因素，认为"两权分离"、"双重任务与共同代理"、"法定产权与事实产权不一致"、"产业定位与产权特性不对称"等企业内部制度性因素是关键原因，重点关注国企内部治理结构的不完善导致激励不足与创新效率低下。第二种解释突出外部制度因素，认为市场机制不完善带来的寻租等是导致国有企业在创新方面先天不足的重要原因。

第三种解释认为仅从制度因素考虑可能夸大了摩擦经济变量，更需要重视的是生产成本中的各类沉淀成本对国有企业创新的巨大影响。

表7-4 高新技术行业国有企业和民营企业的技术进步指数

年份	国有企业	民营企业
2000—2001	1.0796	1.1334
2001—2002	0.8078	0.6786
2002—2003	0.8610	0.9812
2003—2004	2.0472	2.6034
2004—2005	1.3942	1.5804
2005—2006	0.9758	1.3792
2006—2007	1.0346	0.7184
2007—2008	0.9730	0.8756
2008—2009	1.0552	1.1138
2009—2010	0.4224	0.5226
2010—2011	3.2250	2.9122

注：表中考察的行业包括医药制造业、电子及通信设备制造业、电子计算机及办公设备制造业、医疗设备及一期仪表制造业，航空航天器制造业。从 TFP、技术效率变化指数、规模效率指数等来看，国企低于民企的结论依然成立。

资料来源：董晓庆、赵坚和袁朋伟（2014）。

国企改革可以从制度、生产等环节提升企业创新动力与创新效率，促进技术进步，从而对经济增长产生提振作用。改革有助于优化企业内部治理，形成更有利于创新的内部环境。特别是在积极发展混合所有制经济的过程中，不同性质股份的融合，有利于形成更为合理和均衡的内部治理结构，强化对经理人的监督，要求经理人按照委托人的意图大力推动创新。国资管理体制改革、投融资改革等将大幅改善企业创新的外部制度环境，通过剥离、分拆等手段大幅重组企业资产，在动态优化过程中形成创新的新优势。

（四）国企改革对民营经济带来技术外溢效应

企业在数量和规模上的集聚可以为本地区企业带来明显的技术外溢效应。

国有企业改革不仅可以提升国企本身的生产效率（技术进步），还可以对其他企业产生正的外部效应。通过专利技术转让、专利技术公开、专业技术人员流动、学习模仿、促进配套产业创新等渠道，实现国有企业向非国有企业的技术溢出。改革过程通常伴随着生产要素流动，这使得附着在特定要素上的知识也进行了不同程度的转移，例如高科技人才从国企向非国企流动。改革过程还通常伴随交叉入股，这使得民营企业可以通过战略投资方式对国有企业享有一定的所有权，在专利获取、合作研究等方面取得进展。通过共享、匹配和学习机制，民营经济可以通过国企改革获得技术溢出效应，进而提升技术进步水平。

国有企业与其他企业经营模式不同还会导致溢出程度出现差异。由于大企业内部存在的机制等制度"惯例"难以在短期内发生重大变化，大企业R&D比例通常较高但R&D效率不及小企业，小企业获得的技术溢出要大于大企业。研究表明，对非国有企业而言，上游企业中国企数量增加1%，会使本企业TFP提升0.005个百分点，上游企业中非国企数量增加1%，会使本企业TFP增加0.012%。这说明国企集聚对其他企业产生的外部溢出效应显著低于非国企。随着国有企业改革深入，国企和非国企集聚概率都会增加，这可能进一步扩大技术溢出效应。

三、国有企业改革进程的评价：数据与方法

（一）指标设计与数据来源

本文旨在测算国企改革的经济增长红利效应，因此根据上文所述机理选择了三个维度进行度量，即国有经济绩效、所有制改革与国有经济布局。在维度和具体指标的选择和取舍过程中，始终注意兼顾评价的全面性与针对性、改革进程评估与效果评估、指标可得性与合意性。

国有经济绩效维度衡量国有企业改革进程及效果。由于国有企业改革属

于系统工程，难以对所有改革内容进行细致逐一度量。国有企业改革的初衷是为了提质增效，大量研究也表明国有企业改革确实起到了提升企业绩效的作用，改革越深入，企业活力和竞争力越强。因此，包含这一维度有助于对国有企业改革进行总体评估。在指标选择上，从亏损与利润两个方面进行度量，同时纳入固定资产净额以消除规模因素的影响。

所有制结构维度衡量国有企业产权改革进程及效果。国有企业改革的突出特点是国有经济占比大幅下降，企业产权可能发生变更，从纯国有变成混合所有制或纯民营企业。无论是对国有企业进行股份制改造后助推上市，还是对国有企业进行冗余裁员，都反映出国有企业改革中处于核心地位的所有制改革的程度。在指标选择上，就业人数与固定资产投资比重从劳动与资本两方面进行度量，且在数据统计上口径相对一致。

国有经济布局维度衡量国有经济战略调整进程及效果。优化国有经济布局是国有企业改革中的重要内容，它是与国有企业所有制改革协调配合的重要方面。当国有经济向国民经济的关键性行业聚集和收缩时，一些完全竞争性领域的国有经济占比会显著降低。在指标选择上，为了最大限度统一口径和获得更长时序的数据，选取了建筑与金融两个行业，反映国有经济布局的优化进程。

表 7-5　国有企业改革进程指标体系

	维度	指标
国有企业 改革指数	国有经济绩效	国有工业企业每单位固定资产净额的亏损额
		国有工业企业每单位固定资产净额的利润额
	所有制结构	国有单位就业人数占全国就业人数比重
		国有固定资产投资占全社会固定资产投资的比重
	国有经济布局	建筑业中国有企业就业人数占比
		金融业中国有企业就业人数占比

以上指标的具体数据来自历年《中国统计年鉴》、《中国工业统计年鉴》、《中国人口和就业统计年鉴》、《中国固定资产投资统计年鉴》、《新中国成立

六十年统计资料汇编》与 CEIC 数据库，为了确保数据的口径统一且可比，价格数据均换算成可比价格，根据当年行业口径进行了一致性调整。部分指标值因数据缺失用线性插值法补齐或趋势外推估算。

（二）权重确定

考虑到国有企业改革问题的复杂性，我们采取专家打分法确定相关维度的权重。鉴于国有企业改革在不同阶段呈现不同特征，也适当调整了不同维度的赋权。这有利于客观反映国有企业改革在不同时期的重要程度。在具体维度内，假设各指标之间不存在重要性的差异，因此每项具体指标均分各维度所包含的权重。

表 7-6　国企改革不同时期维度赋权（专家打分）

	维度	初步探索 （1978—1992）	制度创新 （1993—2000）	改革深化 （2001—2013）	混合所有制 （2013 以来）
国有企业 改革指数	国有经济绩效	0.3	0.1	0.2	0.3
	所有制结构	0.5	0.6	0.6	0.5
	国有经济布局	0.2	0.3	0.2	0.2

（三）指数合成

根据指标数值高低与国有企业改革的理论关系[1]，采取如下两个公式计算相关指标得分。对于具有正相关关系的指标采取下面式子：

$$S_i = \frac{V_i - V_{min}}{V_{max} - V_{min}}$$

对于具有负相关关系的指标采取下面式子：

$$S_i = \frac{V_{max} - V_i}{V_{max} - V_{min}}$$

---

[1]　由于直接反应国有企业改革进程的指标较少，此处选取部分与国有企业改革成效相关的发展性指标。因此，指标数值的高低反映了国有企业改革进程快慢和改革成效大小。

其中，S_i 为 i 指标的得分，V_i 为指标 i 的原值，V_{max} 和 V_{min} 分别表示样本区间中原始数据的最大值和最小值。为了确保不同年份之间的得分具有可比性，能反映改革进程与效果的变化情况，对于最大最小值的选取都立足于整个样本区间（包含预测区间）1978—2013 年。

四、国有企业改革评价及其对经济增长的贡献

根据前面所述方法，测算了 1978—2013 年国有企业改革指数，并根据其趋势，分别预测了基准、次乐观与乐观三种情景。

（一）国有企业改革评价

1. 历史情景：1978—2013 年

图 7-9 给出了 1978—2013 中国国有企业改革指数的测算结果。下面按照第一部分进行的阶段划分，分别就三个时期国有企业改革的进程与成效进行说明解释。

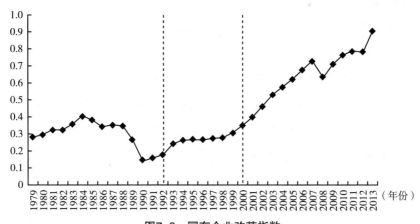

图7-9 国有企业改革指数

数据来源：课题组根据表 7-5 和表 7-6 计算。

初步探索（1978—1992年）。这一时期大体上可细分为两个阶段，1986年之前，国有企业改革进程与成效缓中趋升态势明显；1986之后，国有企业改革指数出现显著下降。第一阶段出现波动与当时国有企业改革处于试错过程有关，例如扩大企业自主权、加强国家调控、试行承包制等改革均出现过一定反复。第二阶段改革效果不佳则很大程度上归因于国有企业改革出现停滞。由于国有企业改革仅停留在经营机制方面，并未深入到产权上，一些改革效果开始明显下降。加上整体社会稳定与宏观经济发展均出现困难与波动，国有企业绩效出现大幅下滑，拖累了整个国有企业改革进程，使改革指数在1990年前后跌至谷底。

制度创新（1993—2000年）。这一时期国有企业改革呈现前升后平特征。1992年邓小平南巡讲话，对中国改革产生了重大影响。因此，在1993年前后国有企业改革指数出现了一个小幅明显上升。国有企业经营业绩也较1990年出现了较为明显改善。但1994年之后，国有企业改革指数出现了增幅放缓态势，1994—1998五年间指数仅上升了0.015，年均增速仅1.4%左右。这一时期，国有企业按照"抓大放小"思路进行所有制改革（如企业重组上市）等。改革指数总体平稳，说明制度创新阶段的改革效应可能存在较为明显的时滞效应。

改革深化（2001—2013年）。这一时期国有企业改革指数总体呈现上升趋势，但上升速度不同。2007年之前改革指数增速明显更高，联系中国国有企业改革实际，这应主要归因于制度创新阶段大量国有企业经过重组改制和上市。由于2004年前后国有企业改革并没有新的突破，这一时期国有企业改革延续了自2000年以来的上升态势，在增速上并未出现新的增量变化。2007年之后增速有所放缓，可能主要与金融危机带来的宏观经济下滑以及部分领域出现了一定程度的"国进民退"有关，但这种现象在2009年之后逐渐有所改善。另外，2006年基本完成的股权分置改革和国有经济布局调整，逐渐释放出改革效果，使得2009年之后国有企业改革出现持续上升。2012年党的十八大和2013年党的三中全会，确定了全面深化国有企业改革的基调，从而使国有企业改革出现小幅跃升。

2. 三种情景：2014—2020年

党的十八届三中全会通过的《中共中央关于全面深化改革若干重大问题的决定》（下文简称《决定》），描绘了我国未来各项制度改革的美好蓝图。为了分析未来国有企业改革对经济增长的影响，本文分基准、次乐观与乐观三种情景对国有企业改革进行预测。表7-7根据《决定》列出了对国有企业改革具有重大意义的内容，并归纳了相关改革要点，与国有企业改革指数进行了大致对应。

表7-7 《决定》中涉及国有企业改革的主要内容及增长效应

改革内容	主要方向	对应维度与增长效应
发展混合所有制经济	●国有资本、集体资本、非公有资本等交叉持股、相互融合 ●允许更多国有经济和其他所有制经济发展成为混合所有制经济 ●国有资本投资项目允许非国有资本参股 ●允许混合所有制经济实行企业员工持股	对应国有经济绩效、所有制改革与国有经济布局维度，带来要素优化配置、效率改善与技术进步等效应
完善国有资产管理体制	●以管资本为主加强国有资产监管 ●改革国有资本授权经营体制，组建若干国有资本运营公司，支持有条件的国有企业改组为国有资本投资公司	对应国有经济绩效维度，带来效率改善效应
优化国有经济布局	●国有资本投资运营要服务于国家战略目标，更多投向关系国家安全、国民经济命脉的重要行业和关键领域，重点提供公共服务、发展重要前瞻性战略性产业、保护生态环境、支持科技进步、保障国家安全	对应所有制改革与国有经济布局维度，带来要素优化配置、技术进步效应
完善现代企业制度	●准确界定不同国有企业功能 ●健全协调运转、有效制衡的公司法人治理结构 ●国有企业要合理增加市场化选聘比例，合理确定并严格规范国有企业管理人员薪酬水平、职务待遇、职务消费、业务消费	对应国有经济绩效、所有制改革与国有经济布局维度，带来效率改善效应

资料来源：课题组根据《决定》有关内容整理。

根据表7-7的内容，分三种情景对国有企业改革2014—2020的指数进行预测（图7-10）。其中，基准情景代表国有企业改革仍延续过去十年的改革内

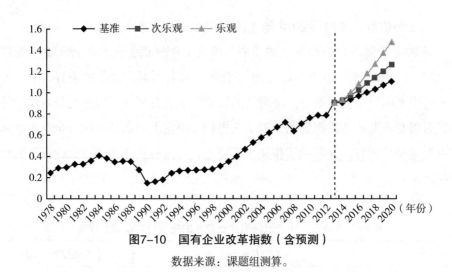

图7-10 国有企业改革指数（含预测）

数据来源：课题组测算。

容、速度、强度等，而不推出其他任何新的改革措施，其在数量上表现为国有企业改革二级指数增长速度延续过去 10 年平均值。因此对原始数据进行了以 10 年为期的数据平滑，以反映既有趋势。**次乐观情景代表部分落实新改革**（即《决定》中提出的改革），同时过去已经推出的改革可能在更大范围与强度上得到推进，在数量上表现为既包含最近 5 年的既有趋势，也包含新的增长趋势。因此对原有数据进行了以 5 年为期的数据平滑，并使增速较原来均速提升 10 个百分点左右。乐观情景代表《决定》中的改革措施予以全部落实，国有企业改革进入新的阶段，改革在内容、范围、深度上前所有未，因此以更高的速度攀升。从三种情景的比较来看，到 2020 年，乐观情景下国有企业改革指数会比基准情景高出 30% 左右，次乐观情景下国有企业改革指数会比基准情景高出 20% 左右。

（二）国有企业改革对经济增长的贡献

表 7-8 列出了不同时间段国有企业改革对经济增长的贡献度。其中，第一列与第二列分别给出了不同时间段国有企业改革对 TFP 增长的贡献度与贡献率，第三列给出了在相应时间段中国有企业改革所带来的增长效应。

表 7-8　不同时间段国有企业改革的增长效应估算

时间段	国有企业改革对 TFP 增长的贡献度（个百分点）	国有企业改革对 TFP 增长的贡献率（%）	国有企业改革对 GDP 增长的贡献率（%）
1979—2013	0.14	5.06	1.47
1979—1992	−0.15	−5.18	−1.57
1979—1984	0.30	9.29	3.15
1985—1992	−0.41	−16.23	−4.30
1993—2002	0.42	13.61	4.38
1993—1997	0.38	9.16	3.30
1998—2002	0.46	22.46	5.60
2003—2013	0.26	10.13	2.64
2003—2004	0.49	18.05	4.89
2005—2013	0.21	8.32	2.09

数据来源：课题组测算。

1979—1992 年，国有企业改革处于初步探索阶段，进展不大，波动频繁。与国有企业改革指数在这一阶段趋势逆转类似，国有企业改革对增长的效应呈现前正后负的特征。即 1984 年之前的国有企业改革对 TFP 增长产生了拉动作用，1979—1984 年间对 TFP 增长平均贡献 0.3 个百分点，贡献率达到 9.29% 左右，对经济增长贡献率为 3.15%。但在 1984 年之后因国有企业改革出现反复而无法继续产生效率改善、要素优化配置等效应，国有企业绩效大幅下滑还严重拖累 TFP 增长，产生了负效应，1985—1992 年间下拉 TFP 增长 0.41 个百分点，经济增长贡献率为 −4.30%。

1993—2000 年，国有企业改革处于制度创新阶段。尽管从过去企业改革指数来看改革存在滞后效应，但此时国有企业改革本身出现了积极进展。这一阶段国有企业改革对增长的效应显著强于国有企业改革指数自身的变化。尤其是 1998—2002 年，国有企业大量重组、改制上市，对经济增长效应明显，虽然仅贡献了年均 0.46 个百分点，但对 TFP 的增长贡献率达到 22.46%，对经济增长贡献率达到了 5.60%，大大超过以往任何时间段。

2001—2013 年，国有企业改革处于改革深化阶段。2003—2004 年虽没有重大的改革措施，但国有企业改革对增长仍有显著影响，对 TFP 的贡献度年均达到 0.49 个百分点，对 TFP 的贡献率达到 18.05%，对经济增长的贡献率达到 4.89%，这可能得益于国有企业改制上市的后续效应释放。2005—2013 年，宏观经济经历了大起大落，国有经济布局调整加快，并基本完成股权分置改革。这一时期，国有企业改革对 TFP 的贡献度年均达到 0.21 个百分点，贡献率达到 8.32%，对经济增长的贡献率达到 2.09%。

预测表 7-9 给出了三种情景下国有企业改革对增长效应的进一步估算。在不同情景下，由于改革力度不同，GDP 的年均增速出现了较大差别。乐观情景下，GDP 年均增速高出基准情景 1.5 个百分点，达到 7.9%。根据估计，乐观情景下国有企业改革对 GDP 增长的贡献率可以达到 3.83%，对 GDP 增长的贡献度也比基准情形高出 0.18 个百分点。这说明未来积极推动混合所有制经济发展、实施国有资产管理体制改革和国有经济布局优化调整，可以更有力支撑经济增长。

表 7-9　三种预测情景下国有企业改革的增长效应估算

2014—2020	对 GDP 增长的贡献度（百分点）	对 GDP 增长的贡献率（%）	GDP 估计增速（%）
基准情景	0.12	1.94	6.4
次乐观情景	0.20	2.84	7.1
乐观情景	0.30	3.83	7.9

数据来源：课题组测算。

五、国有企业改革尚未到位对经济增长的影响

虽然国有企业改革已推进三十余年，但部分核心改革还存在不到位、不协调等问题，使得国有企业改革对经济增长的积极作用受到制约。

（一）产权改革与国资管理体制改革不到位不协调影响效率改善效应

产权不明晰、所有人缺位是导致国有企业激励机制无法有效发挥作用的重要原因。加上国有资产管理体制中的国资委定位模糊，国有资产有效监管体制机制难以理顺。当前，产权改革不到位、产权改革与国资管理体制改革不协调等问题不利于释放国有企业改革的效率改善效应。一方面，尽管大量国有企业已经成功改制并上市，但仍存在较为明显的国有股"一股独大"问题，企业治理结构还不尽合理，内部人控制问题仍然存在，激励监督机制仍不健全，严重制约了企业提升要素生产率的动力。另一方面，国资管理体制依然较为僵化，与产权改革并未形成改革合力，国资委"管人、管事、管资产"存在诸多弊端，国有资本经营预算改革还远未到位，国有资本收益分享机制尚未理顺，国有资本经营预算尚未全覆盖。

（二）国有经济战略性调整和布局优化不到位影响结构重配效应

推进国有经济战略性调整、优化国有经济布局，是我国国有企业改革的重要方面。通过推进国有资本向关系国家安全和国民经济命脉的重要行业和关键领域集中，一方面体现国有经济成分对国民经济的控制力与影响力，另一方面也是为了发挥国有资本在体现国家战略意图、填补私人资本因市场失灵在某些领域的缺位。我国于 2006 年正式开始推进国有经济战略调整，通过国有经济战略性调整，国有资本开始向重点领域集中，释放出一部分冗余资源到其他国有部门或民营部门，通过结构重配提升了总体效率。当前，这一改革进程仍面临推进不到位、落实不得力的问题。尤其是一些地方国有企业因各种原因仍在建材、旅游、餐饮服务、批发零售等一般性竞争领域大量存在，它们既不能发挥国有资本战略引领的作用，在绩效上也远不如民营企业，不能很好地实现国有资本保值增值功能。考虑到这些领域早已实现市场化竞争，且并不属于国民经济战略性或支柱性行业，因此现阶段国有经济战略性调整的迟缓会导致要素结构重配遇到障碍。

（三）国有企业的市场主体建设不到位影响技术提升效应

国有企业改革的一个重要目标是夯实企业的市场主体地位。长期以来，国有企业凭借国家信用，一方面突破预算软约束，进行无效投资和经营，另一方面在市场上强势竞争，获取金融机构的倾斜支持。这使得大量国有企业不具备识别、抵抗市场风险的能力，市场嗅觉远不如民营企业灵敏。要突出国有企业的市场主体地位，需要强化企业的治理结构与内在激励机制，同时营造有利于公平竞争的市场环境。当前，由于国有企业的治理结构仍不健全，经理人在经营决策上存在规避风险的策略性行为，国有企业缺乏技术创新压力和动力。加上不同所有制企业间的壁垒仍深，双方的深度合作还缺乏详细的可操作方案，因此国有企业的技术效率提升以及国有企业向民营企业的技术外溢难以发挥。在这种情况下，国有企业的市场主体地位仍需巩固，才能发挥国有企业改革的技术提升效应。

六、深化国有企业改革、促进经济增长的建议

全面深化国有企业改革，应以发展混合所有制经济为核心，协调推进完善国资管理体制、优化国有经济布局等改革，通过优化结构、健全机制、改善管理，最终实现国有企业绩效提升，更好发挥国有经济的影响力、控制力。通过释放更多的效率改善效应、结构重配效应与技术提升效应，发挥国有企业改革的稳增长作用。

（一）以发展混合所有制经济为契机深化国有企业产权改革，释放效率改善、结构重配与技术提升效应

加快发展国有资本、集体资本、非公有资本等交叉持股、相互融合的混合所有制经济，实现从追求形式和数量的"粗放式"混合，向各类资本交叉持股、产权多元、融合发展、治理规范的更为重视发展内涵和质量的"集约式"混合转变。通过实现各种所有制资本取长补短、相互促进、共同发展，释放

效率改善、结构重配与技术提升效应。按照国务院《关于国有企业发展混合所有制经济的意见》明确的混合范围、主要领域分类分层推进，加快行业开放步伐，拓宽各类资本参与国有企业混合所有制改革的渠道。加快完善公司治理，按照市场化选拔方式和激励机制选好用好职业经理人，强化董事会建设，发挥监事和股东大会作用。引入"金股"、优先股或特殊管理股等创新手段，采取增资扩股、出资新设等方式稳妥推进员工持股，促进混合所有制经济规范发展和创新发展。打造公平竞争的市场环境，营造良好的舆论和社会环境，加大对公有和私有产权的保护力度，激发和保护企业家精神。

（二）通过推动国资管理向管资本方向转变提高国资管理体制与产权改革的协调性，释放效率改善效应

以管资本为主加强国有资产监管，改革国有资本授权经营体制。通过科学界定国有资产出资人监管边界，建立监管权力清单和责任清单，实现以管企业为主向以管资本为主的转变，让企业有更大的自主权，实现资本运营效率提升，释放效率改善效应。组建若干国有资本运营公司，支持有条件的国有企业改组为国有资本投资公司。按照"改组为主、新建为辅"的原则，采取不同出资方式成立公用事业、公共保障、战略类与竞争类四类国有资本投资运营公司，国有资本投资运营公司应该按照市场化方式运营①。开展政府直接授权国有资本投资、运营公司履行出资人职责试点，发挥国有资本投资运营公司的专业化优势。实现对国有资本的专门监管、专业运营，根据企业定位与运营需求满足国家战略目标与财务收益目标。

（三）通过国有经济在关键领域集中实现要素跨部门优化配置，释放结构重配效应

坚持以市场为导向，以企业为主体，有进有退、有所为有所不为，优化国有资本布局结构，加速要素在国有与非国有部门的优化配置，释放结构重配

---

① 郭春丽：《组建投资运营公司　完善国有资本管理体制》，《宏观经济管理》2014年第11期。

效应。建立国有资本动态调整机制，围绕服务国家战略，通过开展投资融资、产业培育、资本整合，推动产业集聚和转型升级，优化国有资本布局结构。切实推动国有资本向关系国家安全、国民经济命脉和国计民生的重要行业和关键领域、重点基础设施集中，向前瞻性战略性产业集中，向具有核心竞争力的优势企业集中。发挥国有资本投资运营公司的作用，清理退出一批、重组整合一批、创新发展一批国有企业。优化中央企业和地方国有企业的层级布局，突出不同央企的功能定位，实现互补发展①。支持企业依法合规通过证券交易、产权交易等资本市场，以市场公允价格处置企业资产，实现国有资本形态转换，变现的国有资本用于更需要的领域和行业。支持国有企业开展国际化经营，鼓励国有企业之间以及与其他所有制企业以资本为纽带，强强联合、优势互补，加快培育一批具有世界一流水平的跨国公司。

（张铭慎）

参考资料目录

［1］陈东琪、臧跃茹、刘立峰、刘泉红、姚淑梅：《国有经济布局战略性调整的方向和改革举措研究》，《宏观经济研究》2015年第1期。

［2］许召元、张文魁：《国企改革对经济增速的提振效应研究》，《经济研究》2015年第4期。

［3］郭春丽：《组建投资运营公司 完善国有资本管理体制》，《宏观经济管理》2014年第11期。

［4］刘泉红、刘方：《转变经济发展方式与塑造新型市场主体研究》，《经济与管理研究》2014年第6期。

［5］国家发改委经济研究所课题组：《促进混合所有制经济发展研究》，国家发改委宏观经济研究院2014年重点课题。

［6］董晓庆、赵坚、袁朋伟：《国有企业创新效率损失研究》，《中国工业经济》2014年第2期。

---

① 陈东琪、臧跃茹、刘立峰、刘泉红、姚淑梅：《国有经济布局战略性调整的方向和改革举措研究》，《宏观经济研究》2015年第1期。

［7］周叔莲：《国有企业改革三十年的回顾与思考》,《中外企业家》2009 年第 2 期。

［8］张卓元：《新世纪国企改革面临的六大问题及深化改革设想》,《经济学动态》2001 年第 10 期。

附表　指标体系基础数据（无量纲化）

一、历史数据

年份	每单位固定资产净额的亏损	每单位固定资产净额的利润	国有经济固定资产投资占全社会固定资产投资比重	国有单位就业人数占比	交通运输、仓储、邮政业中国有企业就业人数占比	建筑业中国有企业就业人数占比
1978	0.6860	0.9636	0.0000	0.0000	0.0000	0.0000
1979	0.7884	1.0000	0.0281	0.0294	0.0172	0.0078
1980	0.8375	0.9771	0.0531	0.0237	0.0270	0.0171
1981	0.7409	0.8970	0.2586	0.0284	0.0393	0.0546
1982	0.7591	0.8568	0.2711	0.0290	0.0565	0.0592
1983	0.9342	0.8460	0.3064	0.0367	0.0737	0.0686
1984	1.0000	0.8698	0.3379	0.1196	0.0811	0.0795
1985	0.9914	0.7673	0.3145	0.1171	0.1007	0.0831
1986	0.8821	0.6145	0.3052	0.1144	0.1228	0.1429
1987	0.8923	0.6067	0.3389	0.1098	0.1337	0.1797
1988	0.8378	0.5948	0.3566	0.1025	0.1732	0.2092
1989	0.4960	0.4044	0.3543	0.0981	0.1670	0.2183
1990	0.0000	0.1422	0.3139	0.0973	0.1645	0.2272
1991	0.1281	0.1164	0.3094	0.0993	0.1676	0.2185

续表

年份	每单位固定资产净额的亏损	每单位固定资产净额的利润	国有经济固定资产投资占全社会固定资产投资比重	国有单位就业人数占比	交通运输、仓储、邮政业中国有企业就业人数占比	建筑业中国有企业就业人数占比
1992	0.2692	0.1456	0.2818	0.0834	0.2079	0.2437
1993	0.2580	0.2034	0.4045	0.0985	0.2161	0.2463
1994	0.3497	0.1645	0.4742	0.1032	0.1986	0.2281
1995	0.3736	0.0657	0.5069	0.0998	0.1736	0.2474
1996	0.2830	0.0027	0.5406	0.0934	0.1664	0.2472
1997	0.3122	0.0655	0.5391	0.1019	0.1593	0.2467
1998	0.1845	0.0000	0.5124	0.1486	0.1447	0.3244
1999	0.4554	0.0510	0.5238	0.1627	0.1461	0.3444
2000	0.6918	0.2150	0.5780	0.1824	0.1447	0.3637
2001	0.6836	0.1984	0.6247	0.2132	0.1664	0.4282
2002	0.7573	0.2178	0.6894	0.2854	0.1964	0.5197
2003	0.7820	0.3235	0.7624	0.3435	0.2798	0.5811
2004	0.7244	0.4445	0.8198	0.3959	0.3353	0.6204
2005	0.6300	0.5019	0.8544	0.4767	0.4020	0.6861
2006	0.6622	0.5723	0.9114	0.5363	0.4553	0.7283
2007	0.8512	0.6452	0.9409	0.5710	0.4881	0.7403
2008	0.0067	0.4386	0.9410	0.5838	0.5288	0.7536
2009	0.7373	0.3889	0.8939	0.6264	0.5883	0.7950
2010	0.9071	0.5810	0.9116	0.6530	0.6214	0.8000
2011	0.6432	0.5929	0.9690	0.7332	0.6497	0.8416
2012	0.5247	0.4879	0.9823	0.7714	0.6473	0.8746
2013	0.6166	0.4439	0.9999	1.0000	1.0000	1.0000

二、基准情景

年份	每单位固定资产净额的亏损	每单位固定资产净额的利润	国有经济固定资产投资占全社会固定资产投资比重	国有单位就业人数占比	交通运输、仓储、邮政业中国有企业就业人数占比	建筑业中国有企业就业人数占比
2014	0.6303	0.5097	1.0237	1.0658	1.0721	1.0420
2015	0.6209	0.5162	1.0441	1.1327	1.1458	1.0841
2016	0.6200	0.5177	1.0631	1.1983	1.2202	1.1239
2017	0.6158	0.5122	1.0782	1.2645	1.2966	1.1635
2018	0.5923	0.4989	1.0919	1.3339	1.3775	1.2058
2019	0.6508	0.5049	1.1070	1.4089	1.4624	1.2510
2020	0.6422	0.5165	1.1284	1.4872	1.5498	1.2966

三、次乐观情景

年份	每单位固定资产净额的亏损	每单位固定资产净额的利润	国有经济固定资产投资占全社会固定资产投资比重	国有单位就业人数占比	交通运输、仓储、邮政业中国有企业就业人数占比	建筑业中国有企业就业人数占比
2014	0.6858	0.4989	1.0265	1.0935	1.1030	1.0513
2015	0.6755	0.5209	1.0552	1.2037	1.2234	1.1142
2016	0.6291	0.5089	1.0767	1.3213	1.3668	1.1823
2017	0.6263	0.4921	1.1003	1.4587	1.5467	1.2592
2018	0.6467	0.4929	1.1254	1.5734	1.6833	1.3240
2019	0.6527	0.5027	1.1501	1.6933	1.8284	1.3922
2020	0.6461	0.5035	1.1739	1.8158	1.9797	1.4617

四、乐观情景

年份	每单位固定资产净额的亏损	每单位固定资产净额的利润	国有经济固定资产投资占全社会固定资产投资比重	国有单位就业人数占比	交通运输、仓储、邮政业中国有企业就业人数占比	建筑业中国有企业就业人数占比
2014	0.7177	0.4582	1.0123	1.1068	1.1402	1.0635
2015	0.8390	0.4754	1.0375	1.2203	1.2699	1.1293
2016	0.9845	0.4960	1.0546	1.3421	1.4249	1.2013
2017	1.1592	0.5208	1.0727	1.4847	1.6193	1.2829
2018	1.3688	0.5505	1.0909	1.6059	1.7742	1.3536
2019	1.5994	0.5862	1.1105	1.7307	1.9326	1.4262
2020	1.8760	0.6290	1.1287	1.8583	2.0983	1.5004

第八章

财税体制改革的增长红利研究

一、改革开放以来财税体制改革进展及成效

改革开放以来，围绕中央地方财政体制、税收制度和预算管理三个方面，财税领域进行了持续改革。取得重大进展的节点时间主要为1994年分税制改革，之前是初步构建过程，之后为修正完善过程。

第一，1978—1993年，初步建立了相对完整的财税体系。主要是在中央地方财政关系上，实行以包干制为主体的体制。1980年在全国大部分地区实行"划分收支，分级包干"体制，也称为"分灶吃饭"体制；1985年推行"划分税种，核定收支，分级包干"体制；1988年对地方财政包干办法做了改进，在全国不同省份实施不同形式，主要包括"收入递增包干"、"总额分成"、"总额分成加增长分成"、"上解额递增包干"、"定额上解"、"定额补助"等办法。税制方面，1978—1982年是我国税制建设的恢复时期和税制改革的起步时期，1983—1994年则是全面探索时期，初步构建了相对完整的税收体系。总体来看，这一时期恢复和开征了一些新税种，逐步确立了多种税、多环节、多层次、相对完整的税收体系。

第二，1994年之后，构建和完善了分税制体系。1994年的分税制改革是新中国以来规模最大、范围最广、内容最深刻、力度最强的结构性改革，建立了适应社会主义市场经济的财税体制的基本框架，调动了各方面的积极性，激发了市场活力，为我国经济持续健康发展奠定了基础。在中央地方关系调整方

面，在划分事权基础上，按税种划分中央、地方财政收入，明确各级政府的税收管理权限，使中央和地方财政都有稳定的收入来源，并建立了独立的分级预算。在税种设计上，以实行规范化的增值税为核心，相应设置消费税、营业税；实行统一的企业所得税，统一个人所得税；调整、撤并和开征其他一些税种，如调整资源税、城市维护建设税和城镇土地使用税；取消集市交易税、牲畜交易税、烧油特别税、奖金和工资调节税；开征土地增值税、证券交易印花税；盐税并入资源税，特别消费税并入消费税。此后多年主要是对分税制的完善，推行了以取消农业税、内外资企业所得税合并、增值税转型为主要内容的补充和完善。截至2007年底，我国现行税制中的税种设置进一步减少为19个，税制更加规范和统一。

第三，2000年之后预算改革有所进展。主要包括：一是建立完善部门预算：实施"一个部门一本预算"，将部门支出划分为基本支出和项目支出，采取不同方式管理，初步形成了"两上两下"的预算编制方式，推进了预算编制工作逐步走向规范化、制度化和科学化；二是建立国库集中收付制度，从缴纳、存储、调度和拨付的角度，规范了政府收支的缴付办法，解决了财政资金层层拨付流经环节多的问题，加快了财政资金周转，提高了财政资金的使用效率和透明度；三是深化收支两条线管理改革，实施政府采购管理制度改革，实行收支脱钩、收缴分离，逐步建立起综合财政预算的观念；四是实行政府采购制度，纳入政府采购的资金规模不断扩大，公开透明的采购运行机制逐步形成；五是实施政府收支分类改革，扩大收支分类范围，调整分类办法，建立新的收支分类体系，对政府各项职能活动和财政支出情况予以清晰反映。

第四，全面深化改革时期的财税改革。党的十八届三中全会通过的《中共中央关于全面深化改革若干重大问题的决定》要求全面推进建立现代财政制度的改革。2014年6月30日，中共中央政治局审议通过《深化财税体制改革总体方案》。新一轮财税改革将继续推进预算管理制度、税收制度和中央地方财政关系三个方面的改革，构建现代财政制度。当前已推进的改革主要有：通过《预算法》修正案，规范地方政府性债务，允许地方政府自行发债，加快建立全面规范、公开透明的现代预算制度；深化税收制度改革，推进"营改增"改革，清费立税，启动房地产税、资源环境税收等税制构建和完善进程，稳定宏观税负、推进依法治税；在调整中央和地方政府间财政关系方面，保持了中央和地方收入格局大体稳定，逐步完善转移支付制度，进一步提高财政资金使用效率。

总体而言，改革开放以来的财税体制改革对完善社会主义市场经济体制发挥了重要作用，为建立现代财政制度奠定了良好基础，也有力推动了我国30多年来持续快速的经济增长。

二、财税体制改革影响经济增长的机理

改革开放以来不断推进的财税体制改革对经济增长起着至关重要的作用。从经济增长理论视角看，我国财税改革影响经济增长主要是通过要素增加效应和效率改善效应两个渠道发挥作用。

（一）要素增加效应

要素增加效应是指，财税体制改革有助于破除对资本、劳动等要素的制度束缚，激励资本和劳动要素更大程度地参与到经济活动中去，进而推动经济增长。具体表现在：

1. 推动地方政府将更多要素资源投入到经济建设中。从理论上讲，财政分权与经济增长之间并不是简单的线性关系，并不是财政分权程度越高，经济增长率就越高[①]。但从我国的实践来看，财政分权与晋升考核规则的结合，是我国20多年来经济增长的强大动力。一方面，各地财政收入增长依

---

① 大量文献讨论了财政分权对经济增长的影响：Zhang 和 Zou（1998）、Lin 和 Liu（2000）、张晏和龚六堂（2005）、沈坤荣和付文林（2005）、Qiao 等（2008）、李涛和周业安（2008）、贾俊雪和郭庆旺（2008）、王文剑和覃成林（2008）、周业安和章泉（2008）以及范子英和张军（2010a）等学者的研究检验了财政分权对经济增长的作用。

赖于税收增量，需要更努力地寻求税收增长，以此来维持本级财政的可持续发展；另一方面，干部考核的经济激励机制也推动各地努力去实现更好的增长业绩。财政分权制度和干部考核机制的结合，给了地方政府有足够动力动员更多劳动、资本等要素资源投入到经济建设中，实现了经济持续增长。

2. 显著增强了政府公共产品供给能力和宏观调控能力，进而有能力动员更多要素资源投入。合理的税收收入既不给市场主体带来较重负担，也能为政府提供足够财力，从而提供合乎数量和质量要求的公共产品和服务。基于足够的可支配财力，我国政府不断优化维持长期增长的资源禀赋，如以基础设施建设为主的固定资产投资形成资本积累，不断加大对教育事业投入提升人力资本水平，对科学技术研究和创新方面的投入推动技术进步等。同时，对于短期经济波动，充足的财力保障也为财政和货币政策提供了较大的操作空间，以更好履行政府宏观调控职能。

（二）效率改善效应

财税体制改革可以通过改善经济效率来推动经济增长和经济质量提升。

1. 财政分权可以提升配置效率与生产效率。首先，地方政府比中央政府更具信息优势，向下分权可使政府更好地满足不同地区的不同公共品偏好和需求，从而更有效配置资源，提升经济效率；其次，相比于中央政府，地方政府可以使用更小的成本提供公共产品和服务，或在相同成本约束下提供更多数量和更好质量的公共产品和服务，进而促进经济增长。

2. 税制改革更大程度激发了市场活力，有利于提升经济效率。通过取消税制中不利于专业化分工和社会化大生产的条款，推动税制趋于规范统一，更大程度地发挥了市场机制的作用，激发了市场活力。此外，日益完善的税制在产业发展方面逐步形成较强的调节能力，也有助于引导产业结构不断优化升级，提升经济增长质量。

3. 不断完善的预算体制有助于提升资源配置效率。预算体制改革推动政府预算体系和政府收支行为不断完善和规范，有助于提升资源配置效率。一方面，预算改革推动财政透明度的提升，利于科学决策。预算透明度是政府良好管理的重要体现，政府治理水平的提升有助于实现本国经济的高质量增长和社会的持续稳定。财政透明度有助于解决信息不对称的问题，可增强公民偏好的表达能力，强化对预算决策的参与和监督，有利于严肃财经纪律、规范政府支出，从而提高公共财务管理的效率，实现财政资金的更有效配置，并防止出现高赤字和高债务风险。另一方面，不断完善的预算体制改革推动政府职能转变，也有利于提升资源配置效率。预算体制改革推动我国政府逐步建立起综合财政预算理念，有助于推动政府职能转变，强化政府服务意识，从而为经济持续增长做好服务性、引导性工作，更多采用市场手段而不是行政手段来推动经济增长。

表 8-1　财税体制改革影响经济增长的机理

财税体制改革	影响效应	效应机制	效应结果
税制不断完善，中央地方财政分权制构建和完善，预算改革不断推进	要素增加效应	地方政府有动力将更多要素资源投入到经济建设活动中，显著增强了政府公共产品供给能力和宏观调控能力，进而有能力动员更多要素资源投入。	向经济建设上投入更多资本和劳动要素，提升了资源配置效率和生产效率，推动经济快速增长。
	效率改善效应	财政分权可以提升配置效率与生产效率；税制改革更大程度激发了市场活力，提升经济效率；不断完善的预算体制有助于提升资源配置效率。	

三、财税领域改革指数构建及评价

中央地方财政关系的改革目标是要形成合理的分权结构，税收制度改革是要构建合理的税制结构及税负，而预算管理制度改革则是要建立相对完善透明的公共财政框架。依照财税体制改革的核心内容及其影响经济增长的作用机理，我们构建相关指标来衡量改革进展及成效。

（一）指标构建和数据来源

1. 税负离差指标（MTB）。宏观税负水平一定程度上代表了税制改革的进展。然而，宏观税负与税制改革并非简单的线性关系，宏观税负高低并不代表税制改革的进展程度。对此，我们设定一个"合理宏观税负"作为基准，以我国实际宏观税负与合理税负值的距离来衡量税收制度改革进展。

这一指标的构建要解决两个问题，宏观税负口径问题和合理税负水平值。我们选用不含社保的宏观税负口径，即财政收入占GDP比重[①]，表示为以下公式：

$$MTB = \frac{Revenue}{GDP}$$

对于最优税负的确定，本章沿用国家发改委宏观经济研究院2014年重点课题"深化财税体制改革研究"中的做法，使用受到多重因素影响条件下的世界主要国家宏观税负经验方程，来确定我国历年的宏观税负合意值，并以专家打分法对个别异常值年份进行调整。宏观税负经验方程的主要影响因素，包括国民收入水平、第三产业所占比重、城镇化率、政体性质、人口密度等。

---

① 宏观税负存在大中小三个度量口径：小口径是指税收收入占GDP的比重，中口径则是指财政收入（包括财政中的非税收入）占GDP的比重，大口径是指全部政府收入（包括财政收入以及政府其他收入）占GDP的比重。对于哪种口径更为适宜，不同学者从不同角度给出了不同看法。比如，彭高旺、李里（2006），刘新利（2007），刘文谨、陈颁东（2013）等认为小口径才是真正的税负，一方面因为非税收入、社保收入以及其他收入往往有着确定的使用方向，与税收收入一同作为税收负担是不妥的，中口径及大口径属于"经济负担"；另一方面，要从根除我国目前乱收费现象的角度来确定科学合理的宏观税负水平，小口径更为适宜。辛波、司千字（2005），龙朝晖、陈会林（2012）支持使用中口径，理由是小口径不能完全代表政府的财政能力和纳税人的实际负担，而大口径包括"制度外收入"，存在统计技术上的障碍，会降低研究的准确性。王军平（2005），高慧（2006）则认为大口径更客观更全面。还有另外一些研究更为综合考虑，比如认为应将三种不同层次的度量口径结合起来加以判断（廖楚辉、胡涛，2006），认为在国际比较时，与发达国家进行宏观税负的比较应采用大口径，而与发展中国家进行比较应使用中口径（长春税务学院课题组，2008）。依据本报告的研究目的，我们认为采取中口径宏观税负更为适宜，更能代表财税体制改革的进展及成效。

表 8-2　合意宏观税负经验回归方程

变量	因变量：税负	变量	因变量：税负
log（国民收入水平）	4.645***	log（人口密度）	−1.663***
	（1.050）		（0.617）
三产比重	0.159***	常数	−21.01***
	（0.0556）		（7.913）
城镇化率	−0.0713	Observations	76
	（0.0526）	R^2	0.401
联邦制	−1.963		
	（1.710）		

2. 分权离差指标（FE）。与宏观税负的指标类似，分权指标本身也难以代表分权改革的进展及成效，分权程度越高并不一定意味着改革进展越好。对此，我们采取与税负水平类似的处理办法，使用分权指标与合理分权水平的离差指标来衡量，离差越小表示改革成效越好。分权指标以地方财政收入占全部财政收入的比重来衡量。对于合理的分权程度值，依照王绍光（1997）的观点，中央政府的财政收入或支出不应低于财政总收入或总支出的 50%。参照有关对最优分权度的研究文献，我们以地方财政收入占比 50% 作为合理分权基准。

3. 预算透明度指标（OBI）。国际货币基金组织（IMF）、经济合作与发展组织（OECD）和国际预算合作组织（International Budget Partnership，IBP）都提出了政府预算透明度标准。其中，IBP 依据严格设计的调查问卷，基于预算文件的公开性、预算草案披露情况的评估和预算过程的公开性三个方面对各国的预算透明度进行打分，得到预算公开指数（Open Budget Index，OBI）。我们使用这一指标来衡量我国预算制度改革进展及成效，不过这一指标仅有 2008、2010 和 2012 三年的数值。

表 8-3　财税改革相关指标构建

指标名称	指标内涵	说明
税负离差指标 （MTB）	现实税负水平与最优税负水平的距离	税负口径采用国家财政收入 /GDP，合理税负由多重因素影响下的经验回归方程求得
分权离差指标 （FE）	现实分权程度与合理分权基准的距离	分权程度采用地方财政收入占比指标，合理分权基准采用 50% 数值
预算透明度指标 （OBI）	预算透明度的评分 （得分范围为 0—100）	来自国际预算合作组织（IBP），http://www.openbudgetindex.org

（二）指数构建方法

我们对各指标进行标准化后加权的方法得到财税改革指数。首先，对分权离差指标和税负离差指标分别进行标准化处理，鉴于两个指标均为逆向指标，我们使用以下公式进行标准化：

$$第\,i\,个指标得分 = \frac{V_{max} - V_i}{V_{max} - V_{min}}$$

其中，V_i 是第 i 个指标的原始数据值，V_{max} 和 V_{min} 分别是第 i 个指标原始数据的最大值和最小值。

由此得到分权指数和税负指数，两个指数取值范围在 ［0—1］之间，指数越大表明改革推进得越深入，指数变化速度越快则说明改革推进得越快。之后采用专家打分法确定不同阶段权重，将两个分项指数加权平均。考虑到重要节点改革带来的指标跳跃性，我们进行了五年移动平均，最终得到 1978—2014 年的财税改革指数。财税改革指数的数值越大，表示改革进展及成效越好。

（三）财税体制改革指数分析

总体而言，改革开放以来，我国的财税体制改革指数在曲折中上行。从上行趋势来看，财税改革指数从 1978 年 0.26 提升到 2014 年的 0.92，表明改革推进卓有成效；从曲折来看，主要体现在 1993、1994 年分税制改革节点上，大致呈现"斜 N"形状。

结合实际改革推进情况来看，该指数能够较好反映各阶段财税改革的进展。第一阶段，随着 1978—1993 年税制构建和不断完善，中央地方包干制等的推进，财税改革指数在 1985 年前不断提升，但随着经济社会发展，改革效应不断趋弱，财税改革指数呈下降趋势，逐步降至改革开放初期水平；第二阶段，1993、1994 分税制改革影响深远，改革效应重启，指数值迅速攀升，到 2000 年左右达到阶段高点 0.7。第三阶段，2000 年之后，前期改革效应开始趋弱，指数提升速度有所下降。第四阶段，2010 年之后，尽管分税制弊端的逐步显现，但相关改革却有所停滞，财税改革指数有下降趋势。

分项指数也较好地体现了细分领域的改革进展。分权指数和税负指数的整体趋势与财税改革指数保持了一致，差别在于波谷出现的时间和拉升的速度。分权指数在 1989 年达到阶段波谷（0.23），而后迅速拉升至 1994 年的 0.96，随后基本保持平稳。税负指数则在 1994 年达到最小值，之后持续上升到 2011 年的最高点，也是指数最大值。我们认为出现这些差别是较为合理的，分税制改革在分权指数上发生效应更快、释放也较快，而在税负指数上则发生效应较慢，释放也较慢。这一规律在指数上的反映形成了上述差异。

表 8-4　财税改革指数：1978—2014

年份	分权指数	税负指数	财税改革指数
1978	0.00	0.43	0.26
1979	0.16	0.60	0.42
1980	0.31	0.71	0.55
1981	0.42	0.78	0.64
1982	0.50	0.81	0.68
1983	0.54	0.86	0.73
1984	0.52	0.86	0.72
1985	0.44	0.86	0.69
1986	0.41	0.85	0.67
1987	0.35	0.79	0.61

续表

年份	分权指数	税负指数	财税改革指数
1988	0.31	0.61	0.49
1989	0.23	0.52	0.40
1990	0.33	0.33	0.33
1991	0.44	0.19	0.29
1992	0.59	0.08	0.28
1993	0.75	0.05	0.33
1994	0.96	0.00	0.39
1995	1.00	0.09	0.46
1996	1.00	0.16	0.50
1997	0.99	0.27	0.56
1998	0.96	0.40	0.62
1999	0.92	0.51	0.68
2000	0.89	0.58	0.70
2001	0.89	0.60	0.72
2002	0.89	0.60	0.71
2003	0.90	0.61	0.72
2004	0.91	0.65	0.75
2005	0.93	0.68	0.78
2006	0.94	0.75	0.83
2007	0.95	0.83	0.88
2008	0.97	0.89	0.92
2009	0.97	0.94	0.95
2010	0.96	0.97	0.96
2011	0.94	1.00	0.98
2012	0.92	1.00	0.97
2013	0.90	0.97	0.94
2014	0.89	0.95	0.92

数据来源：课题组测算。

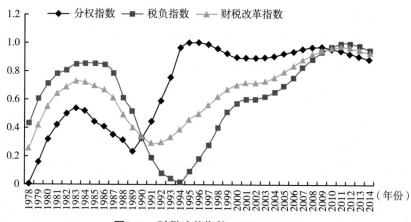

图8-1 财税改革指数：1978—2014

数据来源：课题组测算。

对于预算透明度指标，由于数值太少，我们并未加入财税改革指数中去，在此单独进行说明。我国预算透明度 2008、2010 和 2012 年得分分别为 14、13、11，预算透明度较低且呈现下降趋势。这反映出我国之前的预算改革明显滞后，未来迎头赶上、大幅提升透明度的空间很大。

四、财税体制改革对经济增长的影响估算

如前所述，财税体制改革通过增加资本和劳动要素投入、提升经济效率来推动经济增长。我们基于生产函数框架计算财税改革对 TFP 增长的拉动点数，通过推算财税改革引致的要素增加规模及比重来估算其对经济增长的拉动点数。

（一）通过 TFP 对经济增长的贡献

依照财税体制改革推进情况，我们计算了不同时间段财税改革对 TFP 的贡献度。整体来看，改革开放以来，财税改革对 TFP 的贡献度为 0.5 个百分点，即改革开放以来的财税体制改革每年平均拉动 TFP 增长 0.5 个百分点。过往

30 多年的 GDP 年均增速大约在 9.2%，财税改革对经济增长的作用可谓显著。

分阶段来看，财税改革对 TFP 及经济增长的贡献大小与财税改革进展保持了一致：财税改革进展较快时期，其对 TFP 的拉动也较大。在第一阶段，基于改革开放之初全面恢复和构建我国财税体制的红利，其对 TFP 的贡献度达到惊人的 2.3 个百分点，对 TFP 增长的贡献率为 71%，对经济增长的贡献率达到24.1%。这是改革能量的巨大释放。在第二阶段，1985 年后改革效应释放趋弱，改革指数呈下滑态势，相应地，其对 TFP 的贡献也由正转负，在这一时期贡献度为 –2.3 个百分点，对 TFP 和经济增长的贡献率分别为 –90.5% 和 –24%，整体起到拖累作用；第三阶段是在分税制改革关键时期，改革效应再一次被激发出来，这一时期财税改革对 TFP 的贡献度虽不如改革开放初期的能量巨大，但就社会制度平稳时期来讲，此次改革对经济增长的影响是较大的，拉动增长达到了 2 个百分点，对 TFP 和经济增长的贡献率分布为 65% 和 20.9%。第四阶段，分税制改革的效应趋弱，尚缺乏新的财税改革举措，对 TFP 的贡献度也降至 0.5个百分点，对 TFP 和经济增长的贡献率分别为 20.2% 和 5.3%。

表 8–5　财税改革对 TFP 及增长的贡献

时期	财税改革对 TFP 的贡献度（百分点）	财税改革对 TFP 增长的贡献率（%）	财税改革对经济增长的贡献率（%）
1979—1984	2.3	71.0	24.1
1985—1992	–2.3	–90.5	–24.0
1993—2002	2.0	65.0	20.9
2003—2013	0.5	20.2	5.3
1979—2013	0.5	17.2	5.0

数据来源：课题组测算。

（二）通过要素增加对经济增长的贡献

基于地方土地出让收入占地方财政收入比重、地方财政收入占全国财政收入比重推算，2010 年以来的全社会固定资产投资中大约有 10—20% 是由于分权激励增加的规模，使用永续盘存法得到每年新增资本存量及在总资本存量中的占比情况，进而通过资本存量对经济增长的贡献份额推算其对经济增长的贡献。

整体来看，财税改革使得资本存量要素增加了约6%，整体趋势是由改革新增的资本在规模和比重上呈现先增大后减小的特征，意味着基于财税改革在激励资本增加的效应在持续释放，但近期效应趋弱。从财税改革引致的新增资本对经济增长的贡献来看，改革开放以来的整体贡献度为0.38个百分点，贡献率为3.86%。依照改革阶段来看，前三个阶段财税改革引致的资本增量对经济增长的贡献度不断上升，从第一阶段的0.11个百分点增长到第三阶段的0.53个百分点，贡献率也从1.2%升至5.6%。这说明，财税改革在激励资本要素增长上作用不断增强。但第四阶段，贡献度和贡献率均有所回落，这反映出财税改革前期的要素增加效应逐步趋弱，考虑到近期对地方政府性债务的规范限制等因素，未来财税改革通过扩大资本规模来拉动经济增长的动力将有所减弱。

表8-6 财税改革新增资本对增长的贡献

时期	财税改革新增资本对增长的贡献度（百分点）	财税改革新增资本对增长的贡献率（%）
1979—1984	0.11	1.19
1985—1992	0.22	2.33
1993—2002	0.53	5.56
2003—2013	0.45	4.54
1979—2013	0.38	3.86

数据来源：课题组测算。

（三）财税改革对经济增长的贡献

总体来看，财税改革对经济增长的贡献呈现先上升后平稳的特征。改革开放以来的总体贡献度为0.87个百分点。第一阶段为2.42个百分点，对增长的贡献率也超过了1/4，显示出对经济增长的巨大拉动效应。然而，第二阶段的财税改革却拖累增长2个百分点，主要是由于财税改革相对滞后，难以为我国的快速发展提供足够支撑。第三阶段分税制改革后拉升作用显著提升，贡献度达到 2.54 个百分点。第四阶段，财税改革对经济增长的拉动效应趋弱，拉动经济增长 0.98 个百分点，无论是对 TFP 的提升，还是激励资本要素参与经济活动方面，都显现出疲弱态势。

表 8-7　财税改革对增长的贡献

时期	财税改革对经济增长的贡献度（百分点）	财税改革对经济增长的贡献率（%）
1979—1984	2.42	25.26
1985—1992	−2.05	−21.62
1993—2002	2.54	26.49
2003—2013	0.98	9.80
1979—2013	0.87	8.85

数据来源：课题组测算。

五、财税领域改革指数预测及增长效应估算

按照财税改革战略部署及当前推进情况，我们分情景对 2015—2020 年的财税改革指数进行预测，并以此作为比较基准估算未来财税改革对经济增长的影响。

（一）基准情景：延续历史改革趋势

我们设定基准情景为沿着历史改革的既定趋势，线性外推未来几年的财税改革指数情况。我们选用 2010 年以来的五年平均增速进行外推。参考分权指数和税负指数近五年平均增速，并考虑实际运行情况，我们对两项指数进行趋势外推，加权平均得到到 2020 年的财税改革指数。可以看出，在基准情景下，分权指数和税负指数均缓慢上升，整体财税改革指数保持平稳，2020 年

的改革进展与 2013 年大致持平。

在此情景下，依据前面类似思路推算其在未来几年对经济增长的年均贡献度为 –0.03 个百分点，即财税改革将拖累经济增长 0.03 个百分点。其中，财税改革对 TFP 的贡献度为 –0.01 个百分点，即在延续历史改革既定趋势，财税改革的推进缓慢将使得 TFP 降低 0.01 个百分点；财税改革的要素增加效应将拖累经济增长 0.02 个百分点。这说明延续现有改革趋势，财税改革的力度不仅难以为经济增长提供足够支撑，而且以往改革效应释放完毕，对经济增长形成拖累作用。

表 8-8　基准情景下的财税改革指数：2015—2020 年

年份	分权指数	税负指数	财税改革指数
2015	0.886	0.954	0.927
2016	0.887	0.958	0.929
2017	0.888	0.961	0.932
2018	0.889	0.964	0.934
2019	0.890	0.968	0.937
2020	0.891	0.971	0.939

数据来源：课题组测算。

（二）次乐观情景:《决定》措施部分落实

十八届三中全会《决定》对财税体制改革进行了全面部署，在次乐观情景中，只有部分措施得到落实，据此估算未来几年的财税改革指数。依照当前改革实践情况，我们判断税制改革可较快落地，而中央地方关系改革会有所滞后，具有较大不确定性。因此，我们假定税收制度改革可加速推进，而分权改革保持基准情景。我们设定税负指数增速为 2% 推算财税改革指数。可以发现，税负指数在 2017 年即可超过历史最高水平，到 2020 年在历史最高水平基础上提升了 7%。相应地，财税改革指数在未来几年将不断提升，到 2020 年可达到 0.999 的水平，超过了历史最高水平（0.98）。

表 8-9　改革措施部分落实情景下的财税改革指数：2015—2020 年

年份	分权指数	税负指数	财税改革指数
2015	0.886	0.970	0.936
2016	0.887	0.989	0.948
2017	0.888	1.009	0.961
2018	0.889	1.029	0.973
2019	0.890	1.050	0.986
2020	0.891	1.071	0.999

数据来源：课题组测算。

在此情景下，依据前面类似思路推算，财税改革对经济增长的总拉动效应可达到 0.23 个百分点。其中，财税改革对 TFP 及增长的贡献度为 0.18 个百分点，即在部分落实财税改革情况下，财税改革将拉动经济增长 0.18 个百分点；财税改革的要素增加效应将拉动经济增长 0.05 个百分点。

（三）乐观情景：《决定》措施全面落实

乐观情景下，《决定》部署的财税体制改革措施全面落实，体现为分权指数和税负指数均得以加速提升。我们沿用税负指数 2% 的年均增速，而设定分权指数的年平均增速为 2%。可以看出，在改革措施全面落实的情景下，分权指数到 2020 年可基本达到历史最高水平。分权指数与税负指数共同推动财税改革指数在 2017 年超过历史最高水平，2020 年将在历史最高水平前进约 5%。

表 8-10　改革措施全面落实情景下的财税改革指数：2015—2020 年

年份	分权指数	税负指数	财税改革指数
2015	0.903	0.970	0.943
2016	0.921	0.989	0.962
2017	0.940	1.009	0.981
2018	0.958	1.029	1.001
2019	0.978	1.050	1.021
2020	0.997	1.071	1.041

数据来源：课题组测算。

在此情景下，依据前面类似思路推算，财税改革可拉动经济增长约 0.43 个百分点，改革为未来增长提供更大程度的支撑。其中，财税改革对 TFP 的贡献度为 0.3 个百分点，即在全部落实财税改革情况下，财税改革将推动 TFP 提升 0.3 个百分点；财税改革的要素增加效应将拉动经济增长约 0.13 个百分点。

总体而言，与延续历史趋势的基准情景相比，全面落实改革部署措施，可拉动经济增长 0.46 个百分点。

六、财税体制改革尚未到位对经济
增长的不利影响

虽然财税体制改革取得了较好进展，但既有改革尚不够全面深入，随着时间推移，改革不到位引发的一些矛盾和问题开始暴露出来，同时，随着改革开放深入，在新形势下也面临或产生了一些新的矛盾和问题。这些问题对经济增长产生一些负面影响，拖累财税改革整体的拉动效应。

第一，宏观财政税收负担水平偏高，结构不合理，既不利于实现公平，也有碍于提高效率。我国狭义税负水平虽然不高，但加上政府性基金收入和社会保障收入来的总体考虑就显得负担较重。同时，不同产业、地区、企业和人群税负结构不合理，尤其是工薪收入税负偏重、财产性收入税负过轻，出现了一定程度的逆调节作用，既不利于公平，也不利于提升经济效率，对经济增长会产生一定的拖累作用。

第二，税收体系结构不合理，主体税种存在设计缺陷，影响要素投入持续增加和技术创新。一是税制结构不健全，一些能够调节社会分配功能的重要税种基本缺失，难以有效发挥税收制度的分配调节功能。二是过分倚重调节社会流通环节的税制结构总体上不利于税制的优化和社会的长远发展，增值税类型设置不合理，对技术进步和自主创新存在一定的不利影响。三是所得税对收入分配的调节功能差，不利于社会的长期稳定。四是财产税类税种不健全，对改善社会贫富分化作用有限。五是资源与环境相关税收改革滞

253

后，既不利于资源节约型、环境友好型社会建设，也不利于收入分配和社会公平。

第三，中央地方分权制度问题逐步显现，影响地方政府动员要素进行经济建设的能力。在支出责任没有及时调整的情况下，财力向上级财政的过度集中导致了财政纵向不均衡和各级政府支出责任与收入能力不适应。各级政府之间事权及支出责任改革相对滞后、转移支付制度不规范，各级政府的财权、财力与事权及支出责任不适应，地方财政缺乏独立的主体税种，省与市县之间收入分配体制不健全，导致地方政府收支缺口比较大、财政困难问题突出，不利于地方政府动员各种要素参与经济活动。

第四，转移支付制度不完善、结构不合理，资金分配不够科学、透明、规范，影响财政资金使用效率。"打补丁"式改革使得转移支付制度带有明显过渡特征，弥补纵向、横向财政失衡的均等化功能薄弱，对地方应有的补偿性拨款缺失或不足。税收返还和体制补助比例大，不仅不利于横向均等化，并导致一定的马太效应，与基层收入分布不均衡等相叠加，在一定程度上加大了区域不平衡。一般性转移支付规模仍偏小，专项转移支付规模过大，省以下转移支付制度建设滞后、省以下纵向财政失衡比较突出，现行转移支付体系尚不能适应主体功能区要求，且转移支付资金分配和管理不规范、不透明，主观随意性很大，负面作用大，使用效率低。

第五，预算体制改革不到位，覆盖范围狭窄、缺乏有效的监督制衡机制，影响财政资金使用效率。相对于收入体制和支出管理体制改革，尤其是税收体系和财政收入分配体制改革，预算管理体制改革明显滞后，许多问题尤其是预算体制方面的根本性、实质性问题尚未涉及。如，尚缺乏中长期预算或周期预算，不仅具有比较明显的顺周期作用，不利于宏观调控，且与国家长期发展规划衔接不紧密，不利于长期发展战略实施。再如，现行预算编制方法的科学性和准确性不足，预算执行过程中随意调整、不按预算支出的现象时有发生，弱化了财政预算的规范性和严肃性。同时，财政预算缺乏必要的内在制约机制，也缺乏有效的外部监督机制。预算编制、执行集于同一部门，立法机构对预算的外部监督——预算审核和审批流于形式。

七、深化财税体制改革、促进经济增长的建议

依照三中全会《决定》部署，在工作时间安排上建议以 2017 年为分界点：到 2017 年基本完成财税体制改革的重点任务，留出时间来解决改革协调性和适应性问题，到 2020 年基本建立现代财政制度。

（一）率先推进预算制度改革

国际上对我国预算透明度的评价虽然并不全面客观，但也侧面印证了我国预算制度改革相对滞后。对此，应率先对预算制度改革进行"补课式"推进。

1. 构建全口径财政收支活动规范。完善政府预算体系，扩大预算公开范围，细化公开内容；加大政府性基金预算、国有资本经营预算与一般公共预算的统筹力度。以扩大征收范围和提高上缴比例为重点规范国有资本经营预算。不断扩大社保基金预算覆盖范围和提高预算编制质量，健全社会保险基金预算；对部分政府性基金进行清理归并，以更加规范的税收形式取代或吸收相关基金项目，设立专项发展基金，发挥政府性基金的杠杆作用。建立政府资产报告制度，建立权责发生制政府综合财务报告制度。深化政府债务管理制度改革，建立规范的政府债务管理及风险预警机制。

2. 建立预算编制、执行和监督分离制衡机制，全面推进预算绩效管理。一是健全预算审查机构，各级人大成立预算委员会，审核、平衡和初步确定政府预算草案；各级政府成立预算顾问委员会，对上报的政府预算建议计划研究提出意见和建议；预算编制机构内部成立专职预算审查机构，实现预算管理局内部编制与审查的分权与制衡。二是按照国际标准建立科学合理的财政收支分类体系，综合功能分类和经济分类，全面反映预算活动，以便形成实质性公开监督。

3. 实施跨年度预算平衡机制和中期财政规划管理。一是提高中期财政收支预测能力。建立预算编制部门与经济规划部门和收入征管部门之间的协商沟通机制，建立和完善部门间数据信息共享平台；采用科学的预测方法提高

预算准确度，研究建立符合我国实际的收入预测模型框架和体系，科学预测中期财政收入能力和合理规划财政支出。二是规范预算稳定调节基金制度。建立相对稳定和可持续的收入筹集机制。在超收收入、一般预算盈余的基础上，探索从特定税收中筹集或立法拨款补充预算稳定调节基金。提高预算稳定调节基金使用的法治化水平和使用效率。基金的筹集和使用都应置于人大审查监督之下；设计合理的绩效考评机制，促进基金使用效率提高。

（二）强力推进中央地方财政关系改革

中央地方财政关系不顺已经日渐成为阻碍经济增长的重要因素，下一步应强力推进此项改革。按照受益原则，能力原则，管理效率原则，统筹协调、综合平衡原则和权利、责任与义务对称原则，明确划分各级政府事权，对应事权划分安排支出责任，建立事权和支出责任相适应的制度，适度加强中央事权和支出责任。

1. 按照三级架构合理确定财政层级，为事权和支出责任划分改革奠定基础。在行政层级暂不调整的情况下，以形成中央—省—市县三级财政架构为目标，进一步推进财政层级扁平化改革。主要包括：完善省直管县改革，着力增强省级政府统筹辖区经济发展和资源配置的能力；因地制宜推进"乡财县管"改革，对经济欠发达、不具有财政能力的乡镇，可取消乡镇的独立财政层级地位，而对于经济比较发达、财政收入来源比较稳定的乡镇尤其是镇，可继续保留其独立的财政层级，或参照目前计划单列市的情况管理。地方财政体系可以按照省和市县两个实质层级来安排事权和支出责任。远期应结合政府职能转变和行政层级扁平化改革，形成基本对应的行政层级与财政层级。

2. 明确并合理调整中央与地方的事权，适当上移基本公共服务的支出责任重心。在各级政府间明确决策、执行或管理、筹资与支出以及监督等公共服务细分职能的划分，按照事权的决策权和支出责任相对应的基本原则，形成各类基本公共服务合理的支出分担机制。一是将基本公共服务的决策、监督和支出责任重心向省级和中央政府上移，发挥中央和省级政府作为决策者的最后支出责任者或补足者作用；二是执行和管理责任应以省及省以下政府为重心，发挥地方政府在公共服务中的信息等优势。由中央以专项转移支付形式，为中央委托地方管理事权提供资金保障，落实中央支出责任，避免地方政府过多承担中央事权相应支出责任，加重地方财政负担。

3. 以明显不合理事权与支出责任调整为突破口，对各级政府事权与支出责任进行全面系统优化调整。依据事权划分情况，尽可能对各级政府的支出责任加以细化和明确划分。在难以明确划分并且需要不同层级政府共同承担支出责任领域，也要尽量细化各级政府的具体责任，尽量减少交叉和重叠。明确为地方事权的事项，中央不参与决策，不以专项转移支付提供资金，不承担兜底责任。

（三）进一步完善政府税收体系

对税收体系的改革完善必须放在完善政府收入体系的大框架下，要协调推进主体税种改革，形成"税种科学、税制健全、功能完善"的税收体系。在税收体系完善的基础上，进一步调整完善中央与地方的分税制，形成有利于科学发展、社会公平、市场统一的财政收入体系及以分税制为主体的财政收入分配体制。

1. 以强化功能为重点改革完善税收体系。通过规范商品税系各税种、优化所得税、完善资源环境税和房地产税等，重点发挥税收调节分配、促进结构优化、节约能源资源和保护环境的作用；适应我国经济结构、税源结构、征管能力和发展目标的变化，逐步形成税种构造科学化、税制结构协调化、税系结构合理化的税收体系。

一是通过规范完善个人所得税征收机制、适当调整工资薪金所得税的税率结构等措施进一步完善个人所得税，逐步走向综合征收。二是完善现行房地产税。包括清理或归并现行交易、保有环节的各类税费；坚持存量住房和新增住房相结合，套数与住房面积相结合，基本住房扣除、改善型住房低税率、享受型和投资型住房适用高税率的基本原则，开征保有环节的房地产税，实行差别征税；提高第二套及以上和异地住房在购买、出租、出售环节的税负；尽快完善房地产税征收的相关配套措施，如完善房产登记制度并实现异地联网，着手建设房产、土地的税基评估体系。三是完善资源环境税制。以现行探矿权、采矿权使用费为基础，全面征收资源租；按照"立税清费"的原则适时推进资源税改革，全面推行从价计征，根据开采年限不同实行差别税率；逐步将水资源、森林资源、山岭、草原、滩涂等具有商品属性的自然资源全部纳入资源税征收范围，适度提高主要资源产品的税率。四是要适时开征独立的环境保护税，提高税种绿化程度。实行绿化现行税种与单独设置环境税相结合的税制模式，改革与完善现有消费税、车船税等税种，同时扩大征税范围，提高征税标准、改革计征办法等，大力提高现行税种绿化程度；在现行排污费的基础上，按照"污染者付费"原则，整合相关税费，将其改造成为独立的排污税，逐步扩大排污税征收范围，向更多的污染行为征税；建立起对治理污染行为的正向激励机制，通过建立更完善的排污权交易机制使在治理污染方面相对比较先进的企业获得一定的经济收益。

2. 以增值税共享改革为重点完善分税制。一方面要适当增加地方政府的可支配财力，减轻财政收支压力对地方政府不当刺激；另一方面要调整并减少共享税范围，弱化共享税种的不当设置对地方政府的负面激励。按照"减少共享税种、规范税种划分"的总体思路改革完善分税制。

一是过渡期保持增值税中央与地方分享比例不变，相应加大中央支出责任。目前在"营改增"渐进式改革模式下，为保障地方既有财政收入，采取维持原增值税中央与地方分享比例不变，将原归地方所属的营业税收入以税收返还的形式再还给地方，并以相应提高中央政府支出责任的办法来抵消"营改增"后对地方财政带来的压力。二是未来将增值税作为中央对地方转移支付的固定资金来源，联动推进企业所得税划归中央税改革。推进增值税与所得税联动改革，将企业所得税上收为中央固定收入，同时将增值税全部收入作为中央对地方的转移支付固定来源。三是增值税共享改革应与地方税体系完善配套推进。以房地产税为主体的地方税体系完善，能够为地方财政收入稳步增长提供支撑，可以弥补增值税调整对地方财政收入减收的影响。从推进改革的安排看，地方税体系的初步完善有助于减轻来自地方的改革阻力，为增值税共享改革提供有利的条件。因此，增值税共享改革的推进应与地方税体系完善相配套。

（李清彬）

参考资料目录

［1］贺俊、范小敏、曹苏:《基于内生增长模型的中国宏观税负研究》,《天津大学学报（社会科学版）》2014 年第 3 期。

［2］刘文谨、陈颁东:《我国宏观税负水平和结构的国际比较及税制结构优化》,《税收经济研究》2013 年第 3 期。

［3］徐永胜、乔宝云:《财政分权度的衡量：理论及中国 1985—2007 年的经验分析》,《经济研究》2012 年第 10 期。

［4］龙朝晖、陈会林:《我国宏观税负的口径选择、弹性比及与居民消费关系的实证研究》,《税收经济研究》2012 年第 3 期。

［5］李永刚:《中国税制结构和宏观税负影响因素分析——基于时间序列数据的分析》,《上海立信会计学院学报》2011 年第 1 期。

［6］李永刚:《中国宏观税负高吗》,《社会科学研究》2010 年第 6 期。

［7］许建国、刘源:《关于宏观税负问题研究的文献述评》,《财贸经济》2009 年第 1 期。

［8］刘新利:《论我国宏观税负的发展趋势》,《税务研究》2007 年第 12 期。

［9］安体富、王海勇:《税权、税权划分及其理论依据》,《经济研究参考》2007 年第 55 期。

［10］郭玉清、连晨浩、蒋冉:《中国最优宏观税负规模的估算》,《统计与决策》2007 年第 19 期。

［11］廖楚辉、胡涛:《对我国宏观税负水平判断的几点认识》,《税务研究》2006 年第 12 期。

［12］殷德生:《最优财政分权与经济增长》,《世界经济》2004 年第 11 期。

［13］靳东升、陈琍:《20 世纪 90 年代宏观税负的国际比较》,《涉外税务》2003 年第 5 期。

［14］陈抗、A. L Hillman、顾清扬:《财政集权与地方政府行为变化——从援助之手到攫取之手》,《经济学（季刊）》2002 年第 2 期。

［15］马拴友:《宏观税负、投资与经济增长：中国最优税率的估计》,《世界经济》2001 年第 9 期。

［16］逢锦聚、孙飞:《中国宏观税负合理水平的分析判断》,《南开经济研究》2000 年第 4 期。

［17］王绍光:《分权的底限》,中国计划出版社 1997 年版。

［18］Musgrave, R. A., 1959, "The Theory of Public Finance", New York: McGraw-Hill.

［19］Oates, W.E., 1972, "Fiscal Federalism", New York: Harcourt Brace Jovanovich.

［20］Letelier, S. L.,2002, "Four Essays on Fiscal Decentralization", Ph.D. Dissertation. University of Sussex.

附表　指标体系基础数据（无量纲化）

一、历史数据

年份	财政分权离差量	税负离差量	年份	财政分权离差量	税负离差量
1978	0.0000	0.4276	1997	0.9857	0.2736
1979	0.1569	0.6018	1998	0.9558	0.3971
1980	0.3141	0.7110	1999	0.9238	0.5124
1981	0.4214	0.7815	2000	0.8940	0.5757
1982	0.5003	0.8081	2001	0.8933	0.5984
1983	0.5382	0.8554	2002	0.8904	0.5974
1984	0.5158	0.8556	2003	0.8971	0.6098
1985	0.4415	0.8565	2004	0.9076	0.6520
1986	0.4059	0.8463	2005	0.9271	0.6835
1987	0.3524	0.7859	2006	0.9363	0.7508
1988	0.3108	0.6133	2007	0.9531	0.8327
1989	0.2265	0.5219	2008	0.9687	0.8895
1990	0.3302	0.3343	2009	0.9677	0.9358
1991	0.4389	0.1908	2010	0.9551	0.9690
1992	0.5908	0.0778	2011	0.9440	1.0000
1993	0.7517	0.0511	2012	0.9190	0.9967
1994	0.9644	0.0000	2013	0.8978	0.9705
1995	1.0000	0.0938	2014	0.8854	0.9509
1996	0.9998	0.1616			

二、基准情景

年份	财政分权离差量	税负离差量	年份	财政分权离差量	税负离差量
2015	0.8858	0.9537	2018	0.8884	0.9638
2016	0.8871	0.9576	2019	0.8901	0.9681
2017	0.8876	0.9611	2020	0.8913	0.9709

三、次乐观情景

年份	财政分权离差量	税负离差量	年份	财政分权离差量	税负离差量
2015	0.8858	0.9701	2018	0.8884	1.0289
2016	0.8871	0.9887	2019	0.8901	1.0501
2017	0.8876	1.0091	2020	0.8913	1.0712

四、乐观情景

年份	财政分权离差量	税负离差量	年份	财政分权离差量	税负离差量
2015	0.9031	0.9701	2018	0.9577	1.0289
2016	0.9210	0.9887	2019	0.9781	1.0501
2017	0.9397	1.0091	2020	0.9973	1.0712

第九章 ←

行政体制改革的增长红利研究

行政体制改革的内容包括机构改革和职能转变等，本届政府主要是推动"放管服"改革，特别是以"简政放权"为重要抓手，以"行政审批制度改革"作为"当头炮"和"先手棋"，用政府减权和监管改革，换取市场活力和创造力释放。本章以理顺政府内部权力关系为重点，兼顾政府与市场关系，分析以分权为主线的行政体制改革对经济增长的影响。

一、行政体制改革的进展及成效

改革开放 30 多年来，我国不断推进行政体制改革，取得了一些阶段性进展。下面将从理顺中央和地方关系、削减地方行政层次和推进投资体制改革三个方面分阶段梳理改革进展和成效。

（一）1978—1992 年改革开始启动

开始推行以"分权让利"为主要特征的体制改革。1978 年以后，为更好实现以经济建设为中心的目标，中央政府把相关经济管理权下放到地方，使地方政府逐渐拥有了主导本地经济事务的主要权力，如计划管理权、固定资产投资权、外贸外汇管理权、物价管理权、物资分配权、工资调整权等。同时，将原先由中央管理的大部分企业交由地方管理。以上分权改革有利于地方根据各地特点处理具体事务，既调动了地方主动性和积极性，又便于中央加强宏观层面调控，在一定程度上缓解了中央统筹各项工作的压力。

从地方行政管理体制来看，改革开放之初，曾经设立过行政公署（地区）作为省级政府派出机构加强对地方的管理。此后，为了解决地、市并立关系难以协调等问题，中央提出在经济发达地区将省辖中等城市周围的地委行署与市委市政府合并，实行"市管县"体制。20世纪80—90年代，为了纠正"市管县"体制所导致的压抑县域经济发展活力等问题，曾经掀起过一轮"撤县建市"的热潮，期间我国大约有100多个县成为县级市。为了纠正盲目或跟风"撤县建市"，国务院曾于1986年、1993年两次提高门槛和标准。

这一时期，投资体制改革也进行了有益探索。包括开展基本建设投资"拨改贷"试点工作，扩大施工企业经营自主权，推行利润留成的包干责任制等。1983年，开始实行中央和省（市）两级投资管理体制，并逐步扩大地方投资审批上限。此外，建设资金渠道也不断拓展，企业可以用自身积累资金和折旧基金扩大投入，发行重点建设债和企业债，也可以吸收国际金融组织和外国政府贷款。在这一阶段，私营经济的发展和外资进入也使得投资主体进一步多元化。1988年，中央出台《关于投资管理体制的近期改革方案》，提出加大地方政府重点投资责任等七个方面的基本改革思路，将局部先行试点的主要成功经验推向全国。

（二）1993—2000年改革探索创新

我国中央与地方政府纵向关系从"分权让利"走向完善制度的新阶段。党的十四大把建立社会主义市场经济体制确立为经济体制改革的目标，提出"下决心进行行政管理体制和机构改革，切实做到转变职能、理顺关系、精兵简政、提高效率"，提出"合理划分中央与省、自治区、直辖市的经济管理权限，充分发挥中央和地方两个积极性"。这一时期相继下放了一系列经济社会管理权限，并明确了主要管理权限在不同层级政府之间的分配，改革后地方政府服务经济建设和社会发展的功能得到了进一步加强。

这一时期，地方行政体制改革的重点是核定编制、精简人员，将省、市、县划分为大中小三类，参照各地编制基数，确定各级政府编制总额控制目标。省级机关编制总数精简了 20% 左右，这为转变政府职能奠定了基础。1994 年，中央将广州、武汉等 16 个市升为副省级，赋予更多自主权。同时改组地方政府，加强发展计划、经济贸易、财政和监管职能，同时裁撤工业、商业、物资主管部门。这一时期，有许多地方盲目追求"撤县建市"，十余年间有 400 多个县（接近全国 15%）的县升级为县级市，一度造成县级市区农村人口比重过大，城郊比例失调等问题。鉴于此，1997 年，国务院正式发文暂停"撤县建市"工作。

投资体制改革进一步深化，中央和国务院发布《深化投资体制改革方案》、《促进和引导民间投资若干意见》等规范性文件。为了进一步发挥市场对资源配置的基础性作用，开征"固定资产投资方向调节税"，实现业主责任制，推动政策性投资与商业性贷款分离。通过诸项改革措施的落实，投资资金来源和规模得到拓展，投资效益和社会资本参与度明显提高，公共工程质量和建设水平不断提升。

（三）2001—2013 年改革向纵深发展

行政体制改革向纵深发展，开始从量的缩减转向寻求质的突破，改革工作的重心从精简机构和人员，转变为调整内部权力结构和配置机制。党的十六届二中全会通过《关于深化行政管理体制和机构改革的意见》，各级地方政府把深化职能转变、建设服务型政府作为改革的重要目标。地方政府开始流程再造，建设政府绩效评价体系，推行电子政务等崭新的管理模式。2003 年颁布《行政许可法》，各级地方政府推行行政审批制度改革，建立大量行政审批中心，推行集中办理。党的十七大正式提出"大部门体制"改革，深圳市、上海浦东新区、成都市等不少地方积极进行探索。党的十八大提出，深入推进政企分开、政资分开、政事分开、政社分开，建设职能科学、结构优化、廉洁高效、人民满意的服务型政府，为深化行政体制改革指明了方向。

这一时期，一度实施"撤市设区"纠正"撤县建市"的重复建设、恶性竞争与土地分割，但其压抑了县域自主发展的积极性。为了弥补"撤市设区"

等区划调整工作的负面影响，开始推行"省直管县"或"强县扩权"等改革工作。党的十七大提出减少行政层次，降低行政成本，部分地方加快了行政层级调整，希望通过强县扩权把地级市的经济管理权限直接下放给辖区内的重点县。同期，一些地方政府也开始探索财政方面的"省直管县"模式。

投资体制方面，2003 年十六届三中全会《决定》进一步确立企业的投资主体地位，提出了"谁投资、谁收益、谁决策、谁承担风险"的原则。2004年发布的《国务院关于投资体制改革的决定》，提出要建立市场引导投资、企业自主决策、银行独立审贷、融资方式多样、中介服务规范、宏观调控有效的新型投资体制。具体而言包括，改革投资审批制度，落实企业投资自主权；规范政府核准制，健全备案制，放宽社会资本的投资领域，进一步拓宽企业投资项目的融资渠道。简化和规范政府投资项目审批程序，合理划分审批权限，即按照项目性质、资金来源和事权划分，合理确定中央与地方政府之间、国务院投资主管部门与有关部门之间的项目审批权限，等等。这些改革降低了市场主体参与投资的准入门槛，给予地方政府更多投资决策权和灵活度，能够因地制宜指导本地公共投资项目的开展，在更大程度上活跃了地方投资市场。

（四）2013 年以来改革全面深化

2013 年，党的十八届二中全会通过《国务院机构改革和职能转变方案》，同年通过《关于地方政府职能转变和机构改革的意见》。本届政府下决心将国务院现有的 1700 多项行政审批事项削减 1/3 以上，并指出重点取消和下放的对象是投资、生产经营活动项目的许可权。李克强总理指出，简政放权是在当前形势下稳增长、控通胀、防风险，保持经济持续健康发展的迫切需要和重大举措，行政审批权下放是简政放权的一个突破口。国务院要求强调切实转变"全能型政府"为"服务型政府"。理清政府权责边界，促进市场经济健康有序发展，解决目前部分产业产能过剩问题；转变政府职能，建设服务型政府，减少寻租空间。新一届政府采取的具体改革事项、内容参见表 9-1，截至 2015 年年中取消和下放的行政审批事项已接近千项，激发市场和社会主体活力的成效正在逐步显现。

表9-1 2013年以来行政改革的主要事项和内容

改革项目	改革内容	改革成效
大力削减国务院部门行政审批事项	2013年经过摸底核实，各部门正在实施的审批事项为1526项；2013年分4批取消下放行政审批事项291项；2014年分3批取消和下放246项。截至2016年底，已先后取消或下放国务院部门审批事项618项。	初步实现本届政府任期内国务院部门行政审批事项削减1/3以上的目标。其中，关系投资创业创新和就业的有160多项，有助于提高市场主体活跃度，推动"双创"工作顺利开展
实现行政审批清单化管理	在国务院各部门网站和中央机构编制网上公布所有正在实施的行政审批事项清单，审批清单之外一律禁止；广泛接受社会监督，听取各方意见	通过公开透明的机制设计切实推进了改革，巩固了行政审批体制改革效果，获得了广大公众的广泛理解与支持
全面清理非行政许可审批事项	2014年印发《关于清理国务院部门非行政许可审批事项的通知》，要求能取消的一律取消，确需保留的应依法改为政府内部审批事项。经多次清理，453项非行政许可审批事项中取消了57%，改为行政许可的为4%，调整为政府内部事项或与其他权力合并改革的为39%	全面消除非行政许可审批事项，非行政许可审批这一概念彻底退出历史舞台，可以认为是推进法治政府建设的标志性工程。明确规定，今后不得在《行政许可法》之外新设任何类型的审批事项
推进工商登记前置审批事项改后项	在工商登记中，对外依据法律法规需要取得前置许可的事项，除涉及国家安全、公民生命财产安全等外，商事主体先向工商部门申请登记，取得营业执照后即可从事一般性经营活动	国务院审改办会同工商总局，分3批进行清理，将原有226项工商登记前置审批精简了85%。为企业松绑减负，营造了有利于"双创"的良好市场环境
进一步规范行政审批行为	2014年选择发改委、商务部开展规范行政审批流程试点，国务院印发《关于规范国务院部门行政审批行为改进行政审批有关工作的通知》，提出全面实行一个窗口受理、积极推行网上预受理预审查、推行受理清单制、限时办结承诺制等。截至2016年底，清理规范行政审批中介服务303项。	规范了行政权力，有助于防范和遏制与行政审批权伴生的各类不规范行为和腐败行为

资料来源：课题组根据内部资料整理。

二、行政体制改革影响经济增长的机理

改革开放以来，我国行政体制改革在理顺政府权力关系（优化权力配置结构）方面的主线是"行政分权"，即将经济社会管理权限从本级向下一级政府逐级下放。行政体制改革既能通过 TFP 直接影响经济增长，也能通过增加资本和劳动供给间接影响经济增长。本部分将从要素增加效应、效率改善效应两个方面，分析行政体制改革影响经济增长的机理。

（一）要素增加效应

行政体制改革主要是通过政府逐级放权扩大对地方增加土地、资本、劳动力等要素供给的激励，通过取消或下放投资审批权力，促进投资主体多元化、资金来源多样化，从而增加资本等要素供给。在放权的同时，同步推动政府职能转变，使得政府规模不断缩小、公共服务供给方式发生明显转变都有助于显著提高劳动参与率和资本积累率。

1. 行政分权激励下地方政府要素动员力大幅提高。行政分权为主的行政体制改革，总体趋势是中央向地方政府下放一揽子经济社会管理权力，给予地方更多的自主权。一揽子经济社会管理权力的范围很广，包括财权、事权、投资权、人事权、行政区划调整权等。地方政府对辖区内经济社会发展现状和资源禀赋情况更为了解，能够从实际出发自主决策，适应发展市场经济的需要，有更大的独立性和积极性致力于本地区的经济和社会发展。在权力下放方面，不仅中央政府注重对省级政府放权，同时省（市）政府也注重对地市、县下放地方事务管理权，受到行政放权改革的正向激励，各级地方政府展示了前所未有的活力，其承担的经济管理职能越来越重。从劳动力、资本收入的角度来看，有学者认为行政分权给地方政府通过压低劳动力价格、优惠土地出让及信贷干预等手段吸引资本提供了机会（熊柴、黄薇，2010），这些方面都是地方政府激励市场投资主体尤其是外来投资者的有力抓手，取得了较明显的要素增加效应，能够在较短时间内获得较高增长率。

2. 扩权强县改革有利于增加县域经济发展的要素供给。从积极方面来讲，无论是早期的撤县建市还是后来的扩权强县，主要是将一些部分原属于地级市的经济、社会管理权限直接下放给县一级的政府，有助于打破"市管县"体制，更好化解市县两级的管辖冲突，减少地级市对中央或省级下拨资金、物资等的截留，增加对县域经济发展的资本和资源等要素供给，从而恢复或增强县域经济发展活力。尤其是在基础薄弱或后来升级的地级市范围，扩权强县等改革有助于改变地级市"小马拉大车"的情况，使得县域经济摆脱经济实力较弱的地级市的束缚，增强自身对土地、资本等要素的动员与配给能力，扩大对周边区域的辐射带动作用，从而有利于经济增长。

3. 投资体制改革显著增加了资本投入。一是投资主体多元化。下放固定资产投资审批权使地方政府成为了独立的投资主体，"拨改贷"使得企业摆脱政府主导而成为真正的市场投资主体。由政府投资为主，转向了政府、企业、个人等多元投资主体的混合参与模式，显著提高了社会资本参与率，增大了资本要素供给。秉持"谁投资、谁受益、谁决策、谁承担风险"的原则，投资体制改革不断深化，企业已经成为最重要的投资主体，体制改革解除了其增加资本等要素供给的后顾之忧。二是资金来源渠道拓展，融资方式多样化。投资体制改革形成资金来源多样化格局，投资的主要渠道由政府财政拨款转向国有银行贷款和企业自筹，而且银行资金已经取代政府公共资金，成为仅次于企业自筹资金的主要来源，改革开放以后先后几轮大力引进外资，进一步发挥了市场配置资本要素的作用，显著增加了资本投入，提高了资本参与率。

4. 政府职能转变有助于劳动参与率和社会资本参与率的提高。深化行政体制改革，政府从计划经济下的管控型政府向顺应市场经济的服务型政府转变，逐步将市场和社会可以自我调节的事务交给市场主体和社会组织，有助于动员更多人力资源和社会资本参与经济发展。20世纪末21世纪初以来，政府较大范围推行公用事业民营化、公共服务供给市场化改革，尤其是2013年以来，政府鼓励采取PPP等特许经营方式吸引社会资本参与公共服务供给、公用事业基础设施建设，显著增加了人力资本和资金等要素供给。更多市场和社会主体参与提供多样化公共服务，有助于提高公共服务供给数量和质量，无需地方政府投入更多资源参与公共服务供给，客观上也有助于抑制地方政府规模扩张，进而有利于社会劳动参与率和资本积累率的提高，由此形成了良性循环，有助于持续获得增长红利。

（二）效率改善效应

行政体制改革以简政放权为主线，下放权力的同时也抑制地方政府规模扩张，推进行政机构扁平化建设，这有助于人力资源和资金要素的结构重配、集约利用，有助于提高要素投入效率，减少增长负外部性，提高增长质量和包容性。

1. 政府规模缩减、职能转变有助于资本要素在公共部门和私人部门之间的结构重配。中央向地方下放一揽子经济社会管理权限，并没有放任地方政府人员和机构扩张，而是强调精简机构、压缩编制。在从全能政府向有限政府转型的过程中，地方行政管理体制改革也使地方政府逐渐从"越位"领域退出，相关管理部门失去了存在的必要，很多机构被缩减，政府规模得到了有效控制。以20世纪末21世纪初的地方行政管理体制改革为例，省级编制精简了47%，市县编制精简了19%（黄新华，2009）。以2003年全国30个省级行政单位（港、澳、台、藏除外）为样本的定量研究发现，经济发展水平与地方政府规模有负相关关系（潘卫杰，2007）。就机理而言，地方行政管理体制改革直接抑制了地方政府规模扩张，政府精简机构、缩减编制后节省的人力成本和行政成本，以人力、资金等资本形式从公共部门转移到私人部门，用于发展地方经济，结构重配效果明显，通过投入结构和效率改善，有助于拉动经济增长。此外，得益于投资体制改革，公共财政资金不再是投资项目的主要资金来源，可以从商业性项目中抽离出来，更多集中于保障民生的公共服务项目，这种资本要素的结构重构有助于改善增长质量，提高增长包容性。

2. 行政体制扁平化和健全投资管理体制有助于资本集约利用，提高投资效率。从最初的撤县建市到近年来的扩权强县，有助于地方行政结构扁平化，减少行政层次，避免公共资金、资源逐级下拨过程中的"雁过拔毛"，尤其是在地市一级的空耗，能够提高公共资金集约利用效率，效率改善效应较为明显。投资体制改革明确划分了企业投资和政府投资范围，取消或下放投资审批权力的同时，加强了对各类投资主体行为的规范化、有序化监管。实施"代建制"规范了政府投资行为,落实基本建设项目业主责任制将负责项目投资全过程的管理机构与政府剥离;推行项目建设法人责任制,要求投资决策权与投资风险责任对等,经营性投资项目必须落实资本金才能开工,这都强化了投资风险约束机制。这些改革都有利于提高投资效率、改善投资效果,从而有利于经济增长。

3. 理顺政府内部权力结构有助于节省交易成本,提高地方经济发展效率。行政成本是一种最重要的制度交易成本,行政管理体制改革,有助于削减和合并不必要的机构,使得财政供养人群维持合理规模,避免机构臃肿、人浮于事,直接降低了行政成本,提高了行政效率。尤其是行政放权有效减少了管理层次,赋予各级地方政府从实际出发的自主决策权,不用"跑部钱进"(大小事情往中央跑),大幅节省了行政成本和地方经济发展的机会成本,从而对地方经济增长效率提升有积极影响。纵向看,地方行政管理体制改革逐步理顺了不同层级地方政府经济社会事务管理权限;横向看,调整了部门之间的职能配置和权责关系,有助缓解"功则相争、过则相诿"等问题。通过明确划分公共部门职责,有助于削弱公共部门对信息的垄断,缓解公共部门与私人部门之间的信息不对称,客观上有益于市场主体节省搜寻成本和信息成本。近年来,通过改革逐步理顺行政执法体系,多头执法、多层执法、重复执法等现象得到遏制,有助于市场主体节约协调政府事务的交易成本。

4. 政府职能转变有助于弥补市场失灵,减少经济增长的负外部性,提高经济增长质量和包容性。党的十六大以来,着重调整和加强了政府宏观调控、金融监管、应急管理、安全生产、能源规划、环境保护、公共卫生、社会保障等领域的管理体制和机构设置,这些职能调整与设置有助于弥补经济高速增长时期的各类市场失灵问题。地方行政体制改革有助于因地制宜化解"城乡二元结构"矛盾,缩小城乡发展差距,提高经济增长的包容性。通过扩权强县等改革,县级拥有行政、人事、财政一揽子权力,拥有区域内主要公共事务的决策权,能够更好地提供优质、高效的公共产品与公共服务。同时,能够避免地级市依仗行政权力截留资金,挤压县级财政使得城乡差距不断拉大,避免上级政府利用资源配置权力将各种人力、物力资源向市区集中，区域发展政策一味向城市偏移，避免政府官员偏重城市建设和区域经济总量提高，把大部分资金、人力和物力投入到城市发展上，而忽略农村农民发展需要。

5.投资体制改革优化了政府宏观调控能力，有利于提高投资效率和增长质量。深化投资体制改革后，建立基金制、成立投资公司，政府投资职能区别于一般行政职能；政府通过存款准备金率、中央银行贷款利率等间接手段对投资活动进行调控；完善项目审批制度、对重大建设项目实行稽查特派员制度、组建国家开发银行和进出口银行等政策性银行，及对符合产业政策并达到规模经济的投资项目给予贷款、贴息、债券及投资方向调节税率等方面的扶持优惠，这些都有助于进一步优化投资调控方式和手段，从而提高投资效率与效益，夯实经济增长的后劲与根基。

三、行政体制改革指数构建及评价

行政体制改革的主要内容是简政放权。取消或下放行政权力，有助于激发市场主体活力，为经济增长提供一定的制度保证，为其他领域改革的顺利开展创造条件。行政体制改革指标主要测度的是纵向的行政分权，即中央政府对地方政府下放行政权力。为测度行政体制改革效果，理想假设是分权越多，意味着给予地方的自主支配权越多，地方越能因地制宜地灵活协调资源促进当地经济发展。投资权下放能够减少层层上报的审批事项，极大地精简项目落地过程中不必要的审批程序，使项目的落地时效性更强。

（一）行政体制改革指标构建

行政体制改革指数包含两个二级指标：行政分权指标和投资审批权下放指标。两个二级指标又细分为若干三级指标。行政体制改革指数是由这些指标合成。

1. 指标的选取

（1）行政分权指标

选取改革指数体系的关键在于如何使指数能够较为全面地反映改革所带来的各种经济变化。目前，部分专家学者（熊柴、黄薇，2010）从政府管理成本的角度构建了行政分权指数。一是从行政收入的角度构建指标来衡量行政分权，即行政收入占地方财政收入比重，公式是：（行政性收费＋罚没收入＋专项收入）/地方财政收入。假设地方政府的行政性收费、罚没收入和专项收入的占比越大，地方政府拥有的行政权力就越大，中央对地方政府行政分权水平就越高。二是从财政支出角度看，采用行政管理费（一般公共服务）占财政支出的比重作为衡量指标，该比重提高是地方获得更多上级下放的行政管理权的一种表现。

*行政分权收入指标：比重型指标。*以行政权下放为特征，通过地方行政收入占地方财政收入比重反映，比重越高，说明地方获得的行政权越多，通过行政性收费、罚没收入、专项收入等来源获得的财政收入比重越大，说明地方政府可以运用更多财力，增强在经济建设方面的调度能力。考虑到地方的权力和财力较弱可能导致地方政府通过行政性收费、罚没收入、专项收入等获得收入，因此我们考虑从行政分权支出角度构建联合指标，由其与行政收入指标共同组成行政分权指标的二级指标。

*行政分权支出指标：比重型指标。*该指标反映地方由于获得的行政权增加（或减小），行政管理费用相应提升（或降低），进而在地方财政支出中的比重增加（或降低）。这里假定，增加的快慢反映了行政分权改革推进进度的加快或减缓。不过由于中央和地方事权划分不清晰，地方处于相对弱势地位，不得不履行本该由中央履行的支出义务，可能也体现为该指标数值增加。鉴于此，我们考虑到从投资权下放的角度来构建相关指标，以完善行政改革指标及其指数的构建。

（2）投资审批权下放指标

在投资权下放上，改革效果主要体现在投资主体类型的增多，过去依靠国有企业作为投资主体的局面有所改变。另一方面，从投资渠道上看，从建国初期的国有预算资金作为主要资金来源，逐渐转变为通过国有银行贷款或自筹资金作为主要资金来源。故使用以下指标反映经济体制改革成效：一是投资主体多元化（与规范化）指标，在测算时采用政府外投资，即主要是公有制企业投资占比指标表述，表明随着投资权下放，投资主体更加多元化，民间资本与境外资本的投资热情也相对更高；二是融资渠道多样化，采用国有银行与企业自筹资金占比指标表述，表明融资逐渐转向银行贷款与企业自筹的方式。

投资主体多元化指标：比重型指标。该指标反映投资主体从单纯国有企业投资与国有资金的使用，转变为社会投资比重上升。

投资渠道多样化指标：比重型指标。反映市场主体进行投资的资金来源不再局限于政府拨款等公共财政预算，而是通过银行贷款与自筹等更多方式获得。

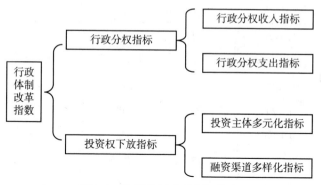

图9-1 行政体制改革指标体系

2. 指标的合成

本文首先通过相关原始数据构建出以上所列的几个二级指标，然后，借鉴樊纲、王小鲁等（2011）市场化指数构建方法，以尽可能地标准化各子指标序列。但是，由于行政体制改革指数构建的机理并不同于樊纲、王小鲁等（2011）构建市场化指数的机理，后者认为市场化过程存在一个理想最优的状态，但我们认为行政体制改革并不存在一个最优的状态，多数的行政体制改革，是对当时情景下的体制机制约束做出的适应性调整。因此，各子指标并不需要完全做标准化处理，在此基础上我们根据专家打分法确定各子指标的权重。按照行政体制改革历史阶段，本文分 1978—1992、1993—2002 和 2003—2013 三个阶段确定权重（见表 9-2）。最后，本文再根据各子指标的原始指数，分阶段以权重加成的方式加总合成行政体制改革指数 [①]（详细数据见表 9-3）。

表 9-2　行政体制改革子指标权重

年份	权重			
	行政分权		投资权下放	
	行政收入	行政支出	投资主体多元化	融资渠道多样化
1978—1992	0.25	0.15	0.4	0.2
1993—2002	0.15	0.3	0.25	0.3
2003—2013	0.2	0.25	0.25	0.3

表 9-3　行政体制改革指数

年份	改革指数	年份	改革指数	年份	改革指数
1978	0.0459	1990	0.5187	2002	0.7929
1979	0.1060	1991	0.5399	2003	0.8576
1980	0.1619	1992	0.5581	2004	0.8716
1981	0.2641	1993	0.6488	2005	0.8735
1982	0.3296	1994	0.6922	2006	0.8968
1983	0.3333	1995	0.7035	2007	0.9057
1984	0.3587	1996	0.7192	2008	0.9266
1985	0.4391	1997	0.7179	2009	0.8995
1986	0.4508	1998	0.7118	2010	0.8908
1987	0.4788	1999	0.7043	2011	0.9490
1988	0.5319	2000	0.7346	2012	0.9529
1989	0.5426	2001	0.7589	2013	0.9613

数据来源：课题组测算。

---

① 为方便比较与后面的预测工作，总指数不进行标准化处理。

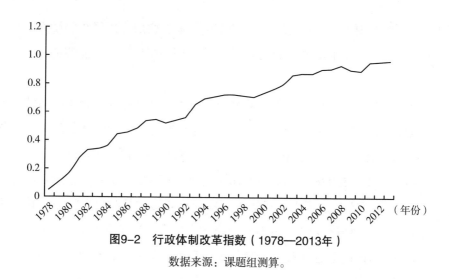

图9-2 行政体制改革指数（1978—2013年）

数据来源：课题组测算。

计算结果显示，行政体制改革指数的趋势与实际改革进度基本一致。改革之初，我国在内外交困的背景下开始启动行政体制改革。该阶段改革下放了经济管理、财政收支、人事管理权限，并落实干部队伍"四化"方针，逐步建立完善离退休制度。1978—1992年，改革进展相对较快，改革指数从零扩大到0.51的水平。20世纪80年代末90年代初的改革，重点是转变政府职能，中心任务是政企分开，着力加强政府宏观调控。从改革指数来看，先慢后快稳步推进1998年的行政体制改革和机构改革是建国以来规模最大的一次，工业经济部门被撤销，政企不分的组织堡垒被进一步消除。到2002年，行政体制改革指数相对1993年提高了0.15左右。2003—2013年，行政体制改革进程放缓，2013年前后重新提速，指数有明显提升，说明该阶段以简政放权为重点的全面深化行政体制改革取得了较为显著的成效。

从改革的贡献看，在改革开放初期的五年间（1979—1984年），由于政府管理观念转变，着力发挥社会主义市场经济的优势，行政化手段不断减少，该时期行政体制改革对全要素生产率的提升作用明显高于其他领域，直接贡献率达到146.3%，仅略低于开放的贡献作用。行政体制改革通过提高全要素生产率（TFP）而对经济增长发挥了重要支撑和促进作用，对经济增长直接贡献率达到49.6%。在这一时期，中央为解决地、市并立存在难以协调的问题，实行了"市管县"体制。这一改革较好地解决了地方政府在以经济建设为中心开展工作时遇到的行政体制上的摩擦问题，从而使基层地方政府能够更好地开展经济建设工作。

1985—2002 年，我国社会主义市场经济体制逐步建立，处于经济转轨阶段的行政体制改革对 TFP 和经济增长的作用基本稳定。行政体制改革对增长的拉动存在边际效应递减，1985—1992 年对 TFP 的贡献率是 38.9%，1993—1997 年是 21.6%，1998—2002 年是 16.8%，相对于改革初期发生了较大下降。这一时期，投资体制改革先后经历了基本建设投资"拨改贷"试点、扩大企业自主权、利润留成、包干责任制、逐步扩大地方投资审批上限等，并出台了《关于投资管理体制的近期改革方案》等一系列改革举措，在投融资体制方面为地方政府推动经济建设松绑，使得行政体制改革推动 TFP 和经济增长的作用得到进一步发挥。

2003—2004 年，我国开始了完善社会主义市场经济的进程，并且为了尽快适应国际规则与对外开放新格局，新一轮行政体制改革也有所加快，对 TFP 增长和经济增长的直接贡献率分别为 30.6% 和 8.3%，均远高于其它改革的直接贡献。行政改革指数的较快上升，与当时行政改革较快推进等事实基本上是一致的：党的十六届二中全会通过《关于深化行政管理体制和机构改革的意见》，2003 年又颁布了《行政许可法》，2003 年十六届三中全会《决定》进一步确立企业的投资主体地位，2004 年《国务院关于投资体制改革的决定》要求改革投资审批制度，落实企业投资自主权等，使微观经济主体发展受到的体制性约束明显减弱，经济活力明显增强。

2005—2013 年，由于受金融危机影响，行政体制改革的步伐略有减缓，但整体上依然向前。该阶段行政体制改革对 TFP 增长和经济增长的直接贡献率分别为 7.3% 和 1.8%，从横向与纵向比较看均属于较低水平。主要原因是，中央当时做出了完善社会主义市场经济体制改革的决定，经济体制不断建立健全，市场经济主体的活力被进一步激发，支撑经济增长的劳动力、资本、土地、技术等要素贡献度不断上升，相比之下，行政体制改革的直接作用显得并不明显。

四、分情景预测行政体制改革指数

党的十八大报告明确提出，行政体制改革是推动上层建筑适应经济基础的必然要求。未来要着重深化行政审批制度改革，继续简政放权，推动政府职能向创造良好发展环境、提供优质公共服务、维护社会公平正义转变，稳步推进大部门制改革，健全部门职责体系。这为下一步行政体制改革指明了方向，将为社会主义市场经济的发展进一步增添活力。

（一）行政体制改革的分情景指数预测

对应于行政体制改革进程，将预测分为三个情景（情景预测结果如图9-3所示），分别对应近年来推出改革的进度（基准情景）、较目前改革进度略有加快（次乐观情景）以及按照2020年改革目标达成所确定的改革进度（乐观情景）。需要补充说明的是，此处对未来时段的行政改革指数的设计没有采用趋势外推（因为行政体制改革本身并不具有规律的趋势性和周期性），也没有采用简单的延续过去权重加权合成，而是采用了简单的增量设定，即假设行政体制改革指数按照三种不同的速度（能够反映其过去一般增速的平均趋势水平，并且考虑到其应有上下限约束并有趋于稳定收敛的趋势）来设定的。

1. 基准情景

假定按照目前已推出的各项行政体制类改革的力度持续到2020年，主要包括行政审批权下放进度保持平稳、简政放权扎实推进、投资权下放保持现有的进展水平。

表9-4 行政体制改革指数（基准情景）

年份	行政体制改革指数	年份	行政体制改革指数
2014	0.9813	2018	1.7763
2015	1.0013	2019	1.9793
2016	1.0213	2020	2.1813
2017	1.5733		

数据来源：课题组测算。

从预测结果看，2014—2020年间，基准情景下，行政体制改革对TFP增长的贡献度为0.05个百分点（表9-5），较改革开放以来的1978—2013年间平均贡献度下降近1.1个百分点。对TFP增长的贡献率为3.4%，较改革开放以来的历史平均水平下降37.1个百分点，贡献率下降明显，而且远低于其它改革对TFP增长的贡献率，显示单纯的行政体制改革对全要素生产率的提高直接影响已经较小，前期行政体制改革对TFP增长的贡献率已趋近临界点，未来的行政体制改革对经济增长的贡献作用可能主要是通过其它渠道发挥。从对经济增长的贡献率看，这一阶段比改革开放以来的平均水平低了10.9个百分点，也说明行政体制改革逐渐减少了直接对经济增长的影响。

表9-5 分情景行政体制改革的直接贡献

年份	对TFP贡献度（百分点）	对TFP贡献率（%）	对经济增长的贡献率（%）
1979—1984	4.76	146.31	49.6
1985—1992	0.98	38.91	10.3
1993—1997	0.89	21.60	7.8
1998—2002	0.35	16.80	4.2
2003—2004	0.83	30.62	8.3
2005—2013	0.19	7.34	1.8
1979—1992	2.35	81.31	24.6

续表

年份	对 TFP 贡献度（百分点）	对 TFP 贡献率（%）	对经济增长的贡献率（%）
1993—2002	0.62	19.97	6.4
2003—2013	0.30	11.72	3.1
1979—2013	1.15	40.49	11.7
2014—2020（基准）	0.05	3.40	0.8
2014—2020（次乐观）	0.07	3.42	1.0
2014—2020（乐观）	0.09	3.54	1.1

数据来源：课题组测算。

2. 次乐观情景

假定未来更加积极地推进各行政体制改革，行政审批权和投资权下放进度较基准情景加快。从预测结果看，次乐观情景下的 2014—2020 年间，行政体制改革对 TFP 贡献度为 0.07 个百分点（表 9–5），但仍较改革开放以来的1978—2013 年间平均贡献度下降 1.08 个百分点。对 TFP 增长的贡献率为 3.4%，较改革开放以来的历史平均水平下降 37.1 个百分点。从对经济增长的贡献率来看，这一阶段比改革开放以来的平均水平低了 10.7 个百分点，也说明行政体制改革逐渐减少了直接对经济增长的推动作用。该情景下，未来行政体制改革对经济增长的推动作用较基准情景略好。

表 9–6　行政体制改革指数（次乐观情景）

年份	行政体制改革指数	年份	行政体制改革指数
2014	0.9722	2018	0.9833
2015	0.9743	2019	0.9861
2016	0.9773	2020	0.9883
2017	0.9803		

数据来源：课题组测算。

3. 乐观情景

假定按照党的十八届三中全会《决定》的部署，到 2020 年，行政审批权下放和投资权下放目标基本实现。从预测结果看，乐观情景的 2014—2020 年间，行政体制改革对 TFP 的贡献度为 0.09 个百分点（表 9–5），跟基准情景相同，但仍较改革开放以来的 1978—2013 年间平均贡献度下降 1.06 个百分点。对 TFP 增长的贡献率为 3.54%，较改革开放以来的历史平均水平下降 36.95 个

表 9–7　行政体制改革指数（乐观情景）

年份	行政体制改革指数	年份	行政体制改革指数
2008	0.9266	2015	0.9823
2009	0.8995	2016	0.9813
2010	0.8908	2017	0.9883
2011	0.9490	2018	0.9913
2012	0.9529	2019	0.9943
2013	0.9612	2020	0.9963
2014	0.9802		

数据来源：课题组测算。

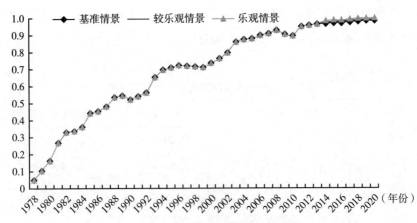

图9–3　分情景改革指数预测

数据来源：课题组测算。

百分点，贡献率下降明显，但仅比以上两种情景下降略少，依然显示单纯的行政体制改革对全要素生产率的提高直接影响已经较小，生产率提高可能更多地依靠已经通过行政审批权下放等带来的其它领域的增长红利。从行政体制改革对经济增长的贡献率看，这一阶段比改革开放以来的平均水平低了10.6个百分点，也说明行政体制改革的下降会大幅减少其直接对经济增长的影响，乐观情景显示的经济增长效果比基准情景和较乐观情景略好。

最后，需要补充说明一点。行政体制改革主要是通过对政府层级间相关权力关系的调整，来实现对政府和市场关系的调整，从而降低整个市场经济制度运行的交易成本，间接地促进经济增长。其对经济增长的影响主要通过供给侧来体现，而对需求侧的影响并不直接、也不太明显。单从供给侧来说，行政体制改革对经济增长的直接促进作用相对较小，其主要是通过与其他领域改革相配套或为其他领域改革提供支撑来间接体现和传导。本章主要估算的是行政体制改革对经济增长的直接贡献，通过其他领域改革传导的间接影响（已算作其他领域的直接影响）不予更多考虑，因此，就影响估算的数值而言可能会比直观感觉偏低一些。

五、制约行政体制改革释放增长红利的主要问题

尽管行政分权能够带来增长红利，但是财权与事权、行政集权与行政分权、属地管理与垂直管理的矛盾，始终困扰着中央与地方关系的处理，处理不好可能对经济增长造成负面影响。

（一）行政分权与财政分权的制度相容性或匹配性影响经济增长

"分权"最主要的两个方面是"行政分权"和"财政分权"。无论是"中央和地方权力关系"，还是"省以下政府权力关系"，都涉及行政分权、财政分权及两者的相互匹配问题（表9-8）。

表 9-8　分析政府分权的两个维度

分析维度	行政分权	财政分权
中央和地方（省级）关系	下放行政审批权 （重点是投资审批权）	推行"分税制"
省级以下政府权力关系	撤县建市、扩权强县	省直管县

改革开放以前，财权事权都高度集中在中央，改革开放以后实行财政"大包干"，若干年后发现"地方富、中央穷"，于是有了 1994 年的分税制改革。1994 年的分税制改革调整了中央和地方之间收入分配关系，但并未对中央和地方之间的事权进行明确或重新划分。"事权和支出责任不匹配"的主要表现是"事权重心下倾，财权重心上移"，即中央将较多事权下放给省级，但是省级并没有获得配套执行的财力或者说中央并非尽到应尽的支出责任，这对经济增长尤其是高质量的经济增长而言，影响是消极的。财政收入越来越多地集中到中央，中央财政收入占全部财政收入的比重已逐步提高至 50% 以上，而中央和地方之间事权配置却一直未有明显调整，省级政府财力与本级实际承担的事权相比明显力不从心。

基层行政分权和财政分权对经济增长影响的路径不尽相同，两类分权之间的矛盾同样影响经济增长。行政分权（如扩权强县等）通过吸引更多新企业、提高企业平均利润率来促进经济增长，财政分权（如财政上的省直管县）则是通过增加财政收入来刺激经济。从各省推行"扩权强县"试点的文件中可以看出，行政权力的下放主要侧重于简化项目审批和投资核准程序，宽松的投资环境有利于企业创办和经营。实践中，行政权限下放后新企业注册数量和企业经营平均利润率都有显著提升。但是财政权力下放对企业新增数量可能是正向影响，而对企业平均利润率影响具有不确定性。财政权下放后，地方本级有更多资金资源吸引企业到本地注册，但作为省直管县的县政府可能为了获得更多财政权力和财政收支分成，而对高利润的企业征收更高的税，从而导致企业平均利润率有所下降。

在基层，行政分权和财政分权都是通过拉动投资促进短期经济增长，这一粗放发展模式恐难持续，难以从根本上提升企业效率并降低区域资源错配程度。分权改革有可能会带来负外部性使得周边县乃至整个地级市情况恶化。首先，扩权强县和省直管县试点县的经营环境更加优越和宽松，它们会把周边县的一些企业吸引过来，从而可能"吸干"周边县的资源。其次，试点县与省政府直接分享财政账户，地级市可能会"挤压"还没有进行改革试点的周边县财政收入，使得这些县在投资、财政转移支付都出现不足。再次，分权可能产生税收竞争，使得那些拥有更大财政权力的县获得更多优势，而没有获得财政权力的县由于市场分割、地方保护而受到负面影响。可见，基层行政分权和财政分权改革很难形成合力，同步提升周边县的企业全要素生产率，难以大面积改善资源配置效率，对整个区域经济发展起到实质带动作用。

（二）行政分权与行政集权的动态平衡影响经济增长

地方政府逐渐演化成具有独立经济利益诉求的利益主体，强化了以经济建设为重心的行动逻辑，有限的财力从事"铁公基"等基础设施投资，短期内可能获得较快的 GDP 增长，但却忽视了社会发展领域的文化、教育、养老、医疗和公共卫生支出责任的落实，出现互相推诿扯皮，妨碍了经济增长包容性的提高。换言之，增长侧重数量而忽视质量和内涵。一直以来，中央与地方政府间权力的调整主要是通过政府内部文件进行，没有成文法律的刚性约束，容易导致权力调整的随意性和非理性。同时，地方政府作为"另类市场主体"的角色与市场监管者的身份认同容易发生冲突，从而在法律制度制约的真空、漏洞地带逐渐滋生了各种地方保护的变异行为甚至是权力寻租行为。在地方"诸侯经济"的特殊经济格局下，纵向上地方政府与中央政府展开控制与反控制的博弈，同时"块块"（地方）与"条条"（各部门）之间相互封锁，妨碍了全国统一市场的形成与发展，有碍公平公正透明的市场竞争环境的形成，从而可能对经济增长效率和质量产生负面影响。

（三）属地管理与垂直管理模式的转变影响经济增长

1998 年以前，主要行业主管部门和监管部门一般是属地管理，1998 年曾经将主要监管机构变为省以下垂直管理，部分变成中央垂直管理（如煤炭安全生产监管），2003—2010年又陆续下放给各级政府进行属地管理。在处理资源调动、影响范围局限本地的事务方面，属地管理比垂直管理更有灵活性和适用性，在这些方面可以说属地管理比中央管理更有效率，而且越往基层放权，行政效率越高，对经济增长越有利。但是，目前存在大量跨界跨区域跨流域的事务（如海关带有主权色彩，金融、环保、食药安全等外部性很强），需要中央切实承担事权，加强统一管理，通过设置垂直机构来协调地方一致行动。在这方面，中央和地方关系，抑或说行政集权与行政分权需要寻找到一个平衡点，才能有利于经济增长和社会发展。

六、深化行政体制改革、促进经济增长的建议

为了使行政体制改革对经济增长的红利能够得到全面释放，应持续深入推进简政放权，以"减量、提质、增效"为目标深化行政审批体制改革，进一步优化政府内部的权力结构，正向激励政府"条条块块"参与深化"放管服"改革。在此基础上，完善防范行政审批项目反弹的长效机制，加强现代市场监管体系和能力建设，力争走出"一放就乱、一乱就收"的体制改革怪圈。

（一）破除部门利益羁绊，持续深入推进简政放权

一是行政审批体制改革要以解决市场主体参与市场竞争碰到的现实问题为导向，要广泛听取企业、行业协会和地方政府及相关部门建议，避免部门自说自话、自己改自己。妨碍市场主体自由进入、自主经营的整个权力链条，涉及的所有部门都要同步取消审批或下放权力，以便地方和基层用一个整合的公共服务平台承接权力。二是防止行政审批权出现"自由落体式"下放，中央和省级政府向下级转移经济社会管理权限，尤其要考虑地方尤其是基层的承接意愿和能力。三是将行政机构和职能合并后，要进行统一的流程再造，按现代行政管理对象和工作的内在联系而并非部门之间原有利益格局确定工作流程。推动大部制改革和政府职能转变，并不是简单地排列组合各个部门和内设机构，

要避免表面上将多个部门合成一个，实际上将部门之间的推诿变成内设机构之间的扯皮。四是切实加强内部沟通和公众监督，制定部门之间信息共享准则，建立打通工商、税务、公安、金融等各类政府部门信息的公开数据归集系统，打破各式"信息隔离带"或"信息孤岛"。

（二）规范保留的行政审批事项，加强现代市场监管体系建设

一是对于确需保留的行政审批事项，应减少环节、压缩时间、简化程序，最大限度规范审批自由裁量权。严禁各种形式变相新增审批，逐步建立法治规范、权责一致、公开透明、统一高效的行政审批制度。二是要加强现代市场监管体系和能力建设，完善监管组织体系，积极创新监管方式方法，全面提升监管执法效能。建立跨部门和跨行政区域的综合监管与执法体系，调动企业、公众、社会组织等多元力量构建协同治理的现代监管体系。积极运用互联网、大数据等信息化手段，推动"智慧监管"、"阳光监管"体系的构建。三是建立能够发挥垂直管理与属地管理各自优势的混合体制。采取专项执法成本垂直保障、机构运行成本由本级保障的混合模式，降低对欠发达地区专项转移支付的资金配套比例要求，严格专项执法经费的专款专用，为基层重点领域的市场监管提供充足的执法资源保障。

（三）完善改革联动机制，形成各部门协同推进的合力

一是加强对改革共性问题和体系建设的深入研究，取消或下放审批权等深化简政放权的措施，要与行政机构改革、事业单位改革、行业协会脱钩改革、央地事权划分等改革紧密结合。结合当前正在开展的行业协会商会与行政机关脱钩改革，应加快转移适合由行业协会商会承担的公共职能。同时，集中清理、规范与行政审批相关的技术审查、评估、鉴证、咨询等前置性中介服务环节。二是加强国务院部门之间的会商与协调，强化对地方行政体制改革工作的督导。明确审批部门和行业管理部门各自职责，按照"谁审批、谁监管"的原则，进一步明确各部门对市场主体及经营行为的监管职责，既要避免职责交叉错位，又要杜绝监管空白。

（四）深化投资审批体制改革，改善中央补助金使用效果

一是要持续深化投资审批权下放改革，进一步修订政府核准的投资项目目录，再下决心砍掉一批"含金量更高"的投资审批核准权限，提出新一轮拟取消或下放的企业投资核准项目，同步推进节能评估审查取消和下放，力争实现所有保留的投资审批事项只审批一道，同时还要精简一批投资领域的中介评估服务事项。二是改善"中央补助地方的投资项目资金"使用效果。带有财政转移支付项目性质的中央补助金属于行政给付，应由部门分散划拨转变为财政部门统一划拨，划拨过程中要听取部门意见。要改变"点多、面广、量大"、"带帽子"下拨的传统方式，而采取打捆下拨到省级的方式，由省级统筹安排，并根据区域差异进行自主调节。

（五）健全评估问责机制，建立抑制行政权力滥用的长效机制

一是建立绩效评估结果公示和反馈机制，健全责任追究制度。强化对行政部门和监管机构的约束，抑制滥用权力并减少决策失误。既要加强对不作为或乱作为的惩戒与问责，又要建立引导地方主动作为的激励机制。二是通过引入成本－收益分析的理念，大幅削减不必要或低质量的干预措施，改善行政体制改革效果与质量。对于拟出台的改革政策要进行影响预评估，解释改革目标、面临风险及关键参数，据已有资料就其对经济社会各方面可能产生的影响进行全面评估。对于已经实施的改革措施要进行效果后评估，重点是是否实现了预定目标，实施过程中有哪些不足。为了增进民众对改革政策的理解与认同，影响评估报告要及时向社会公布并接受问询。三是建立政府机构信用档案，在推进公私合作伙伴关系（PPP）等特许经营过程中，将有关部门与机构违背对公众承诺或消极不作为的行为记录在案，作为对社会主体参与公共项目投资的重要风险提示内容予以公开。

（郭丽岩　肖　潇　杜秦川）

参考资料目录

［1］樊纲、王小鲁、朱恒鹏：《中国市场化指数：各地区市场化相对进程 2011 报告》，经济科学出版社 2011 年版。

［2］熊柴、黄薇：《行政分权、财政分权与劳资收入不平等》，《制度经济学研究》2010 年第 2 期。

［3］黄新华：《市场经济体制建立和完善进程中的地方政府治理变革》，《政治学研究》2009 年第 2 期。

［4］中央机构编制委员会办公室：《我国行政管理体制改进程的回顾》，《人民日报》2008 年 12 月 18 日。

［5］周光辉：《从管制转向服务：中国政府的管理革命》，《吉林大学社会科学学报》2008 年第 3 期。

［6］庞明礼：《"市管县"的悖论与"省管县"的可行性研究》，《北京行政学院学报》2007 年第 4 期。

［7］潘卫杰：《对省级政府规模影响因素的定量研究》，《公共管理学报》2007 年第 1 期。

［8］周敏凯：《解读责任政府的两项主要目标：民主责任意识与全面责任制度》，《中国行政管理》2004 年第 4 期。

［9］宋世明：《遏制"部门职权利益化"趋向的制度设计》，《中国行政管理》2002 年第 5 期。

附录：指标体系基础数据

一、分项指标数据

年份	行政收入角度	行政支出角度	非公有制企业投资占比	国有银行与企业自筹资金占比
1978	0.0325	0.1314	0.6	0.16
1979	0.0436	0.2952	0.65	0.17
1980	0.0467	0.5205	0.7	0.18

续表

年份	行政收入角度	行政支出角度	非公有制企业投资占比	国有银行与企业自筹资金占比
1981	0.0478	0.7801	0.719	0.31
1982	0.0523	0.8777	0.773	0.31
1983	0.0568	0.8854	0.762	0.33
1984	0.0565	0.8599	0.77	0.35
1985	0.0357	0.6724	0.84	0.34
1986	0.0322	0.6850	0.854	0.33
1987	0.0305	0.7759	0.869	0.35
1988	0.0309	0.7912	0.907	0.36
1989	0.0295	0.7893	0.917	0.36
1990	0.0312	0.8029	0.913	0.34
1991	0.0311	0.7967	0.932	0.34
1992	0.0360	0.7999	0.957	0.32
1993	0.0338	0.3349	0.963	0.39
1994	0.0606	0.3678	0.97	0.44
1995	0.0575	0.4101	0.97	0.46
1996	0.0600	0.4845	0.973	0.48
1997	0.0262	0.3793	0.972	0.48
1998	0.1531	0.3621	0.958	0.46
1999	0.2110	0.3292	0.938	0.47
2000	0.2494	0.3201	0.936	0.5
2001	0.2729	0.2735	0.933	0.53
2002	0.3058	0.2338	0.93	0.57
2003	0.3126	0.2221	0.954	0.61
2004	0.2170	0.1924	0.956	0.64

续表

年份	行政收入角度	行政支出角度	非公有制企业投资占比	国有银行与企业自筹资金占比
2005	0.1380	0.1902	0.956	0.67
2006	0.0866	0.1804	0.961	0.7
2007	0.0462	0.1476	0.961	0.72
2008	0.1883	0.1207	0.957	0.72
2009	0.1977	0.0945	0.949	0.69
2010	0.1948	0.0726	0.954	0.67
2011	0.2177	0.0576	0.957	0.74
2012	0.2253	0.0495	0.954	0.74
2013	0.2191	0.0441	0.955	0.75

二、分项指标数据（标准化）

年份	行政收入角度		行政支出角度		投资－主体多元化		投资－融资多元化	
	数据	权重	数据	权重	数据	权重	数据	权重
1978	0.02	0.25	0.90	0.15	0.00	0.40	0.00	0.20
1979	0.06	0.25	0.70	0.15	0.02	0.40	0.13	0.20
1980	0.07	0.25	0.43	0.15	0.04	0.40	0.27	0.20
1981	0.08	0.25	0.13	0.15	0.24	0.40	0.32	0.20
1982	0.09	0.25	0.01	0.15	0.26	0.40	0.46	0.20
1983	0.11	0.25	0.00	0.15	0.29	0.40	0.44	0.20
1984	0.11	0.25	0.03	0.15	0.33	0.40	0.46	0.20
1985	0.03	0.25	0.25	0.15	0.30	0.40	0.64	0.20
1986	0.02	0.25	0.24	0.15	0.29	0.40	0.68	0.20

年份	行政收入角度		行政支出角度		投资－主体多元化		投资－融资多元化	
	数据	权重	数据	权重	数据	权重	数据	权重
1987	0.01	0.25	0.13	0.15	0.33	0.40	0.72	0.20
1988	0.02	0.25	0.11	0.15	0.34	0.40	0.82	0.20
1989	0.01	0.25	0.11	0.15	0.34	0.40	0.85	0.20
1990	0.02	0.25	0.10	0.15	0.30	0.40	0.84	0.20
1991	0.02	0.25	0.11	0.15	0.30	0.40	0.89	0.20
1992	0.03	0.25	0.10	0.15	0.27	0.40	0.96	0.20
1993	0.03	0.25	0.65	0.15	0.39	0.40	0.97	0.20
1994	0.12	0.25	0.62	0.15	0.46	0.40	0.99	0.20
1995	0.11	0.15	0.56	0.3	0.50	0.25	0.99	0.30
1996	0.12	0.15	0.48	0.3	0.53	0.25	1.00	0.30
1997	0.00	0.15	0.60	0.3	0.53	0.25	1.00	0.30
1998	0.44	0.15	0.62	0.3	0.50	0.25	0.96	0.30
1999	0.65	0.15	0.66	0.3	0.51	0.25	0.91	0.30
2000	0.78	0.15	0.67	0.3	0.57	0.25	0.90	0.30
2001	0.86	0.15	0.73	0.3	0.62	0.25	0.89	0.30
2002	0.98	0.20	0.77	0.25	0.68	0.25	0.88	0.30
2003	1.00	0.20	0.79	0.25	0.76	0.25	0.95	0.30
2004	0.67	0.20	0.82	0.25	0.82	0.25	0.95	0.30
2005	0.39	0.20	0.83	0.25	0.85	0.25	0.95	0.30
2006	0.21	0.20	0.84	0.25	0.91	0.25	0.97	0.30
2007	0.07	0.20	0.88	0.25	0.94	0.25	0.97	0.30
2008	0.57	0.20	0.91	0.25	0.94	0.25	0.96	0.30

续表

年份	行政收入角度		行政支出角度		投资－主体多元化		投资－融资多元化	
	数据	权重	数据	权重	数据	权重	数据	权重
2009	0.60	0.20	0.94	0.25	0.89	0.25	0.94	0.30
2010	0.59	0.20	0.97	0.25	0.86	0.25	0.95	0.30
2011	0.67	0.20	0.98	0.25	0.97	0.25	0.96	0.30
2012	0.70	0.20	0.99	0.25	0.98	0.25	0.95	0.30
2013	0.67	0.20	1.00	0.25	1.00	0.25	0.95	0.30
2014E	0.76	0.15	1.05	0.15	1.06	0.30	1.21	0.40
2015E	0.76	0.15	1.08	0.15	1.11	0.30	1.23	0.40
2016E	0.81	0.15	1.10	0.15	1.13	0.30	1.25	0.40
2017E	0.83	0.15	1.13	0.15	1.16	0.30	1.27	0.40
2018E	0.85	0.15	1.15	0.15	1.19	0.30	1.29	0.40
2019E	0.88	0.15	1.18	0.15	1.21	0.30	1.31	0.40
2020E	0.90	0.15	1.20	0.15	1.24	0.30	1.33	0.40

三、行政体制改革指数（差分平滑等技术处理）

年份	行政体制改革指数 （基准情景）	行政体制改革指数 （次乐观情景）	行政体制改革指数 （乐观情景）
1978	0.0459	0.0459	0.0459
1979	0.1060	0.1060	0.1060
1980	0.1619	0.1619	0.1619
1981	0.2641	0.2641	0.2641
1982	0.3296	0.3296	0.3296
1983	0.3333	0.3333	0.3333

续表

年份	行政体制改革指数 （基准情景）	行政体制改革指数 （次乐观情景）	行政体制改革指数 （乐观情景）
1984	0.3587	0.3587	0.3587
1985	0.4391	0.4391	0.4391
1986	0.4508	0.4508	0.4508
1987	0.4788	0.4788	0.4788
1988	0.5319	0.5319	0.5319
1989	0.5426	0.5426	0.5426
1990	0.5187	0.5187	0.5187
1991	0.5399	0.5399	0.5399
1992	0.5581	0.5581	0.5581
1993	0.6488	0.6488	0.6488
1994	0.6922	0.6922	0.6922
1995	0.7035	0.7035	0.7035
1996	0.7192	0.7192	0.7192
1997	0.7179	0.7179	0.7179
1998	0.7118	0.7118	0.7118
1999	0.7043	0.7043	0.7043
2000	0.7346	0.7346	0.7346
2001	0.7589	0.7589	0.7589
2002	0.7929	0.7929	0.7929
2003	0.8576	0.8576	0.8576
2004	0.8716	0.8716	0.8716
2005	0.8735	0.8735	0.8735
2006	0.8968	0.8968	0.8968
2007	0.9057	0.9057	0.9057

年份	行政体制改革指数 （基准情景）	行政体制改革指数 （次乐观情景）	行政体制改革指数 （乐观情景）
2008	0.9266	0.9266	0.9266
2009	0.8995	0.8995	0.8995
2010	0.8908	0.8908	0.8908
2011	0.9490	0.9490	0.9490
2012	0.9529	0.9529	0.9529
2013	0.9613	0.9613	0.9613
2014E	0.9652	0.9722	0.9802
2015E	0.9673	0.9743	0.9823
2016E	0.9703	0.9773	0.9813
2017E	0.9733	0.9803	0.9883
2018E	0.9763	0.9833	0.9913
2019E	0.9793	0.9861	0.9943
2020E	0.9813	0.9883	0.9963

第十章

对外开放体制改革的增长红利研究

过去三十七年来，我国经济发展取得的成功是多种因素共同作用的结果，但归根结底是实行了改革开放。从以建立有中国特色社会主义市场经济体制为导向的体制改革所涵盖的领域来看，对外开放是其中一个非常重要的领域，开放就是改革；同时，开放又促进了改革，坚持对外开放使我们了解市场经济运行的规律和经验，设计符合国情的改革方案和体制机制，推动了各领域的改革。从改革带来增长红利的角度看，对外开放领域的改革一直贯穿始终：在第一轮改革红利释放阶段（1978—90年代初），设立经济特区、积极吸引外资等对外开放领域改革对解决国内资本不足和促进劳动资源再配置发挥了重要作用；在第二轮改革红利释放阶段（20世纪90年代初—90年代末），作为重点改革领域之一，以放开外贸经营权为核心的外贸体制改革促进我国将比较优势转化为增长红利；在第三轮改革红利释放阶段（2001—2013年），以加入WTO组织为标志，实行全面对外开放，推动我国经济进入改革开放后持续时间最长的新一轮上升。十八届三中全会通过的《决定》对全面深化改革进行了总体战略部署，提出构建开放型经济新体制，以开放促改革。按照以往对外开放领域改革影响经济增长的机理以及促进红利释放的经验，新一轮对外开放体制改革将有力推动新一轮改革红利的释放。

一、对外开放体制改革的主要进展及成效

1978年以来我国按照渐进有序开放的策略推进对外开放领域改革。首

先从沿海经济特区、开放城市开始，探索经验取得成效以后再逐步扩展到全国，既有利于集中资源取得突破，也由于试错成本低、风险小而避免大的震荡。在贸易开放领域，我国依据产业竞争力，从具有比较优势的产业开始有序开放，在贸易自由化过程中，基本没有对国内产业造成严重冲击，一些原本弱势的产业反而在开放中增强了竞争力。在资本开放方面，我国先开放直接投资再开放证券投资、先开放资本流入再开放资本流出，这种开放策略在全球资本高度流动的条件下有效抵御了两次国际金融危机的冲击，保持了宏观经济的稳定。从时间维度划分，对外开放领域的改革可以大体分为四个阶段，基本对应着我国几次重大改革红利的释放；从改革涵盖的内容看，可以分为渐次推进的三个方面，外贸、外资和对外投资，在一定程度上反映了一国对外开放发展的一般规律。

（一）起步阶段（1978—1992）：涉外改革由点到面推进

从十一届三中全会提出积极发展同世界各国平等互利的经济合作，到党的十三大继续巩固和发展已初步形成的"经济特区—沿海开放城市—沿海经济开放区—内地"的开放格局，对外开放区域逐步实现由点到面的覆盖。

外贸体制改革方面，重点是通过放权让利，改变高度集中的外贸经营管理体制，激发外贸企业经营活力，促进出口。具体包括：一是增设对外贸易口岸和下放外贸经营权，增加外贸主体。外贸管理实行中央统一领导，中央和省级管理，下放外贸经营权，增设外贸口岸。1979 年之后开始设立了 4 个经济特区，又开放了 14 个沿海开放城市，在这些地区实行优惠对外贸易政策。允许各部委成立进出口公司负责本部门产品进出口，对大型生产企业放开进出口经营权。二是逐步赋予外贸经营企业自主经营权。1988 年开始逐步在全行业实行承包经营责任制，公司在出口创汇额、上缴外汇额和经济效益等方面承包。完成承包指标的外汇按留成比例分成；超亏自负，减亏增盈留成。1991 年要求外贸公司建立现代企业制度，不再以获得多少外汇作为考核主要指标，外贸企业自负盈亏，同时实行全国统一的外汇留成比例办法。三是实行出口退税政策。1985 年国务院发文规定从当年 4 月起实行对出口产品退税政策。

出口退税是国际通行做法，有效促进了出口。四是改革汇率制度。为扶持出口、增加外汇收入，1981 年开始实行人民币两种汇率——官方汇率和外汇内部结算汇率，内部结算汇率根据出口换汇成本加 10% 利润确定，定为 1 美元兑换 2.8 元人民币，人民币贬值 46%。由于双重汇率带来的一系列负面影响，1985 年 1 月 1 日起取消贸易外汇内部结算价，重新实行单一固定汇率。为了消除汇率高估，使人民币汇率同物价变化相适应，启动调节国际收支的作用，1985—1990 年根据国内物价变化，多次大幅调整官方汇率，使人民币多次贬值。

外资管理体制改革方面，以提供"超国民待遇"的优惠政策为主来吸引外资。1979 年颁布了《中华人民共和国中外合资经营企业法》，1980 年批准了第一批 3 家外商投资企业。我国逐步扩大地方外商投资的审批权限，发挥了各地利用外资的积极性。1986 年，国务院颁布了《关于鼓励外商投资的规定》。在所得税方面，对外资企业实行"免二减三"政策，在进口机器设备和原材料以及出口产品时，享受免税待遇。给予外资企业外贸进出口自营权、报关权等权利。

对外投资方面，这一阶段对外投资规模总体比较小，领域主要限于贸易、海运代理、工程、工业等，投资主体以国有企业为主，投资地域还比较有限。总体看，这一时期外贸管理体制改革是涉外经济体制改革的重点，通过改革明显提高外贸企业经营活力，我国产品出口竞争力增强，更多劳动力资源和资本再配置到外贸相关部门，提高资源再配置效率，有利于经济增长。

（二）拓展阶段（1992—2001）：初步构建全方位对外开放格局

1992 年春邓小平南巡讲话再一次解放了人民思想，把对外开放推向新一轮高潮。党的十四大提出"对外开放地域要扩大，形成多层次、多渠道、全方位开放的格局"，十五大提出"完善全方位、多层次、宽领域的对外开放格局，发展开放型经济"，我国对外开放领域改革不断拓展，初步构建起全方位对外开放格局。

外贸体制改革方面，20世纪90年代，按照统一政策、放开经营、平等竞争、自负盈亏、工贸结合、推行代理制的原则，推进重大改革。一是建立有管理的浮动汇率制度。1994年我国对汇率体制进行了改革开放以来最大的一次改革，实行银行结售汇，实行"以市场供求为基础的、单一的、有管理的浮动汇率制度"。二是进一步放开外贸管理权。取消了进出口指令性计划，推进外经贸经营权由审批制向登记制过渡，积极推动外经贸企业转换经营机制。三是完善出口退税政策。1994年随着国家税制改革，我国改革了退还产品税、增值税、消费税的出口退税管理办法，建立以新的增值税、消费税制为基础的出口退（免）税制度。到2000年我国出口在世界排名跃升至第七位。

外资管理体制改革方面，我国逐步改变给予外资"超国民待遇"的做法，在扩大规模的同时，拓展利用外资的领域，吸收外资进入了高速发展的新时期。1995年底开始降低了对外资的绝对优惠水平，逐步取消一些普适性优惠政策。1997年制定了《外商投资产业指导目录》，明确了外商投资的领域，将利用外资从单纯引进资金向技术引进和促进产业结构调整以及产业升级的方向倾斜。这一阶段还先后修改了《中华人民共和国外资企业法》、《中华人民共和国中外合作经营企业法》、《中华人民共和国中外合资经营企业法》等。到1999年底，外商直接投资占我国实际利用外资的比重上升到76.6%。1995年以后，外商投资经济工业增加值增长速度明显快于全国工业增加值增长速度，2000年占比达到约24%。

对外投资体制改革方面，逐步明确并加大对外投资的支持力度。1997年出台了《关于鼓励企业开展境外带料装配业务的意见》，提出支持我国企业以境外加工贸易方式"走出去"的具体政策措施。1999年我国明确提出了"走出去"战略，大力发展境外投资办厂加工装配、境外资源开发、对外工程承包与劳务合作等。

总体看，外资管理体制改革是这一时期涉外经济体制改革的重点，按照积极合理有效利用外资的方针推进相关改革，外资大规模涌入有效弥补了国内资本短缺，实际利用外资从1991年不到50亿美元迅速扩大到2000年超过

450 亿美元，规模扩大了 8 倍，通过增加资本拉动经济增长；同时大量外资企业的设立不仅带来资本，还带来了技术和管理经验，为我国通过技术引进、消化和吸收来提高国内产业技术水平，提升生产效率创造了有利条件；外资企业还吸纳了大量就业，为劳动力资源由农业部门向工业部门的再配置提供了空间。

（三）完善阶段（2002—2013）：全面对外开放深入发展

2001 年 12 月 11 日我国正式加入世界贸易组织，以此为标志我国积极参与经济全球化进程，抓住国际产业加快转移的历史性机遇，从区域性推进的对外开放转变为全方位对外开放，对外开放进入新一轮高速发展时期。这一时期改革的总体特点是不断提高市场化程度，建立与国际通行规则接轨的涉外经济体制，为我国经济较快增长创造良好的条件，促进更好分享经济全球化红利。成功加入 WTO 组织是我国开创对外合作新局面的重要开端，我国还与多个国家或地区签署了自由贸易协定，包括东盟、巴基斯坦、智利、新西兰、新加坡、秘鲁、哥斯达黎加等。

外贸管理体制改革方面，主要根据 WTO 规则进一步完善各项具体制度，合理调控进出口。2004 年 7 月 1 日开始实施《中华人民共和国对外贸易法》，进一步深化外贸体制改革，并相应完善出口退税管理办法，为对外贸易全面协调可持续发展提供强有力的制度保障。一是全面放开外贸经营权。统一各类企业外贸准入标准，对外贸易经营权由审批制改为备案登记制，各类企业都可以自主按照我国对 WTO 履约的规定开展进出口业务。积极引导外贸代理制发展，建立外贸诚信经营和退出机制，完善进出口商会体制等。二是降低贸易壁垒，完善进口管理制度。我国进口商品关税总水平从 2001 年 15.3% 降低到 2010 年 9.8%。完善了数量配额、许可证、关税配额、质量安全卫生标准等；建立健全反倾销、反补贴和保障措施等公平贸易管理体制，建设进口预警体系。三是实行有管理的浮动汇率制度。2005 年我国进一步完善人民币汇率形成机制改革，开始实行以市场供求为基础、参考一篮子货币进行调节、有管理的浮动汇率制度，形成更富弹性的人民币汇率机制。我国对外贸易快速发展，

2010年我国成为世界最大出口国，2013年进出口贸易总额首次突破4万亿美元，成为全球最大贸易国。在对外贸易的带动下，我国经济稳步增长，年均增速达到10%。

外资管理体制改革方面，我国不断扩大外资投资领域和范围，同时更加注重处理好利用外资和维护国家经济安全的关系，健全外资管理政策体系，促进利用外资结构进一步优化。一是扩大外资投资领域和范围。加入WTO以来，我国按承诺开放了包括金融、电信、建筑、分销、法律、旅游、交通等在内的众多服务领域。二是健全利用外资法律体系，完善相关政策。制定、修订和废止了3000余件法律、行政法规和部门规章，包括2002—2008年多次修改《外商投资产业指导目录》，进一步加强对外资产业流向的指导，2004—2008年先后制定了《外商投资商业领域管理办法》、《外商投资项目核准暂行管理办法》、《关于外国投资者并购境内企业的规定》等，2007年颁布了新的《企业所得税法》，对内外资企业实行统一税率，由重视资金引进向重视产业导向和技术引进转变。投资环境进一步完善，利用外资规模持续扩大，自1993年起连续15年居发展中国家首位，实际新增利用外资平均每年近590亿美元。

对外投资体制改革方面，我国进一步加大改革力度，积极鼓励企业走出去，开展形式多样的对外投资活动。一是放宽对外投资外汇管理限制。2009年出台《境内机构境外直接投资外汇管理规定》，对境外投资持比较开放的态度，外汇管理局主要对外汇来源和外汇投资风险进行审查。二是逐步放宽对外投资项目审批限制。国家发改委2004年发布了《境外投资项目核准暂行管理办法》，规定资源开发类和大额用汇项目必须取得项目核准文件或备案证明；2006年出台《境外投资产业指导政策》和《境外投资产业指导目录》，明确规定了鼓励类和禁止类境外投资项目。2009年商务部发布《境外投资管理办法》，规定境外投资的经济技术可行性由企业自行负责，赋予对外投资主体自主决策权。这一阶段，我国对外直接投资以年均40%的速度高速增长，2014年共达到1231.2亿美元，对外投资额连续三年位列全球第三。对外投资的领域也逐步拓宽，从能源资源简单加工，向基础设施、高端制造、农业开发、商贸物流、研发设计等领域扩展，投资主体更为多元，民营企业、股份制企业成为对外投资的生力军，截至 2013 年底，境外企业资产总额接近 3 万亿美元。

（四）提升阶段（2013 年以来）：构建全方位对外开放新格局

按照十八届三中全会提出的建立开放型经济新体制的总体要求，我国进一步深化对外开放领域改革，着力构建全方位对外开放新格局。一是放宽外商投资准入。2013 年 8 月 22 日上海自由贸易试验区正式获批设立，在外贸、外资等领域进行一系列改革试点。包括实行商事登记制度改革，将逐案审批和产业指导目录式的外资管理方式，逐步改革为准入前国民待遇加负面清单管理模式；加大贸易便利化程度，各个监管部门采取简便放行，加强执法和监管方面联合的执法和监管措施，开放金融、咨询、会计等服务贸易领域。2015 年修订的外商投资产业指导目录限制类条目减少 50%，建立统一、公平、透明的投资准入体制。放宽教育、文化、医疗等服务业市场准入。上海自由贸易试验区的成功经验进一步推广，在广东、天津和福建设立自由贸易试验区，进一步扩大外资、外贸管理体制改革创新试点范围。二是创新管理方式扩大对外投资。推进对外投资管理方式改革，实行以备案为主、核准为辅的管理方式，缩小核准范围，确立企业和个人对外投资主体地位。2014 年国家发改委印发《境外投资项目核准和备案管理办法》，明确为中国企业"走出去"进行松绑，规定：境外投资项目不再区分资源类和非资源类，除涉及敏感国家或地区、敏感行业的项目外，将国家发改委核准权限统一提到中方投资 10 亿美元及以上，中方投资 10 亿美元以下项目一律实行备案。三是加快双边自由贸易区建设。2013 年以来我国加快推进自由贸易区建设，先后与冰岛、瑞士、韩国、澳大利亚等国家签订双边自贸协定。总体看，2013 年以来一系列涉外经济体制改革进一步释放了开放合作的活力，2014 年我国外贸增速高于全球，第一货物贸易大国地位进一步巩固；实际使用外商直接投资金额 1196 亿美元，连续 23 年保持发展中国家首位；非金融类对外直接投资 1029 亿美元，同比增长 14.1%，双向投资首次接近平衡。

表 10-1　1978 年以来我国对外开放体制改革主要进展

改革领域	1978—1991	1992—2000	2001—2013	2013 年以来
外贸管理体制	增设对外贸易口岸，下放外贸经营权，增加外贸主体	进一步放开外贸管理权：外贸经营权由审批制向登记制过渡	全面放开外贸经营权：统一各类企业外贸准入标准，对外贸易经营权由审批制改为备案登记制	加大贸易便利化程度
	逐步赋予外贸经营企业自主经营权：1988 年开始实行承包经营责任制，1991 年开始外贸企业自负盈亏，统一外汇留成	改革汇率制度：1994 年建立有管理的浮动汇率制度	实行有管理的浮动汇率制度：2005 年开始实行以市场供求为基础、参考一篮子货币进行调节、有管理的浮动汇率制度	加快自由贸易区建设
	实行出口退税政策：1985 年实行出口退税（产品税、增值税等）	完善出口退税政策：建立以新的增值税、消费税制为基础的出口退（免）税制度。	降低贸易壁垒，完善进口管理制度：降低尽快关税总水平，建立健全反倾销、反补贴和保障措施等公平贸易管理体制	
	改革汇率制度：1981 年实行官方汇率和内部结算汇率，1985 年实行单一固定汇率，1985—1990 年多次大幅调整官方汇率，使人民币贬值	改革汇率制度：1994 年建立有管理的浮动汇率制度	实行有管理的浮动汇率制度：2005 年开始实行以市场供求为基础、参考一篮子货币进行调节、有管理的浮动汇率制度	
外资管理体制	给予外资"超国民待遇"：对外资实行企业所得税"免二减三"，在进口机器设备和原材料、以及出口产品时享受免税待遇；给予外资企业外贸进出口自营权、报关权	逐步改变给予外资"超国民待遇"：1995 年开始逐步取消一些普适性优惠	扩大外资投资领域和范围：按承诺放开包括金融、电信、建筑、分销、法律、旅游、交通等服务领域	放宽外商投资准入：试点将逐案审批和产业指导目录式外资管理方式，逐步改革为准入前国民待遇加负面清单管理模式；外商投资产业指导目录限制类条目减少 50%

续表

改革领域	1978—1991	1992—2000	2001—2013	2013 年以来
外资管理体制	1979 年颁布《中华人民共和国中外合资经营企业法》	修改相关法律：修改《中华人民共和国外资企业法》、《中华人民共和国中外合作经营企业法》、《中华人民共和国中外合资经营企业法》	健全利用外资法律体系，完善相关政策：多次修改《外商投资产业指导目录》，制定《外商投资商业领域管理办法》、《外商投资项目核准暂行管理办法》、《关于外国投资者并购境内企业的规定》	
	逐步扩大地方外商投资审批权限	引导外资投资领域：1997 年制定《外商投资产业指导目录》，从单纯引进资金向技术引进和促进产业升级倾斜	公平内外资企业待遇：2007 年颁布新《企业所得税法》，统一内外资企业税率	
对外投资体制	没有明显进展	逐步明确并加大对对外投资支持力度：1997 年出台《关于鼓励企业开展境外带料装配业务的意见》，1999 年提出"走出去"战略	放宽对外投资外汇管理限制：2009 年出台《境内机构境外直接投资外汇管理规定》	创新对外投资管理方式：实行以备案为主、核准为辅的管理方式，缩小核准范围，确立企业和个人对外投资主体地位。2014 年出台《境外投资项目核准和备案管理办法》
			放宽对外投资项目审批限制：2004 年发布《境外投资项目核准暂行管理办法》，2006 年出台《境外投资产业指导政策》和《境外投资产业指导目录》，2009 年发布《境外投资管理办法》，赋予对外投资主体自主决策权	

资料来源：改革开放以来我国对外开放体制改革的相关文件。

二、对外开放体制改革影响经济增长的机理

在经济全球化深入发展的背景下，对外开放是任何一个国家发展的必经之路。从理论层面看，关于对外开放与经济增长之间的关系一直都是主流经济学研究关注的重要内容。古典经济理论认为经济增长源自不断细化的劳动分工，对外贸易带来的分工专业化能够提高各国劳动生产率，从而促进经济增长。新古典增长理论认为贸易开放促进经济增长的渠道主要来源于贸易带来的规模经济效应（Helpman 和 Krugman，1985）、促进资本形成（Rodrik，1988）以及资源配置效率的提高（Kruger，1985）。新增长理论则认为贸易开放度主要通过加快本国技术进步、提高要素生产率来促进经济增长（Barro 和 Sala-I-Martin，1995；Grossman 和 Helpman，1991）。但也有一些实证研究发现贸易开放度与实际人均 GDP 增长之间没有显著的联系，或者可能是负向关系等（Dollar，1992）。就我国实践而言，自 1978 年以来不断推进对外开放领域各项改革，对外开放程度持续提高，国内的经济体制改革更多地与经济全球化发展结合起来，外部资源的涌入和我国深度参与国际生产体系促进国内资源禀赋成功转化为生产力，确实对经济持续快速增长发挥了积极作用。总体来看，我国对外开放领域改革影响经济增长的机理主要表现在分工深化效应、规模经济效应、要素参与扩大效应和知识外溢效应等方面。

（一）分工深化效应

不断深化的专业化分工是推动工业化进程的主要力量，也是现代市场经济发展的重要动力。作为后起的发展中大国，在经济全球化背景下，中国经济起飞的第一步是要加入到国际生产分工体系中，能够更好地搭上世界工业化发展的快车，为赶超发展提供基础。围绕出口导向型发展战略，我国最先启动外贸领域相关体制改革，大力鼓励出口，并积极吸引和利用外国直接投资以出口为主要方向在华投资设厂，使我国在较短的时间内凭借劳动力、土地等要素比

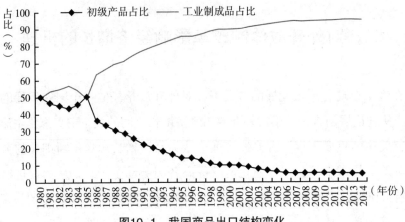

图10-1 我国商品出口结构变化

数据来源：国家统计局网站。

较优势进入国际生产分工体系，促进了以劳动密集型环节为主体的分工深化。从工业化一般规律来看，工业化初期的主要表现就是劳动力从农业部门向工业部门转移，劳动密集型产业规模扩大。通过加入国际分工体系，我国在劳动密集型生产环节上占据优势，推动分工专业化程度的提高，客观上加快了我国的工业化进程，带动了劳动密集型产业的快速发展，加速了劳动、资本等要素由农业部门向工业部门的转移，通过要素在部门间的再配置获得更高效率，从而促进了经济增长。改革开放之初，我国出口商品以初级产品为主，随着改革开放的推进，产业分工日益深化，出口商品附加值大幅度提高。出口总额中初级产品所占比重由1980年的50.3%下降到2014年的4.8%，工业制成品所占比重则由49.7%上升到95.2%。应该说，在我国经济起飞阶段，对外开放领域的改革提高了我国专业化分工程度，遵循了一般的发展规律，为经济快速发展奠定了基础。

（二）规模经济效应

一般来看，对外开放带来规模经济效益主要表现在两个方面：一方面，产业发展可以从国际市场获得廉价的原材料、机器、设备以降低生产成本，满足扩大生产规模的需要；另一方面，通过国际贸易，拓展销售市场，克服本国或本地区市场的狭小性，刺激本国产业规模的扩大，提高产业生产获得的规模效益，进一步降低生产成本，提高劳动生产率，推动经济增长。就我国而言，在经济起飞阶段，由于经济发展水平低，工业化和城镇化水平都比较低，国内市场有效需求总体较低，难以支撑经济规模迅速扩大。以发展"来料加工、来样加工、来件装配和补偿贸易"（三来一补）为开端，打开了中国利用国外市场和国外资源的局面。广阔的国际市场需求为国内相关产业的发展提供了巨大的动能，制造业规模迅速发展壮大，并随着生产规模的扩大，单位产品低成本优势进一步得到巩固，树立了中国在世界经济循环中的重要地位，奠定了中国"世界工厂"地位，打响了"中国制造"品牌。1990

表 10-2　中国在全球制造业中的地位变化

	占世界制造业比重（%）	世界排名
1990	2.7	9
2000	6	4
2007	13.2	2
2010	19.8	1
2013	20.8	1

资料来源：工信部:《中国制造 2025》解读之二：我国制造业发展进入新的阶段。

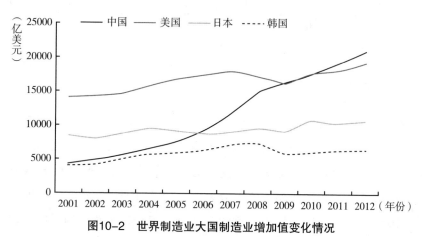

图10-2　世界制造业大国制造业增加值变化情况

数据来源：工信部:《中国制造 2025》解读之二：我国制造业发展进入新的阶段。

年，我国制造业占全球比重为 2.7%，居世界第九；到 2000 年上升到 6%，居世界第四；2007 年达到 13.2%，居世界第二；2010 年为 19.8%，跃居世界第一；2013 年达到 20.8%，连续 4 年保持世界第一大国地位。在 500 余种主要工业产品中，我国有 220 多种产品产量位居世界第一。1992 年中国在世界制造业出口中排名第 13 位，随后排名稳步提高，2008 年中国制造业出口占全球 11.3%，位居第一。

表 10-3 中国主要工业产品产量居世界位次

指标	1978	1990	2000	2005	2010	2013
国内生产总值	10	11	6	4	2	2
货物进出口额	29	15	8	3	2	1
主要工业产品产量						
粗钢	5	4	2	1	1	1
煤	3	1	1	1	1	1
原油	8	5	5	5	4	4
发电量	7	4	2	2	1	1
水泥	4	1	1	1	1	1
化肥	3	3	1	1	1	1
棉布	1	1	2	1	1	1

数据来源:《中国统计摘要 2015》。

（三）要素参与扩大效应

内部资本匮乏是制约发展中国家经济发展的普遍性因素，因此通过对外开放利用外国资本以弥补国内资本不足是发展中国家实现经济起飞的一个重要途径。相关理论研究正是基于此提出对外开放能够带来资源配置效应从而促进经济增长。对我国而言，资本缺乏也是较长时期内制约经济发展的重要因素。国内资本不足还限制了丰富的劳动力资源转化为有效的生产要素，大量劳动力资源闲置在农业部门中。我国对外开放领域的改革一直非常重视吸引和利用外资，在初期，通过给予外资"超国民待遇"吸引大量外国直接投资涌入中国，之后，根据发展的需要调整利用外资政策使其作为平等的市场主体开展经济活动，鼓励利用外资一直是我国对外经济政策的主要内容之一。通过吸引和利用外国直接投资，在短期内有效缓解了国内资本不足问题，弥补了经济发展的短板；通过新建各类外向型生产加工企业，为农业剩余劳动力提供了转移发展的空间，使原来低效甚或无效配置的劳动力资源能够在市场机制的作用下转移到新兴工业部门，促进劳动力与资本结合并形成现实的生产力，带来了显著的资源再配置效应：一方面直接扩大了资本规模；另一方面通过提高劳动力资源再配置效应扩大了有效劳动规模，从而通过扩大生产函数中资本和劳动要素规模而促进经济增长。外商投资单位就业占城镇总就业的比重持续提高，由不足1%提高到2013年接近8%（见图10-3），促进了劳动力就业。在工业增加值中，外资企业所占比重由1985年0.5%大幅提高到2005年28.4%，之后有所下降，2014年约为23%。

在我国对外开放的新阶段，对外投资的重要性将日益提高。相比于吸引和利用外资，对外投资有助于进一步提高我国融入国际分工的深度和广度，有助于从促进经济增长的角度在全球范围内统筹配置资源，是国内资本"走出

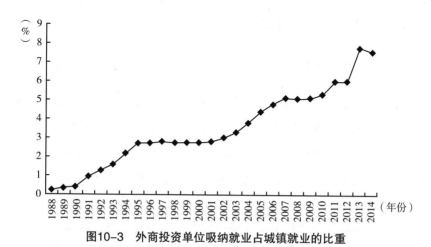

图10-3 外商投资单位吸纳就业占城镇就业的比重

数据来源：CEIC数据库。

注：外商投资单位包括外国投资单位和港澳台投资单位。

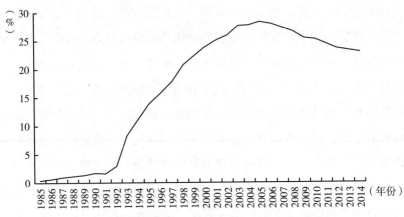

图10-4　工业增加值中外资企业增加值的比重

数据来源：国家统计局网站。

去"寻求与国外优势资源结合形成生产力并带动经济增长的新渠道。通过对外投资，我国可以有效利用国外优势资源和能源、成本更低的生产要素以及国外市场空间，实际上相当于将更多外部资源纳入到以我为主的资源配置体系中，对促进国民生产总值（GNP）的增长发挥重要作用。相比较发展中国家而言，在发达国家，开放程度的提高促进经济增长的渠道更多体现在通过对外投资来实现资源再配置效应，这也是开放促进经济增长在更高发展阶段的主要表现。目前我国已经进入到这一发展阶段。

（四）知识外溢效应

对发展中国家而言，对外开放促进一国经济增长的另一个重要渠道是知识外溢效应。从我国的改革实践来看，大量外商直接投资的引入不仅是单纯的物质资本，还包含了技术知识溢出、管理经验和生产组织方式等先进制度安排，而这些不仅有助于提高我国存量技术水平和促进了相关制度改革，而且还促进我国的技术进步，加速知识积累。我国外部资源的涌入是从港澳和东南亚华商开始的，他们将境外成熟传统产业向中国转移，不仅带来了资本，还带来了技术、管理、品牌等一系列生产要素。20世纪90年代之后，大型跨国公司在华投资快速增长，大型跨国公司逐渐取代华商成为对华投资的主体。跨国公司将中国作为其生产要素全球配置的重要环节纳入全球生产供应和研发体系，进行大规模、系统化的投资，在推进中国更深入地参与国际分工的同时，也带来了资本、先进技术和设备、管理经验与理念等生产要素，促进了资源配置效率的提高，也为中国加快技术进步和促进产业结构升级带来了机遇。大型跨国公司投资最密集的行业主要集中在通信设备和计算机制造业、交通运输设备制造业、电气机械及器材制造业等技术、资金密集型行业。外资企业的研发投入和研发能力总体比较强。科技研发支出中外资企业占比总体上升（见图10-5），从1993年不足2%波动上升到2011年32.4%，近两年虽有所下降，但仍高于16%。截至2013年，已经有超过1800家外资研发中心在中国运营，研发中心涉及的内容进一步向基础性、先导性研发衍生。除此之外，伴随对外开放程度提高，我国从国外大量引进技术和设备。相关实证研究表明，引进技术成为一种重要的产业结构升级的技术进步方式，也推动了工业化进程。改革开放以来，我国实施了"市场换技术"的发展战略，通过技术引进和"干中学"加快国内产业的技术进步，在很大程度上为产业结构优化升级奠定了基础。从直接和间接影响的角度看，利用外商直接投资和引进国外技术事实上促进了我国技术进步，提高了技术水平，推动了经济增长，有助于发挥后发增长优势。

　　另外，从需求角度看，持续推进对外开放体制改革，推动扩大直接出口和由对外投资引致的出口，有助于直接拉动经济增长；同时，通过提高相关

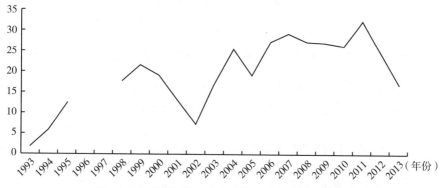

图10-5　科技研发支出中外资企业支出所占比重

数据来源：历年《中国科技统计年鉴》。

注：1996—1997年数据缺失。

图10-6 引进国外技术合同金额占GDP的比重

数据来源:《中国科技统计年鉴》,国家统计局网站。

产业部门的要素回报水平,有助于提高居民收入,在其他条件都不变的情况下,能够提高居民消费能力,从而带来消费需求的扩张。另一方面,随着利用外资质量的提高和规模的扩大,有助于丰富资金来源和提高投资需求质量,并且通过促进供给创新来释放更多消费需求潜力,有利于增强内需对经济增长的拉动作用。

三、对外开放体制改革指数的构建及对经济增长的影响

在对1978年以来我国对外开放领域改革的主要进展及成效进行分析的基础上,根据对外开放领域各项改革对经济增长产生影响的机理,我们尝试通过构建对外开放体制改革指数来定量分析改革带来的增长效果。

(一)对外开放体制改革指数的构建

1. 指数构建的基本设想

从现有相关研究来看,定量分析对外开放与经济增长之间关系的路径之一就是构建由若干指标组成的对外开放指数来表征对外开放程度。研究者一般

选用的指标主要包括：一是代表对外贸易开放程度的指标，主要是货物贸易和服务贸易总额占 GDP 的比重（外贸依存度）；二是代表投资开放程度的指标，主要是吸引外国直接投资占 GDP 的比重，对外直接投资占 GDP 比重；三是代表对外经济合作开放程度的指标，包括对外承包工程开放度，对外劳务合作开放度等。从我国渐进式对外开放的演进过程和主要形式来看，对外开放领域改革主要围绕外贸、外资和对外投资三个方面推进，相关体制改革既有着比较清晰的界限，同时又在一定程度上相辅相成；另外，外贸、外资和对外投资等相关体制改革重点推进阶段的差异实际上也体现出了我国经济发展阶段的演变，也就是说，在不同的发展阶段，从内外经济协调发展的角度看，推进改革的侧重点是不同的。总体上，与外贸、外资有关的体制改革是我国对外开放领域改革的主要内容和重点，这与我国作为后发国家采取追赶型发展战略是相吻合的；但随着我国进入到由中等收入向高收入迈进的阶段，对外开放领域改革和发展的重点逐渐向促进对外投资转变，如何更主动和有效地在全球范围内配置资源，更好地保障国家利益和增强国际影响力日益成为涉外经济体制改革的主要方向。因此，我们主要从对外贸易、利用外资和对外投资等三个方面来构建对外开放体制改革指数，在每个方面再选取若干衡量指标。

2. 指标选取的基本原则

一是选取的指标应能比较全面地反映我国对外开放领域体制改革的主要内容。在对外贸易、利用外资和对外投资等三个方面分别选取最有代表性的指标来反映主要改革的影响。二是选取数据持续时间较长且名称、统计口径基本保持稳定的指标。这样能尽可能地保证数据的连续性和可比性。三是尽可能综合反映对外开放领域改革对经济增长"量"和"质"的影响。对外开放领域改革带来的影响不仅仅体现在对外经济总量的扩张和经济增长速度的变化上，而且也体现在对经济社会发展"质"的影响，既有增长，也有发展。四是所选指标应突出内涵的科学性和数据的可得性。所谓指标内涵的科学性，是指测度指标能够反映对外开放领域改革的主要特点，并且测度指标应具有独立性。所谓数据可得性，不仅要求能够对指标进行量化处理，还要求各指标有较为准确的数据来源。

3.指标的基本内涵和数据来源

按照指标选取的基本原则，对应对外贸易、利用外资和对外投资等三个方面，我们初步选取了六个指标。

（1）货物和服务贸易额占全球贸易总额的比重

我国对外开放领域的改革直接促进了货物和服务进出口规模的扩大，使我国的比较优势实实在在地转化为生产力，并且随着改革的深化，体制机制的健全和资源配置环境的进一步优化使得国内外资源配置效率更高、经济竞争力更强，必然会促进我国在全球贸易格局中地位的上升。从世界范围内看，经济大国和强国首先应该是在全球贸易格局中占有举足轻重地位的国家。在以往相关研究中，大多使用进出口总额占 GDP 比重来衡量贸易开放程度。通过比较分析，我们认为该指标有一定缺陷：一是指标的具体数值可能无法剔除经济周期性波动的影响，而经济周期性波动并不属于改革发展的范畴。二是指标的数值大小并非单调地代表开放程度的高低，也不能很好地反映发展的质量。从世界范围来看，往往一些经济结构单一、经济总量规模较小的国家有非常高的外贸依存度。因此，我们选取我国货物和服务贸易额占全球贸易总额的比重来表征对外贸易开放程度，既能反映改革的直接作用，也能反映由改革推动的发展效果。

（2）国外技术引进合同金额占 GDP 比重

对外开放对经济增长产生影响的一个重要渠道就是能够通过技术贸易或利用外资，将国外先进技术较快地引入并提高国内科学技术水平，为后发赶超提供技术支撑。从一般发展规律来看，技术引进是后发国家成功实现经济起飞的一个重要条件。从我国对外开放领域改革实践看，与技术引进相关制度的改革一直是我国开展服务贸易的重点领域。从国外引进技术直接服务于国内经济发展需要，并且引进的技术作为生产要素进入到生产函数中最终内化于经济增长。因此，国外技术引进合同金额占 GDP 比重，可以一定程度上直观地反映对外开放领域改革通过技术对经济增长产生的影响。

（3）实际利用外国直接投资占全球直接投资的比重

吸引和利用外国直接投资是解决我国经济起飞阶段资本缺乏的一个有效

途径，国外资本、技术与国内劳动力、土地等资源相结合，产生巨大的资源优化配置效应，使我国经济发展与世界经济发展紧密联系在一起，能更好地分享经济全球化带来的增长红利。从另一方面来看，越来越多的外国资本愿意到中国投资表明我国在投资环境方面相对更有吸引力，在投资回报方面能够提供相对更大的增长空间，实际上也反映了我国对外开放领域改革的推进力度。因此，我们选取实际利用外国直接投资占全球直接投资的比重来衡量我国利用外资的开放程度。

（4）工业增加值中外商投资企业的比重

为了更好地反映利用外资在"质"的方面对我国经济发展的影响，需要选取能够反映利用外资绩效的指标作为补充。外资在我国投资的主要领域是工业，带动了就业、增加了产出，有效推动了我国工业化进程。因此，我们选取工业增加值中外商投资企业的比重来反映利用外资的绩效，这实际上也能反映出在利用外资方面相关改革的绩效。

（5）对外直接投资占 GDP 的比重

随着我国对外开放程度的提高和经济实力增强，通过对外投资更加主动地配置全球资源以实现国家利益最大化日益成为发展的客观要求。我国对外投资合作主要包括对外直接投资、对外承包工程和对外劳务合作。从国际比较角度看，对外直接投资能更直观地反映一国实力的强弱。从相关改革实践看，对外投资中更为重要的是对外直接投资，我国对外直接投资从无到有逐步发展，近年来投资规模迅速扩大，投资领域日益多样化，投资主体更加多元，已经成为新阶段对外开放的重要特征。对外直接投资根本上还是由经济实力决定的。因此，我们选取对外直接投资占 GDP 的比重来反映我国在对外开放新阶段的改革和发展的主要方向。

（6）对外承包工程合同金额占 GDP 比重

对外承包工程是我国"走出去"发展的一种重要方式，在对外投资合作中起步较早，总体保持平稳较快发展。对外承包工程有助于带动相关工程机械设备出口，有助于输出我国工程建设和管理先进经验，有助于寻求更大的市场空间。对外承包工程的发展必然要求国内相关制度配套性更好，能够与国际惯例接轨，开放程度更高，因此，我们选取对外承包工程合同金额占 GDP 比重，来反映相关制度改革的效果。

表 10-4　对外开放体制改革指数体系

主要方面	具体指标
对外贸易	货物和服务贸易额占全球贸易总额的比重
	国外技术引进合同金额占 GDP 比重
利用外资	实际利用外国直接投资占全球直接投资比重
	工业增加值中外商投资企业的比重
对外投资	对外直接投资占 GDP 比重
	对外承包工程合同金额占 GDP 比重

4. 指数构建及评价

（1）指数构建方法

首先，对上述三类指标分别进行主成分分析。根据主成分的分析结果，可各自提取一个主成分序列，$\{C_i^j\}_{i=1978}^{2013}$。对此主成分序列计算对外开放改革指数序列 $\{Index_i^j\}_{i=1978}^{2013}$，计算方法如下：

$$Index_i^j = \frac{C_i^j - C_{min}^j}{C_{max}^j - C_{min}^j}$$

$Index_i^j$ 即为第 j 个分类指标在 i 年的得分。

其次，对三类指标的得分做主成分分析，可得到三类指标的权重 $\{pro^j\}_{j=1}^{3}$。用此权重对三类指标的得分进行加权，即可得到对外开放指数。计算方法如下：

$$open_i = \sum_{j=1}^{3} Index_i^j \times pro^j$$

$open_i$ 即为对外开放指数在第 i 年的取值。

（2）基本评价

从对外开放体制改革指数数值的变化来看，1978—2013 年，对外开放领

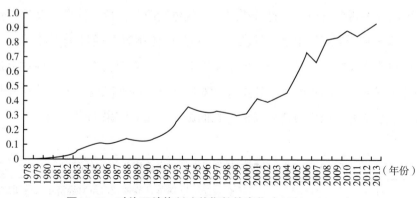

图10-7　对外开放体制改革指数的变化（1978—2013）

数据来源：课题组测算。

域体制改革持续深入推进，对外开放程度不断提高。指数的变化呈现出明显的阶段性特征：（1）1978—1991年，指数从0逐年稳步提高到0.15，反映出改革开放初期，小范围的涉外经济体制改革已经带来比较显著的开放效应，激发了经济发展的活力。（2）1992—2000年，邓小平南巡讲话释放出进一步扩大开放的积极信号，极大地激发了对外开放积极性。从指数数值看，1992、1993、1994年较之前有较大幅度提升，达到一个新阶段，1993年为0.35，之后数值的小幅回调既有对外开放相关制度改革规范的影响，也有亚洲金融危机带来的国际经济环境变差的影响，使得改革效果的释放受到一定抑制。（3）2001—2013年，2001年加入世贸组织开启了我国对外开放改革的新阶段。与国际规则接轨的客观要求推动着对外开放领域相关制度加快改革，指数数值从2000年的0.314上升到2001年的0.416，之后基本上是一路攀升到2006年的0.743，应该说这一时期是我国对外开放领域改革进展最快，改革效果最为明显的一个阶段；2007年之后指数数值波动上升，表明虽然国际金融危机对我国对外开放环境有影响，但我国深化对外开放改革的总体方向并未改变。

（二）对外开放体制改革影响经济增长的测度

根据新古典增长理论，经济增长的来源有三个方面，分别为TFP、资本和劳动。按照这一思路，我们将对外开放体制改革对经济增长的影响进行分解测度，可以分为两个渠道：一是分析对外开放体制改革指数（简称"开放指数"）对 TFP 增长的贡献度，由此定量反映对外开放体制改革通过 TFP 的渠道对经济增长的拉动效果。二是对外开放带来的 FDI 直接影响资本存量，通过定量分析 FDI 对资本存量的贡献度及资本存量对经济增长的贡献度，来反映对外开放体制改革通过资本积累渠道对经济增长的影响。测算结果见表 10-5。

表 10-5　对外开放体制改革指数对经济增长的贡献度

		GDP 增长率（%）	TFP 增长率（%）	对外开放领域改革对经济增长的贡献度（百分点）		
				TFP 渠道	资本积累渠道	合计
1979—2013	1979—1984	9.6	3.25	9.08	0.01	9.09
	1985—1992	9.5	2.52	0.94	0.127	1.07
	1993—1997	11.4	4.12	1.15	0.632	1.78
	1998—2002	8.3	2.06	0.38	0.282	0.66
	2003—2004	10.1	2.73	0.73	0.167	0.90
	2005—2013	10.2	2.57	0.78	0.101	0.88
1979—2013	1979—1992	9.5	2.89	3.54	0.088	3.63
	1993—2002	9.6	3.08	0.76	0.457	1.22
	2003—2013	10.0	2.59	0.77	0.113	0.89
1979—2013		9.8	2.85	1.75	0.208	1.96

数据来源：课题组测算。

总体来看，在 1979—2013 年的 35 年间，GDP 年均增速为 9.8%，对外开放体制改革的贡献度为 1.96 个百分点，贡献率达 19.92%。对外开放领域改革确实对促进经济增长发挥了重要作用。分渠道来看，对外开放体制改革措施通过 TFP 渠道对经济增长的年均贡献度为 1.75 个百分点，贡献率为 17.8%；通过资本积累渠道对 GDP 增长的年均贡献度为 0.208 个百分点，贡献率为 2.1%。这说明对外开放领域改革还主要是通过促进 TFP 增长来拉动经济增长。

分阶段来看，对外开放体制改革对经济增长的影响大致可以分为三个大阶段。

（1）在市场经济改革的试验和探索阶段（1979—1992年），GDP年均增长率为9.5%，对外开放体制改革通过TFP渠道和资本积累渠道的贡献度分别为3.54和0.088个百分点，共计3.63个百分点。其中，1979—1984年，对外开放体制改革通过两个渠道对经济增长的贡献度达到9.09个百分点，非常接近年均9.6%的GDP增速，与一般认识不符。这主要由于，一方面，在改革初期，很多改革措施从无到有，改革边际效应非常高；另一方面初期的统计数据缺失较多，根据其他数据估算缺失数据也会带来较大的误差。1985—1992年，GDP年均增长分别为9.5%，对外开放体制改革贡献了1.07个百分点，这反映出在经历了开放初期制度突变的影响后，初期改革的边际效应有所递减。

（2）在社会主义市场经济体制初步建立阶段（1993—2002年），对外开放体制改革对经济增长的贡献度达到1.22个百分点。其中，1993—1997年间为邓小平南巡讲话之后掀起了新一轮对外开放高潮，制度改革也进入加速期，特别在利用外资管理体制改革方面，开始逐步改变"超国民待遇"优惠政策，拓宽利用外资的领域，利用外资进入了高速发展期。这反映在对外开放通过资本积累渠道对经济增长的贡献度达到历史最高值0.632个百分点。而伴随外资投资设厂，还同时带来了技术、先进的管理经验等，这些通过TFP渠道对经济增长产生影响。促进外贸发展的相关制度和政策也进一步完善，对外贸易增速也比较快。因而，对外开放领域改革对经济增长贡献度达到1.78个百分点，是除1979—1984年以外贡献度最高的时期。需要注意的是，1998—2002年，由于爆发亚洲金融危机，我国对外经济合作的环境趋于恶化，对外开放改革对经济增长的拉动作用也受到制约，对经济增长的贡献度明显下降。

（3）在社会主义市场经济体制初步完善阶段（2003—2013年），GDP年均增速为10%，对外开放通过TFP和资本积累两种渠道对经济增长的贡献度分别为0.77和0.113个百分点，合计约0.89个百分点。2003—2004年是我国入世后相关制度改革效应开始集中显现的时期（入世承诺大多在1—2年兑现），对外开放体制改革通过促进效率改善来拉动经济增长的效应更显著，表现为对外开放改革对经济增长贡献度达到 0.9 个百分点。2005—2013 年，对外开放改革对经济增长的贡献度为 0.88 个百分点。其中，通过增加资本存量拉动经济增长的贡献度明显下降，仅有 0.101 个百分点，这主要是由于国际金融危机之后世界经济复苏缓慢，全球 FDI 流动规模明显收缩，流入我国的 FDI 规模也较大幅度下降。

四、对外开放体制改革指数预测及增长效应估算

党的十八届三中全会通过的《中共中央关于全面深化改革若干重大问题的决定》（下文简称《决定》），对我国深化各领域改革进行了全面战略部署。《决定》以构建开放型经济新体制为目标，提出"推动对内对外开放相互促进，引进来与走出去更好结合，促进国际国内要素有序自由流动、资源高效配置、市场深度融合，加快培育参与和引领国际经济合作竞争新优势"。对外开放领域改革的重点方向，包括放宽投资准入[①]、加快自由贸易区建设[②]和扩大内陆

---

① 《决定》指出，"统一内外资法律法规，保持外资政策稳定、透明、可预期。推进金融、教育、文化、医疗等服务业领域有序开放，放开育幼养老、建筑设计、会计审计、商贸物流、电子商务等服务业领域外资准入限制，进一步放开一般制造业。加快海关特殊监管区域整合优化。在推进上海自由贸易试验区试点基础上，选择若干具备条件地方发展自由贸易园（港）区。扩大企业及个人对外投资，确立企业及个人对外投资主体地位，允许发挥自身优势到境外开展投资合作，允许自担风险到各国各地区自由承揽工程和劳务合作项目，允许创新方式走出去开展绿地投资、并购投资、证券投资、联合投资等。加快同有关国家和地区商签投资协定，改革涉外投资审批体制，完善领事保护体制，提供权益保障、投资促进、风险预警等更多服务，扩大投资合作空间。"

② 《决定》指出，"坚持世界贸易体制规则，坚持双边、多边、区域次区域开放合作，扩大同各国各地区利益汇合点，以周边为基础加快实施自由贸易区战略。改革市场准入、海关监管、检验检疫等管理体制，加快环境保护、投资保护、政府采购、电子商务等新议题谈判，形成面向全球的高标准自由贸易区网络。扩大对香港特别行政区、澳门特别行政区和台湾地区开放合作。"

沿边开放[①]。从定量测度改革进展程度的角度看，未来对外开放体制改革指数的发展趋势在很大程度上取决于是否能够按照《决定》的部署扎实推进改革。而预测对外开放体制改革指数的发展趋势是进一步准确判断和认识全面深化改革是否能够释放出增长红利的重要基础。根据以往对外开放领域改革的实践，对未来改革进程的预测需要分情景考虑：一是基准情景，即延续目前的情况，不推出新的改革措施。二是乐观情景，即《决定》提出的对外开放领域的改革都能获得扎实推进，基本实现预定的改革目标。三是次乐观情景，即《决定》提出的改革措施只有部分得以推进，预定的改革目标不能完全实现。具体预测与判断如下：

（一）对外开放体制改革指数预测

1. 改革基准情景

假定未来对外开放领域改革只是延续以往改革力度和推进程度，不出台新的改革措施，或者在一定程度上体现的是改革自身的惯性作用，没有更多的主动作为。在这种情况下，一方面以往改革释放的增长红利将逐渐弱化，另一方面，由于我国传统比较优势的变化，我国相对于周边其他发展中国家对 FDI 的吸引力会快速降低，利用外资和外贸的增长都会受到影响；加之对外投资相关制度仍不完善，对外投资增长也会比较慢。因此，基准情景下对外开放体制改革指数可能比金融危机以来的情况要差，在数量上表现为不及 2009—2013 年平均增速，可能达到 1.6%。

2. 改革次乐观情景

如果十八届三中全会《决定》部署的对外开放领域各项改革及配套改革

---

① 《决定》指出，"抓住全球产业重新布局机遇，推动内陆贸易、投资、技术创新协调发展。创新加工贸易模式，形成有利于推动内陆产业集群发展的体制机制。支持内陆城市增开国际客货运航线，发展多式联运，形成横贯东中西、联结南北方对外经济走廊。推动内陆同沿海沿边通关协作，实现口岸管理相关部门信息互换、监管互认、执法互助。加快沿边开放步伐，允许沿边重点口岸、边境城市、经济合作区在人员往来、加工物流、旅游等方面实行特殊方式和政策。建立开发性金融机构，加快同周边国家和区域基础设施互联互通建设，推进丝绸之路经济带、海上丝绸之路建设，形成全方位开放新格局。"

只能落实 50%，我们认为，这相当于对外开放体制改革指数的年均增速相当
于比基准情景提高 40%，为 2.2%。

3. 改革乐观情景

未来几年，如果《决定》部署的对外开放领域各项制度改革能够全部落
实，可以假定在基准情景之上，外贸、外资和对外投资领域制度改革都能取得
较大进展。目前在上海、天津、广东和福建等自由贸易试验区进行的外贸、外
资改革试点，已经取得了积极成效，释放出巨大的开放发展活力。以此为依
据，我们预计，如果构建开放型经济新体制的目标能够基本实现，我国将迎来
新一轮开放浪潮：全球贸易第一大国的地位将会进一步巩固，在全球所占份额
继续上升；利用外资质量进一步提高，结构更加优化；对外投资将迈上新台
阶，国际产能合作大幅推进，自由贸易区战略加快实施等。在数量上，对外开
放体制改革指数年均增长速度将比 2009—2013 年平均增速提高 10%，相当于
比基准情景提高 80%，达到 2.9%。

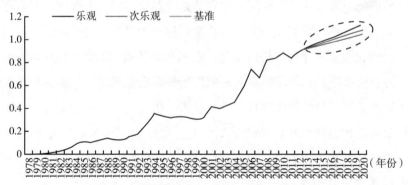

图10-8 不同情景下对外开放体制改革指数预测

数据来源：课题组测算。

（二）未来对外开放体制改革对经济增长影响的估算

假设 1979—2013 年间对外开放体制改革指数与经济增长之间的关系在
2014—2020 年间仍成立，我们可以预测三种情景下对外开放体制改革通过
TFP 和资本存量增加对 GDP 增长的贡献度（详见表 10-6）。总体上看，由于

相对于其他领域，对外开放领域改革在过去 35 年间推进的力度比较大，速度也比较快，基本制度已经与国际接轨，继续改革提升的空间总体比较有限，因此，未来对外开放体制改革对经济增长的贡献度大大低于以往，但由于现行对外开放体制仍然存在着不利于增长红利释放的一些问题，按照三中全会的部署，继续推进相关改革仍然对促进经济增长有积极作用。

表 10-6　三种情景下对外开放体制改革指数对 GDP 的贡献度预测

2014—2020	GDP 年均增长率（%）	TFP 年均增长率（%）	对外开放体制改革对增长的贡献度（百分点）		
			TFP 渠道	资本积累渠道	合计
基准情景	6.4	1.5	0.16	0.04	0.2
次乐观情景	7.1	2.0	0.22	0.044	0.26
乐观情景	7.9	2.5	0.28	0.058	0.33

数据来源：课题组测算。

基准情景。 我们假设全球金融危机的负面影响仍在一定程度上持续存在，《决定》所确定的改革措施发挥空间受到限制，外部发展环境面临较多不确定性，预测 GDP 的年均增长率为 6.4%。在这种情景下，我国的对外贸易、对外投资、FDI 流入等经济活动都相对较弱，对外经济活动提升 TFP 和增加资本存量的幅度也比较有限。在不考虑其他因素影响（包括效率损失）的情况下，如果延续目的的情况不继续推进相关改革，以往改革的增长红利会明显减弱，对经济增长的贡献度约 0.2 个百分点。

次乐观情景。 假设我国对外开放改革进程和国内外环境的变化位于基准情景和乐观情景之间，则预测 GDP 增速为 7.1%。此时，TFP 渠道和资本存量渠道对 GDP 的贡献度亦分别为 0.22 和 0.044 个百分点，共计 0.26 个百分点。

乐观情景。 假设《决定》所确定的改革措施全部圆满贯彻，则 GDP 的年均增长率可达到 7.9%；对外经济活动也将稳步扩大，进而进一步提升我国TFP 水平并通过 FDI 增加资本存量。我们预测两种渠道对 GDP 的拉动幅度可分别达到 0.28 和 0.058 个百分点，共计 0.33 个百分点。

五、对外开放体制改革尚未到位对经济增长的不利影响

1978 年以来，我国对外开放体制改革取得了积极进展，对经济持续快速增长发挥了重要的推动作用。但在当前金融危机后世界经济处于深度转型调整期，我国传统比较优势正在发生深刻变化的背景下，对外开放体制越来越难以适应国内外形势的变化，存在的一些问题限制了对外开放制度为国内资源优化配置提供更大空间的潜力，也直接限制了效率改善效应的实现，从而影响了经济持续稳定发展。

一是现行对外开放体制不利于统筹利用国内外两种资源，不利于为要素优化配置提供更大空间，制约经济增长。统筹利用国内外两种资源、两个市场一直是我国推进对外开放的重要目标，以往对外开放体制改革确实有效提升了我国利用两个资源、两个市场的能力，有力地促进了经济增长。但在目前经济全球化转向收入与替代效应并存的阶段，现行对外开放体制既不利于引进高端产业活动、高级生产要素，也不适应企业"走出去"整合外部资金，使我国不能在更高层次上统筹使用国内外资源，难以为要素优化配置提供更大空间，制约了经济较快增长。具体包括，外资审批制度仍与发达经济体普遍采用的"负面清单"式管理理念与方式存在差异。在投资管理中还存在着政策透明度、稳定性与可预见性较低，法律法规执行标准不统一等问题，投资软环境仍存在较大改进空间。在对外投资管理方面，实行投资项目核准制，管理主体多元，管理范围交错，权限职责不清，政策系统性较差，限制了企业和个人等市场主体对外投资的自主经营权，也不利于我国在全球统筹配置资源能力的提升。

二是现行对外开放体制不利于培育参与国际竞争的新优势，不利于改善资源配置效率，影响经济增长质量的提高。随着我国传统经济比较优势的变化，我国需要加快培育参与国际竞争新优势。而现行对外开放体制仍不能很好地适应这一要求，限制了对外贸易深入发展，也制约了产业转型升级，不利于

发挥开放改革对效率改善的作用，制约了经济增长。具体表现在：一是贸易便利化改革仍比较滞后，通关程序比较复杂，监管部门信息不能有效共享，监管效率低下。二是进出口相关税制不完善。比如小微企业、个体工商户出口商品，由于没有进项抵扣，征退税不衔接，无法办理出口退税。申请出口退税程序复杂，部门协调性较差，增加了出口退税执行成本。三是服务领域开放不足，制约了通过开放提升服务业发展水平，不能很好地适应我国产业转型升级的要求。据有关资料，在 160 个服务子部门中，我国承诺开放的约为 100 个左右，但完全开放的还不到 30 个部门。

三是现行对外开放体制不利于我国主动创造良好的外部环境，不利于提升国际竞争力，影响了经济长期健康发展。我国已经成为世界第二大经济体，正向第一大经济体的目标努力。在这样一个阶段，我国的发展必然会面临诸多外部挑战。过去三十余年的对外开放改革经验表明，通过改革融入世界经济体系进而创造比较稳定的发展环境，是我国实现赶超式发展的重要条件之一。目前，我国比以往任何时候都更需要创造一个良好的外部环境，但是现行对外开放体制并不能适应我国应对国际环境新变化的新要求。具体包括，由于对内外经济发展应协调统一的认识还不够深入，对外开放体制缺乏与国内体制的联动，部门协调不力，导致"对外"和"对内"是两张皮，尚未形成内外体制相互支持、彼此促进的格局。这不利于增强我国参与全球治理机制的能力，不利于提升我国对国际规则的影响力，从而不利于我国主动创造有利的发展环境，对实现经济长期健康发展产生消极影响，制约我国国际竞争力和影响力的提升。

六、深化对外开放体制改革、促进经济增长的建议

基于对当前对外开放体制存在的问题及不利影响的分析，以及对 2014—2020 年对外开放领域改革对经济增长贡献度的预测分析，我们认为，为更好

地释放全面深化改革的增长红利效应，确保 2020 年全面建成小康社会目标的顺利实现，需要以推动对内对外开放相互促进为基本立足点，围绕外贸、外资和对外投资三个领域，加快推进相关改革，以培育参与和引领国际经济合作竞争新优势。

（一）着力培育稳定透明可预期的营商环境

我国已经成为世界第一大吸引外资国，在此前提下，现阶段我国利用外资已不再是简单的引进资金，更重要的是吸收国际投资中搭载的技术创新能力、先进管理经验和知识外溢能力，这对推进我国产业结构调整和转型升级至关重要。从国际经验和我国发展实际来看，完善法治化、国际化、便利化的营商环境是未来提升利用外资质量，更好利用外部资源服务国内发展的关键环节。需要从两个方面推进相关制度改革：

一是进一步扩大外资准入领域，有序推进服务业开放。当前我国工业化已经进入中后期，2013 年第三产业在 GDP 中所占比重开始超过第二产业，产业结构的转折性变化已经发生。而从对外开放与国内发展的协调性上看，与"世界制造大国"地位相比，我国服务业开放程度低，竞争力弱，并且服务业对制造业升级的支撑能力较差，这已经成为制约我国经济向中高端发展的"短板"。壮大和发展服务业需要进一步深化改革、扩大开放，重点是推进金融、教育、医疗、文化等服务业领域有序开放，逐步放开育幼养老、建筑设计、会计审计、商贸物流、电子商务等服务业领域的外资准入限制。通过有序扩大外资准入领域，合理发挥外部资金、技术和管理经验等对于提升国内服务业发展质量的积极作用，增强服务业对制造业升级发展的支撑能力，更好地服务于我国产业转型升级的要求。

二是创造良好的营商环境。营商环境是一国参与国际经济合作与竞争的重要依托，也是一国软实力的重要体现。创造良好的营商环境有利于在竞争中巩固并提升我国整体竞争力。要创新利用外资管理体制，统一内外资法律法规，统一市场准入制度，统一市场监管，建立公开透明的市场规则。需要配套加快推进行政体制改革，最大限度减少和规范行政审批，纠正"重事前审批、轻事后监管"的倾向，尽快全面实行准入前国民待遇加负面清单的外资管理方式。要积极对接国际先进理念和通行规则，大力营造竞争有序的市场环境、透明高效的政务环境、公平正义的法制环境，保证各类投资主体依法平等使用生产要素、公开公平公正参与市场竞争、同等享受法律保护。

（二）加快建立完善的对外直接投资体制

从世界大国发展经验看，一国经济影响力最重要的不是向全球输出多少产品，而是向全球输出多少资本，并通过这些资本深刻影响全球经济规则和贸易格局。从贸易大国到投资大国，从商品输出到资本输出，是开放型经济转型升级的必由之路。目前我国已经进入到了这一新的发展阶段，推动我国资本和企业走出去，在全球范围内进行产业布局和资源配置，有利于培育新的增长点，对推动我国从经济大国成为经济强国至关重要。因此，要按照十八届三中全会《决定》提出的"三个允许"，即"允许企业和个人发挥自身优势到境外开展投资合作，允许自担风险到各国各地区自由承揽工程和劳务合作项目，允许创新方式走出去开展绿地投资、并购投资、证券投资、联合投资等"，加快建立完善的对外直接投资体制。

一是要落实好新修订的《境外投资管理办法》，切实保障企业对外投资主体地位。新修订的《境外投资管理办法》确立了"备案为主、核准为辅"的境外投资管理模式，体现了企业自主决策、自负盈亏、自担风险的对外投资自主权。相关部门要据此调整和优化对外投资管理方式方法，制定境外投资法规，进一步提高企业对外投资的便利化程度，切实保障企业对外投资主体地位。

二是要改进对外投资的磋商工作，推进多边、区域和双边投资合作机制建设。推动同更多国家签署高标准双边投资协定、司法协助协定，争取同更多国家互免或简化签证手续。构建海外利益保护体系。与重点投资目的国（地）建立制度性或非制度性工作机制，就中方投资者在市场准入、国民待遇、日常经营当中遇到的歧视性待遇或障碍等，进行外交磋商或交涉，保障海外利益，防范投资合作风险。

三是要重视发挥在一些重大对外战略实施中政府的战略指导和引导作用。对"一带一路"战略框架内一些重点领域、重大对外投资项目的开展，政府应在战略层次、重点领域给予必要充分的支持，加强对民间投资的重点引导。要加大前期工作的政府投入，包括战略研究、规划设计、重大项目研拟等，应形成政府企业共同投入，以企业资金为主，政府资金补贴风险的局面。

（三）积极参与全球经济治理以增强我国话语权

现阶段，国际经济环境发生了一系列重大变化。全球化由以收入效应为主的双赢阶段推进到替代效应凸显的利益分化阶段，全球化进程趋缓并出现去全球化的区域性制度安排。从全球经贸规则看，多边贸易体制发展受挫，美国等发达国家加快推进新的贸易金融规则，如 TPP、TTIP 等，国际经贸规则将出现深刻变革。在这一背景下，主动创造有利的外部发展环境客观上要求我国推动国际经济治理体系改革，积极引导全球经济议程。我国必须全面深化改革，实施更加积极主动的对外开放战略，构建广泛的利益共同体。一方面，要坚持世界贸易体制规则，坚持双边、多边、区域次区域开放合作，继续维护多边贸易体制在全球贸易发展中的主导地位，加快环境保护、投资保护、政府采购、电子商务等新议题谈判，扩大同各国各地区利益汇合点。另一方面，需要以更大魄力、更加积极、自信和负责的姿态，主动参与国际经贸规则制定和全球治理体系变革，增强我国全球经济治理中的制度性话语权，推动国际经济秩序朝着更加公正、合理的方向发展。要以自由贸易区建设为突破口和重要抓手，加快实施自由贸易区战略，改革市场准入、海关监管、检验检疫等管理体制，推进区域全面经济伙伴关系协定谈判，推进亚太自由贸易区建设，形成以周边为基础、面向全球的高标准自由贸易区网络，拓展深化改革和国民经济发展空间。

（四）构建内陆－沿海更加平衡的对外开放格局

构建内陆－沿海更加平衡的对外开放格局是对外开放促进国内发展的重要方面。内陆开放是我国新一轮对外开放的最大潜力，是拓展开放型经济广度和深度的关键。当前，我国内陆地区开放型经济发展面临历史性机遇，需要从体制机制、政策环境等方面，全面夯实内陆开放型经济发展的基础[①]。创新内陆加工贸易模式，推进整机生产、零部件、原材料配套和研发结算的内陆地区一体化集群发展，使内陆地区成为转移沿海加工贸易链条的承接地。在统筹推进内陆地区通道建设方面，加快建设面向东南亚、中亚、欧洲等地区的国际物流大通道，发展江海、铁海、陆航等多式联运，形成横贯东中西、联结南北方的对外经济走廊。发挥好沿海地区对外开放门户作用，支持沿海地区全面参与全球经济合作和竞争，培育有全球影响力的先进制造基地和经济区。提高自贸试验区建设质量，适时向全国复制推广。在推动内陆沿海沿边通关协作方面，可以考虑实现口岸管理相关部门信息互换、监管互认、执法互助，扩大"属地申报、口岸放行"等改革试点，提高口岸通行效率，降低通关成本。

（王　蕴　梁志兵）

参考资料目录

［1］蒋冠宏、蒋殿春：《中国企业对外直接投资的"出口效应"》，《经济研究》2014年第5期。

［2］袁守启：《推进改革开放的重大举措——谈上海自由贸易区建设》，《宏观经济管理》2014年第4期。

---

① 此部分参考汪洋：《构建开放型经济新体制》，载于《党的十八届三中全会〈决定〉学习辅导百问》，学习出版社、党建读物出版社2013年11月版。

［3］李云娥：《对外开放必然带来经济增长吗？——基于二元经济转换的视角》，《南开经济研究》2014 年第 1 期。

［4］本书编写组：《党的十八届三中全会〈决定〉学习辅导百问》，学习出版社、党建读物出版社 2013 年 11 月版。

［5］樊纲、王小鲁、马光荣：《中国市场化进程对经济增长的贡献》，《经济研究》2011 年第 9 期。

［6］谢申翔、王孝松：《贸易开放、FDI 与中国地区间收入差距——基于省际面板数据的经验分析》，《经济管理》2011 年第 4 期。

［7］赵伟：《对外开放与经济增长：中国与印度的比较——后冷战以来绩效与分析框架》，《当代亚太》2011 年第 1 期。

［8］董晓宇、郝灵艳：《中国市场化进程的定量研究：改革开放 30 年市场化指数的测度》，《当代经济管理》2010 年第 6 期。

［9］袁立科：《区域外部性、对外开放与中国经济增长条件收敛》，《当代经济科学》2010 年第 4 期。

［10］姚战琪：《生产率增长与要素再配置效应：中国的经验研究》，《经济研究》2009 年第 11 期。

［11］黄新飞、汪建成：《贸易开放与经济增长的影响机制研究——基于广东产业专业化指数的协整分析》，《国际经贸探索》2008 年第 11 期。

［12］刘舜佳：《国际贸易、FDI 和中国全要素生产率下降——基于 1952—2006 年面板数据的 DEA 和协整检验》，《数量经济技术经济研究》2008 年第 11 期。

［13］王文举、范合君：《我国市场化改革对经济增长贡献的实证分析》，《中国工业经济》2007 年第 9 期。

［14］何元庆：《对外开放与 TFP 增长：基于中国省际面板数据的经验研究》，《经济学季刊》2007 年第 4 期。

［15］许和连、亓朋、祝树金：《贸易开放度、人力资本与全要素生产率：基于中国省际面板数据的经验分析》，《世界经济》2006 年第 12 期。

［16］江小涓：《吸引外资对中国产业技术进步和研发能力提升的影响》，《国际经济评论》2004 年第 2 期。

［17］江小涓：《利用外资与经济增长方式的转变》，《管理世界》1999 年第 2 期。

［18］Helpman E., and P.R., Krugman, 1985, "Market Structure and Foreign Trade", MIT Press.

［19］Grossman, Gene. M., and Helpman Elhanan, 1991, "Quality Ladders in the Theory of Growth", Review of Economic Studies, Vol.58, pp.43–61.

［20］Dollars, D., 1992, "Outward-oriented Developing Economies Really Do Grow More

Rapidly: Evidence From 95 LD-Cs, 1976–1985", Economic Development and Cultural Change, Vol.40, pp: 523–544.

[21] Rodrik, D., 1998, "Closing the Technology Gap: Does Trade liberalization really help?", NBER Working Paper, NO.2654.

[22] Barro Robert, and Sala-i-Martin, 2004, "Economic Growth", McGraw-Hill, MIT Press.

附表一　指标体系基础数据

	对外贸易		利用外资		对外投资	
	我国占全球贸易的比重	我国对外投资占 GDP 比重	我国 FDI 占全球比重	外资增加值占全部增加值的比重	承包合同金额占 GDP 比重	我国对外投资占 GDP 比重
1978	0.0079	0.0000	0	0.0024	0.0013	0.0000
1979	0.0087	0.0000	0.0003	0.0027	0.0012	0.0000
1980	0.0092	0.0000	0.0003	0.0030	0.0013	0.0000
1981	0.0108	0.0000	0.0007	0.0033	0.0014	0.0000
1982	0.0099	0.0002	0.008	0.0037	0.0017	0.0002
1983	0.0105	0.0004	0.0134	0.0041	0.0035	0.0004
1984	0.0123	0.0005	0.0219	0.0045	0.0060	0.0005
1985	0.0156	0.0021	0.0297	0.0050	0.0036	0.0021
1986	0.0150	0.0015	0.0222	0.0072	0.0046	0.0015
1987	0.0143	0.0024	0.0181	0.0100	0.0055	0.0024
1988	0.0156	0.0027	0.0208	0.0127	0.0059	0.0027
1989	0.0155	0.0023	0.0179	0.0142	0.0052	0.0023
1990	0.0143	0.0023	0.0178	0.0161	0.0060	0.0023
1991	0.0164	0.0024	0.0297	0.0177	0.0067	0.0024
1992	0.0191	0.0095	0.0728	0.0307	0.0124	0.0095

续表

	对外贸易		利用外资		对外投资	
	我国占全球贸易的比重	我国对外投资占 GDP 比重	我国 FDI 占全球比重	外资增加值占全部增加值的比重	承包合同金额占 GDP 比重	我国对外投资占 GDP 比重
1993	0.0226	0.0100	0.13	0.0840	0.0118	0.0100
1994	0.0247	0.0036	0.1397	0.1116	0.0108	0.0036
1995	0.0252	0.0027	0.1121	0.1412	0.0103	0.0027
1996	0.0245	0.0025	0.1105	0.1586	0.0090	0.0025
1997	0.0269	0.0029	0.0959	0.1785	0.0089	0.0029
1998	0.0269	0.0030	0.0644	0.2087	0.0091	0.0030
1999	0.0288	0.0022	0.0403	0.2249	0.0094	0.0022
2000	0.0333	0.0019	0.0291	0.2398	0.0098	0.0019
2001	0.0370	0.0054	0.0609	0.2516	0.0098	0.0054
2002	0.0429	0.0020	0.078	0.2598	0.0104	0.0020
2003	0.0496	0.0012	0.087	0.2762	0.0108	0.0012
2004	0.0554	0.0012	0.0867	0.2781	0.0123	0.0012
2005	0.0598	0.0063	0.0819	0.2835	0.0131	0.0063
2006	0.0646	0.0091	0.0755	0.2805	0.0243	0.0091
2007	0.0692	0.0055	0.0696	0.2745	0.0222	0.0055
2008	0.0710	0.0130	0.0852	0.2672	0.0231	0.0130
2009	0.0772	0.0096	0.1297	0.2556	0.0253	0.0096
2010	0.0866	0.0111	0.1538	0.2530	0.0227	0.0111
2011	0.0894	0.0090	0.1749	0.2452	0.0194	0.0090
2012	0.0948	0.0107	0.1874	0.2370	0.0190	0.0107
2013	0.1000	0.0118	0.198	0.2339	0.0186	0.0118
2014	0.1138	0.0131	0.2222	0.2296	0.0185	0.0131

附表二　对外开放体制改革指数

	基准情景	次乐观情景	乐观情景
1978	0.0009	0.0009	0.0009
1979	0.0032	0.0032	0.0032
1980	0.0056	0.0056	0.0056
1981	0.0124	0.0124	0.0124
1982	0.0219	0.0219	0.0219
1983	0.0494	0.0494	0.0494
1984	0.0884	0.0884	0.0884
1985	0.1100	0.1100	0.1100
1986	0.1026	0.1026	0.1026
1987	0.1229	0.1229	0.1229
1988	0.1400	0.1400	0.1400
1989	0.1232	0.1232	0.1232
1990	0.1280	0.1280	0.1280
1991	0.1533	0.1533	0.1533
1992	0.1868	0.1868	0.1868
1993	0.2621	0.2621	0.2621
1994	0.3596	0.3596	0.3596
1995	0.3320	0.3320	0.3320
1996	0.3177	0.3177	0.3177
1997	0.3283	0.3283	0.3283
1998	0.3191	0.3191	0.3191
1999	0.3035	0.3035	0.3035

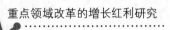
续表

	基准情景	次乐观情景	乐观情景
2000	0.3142	0.3142	0.3142
2001	0.4169	0.4169	0.4169
2002	0.3988	0.3988	0.3988
2003	0.4265	0.4265	0.4265
2004	0.4619	0.4619	0.4619
2005	0.5739	0.5739	0.5739
2006	0.7430	0.7430	0.7430
2007	0.6682	0.6682	0.6682
2008	0.8255	0.8255	0.8255
2009	0.8381	0.8381	0.8381
2010	0.8873	0.8873	0.8873
2011	0.8423	0.8423	0.8423
2012	0.8941	0.8941	0.8941
2013	0.9344	0.9344	0.9344
2014E	0.9634	0.9706	0.9796
2015E	0.9932	1.0082	1.0270
2016E	1.0239	1.0472	1.0767
2017E	1.0556	1.0877	1.1288
2018E	1.0883	1.1298	1.1834
2019E	1.1220	1.1735	1.2406
2020E	1.1568	1.2189	1.3007

第十一章

环境制度改革对经济增长的影响

　　生态环境既是支撑经济发展的基本条件，也是约束经济增长的重要因素。过去 30 多年，我国经济属于高投资、高消耗、高污染、低产出的粗放型增长。随着资源环境约束日趋紧张，上世纪 90 年代以来，环境保护、可持续发展分别成为我国的一项基本国策和重要发展战略，党的十七大提出建设生态文明，十八大提出经济建设、政治建设、文化建设、社会建设、生态文明建设五位一体的总体布局，十八届三中全会对生态文明制度建设进行了战略部署。习近平总书记指出："生态文明建设事关中华民族永续发展和'两个一百年'奋斗目标的实现，保护生态环境就是保护生产力，改善生态环境就是发展生产力。"生态环境对我国经济增长的影响是否已到了转折点？如何推进环境制度改革，才能更好发挥环境的生产力作用？厘清环境制度改革影响经济增长的机理，分析环境制度改革影响经济增长的规律特征和变化趋势，并结合我国稳增长、调结构、促改革的现实需要，进一步深化环境制度改革，具有重大现实意义。

一、环境制度改革影响经济增长的机理

　　理论界常用环境库茨涅茨倒 U 型曲线来刻画环境与经济增长之间的关系，而基于我国数据的大量实证研究却并未就我国是否存在环境库茨涅茨倒 U 型曲线达成共识。即便存在环境保护的"黄金定律"，其临界点也会因环境制度不同而不同，这为改革环境制度、完善环境政策提供了理论依据。政府采取行政管

制、环境税、污染权市场交易等措施治理环境，但同时也会产生制度成本和激励，通过影响企业的生产成本、生产要素投入组合和创新行为，进而影响经济增长。

（一）环境制度改革对经济增长的负向"漏出效应"

完善环境制度、加强环境规制，不仅带来额外的监管费用和行政费用，也将迫使企业进行"绿色生产"，进而增加企业生产成本，降低企业的市场竞争力。短期看，这将从宏观上对经济增长产生负向"漏出效应"，降低经济增长速度。改革环境制度，企业需要调整无环境约束或弱环境约束下的利润最大化要素投入组合，为治理环境污染支付成本，挤占部分可用于生产的资源。为了治理环境污染企业必须付出的成本包括与污染减排行为有关的直接成本、引发生产要素价格提高所造成的间接成本，以及增加污染减排投资而减少其他创新项目投资所导致的机会成本。此外，生产中对资源环境消耗所带来的环境恶化问题，还会影响劳动者健康水平、机器使用寿命和效率等，降低有效人力资本存量与物质资本存量，这也在一定程度上降低经济增长速度。当然，生态环境的自然修复机制，可在一定程度上缓解环境破坏等对人类生活生产的约束，部分抵消生态文明制度改革对经济增长影响的负向"漏出效应"。

（二）环境制度改革对经济增长的正向"反馈效应"

合理的环境制度能激发企业的创新行为，提高生产效率、降低生产成本，抵消环境规制和创新投入带来的额外成本，并降低"绿色生产"对企业生产经营的影响，对经济增长产生正向"反馈效应"。这是由于改革环境制度，新的生态保护规则、排污制度、税收体系将提高原有生产方式的生产成本、缩小原有生产方式的生产空间，而企业为了降低生产成本、拓展发展空间，必将采用新的理念、工作方式和组织结构来优化生产要素投入组合，并通过增加创新投入来开发节约资源、保护环境的生产技术，进而提高企业经营绩效，为经济持续稳定增长提供新的支撑。企业开发保护环境技术过程中，可能导致新产业、新业态出现，为经济持续稳定增长注入新动力。

二、改革开放以来环境制度改革对经济增长的影响

为了量化分析改革开放以来不同时期环境制度改革对经济增长的影响，我们首先结合环境制度改革影响经济增长的机理，构建环境影响经济增长的理论模型，并在此基础上推导可用于定量分析的计量模型；然后，根据历史数据估计计量模型，得到环境制度改革与经济增长之间的弹性系数，进一步测算出环境制度改革对经济增长的影响。

（一）增长核算模型及估计

结合环境制度改革对经济增长影响的负向"漏出效应"与正向"反馈效应"，同时参考刘雪燕、曾铮等（2015），并借鉴其他学者将环境要素作为投入要素纳入生产函数的做法，构建如下不变规模经济产出函数和环境产出函数。

$$Y=AK_c^{\alpha}L_c^{\beta}E^{1-\alpha-\beta}$$

s.t.

$$E \leqslant BK_r^{\theta}L_r^{1-\theta}+\eta E$$

$$K_C \leqslant K-K_r$$

$$L_C \leqslant L-L_r$$

其中，Y 为经济总产出，由外生技术进步 A、资本投入 K_C、劳动投入 L_C 与环境投入 E 生产得到，其中 α 是资本的产出弹性、β 是劳动的产出弹性、1-α-β 是环境的产出弹性。环境投入 E 的供给受到人为供给和自然供给两方面影响，一方面通过人为改进环境治理技术 B、资本 K_r 和劳动 L_r 来改善环境质量 $BK_r^{\theta}L_r^{1-\theta}$，其中 θ 是资本的环境改善弹性；另一方面通过自然界自我修复、资源形成等来改善环境质量 ηE，其中 η 体现了自然界环境修复和资源再生能力。不同于传统生产函数模型，以上含有环境因素的扩展型生产函数模型表明，一个国家和地区经济总产出既与投入到经济活动的资本存量 $K-K_r$ 和劳动存量 $L-L_r$ 有关，也与环境总量 $BK_r^{\theta}L_r^{1-\theta}+\eta E$ 的约束有关，其中 K 为总资本存量、L 为总劳动存量。

为了定量分析环境约束对经济增长的影响，需要将理论模型转换为计量

模型。对生产函数两边取对数，可得到如下联立方程计量模型：

$$\ln Y_t = \ln A_t + \alpha \ln K_{ct} + \beta \ln L_{ct} + (1-\alpha-\beta)\ln E_t + \varepsilon_t$$

$$\ln E_t = \ln\left(\frac{B_t}{1-\eta}\right) + \theta \ln K_{tt} + (1-\theta)\ln L_{ct} + \xi_t$$

在计量模型估计过程中，为了克服现有统计数据的不足，我们采用代理变量法对上述计量模型做进一步处理。一是根据环境质量与经济产出之间的倒U型环境库茨涅茨曲线关系（Grossman&Krueger，1995），以及资本、劳动要素与环境质量之间的单调递增关系，采用经济产出作为资本、劳动投入的代理变量。二是根据环境投入量与环境破坏程度之间的正向关系，将温室气体 CO_2 排放量作为环境投入的代理变量[1]。同时，采用全社会资本和劳动投入量，近似估计用于经济总产出的资本和劳动投入量。按照以上假设，得到下面可用于估计环境影响经济增长的联立方程计量模型：

$$\ln Y_t = \ln A_t + \alpha \ln K_t + \beta \ln L_t + \gamma \ln CO_2 + \varepsilon_t$$

$$\ln CO_{2t} = \ln C_t + \delta \ln Y_t + \lambda (\ln Y_t)^2 + \xi_t$$

其中，γ 表示环境投入对经济增长的产出弹性，在数量上等于 $1-\alpha-\beta$，是我们关注的关键参数。产出 Y 采用 1978 年不变价 GDP，劳动力投入 L 采用年末就业人数。不变价资本存量 K 基于张军等（2004）、李宾（2011）等人的研究，采用永续盘存法计算得到。二氧化碳排放量 CO_2 直接来自世界银行 WDI 数据库。

采用 1996–2013 年全国层面的时间序列数据估计上述联立方程计量模型，结果表明，环境对经济增长的产出弹性系数 γ 约为 0.1，也即二氧化碳排放量每降低 1%，国民经济增长速度将降低 0.1 个百分点。换言之，环境约束强度每增加 1%，国民经济增长速度将相应下降 0.1 个百分点。这说明环境对经济增长的贡献度与环境保护程度呈反向关系，在环境保护强度较大时期，环境对经济增长的贡献度相对较小或为负值，而在环境保护相对较松的时期，环境对经济增长的贡献度相对较大。

---

[1] 以 2005 年为例，能源活动和工业生产过程是中国 CO_2 排放的主要来源，其中能源活动的 CO_2 排放量占全国 CO_2 排放总量的 90.4%，工业生产过程的排放仅占 9.5%。（数据来源:《中华人民共和国气候变化第二次国家信息通报》）

表 11-1　模型估计结果

	资本产出弹性 α	劳动产出弹性 β	资源环境产出弹性 γ
系数	0.7	0.2	0.1

数据来源：课题组测算。

（二）不同阶段环境制度改革对经济增长的贡献

测算结果表明，1979—2013 年，在 GDP 年均 9.8% 的增长中，环境投入贡献了 0.58 个百分点。事实上，环境对经济增长的贡献大小，既与工业化和城市化进程有关 [1]，也与环境制度有关。

改革开放初期（1979—1992 年），环境制度体系构建阶段。1979 年颁布《中华人民共和国环境保护法（试行）》，1982 年建立排污收费制度，1983 年将环境保护确立为基本国策，提出绝不能走发达国家"先污染、后治理"老路，实行污染者负担、强化环境管理等政策。80 年代后期，环境保护制度框架基本形成，1989 年确定环境影响评价、"三同时" [2]、排污收费、限期治理、排污许可、污染物集中控制、环境保护目标责任制、城市环境综合整治定量考核等八项具有中国特色的环境管理制度。这一时期，我国初步形成了环保制度和政策体系，但尚未构建完整的环境法律体系，实践中出现无法可依、有法不依、违法不究等问题，甚至出现污染企业与政府监管部门共谋现象。测算表明，这一时期环境制度对经济增长的约束作用不强，环境对经济增长的贡献度达到 0.45 个百分点。

上世纪 90 年代初期到本世纪初期（1993—2002 年），环境制度体系完善阶段。环境制度从前期对个别环节的控制发展到包括决策在内的全过程控制，从对个别或某类对象的管理发展到对相关对象的全方位管理，同时着手推行综合决策、综合环境影响评价、环境标志、清洁生产、征收环境税费和排污许可

---

[1] 改革开放前 20 年，二氧化碳排放量仅上升 2.1 倍，平均每年以 3.8% 的速度增加，小于同期经济增长速度。从 2000 年开始，工业化与城市化进程加快，能源需求平均每年以 10.2% 的速度增长，导致二氧化碳排放量大幅上涨。近年来，随着工业化、城市化进程放慢，二氧化碳排放量增速显著下降。

[2] "三同时"指"经济建设、城乡建设、环境建设同步规划、同步实施、同步发展"。

等制度。1994年首次提出把可持续发展战略纳入国民经济社会发展中长期规划，并制订实施了《污染物排放总量控制计划》和《跨世纪绿色工程规划》。1993年开始探索清洁生产，1997年将清洁生产确定为污染物达标排放和总量控制的手段。这一时期，环境制度改革比较有效地减缓了污染特别是工业污染源污染物的排放。测算表明，环境制度对经济增长的约束作用相对前期加强，环境对经济增长的贡献度下降到0.33个百分点。

本世纪初期以来（2003—2013年），环境制度改革深化阶段。我国首次确立了主要污染物排放总量减少目标，深化排污收费制度改革，正式确立了排污权交易制度。"十一五"规划首次将能源消耗强度和主要污染排放总量减少作为约束性指标。2003年进一步完善了排污费政策体系，2008年开始探索排污权市场交易。这一时期，环境制度不断完善，开始注重发挥市场化手段在环境治理中的作用，但由于经济处于新一轮高速增长期，各地发展经济的热情高涨，想方设法规避环境制度约束，并加大环境治理投入力度，环境尚未对经济增长形成强约束，对经济增长的贡献先升后降，2003—2004年达1.97个百分点，2005—2013年则下降到0.75个百分点。目前，环境对经济增长的影响已进入以2009年前后为拐点的增长效应递减阶段，未来几年环境对经济增长的约束作用将显著增强。

表11-2　1979—2013年环境对经济增长的影响

年份	GDP增长率（%）	环境对经济增长的贡献度（百分点）
1979—2013	9.83	0.58
1979—1992	9.53	0.45
#1979—1984	9.58	0.38
#1985—1992	9.50	0.51
1993—2002	9.58	0.33
#1993—1997	11.44	0.52
#1998—2002	8.25	0.13
2003—2013	9.95	0.97
#2003—2004	10.06	1.97
#2005—2013	10.21	0.75

数据来源：课题组测算。

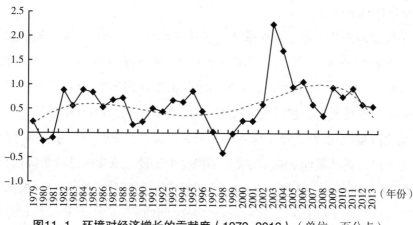

图11-1　环境对经济增长的贡献度（1979~2013）（单位：百分点）

数据来源：课题组测算。

注：虚线为环境对经济增长贡献度的拟合线。

三、环境制度改革对经济增长的影响预测

十八届三中全会从推动环境保护费改税、实行生态补偿制度、改革生态环境保护管理体制等方面，对环境制度改革进行了战略部署。根据没有落实、部分落实和全面落实环境制度改革部署，分别设定基准、次乐观和乐观三种情景，预测环境制度改革对经济增长的贡献。首先，根据改革对二氧化碳排放趋势的影响，预测不同情景下"十三五"时期 [①] 二氧化碳排放量。其次，基于生产函数模型得到不同情景下经济潜在增长率，并根据环境的产出弹性测算不同情景下环境制度改革对经济增长的贡献。

（一）变量假设和预测

劳动力投入。 结合人口、适龄劳动力及2009年以来就业人口的变化趋势，假定2015年至2020年我国就业人口增速下降到0.2%，则预计到2020年就业

[①]　从保持数据的连续性出发，必须在研究2014—2020年资源环境制度改革释放经济增长红利基础上，方可对"十三五"时期进行预测。

人口总数达到 7.81 亿。

实际资本存量。考虑到支撑资本存量高速增长的因素逐步消失，假定乐观情景下 2014—2020 年实际资本存量年均增速下降到 1978—2013 年 10.0% 的平均水平，次乐观和基准情景下分别比乐观情形下降 0.5 个和 1 个百分点。

二氧化碳排放量。按照我国向联合国的承诺，到 2020 年单位国内生产总值二氧化碳排放比 2005 年下降 40%—45%。截止到 2013 年，我国单位 GDP 二氧化碳排放量已累计下降 19.2%，如果完全实现二氧化碳排放量降低目标，那么 2014—2020 年年均单位 GDP 二氧化碳排放量还需下降 5.3%。根据二氧化碳排放总量与单位 GDP 二氧化碳排放量之间的关系：二氧化碳排放总量增速 =（单位 GDP 二氧化碳排放量增速 +1）（GDP 增速 +1）−1，并假定 2014—2020 年 GDP 年均增速保持在 7% 左右 [1]，那么二氧化碳排放量年均增速约为 2%，也即相比近年 7% 的年均增速约下降 5 个百分点。基准情景，2014—2020 年，假定环境制度改革仍延续过去几年的改革内容、速度和力度，而不推出任何新的改革措施，二氧化碳排放按近年年均增速 7% 左右增长；乐观情景，如果全面落实十八届三中全会关于环境制度改革部署，二氧化碳排放能完全达到向联合国承诺目标，二氧化碳排放年均增速从 7% 左右下降到 2%；次乐观情景，2014—2020 年，如果部分落实十八届三中全会关于环境制度改革部署，二氧化碳排放达到向联合国承诺目标的 50%，二氧化碳排放年均增速从 7% 左右下降到 4.5%。

（二）不同情景下环境制度改革对经济增长的贡献

2014—2020 年，环境对经济增长的约束作用明显提高，不同情景下环境制度改革对经济增长的贡献存在明显差异。基准情景下，环境对经济增长的贡献度将维持在 0.7 个百分点左右，表明环境制度改革对经济增长速度的影响为 0。乐观情景下，环境对经济增长的贡献度从 0.7 个百分点下降到 0.2 个百分点，表明环境制度改革将导致年均经济增长速度下降 0.5 个百分点。次乐观情景下，

---

[1] 即便将经济增速下调到 6%，二氧化碳排放增速仍约为 2%。经济增长速度不会大幅影响二氧化碳排放增速。

环境对经济增长的贡献度从 0.7 个百分点下降到 0.45 个百分点，也即环境制度改革导致年均经济增长速度下降 0.25 个百分点。

表 11-3　"十三五"时期环境及环境制度改革的增长效应预测

2014—2020	GDP 增长率（%）	环境投入对经济增长的贡献度（百分点）	环境制度改革对经济增长的贡献度（百分点）
基准情景（a）	6.36	0.7	0
乐观情景（b）	7.39	0.2	−0.5
次乐观情景（c）	6.88	0.45	−0.25
b−a	1.13	−0.5	−0.5
c−a	0.52	−0.25	−0.25

数据来源：课题组预测。

四、环境制度改革尚未到位影响增长红利释放

改革开放以来，我国环境制度改革取得了积极进展，在一定程度上加快了经济增长方式转变、提高了经济增长质量。但由于改革尚未到位，经济增长与环境保护仍难以有效协调，不利于经济长期持续稳定发展。

一是现行环境税收和资源价格体系不完善，难以抑制企业对环境的过度使用，制约经济高效发展。我国开征环境税处于起步摸索阶段，环境税收体系不健全、排污收费过低，排污许可证、污染物总量控制等设计不合理，造成环境成本尚未内部化，环境污染尚未科学计入企业成本核算体系，导致企业缺乏保护环境的内在动力和外在压力，制约了全社会生产效率提高、影响经济发展效率。此外，资源价格体系尚未完全建立，资源价格普遍偏低，难以遏制企业对资源过度占用和生态环境破坏。

二是现行环境保护制度执行效率不高，难以激励企业创新，制约经济持续稳定增长。尽管中央已经强调发展成果考核评价体系要加大资源消耗、环境损害、生态效益等指标的权重，但以经济增长速度评定政绩的倾向并没有根

本扭转，绿色发展绩效评估和环境保护责任追究制度也远未形成，各地对经济增长数量的重视程度远远大于对生态环境保护的重视，经济增长与环境保护之间的矛盾仍然突出。同时，现行法律体系不能满足生态环境保护的需要，一些重要领域的法规缺位，地方环境立法特色不明显、可操作性不强、部门利益严重，环境民事赔偿法律制度不健全，再加上基层执法缺乏强制手段，造成环境违法成本偏低而守法成本偏高，形成了"老板发财、群众受害、政府埋单"等环境不公现象，导致企业通过创新转变生产方式的激励不足。

五、深化环境制度改革、释放增长红利的对策建议

计量分析表明，过去三十多年环境要素投入对我国经济增长产生了较大贡献，但目前已进入以 2009 年前后为拐点的增长效应递减阶段。"十三五"时期环境保护对经济增长的约束增强，甚至要拉低潜在增速，但这是我国经济持续稳定增长的重要前提，也是经济长期持续稳定发展必须付出的成本。必须深化环境制度改革，努力改善生态环境质量，促进经济增长方式转变，为经济长期持续稳定增长注入持久动力。

一是健全环境税收和资源价格体系，发挥市场在配置环境资源中的决定性作用，提高经济发展效率。结合我国发展阶段、环境污染程度和治理难度等，确定环境税征收范围、计税依据、税率水平等，采取先易后难、分步实施、逐步推进的改革方式，避免税负增加过大引起抵触心理和推行阻力。加快建立根据市场供求和资源稀缺程度、体现自然价值和代际补偿的资源有偿使用和生态补偿制度的资源性产品价格形成机制，完善资源价格体系，解决由于价格过低导致自然资源过度开发和生态环境破坏问题。

二是完善环境资源产权制度，严格执行环境保护制度，保障经济持续稳定增长。加快构建归属清晰的资源产权制度、公平有序的产权交易体系、管理有效的产权监管体系，着力解决自然资源所有者不到位、所有权边界模糊等问题，夯实资源环境保护的制度基础。以排污权有偿使用和交易试点为重点，加

快完善环境产权体系和交易市场，促进环境产权交易。构建监管统一、执法严明、多方参与的环境治理体系，着力解决污染防治能力弱、监管职能交叉、权责不一致、违法成本过低等问题。构建充分反映资源消耗、环境损害和生态效益的绩效评价考核和责任追究制度，着力解决发展绩效评价不全面、责任落实不到位、损害责任追究缺失等问题。

三是配套推进相关法律法规修订并强化环境监管能力建设，提升法律法规在环境保护中的保驾护航功能。结合新形势、新要求，加快修订《环境保护法》、《大气污染防治法》等与环境保护相关的法律法规，抓紧制定土壤污染治理等法律法规。加强环境监管能力建设，提高环境保护执法效率。

（易　信　郭春丽）

参考资料目录

［1］刘雪燕、曾铮等：《我国潜在经济增长率研究》，经济科学出版社 2015 年版。

［2］张军、吴桂英、张吉鹏：《中国省际物质资本存量估算：1952—2000》，《经济研究》2004 第 10 期。

［3］李宾：《我国资本存量估算的比较分析》，《数量经济技术经济研究》2011 年第 12 期。

［4］Grossman, G. and A. Krueger, 1995, "Economic Growth and the Environment", Quarterly Journal of Economics, VoI. 110, pp. 353–377.

第十二章

重点领域改革促进有效需求和
经济增长的分析

现实中，经济实际增长速度受多种因素影响而偏离潜在增长水平。除了影响经济潜在增速，改革可以通过最终消费、资本形成和净出口等渠道，影响经济实际增长水平，有利于缩小二者之间的差距。为了准确把握改革对有效需求和经济增长的影响，首先我们分析了不同领域改革促进有效需求和经济增长的机理；继而，预测"十三五"时期改革基准、次乐观与乐观情景下最终消费、资本形成和净出口与实际 GDP 增速，以及三大需求对实际 GDP 增长的贡献。在此基础上，区分改革因素和非改革因素促进有效需求和经济实际增长的效应，分析改革在缩小经济实际增长与经济潜在增长差距中的作用。

一、改革促进有效需求和经济增长的机理

理论上，体制改革不仅通过供给侧影响经济潜在增长水平，还通过需求侧影响经济实际增长水平。通过深化体制改革，消除制约有效需求释放的各种障碍，有助于扩张消费、投资和净出口等有效需求，使实际经济增长更接近潜在增长，进而促成供给需求良性互动。具体而言，重点领域改革通过需求渠道影响经济实际增长的内在机理如下：

　　财税体制改革方面，随着预算体制改革深入推进，预算公开透明度、预算安排与中长期规划匹配度等都将不断提升，这有利于提高财政资金的使用效

率，使预算内投资发挥更大的作用，带动更多社会投资。不断规范地方政府债务，虽然在短期可能抑制地方投资需求，但长期内有利于建立更为规范高效的政府投融资体系，有利于扩大投资需求。中央与地方财政收支体制改革，将进一步理顺中央地方责权利关系，形成科学合理的地方投资激励体系，有利于扩张地方投资、提升投资效率。在保持宏观税负总体稳定的基础上，优化税制、完善税种，将促进形成更加科学的财政收入体系，有利于增强财政政策逆周期调节作用；不断优化财政支出结构，加大民生支出比重，有利于提升居民收入，促进消费需求增长。

金融体制改革方面，利率市场化改革有助于改善资金定价与配置扭曲状况，提高资金使用效率，促使资金从效率低的企业向效率高的企业配置，从而促进投资增加；汇率市场化改革，有助于扩大出口，并且改善出口与非出口部门间福利扭曲，提升投资效率；同时，金融开放程度的提高，如资本项目开放等，使居民和企业的资产配置更多元化，有利于增加居民和企业的资本性收入，从而促进居民消费和企业投资。金融市场化改革将吸引更多社会资本进入，显著增加可贷资金规模，有利于扩大投资；普惠金融的发展、互联网给金融发展带来的变革，将使更多原来位于"分布尾端"的小企业和普通民众能够享受金融信贷服务，从而有利于促进居民消费和企业投资。

收入分配改革方面，改革的核心是实现劳动报酬与劳动生产率同步提高，以及提高劳动报酬在初次分配中的比重。具体改革措施包括健全工资决定和正常增长机制，健全资本、知识、技术、管理等由要素市场决定的报酬机制，多渠道增加居民财产性收入，完善再分配调节机制，建立公共资源出让收益合理共享机制等。这些改革，一方面有助于缩小收入分配差距，显著扩大中等收入群体规模，推动社会整体消费倾向提高，促进居民消费增长更可持续；另一方面有助于居民更好分享经济增长的成果，促进居民收入更快提高，提升社会整体消费能力，最终促进消费需求更快增长，增强消费对经济增长的拉动作用，支撑经济实际增长更接近潜在水平。

对外开放体制改革方面，继续深入改革可以从两个方面直接影响需求，一方面通过优化营商环境，吸引和利用外国直接投资，有助于增加国内投资需求；另一方面，更加积极主动地对外开放和构建平衡开放格局，有助于增强出口竞争力，扩大出口和增加净出口。投资和净出口的较快增长均有助于推动经济实际增长更接近潜在增长水平。

行政体制改革方面，投资审批权下放有利于精简项目落地过程中不必要的审批流程，营造良好的投资环境，促进投资增长。同时，商事制度改革的深入推进，将进一步减少中央级或地方行政事业性收费，有助于减轻企业负担和消除投资障碍，激发投资创业热情，从而显著扩大投资需求，稳定就业，也有助于促进消费需求增长。

户籍制度改革方面，打破城乡人口身份限制有助于促进农业转移人口城镇化，为其生活方式的城镇化提供重要制度支撑，从而既有助于释放新落户城镇居民的消费潜力，促进消费需求扩大；同时，通过实现基本公共服务均等化，又能推动相关服务设施投资的增长，包括住房投资、公共服务设施建设投资等，促进投资需求扩大。

土地制度改革方面，进一步提高农村土地权能，赋予农村承包地和宅基地完整的使用权、收益权和处置权，可以增加农村居民财产性收入，进而提高农村居民的消费能力。完善农村承包地退出机制，可以使进城务工农民变现财产，为在城市发展筹集更多资金，使其在城市稳定生存和发展下去，成为市民后其消费行为将发生重大变化，有助于扩大投资需求和消费需求。建立城乡统一的建设用地市场，健全对被征地农民合理、规范、多元保障机制有助于增加农民的土地增值收益，促进农民收入水平提高和消费需求增长，推动经济实际增长更接近潜在增长。

二、不同情景下实际经济增长预测

（一）改革情景设定与预测方法

情景设定。与前文保持一致，我们按照"十三五"期间改革可能的推进程度设定基准、次乐观和乐观三种情景。在基准情景下，财税、金融、收入分配、开放、行政、户籍和土地等重点领域改革延续既有的改革趋势，没有落实十八届三中全会的改革战略部署，没有推出新的改革举措。在次乐观情景下，财税、金融、收入分配、开放、行政、户籍和土地等领域改革部分落实十八届三中全会的改革战略部署。在乐观情景下，重点领域改革全部落实十八届三中全会的战略部署，实现预期改革目标。

预测方法。从历史走势看，最终消费支出、资本形成、净出口和国内生产总值之间存在明确的弹性关系。按照支出法 GDP 计算：（最终消费支出、资本形成、净出口）需求弹性系数 = 最终需求（最终消费支出、资本形成）增长速度 ÷ 支出法国内生产总值增长速度。我们主要采取弹性系数法来预测不同改革情景下，按 1978 年不变价计价的实际 GDP 的变化趋势。预测分为三步，第一步，测算最终消费支出、资本形成、净出口与 GDP 的弹性系数，并根据不同情景预测弹性系数；第二步，对消费、投资和净出口的增速进行判断；第三步，预测经济增速、三大需求占实际 GDP 比重及其贡献率和拉动。

改革开放以来，我国实际净出口弹性系数的波动远远高于实际资本形成弹性系数和最终消费弹性系数。其中，实际最终消费弹性系数处于［0.56，

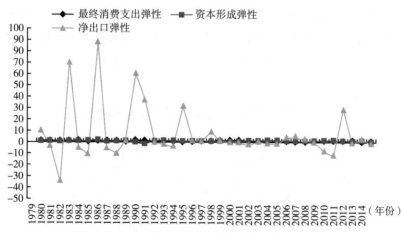

图12-1　改革开放以来我国最终需求弹性

数据来源：课题组测算。

表 12-1 2014—2020 年我国最终需求弹性设定

		最终消费支出	资本形成	净出口
2014—2020	基准情景	1.14	1.23	11.81
	次乐观情景	1.17	1.02	9.14
	乐观情景	1.18	0.83	5.46

数据来源：课题组测算。

1.53］的区间，近年来最终消费弹性系数呈现出上升趋势；实际资本形成弹性系数处于［-1.72，2.37］的区间，国际金融危机以来，该系数呈现出下降趋势；实际净出口弹性系数处于［-35.67，88.81］的区间，近年来呈现出波动下降趋势。根据测算得到的历年各项需求弹性系数，考虑到改革对我国需求结构变动的影响及近年来弹性系数的变化趋势，运用趋势外推方法，设定了不同改革情景下的最终消费支出、资本形成、净出口需求弹性系数。

根据支出法，改革开放以来，与我国实际经济增长 9.8% 的年均增速相对应，我国实际最终消费支出、实际资本形成、实际净出口年均增速分别为 9.4%、10.7% 和 68.2%。近年来，受国际金融危机影响，外部需求萎缩，随着扩大内需特别是扩大消费政策的持续实施，实际最终消费支出增速呈现出提高趋势，实际资本形成、实际净出口年均增速则呈现出缓慢下降趋势，消费对经济增长的拉动作用在增强。综合考虑改革开放以来实际最终消费支出、实际资本形成与实际净出口的变化趋势，运用趋势外推，设定了不同改革情景下的实际最终消费支出、实际资本形成与实际净出口的年均增速。

表 12-2 2014—2020 年我国实际最终需求年均增速预测

（单位：%）

时期	最终消费支出	资本形成	净出口
1979—2013	9.4	10.7	68.2
#1979—1992	9.5	9.3	122.9
#1993—2002	9.4	10.2	47.3
#2003—2013	9.1	13.1	17.7

续表

时期		最终消费支出	资本形成	净出口
2014—2020	基准情景	6.5	7.0	67.3
	次乐观情景	7.5	6.5	58.5
	乐观情景	8.5	6.0	39.3

数据来源：课题组测算。

（二）预测结果分析

根据三大需求的增长趋势，以及三大需求与GDP的弹性关系，我们预测得到不同改革情景下我国实际GDP增速、三大需求对实际GDP增长的贡献。基本结论如下：

消费需求对经济增长的贡献呈显著上升趋势。 2014—2020年，在改革基准、次乐观和乐观三种情景下，我国最终消费支出对经济增长的贡献率分别为57.67%、59.67%和60.38%，分别拉动经济增长3.29、3.82和4.35个百分点，相比2003—2013年均有所提升，逐步树立消费需求主导和引领经济发展的格局，形成消费主导型经济结构。

投资需求对经济增长的贡献呈稳步下降态势。 2014—2020年，在改革基准、次乐观和乐观三种情景下，我国实际资本形成对经济增长的贡献率分别为60.29%、48.46%和38.58%，分别拉动经济增长3.44、3.26和2.78个百分点，相比2003—2013年均有所下降，投资对经济增长的主导地位将逐步让位于消费。

外部需求对经济增长的贡献将波动变化。 未来，我国在技术资本密集型产品和劳动密集型产品出口方面同时面临发达国家和后起新兴经济体的双重夹击与复杂挑战。同时，更加积极对外战略的实施，将可能带动出口新一轮扩张。但总体上，净出口对我国经济增长的贡献基本稳定并小幅提高。在改革基准、次乐观、乐观情景下，净出口将分别拉动经济增长为 -0.22、0.42 和 1.37 个百分点。

实际GDP增速与潜在GDP增速之间仍存在缺口。预期2014—2020年，在考虑了资源环境约束对经济增长影响的情况下，我国实际GDP增速与潜在GDP增速之间仍然存在一定缺口，但相比2003—2013年的产出缺口有所收窄。

表 12-3　2014—2020 年我国实际 GDP 增速及三大需求的贡献

（单位：%，百分点）

时期		经济潜在增速	资源环境约束	经济实际增速	贡献率			拉动		
					最终消费支出	资本形成	净出口	最终消费支出	资本形成	净出口
1979—2013		9.80		9.80	58.70	37.36	3.94	2.52	5.57	0.18
#1979—1992		9.67		9.45	66.09	25.95	7.96	1.00	6.00	0.15
#1993—2002		9.92		9.85	58.10	35.87	6.03	5.17	5.55	0.65
#2003—2013		9.86		10.20	49.18	54.27	−3.45	2.20	5.00	−0.22
2014—2020	基准情景	6.36	6.36	5.7	57.67	60.29	−7.73	3.29	3.44	−0.22
	次乐观情景	7.13	6.88	6.4	59.67	48.46	0.97	3.82	3.26	0.42
	乐观情景	7.89	7.39	7.2	60.38	38.58	9.13	4.35	2.78	1.37

数据来源：课题组测算。

注：1979—2013 年期间的理论 GDP 增速是运用 HP 滤波方法得到。

三、改革对有效需求和实际经济增长的影响测算

不同情景下经济实际增长的趋势性变化，已经内涵了体制改革的影响。为了进一步准确测度深化改革所能带来的实际经济增长红利，需要在此基础上，进一步分解出重点领域改革通过影响投资、消费和净出口等三大需求而对经济实际增长产生的贡献。由于基准情景被设定为不推进新的改革措施，因

而，在分析进一步推进改革所能产生的增长红利时，我们以基准情景为比较基础，讨论次乐观情景和乐观情景下，部分推进或全部推进预定改革措施对经济增长的拉动作用。

（一）不同情景下改革对三大需求的影响估算 [①]

1. 次乐观情景

在次乐观情景下，十八届三中全会的改革部署部分得以落实。重点领域改革对投资、消费和净出口的影响体现在以下方面：

收入分配改革方面，按照十八届三中全会提出的形成合理有序收入分配格局的部署，如果部分推进既定的收入分配改革措施，按照近年居民收入增长的情况，2014—2020 年人均收入年均增速将比 2011—2014 年增速有所提高，预计平均实际增速有望达到 6.30%。根据城乡居民平均消费倾向计算，约可形成 50849 亿元的消费需求，较基准情景年均增加 830.41 亿元。

对外开放体制改革方面，如果部分推进相关改革，我国营商环境进一步改善，吸引外资总体仍可保持平稳增长，预计 2014—2020 年吸引 FDI 的实际平均增速为 7.07%，2020 年吸引 FDI 有望达到 1792 亿元，比基准情景多增加投资需求 98 亿元；净出口平均实际增速为 6.43%，2020 年达到 4111 亿元，比基准情景提高 195 亿元。

财税体制改革方面，如果改革措施部分落实，推动地方政府债券有序规范运行，PPP 模式进一步推广，公用事业等领域的投融资需求可得到有效满足，同时资金使用效率得到有效提升。按照当前的改革实践情况推算，预计每年可新增投资需求 781.57 亿元。

金融体制改革方面，如果金融改革措施部分落实，资本项目开放和汇率市场化改革切实推进，民营银行改革取得进一步突破，按照当前的改革实践情况，预计将通过扩大投资、促进消费每年新增有效需求 390.78 亿元。

户籍制度改革方面，从 2015 年起，每年需要实现 1700 万左右农业转移

---

① 这部分数据均为按照 1978 年价格折算的实际数。

人口在城镇落户，同时，由于农业转移人口进程将带来住房等投资增加，假设政策落实程度为50%，由此每年因户籍制度改革带来的新增消费和投资需求约488.5亿元。

土地制度改革方面，根据近年政府每年国有土地出让金约35000亿元，假定未来改革部分落实，农民可以一定比例分享土地增值收益，进而带来收入水平提高，考虑农村人口平均消费倾向，则可新增消费需求195.39亿元。

综合重点领域改革对需求增长的影响，部分推进财税、金融、收入分配、对外、户籍和土地制度改革，将比基准情景下增加需求约3419亿元。

2. 乐观情景

在乐观情景下，全面落实十八届三中全会战略部署，改革预期目标全部实现。重点领域改革对三大需求的影响如下：

收入分配改革方面，如果全面落实收入分配制度改革，城乡居民收入增速将进一步加快，2014—2020年居民收入平均实际增速将提升至6.59%，根据居民平均消费倾向推算，约可形成51673亿元的消费需求，较基准情景增加1654.55亿元。

对外开放体制改革方面，如果对外开放体制改革措施全部得以实施，我国营商环境显著优化，仍将是全球最具投资吸引力的国家之一，预计2014—2020年吸引FDI的平均增速为8.29%，2020年吸引FDI达到1918亿元，比基准情景多增加投资需求224亿元；净出口平均增速为7.49%，2020年净出口达到4363亿元，比基准情景提高447亿元。

财税体制改革方面，如果财税改革措施全部落实，现代财政制度基本建立，特别是中央地方财税体制得以矫正理顺，这将进一步激发地方投融资动力，预计每年可新增投资需求1296.8亿元。

金融体制改革方面，如果金融改革措施全部落实，建立完整的利率曲线，资本市场规模发育壮大、产品种类培育完善，资金使用和配置效率得到全面提升，普惠金融全面覆盖，将进一步扩张消费需求和投资需求，按照当前的改革实践情况，预计每年可新增有效需求804.9亿元。

户籍制度改革方面，如果户籍改革措施全面落实，则每年可顺利实现

1700 万左右农业转移人口在城镇落户，每年因户籍制度改革带来新增消费需求，及带来的配套住房投资等投资需求，预计每年新增消费和投资需求约为983.8 亿元。

　　土地制度改革方面，如果改革措施全面落实，农民将充分享受到更多土地权益。土地增值收益在政府、村集体和农民三者之间分配，假设农民享受到约 1/3 土地增值收益，显著提高农民人均纯收入，根据农村人口平均消费倾向估算，每年因土地改革带来的新增消费需求约为 357.7 亿元。

　　综合重点领域改革对需求增长的影响，部分推进财税、金融、收入分配、对外、户籍和土地制度改革，将比基准情景下增加有效需求约 6708 亿元。

（二）深化改革有助于缩小实际经济增速与潜在经济增速之间的缺口

　　整体来看，相比基准情景，次乐观情景，部分落实三中全会的部署，将通过需求渠道，多拉动实际经济增长 0.7 个百分点，最终使得经济实际增速与经济潜在增速之间的缺口由 0.66 个百分点下降到 0.48 个百分点；乐观情景下，全面落实十八届三中全会部署，将多拉动经济增长 1.5 个百分点，最终使得经济实际增速与经济潜在增速之间的缺口由 0.66 个百分点下降到 0.19 个百分点。也就是说，部分和全面落实改革，将有助于经济缩小实际增速与潜在增速之间的缺口。在改革基准、次乐观和乐观情景下，两者的缺口分别为 0.66、0.48 和0.19 个百分点。

（三）不同领域改革促进有效需求和经济增长的效应不同

　　分领域来看，相比基准情形，次乐观和乐观情景下，收入分配改革促进需求和经济增长的效应最明显，其次为财税改革、户籍改革、行政体制改革、对外开放体制改革和土地制度改革。具体而言，收入分配改革将通过消费需求渠道分别多拉动经济增长 0.17 和 0.37 个百分点；对外开放领域改革将通过投资和出口需求渠道分别多拉动经济增长 0.06 和 0.15 个百分点；户籍改革将通过消费需求渠道分别多拉动经济增长 0.1 和 0.22 个百分点；土地改革将通过投资需求渠道分别多拉动经济增长 0.04 和 0.08 个百分点；行政体制改革将通过投资需求渠道分别多拉动经济增长 0.09 和 0.21 个百分点；财税改革将通过消费和投资需求渠道分别多拉动经济增长 0.16 和 0.29 个百分点；金融改革将通过消费和投资需求渠道分别多拉动经济增长 0.08 和 0.18 个百分点。

这也表明，"十三五"时期我国为保持经济中高速增长，应加快推进收入分配改革、财税改革和户籍制度改革，以有效解决内需不足对经济增长的制约问题。

表 12-4　改革通过需求渠道对经济增长的贡献（2014—2020）

（单位：%，百分点）

	经济潜在增速	资源环境约束	经济实际增速	需求拉动									非改革因素
				合计	改革通过需求渠道								
					收入分配	开放	户籍	土地	行政	财税	金融		
基准情景	6.36	6.36	5.7	0	0	0	0	0	0	0	0		5.7
次乐观情景	7.13	6.88	6.4	0.7	0.17	0.06	0.1	0.04	0.09	0.16	0.08		5.7
乐观情景	7.89	7.39	7.2	1.5	0.37	0.15	0.22	0.08	0.21	0.29	0.18		5.7

数据来源：课题组测算。

（王　磊　王　蕴）

第十三章

农民工想落户、能落户城镇吗？

——对成都、重庆的调研

改革开放以来，适应工业化城镇化发展的需要，我国逐步放宽农村居民进入城市的限制，数以万计农民怀揣着对城市美好生活的向往，汇聚成 2.7 亿的"民工潮"。户籍制度改革为经济社会发展输送了源源不断的劳动力，为经济增长释放了连绵不绝的人口红利。然而，他们当中的大部分人却还一直过着候鸟一样春去冬归的迁徙生活，分享到的发展成果比较有限。党的十八届三中全会提出要进一步加快户籍制度改革，推进农业转移人口市民化，使农民工逐步享有与当地户籍人口同等的基本公共服务等权利。这不仅事关农民工切身利益与福祉，而且还关系到城乡协调发展、社会公平正义和经济持续稳定增长，是"十三五"时期的重大战略问题。

一、调研目的、方法与对象

（一）调研目的

城镇化是未来中国经济发展的最大引擎。我国正在推进以人为核心的新型城镇化，按照全面放开建制镇和小城市落户限制、有序放开中等城市落户限制、合理确定大城市落户条件的分类改革思路，稳步推进户籍制度改革，合理引导农业人口有序向城镇转移，到 2020 年努力实现 1 亿左右农业转移人口和其他常住人口在城镇落户。为了解我国目前正在推进的户籍制度改革的效果、存在的突出矛盾和主要问题、取得的经验教训，2015 年 10 月 20—22 日，调研组赴成都、重庆两市进行实地调研，"以点带面"深入了解户籍制度改革进程中的农民工落户城镇情况及存在问题。作为全国统筹城乡综合配套改革试验区，成都和重庆户籍制度改革走在了全国前列，成都市创造了不以牺牲农民承包地、宅基地等财产权为代价获取城镇居民基本公共服务的"中国最彻底的户籍制度改革"的"成都模式"，重庆市则在探索中形成了保留"三件衣服"、穿上"五件衣服"（"3+5"转户模式）为主要内容的"重庆模式"①。两市的户籍制度改革模式具有典型代表性，创造的经验和积累的教训可供其他地区借鉴。

（二）调研方法与调研对象

为了全面了解户籍制度改革进展情况，我们采取座谈会、问卷调查和当面深度访谈相结合的方法，对成渝进行了调研。首先与重庆和成都市的发改、公安、国土、人社、财政、住建等政府部门座谈，了解户籍制度改革总体情况。在此基础上，对具有典型代表性的农民工进行问卷调查和当面深度访谈。尽管受多种条件所限，调研对象不能覆盖到大样本农民工，但在调查对象选择上，我们考虑了性别、来源地、进城务工时间、是否带家属等因素，并按照在调研地市区打工一年以上、带否家属农民工均有、男女农民工均有、市内外来源农民工均有的原则，在两市发改部门帮助下，在成都选了 7 位、在重庆选了8 位，共 15 位农民工。调查对象具体情况见表 13-1。

表 13-1　受访的 15 位农民工基本情况

序号	编号	性别	年龄	籍贯	现居地	学历	月收入（元）	工作类型
1	a	女	34	四川郫县	成都	大专	1500	在企业打工
2	b	男	38	四川巴中市	成都	中学	2800	在企业打工

---

① 重庆模式中的保留"三件衣服"即保留农民宅基地、林权、承包地的既有权益，并在制度设计上提供持有、流转、退出等多种选择。穿上"五件衣服"即转户后就业、养老、医疗、教育、住房等基本保障一步到位，享受与城市居民同等待遇。

续表

序号	编号	性别	年龄	籍贯	现居地	学历	月收入（元）	工作类型
3	c	男	50	四川资中县	成都	中学	3000	在企业打工
4	d	男	20	贵州遵义市	成都	中学	2800	在企业打工
5	e	男	40	四川巴中市	成都	中学	2850	在企业打工
6	f	男	28	安徽淮南市	成都	大专	5000	在企业打工
7	g	女	45	成都	成都	中学	4000	自营工商业
8	h	男	22	贵州修文县	重庆	大专	2400	在企业打工
9	i	女	24	重庆	重庆	中学	2700	在企业打工
10	j	女	28	重庆	重庆	中学	2200	在企业打工
11	k	女	22	四川乐山市	重庆	大专	2200	在企业打工
12	l	男	44	重庆	重庆	中学	2400	在企业打工
13	m	男	29	重庆	重庆	大专	3500	在企业打工
14	n	男	47	重庆	重庆	小学	2500	在企业打工
15	o	女	19	重庆	重庆	中学	1600	在企业打工

资料来源：根据调查问卷整理。

从表13-1可以看出，我们选择的调研对象具有来源地域广、年龄跨度大、学历结构全、就业领域宽等特征。从来源地看，既有来自成都或重庆本市农村的农民工，也有来自四川巴中、安徽淮南和贵州修文等两市之外的农民工。从年龄结构看，既有60年代、70年代的第二代农民工，也有80后、90后的新生代农民工。从学历看，既有拥有大专及以上学历、文化程度高的农民工，也有只上过小学、初中、文化程度低的农民工。从就业领域看，既有从事企业管理、收入水平较高的"白领"农民工，也有在流水线从事包装、制鞋等工种、收入水平较低的"蓝领"农民工。应该说，我们选择的农民工代表性较强，能够涵盖成渝农民工的基本类型。

为了全面深入了解农民工在城镇就业、定居情况及落户城镇意愿、落户中存在的问题，我们设计的调查问卷（参见本章附录二）包括了农民工个人特征、就业领域、劳动时间、收入水平、社会保险、居住条件、子女教育、农村财产、落户意愿、落户困难等基本问题。当面深度访谈则集中在按照两市现行户籍制度改革方案，农民工获取就业服务、社会保障、住房保障、子女教育等基本公共服务情况及存在的问题，对农村老家的土地和宅基地的处理方式及如何处理的看法，以及落户后在城镇生活可能遇到的特殊困难等较为复杂的问题。

二、成渝促进农民工落户城镇的典型做法和经验

成渝是我国西南地区农民工的主要流入地。新世纪以来，两市通过创新户籍管理制度，放宽进城落户条件，降低进城落户门槛，在引导农民工落户城镇方面取得了积极成效，到 2014 年底，成都已累计转户 101.37 万人以上[①]、重庆已累计转户 409 余万人。

（一）成渝引导农民工落户城镇的典型做法

成渝两市主要以城乡基本公共服务均等化为重点，创新公共服务供给方式，努力解决农民工就业难、就业层次低、住不起房、看不起病、随迁子女入学难等问题，积极为农民工进城落户创造条件。

1. 引导农民工就业并提升就业能力

调研发现，两市都建立了城乡统一的就业帮扶体系和城乡公共就业服务平台，帮助农民工就业。成都已建成基层社保公共服务平台 3435 个，将全市 27 项公共就业服务经办业务全部延伸到基层就业和社会保障服务中心，同时还开展"春风行动"、"就业援助月活动"、"民营企业招聘周"等系列公共就业服务，将就业扶持、就业援助、职业介绍、就业培训、创业项目推介等就业服务送到乡村、企业、劳动者身边。重庆则在全市所有乡镇（街道）、社区和 76% 的村建立了基层就业服务平台和农民工综合服务中心，每年培训培育万

---

① 成都市发改委只能提供到 2012 年底的统计数据。

名农村劳务经纪人，基本保证每个村至少有 1 名劳务经纪人，作为对公共就业服务平台的补充。

两市都注重创新和强化技能培训，提升农民工就业层次。成都建立了城乡统一的就业培训体系，实施有针对性的技能提升培训、省级劳务品牌培训等系列技能培训计划，并通过发放就业培训券，创新了就业服务形式，提高了培训效果，仅 2015 年前三季度就培训农村转移劳动力 2.8 万人、培训合格率 90% 以上、培训后就业率 90% 以上，以及开展中、高级劳务品牌培训 2300 余人。重庆注重短期培训与中长期培训相结合、技能培训与中职教育相结合、培训补贴与中职资助相结合，探索建立了依据市场稀缺程度、工种等级计算补贴标准的动态补贴制度，组织实施"岗前培训"、"在岗农民工技能提升培训"、"创业培训"、"雨露计划"、"农村实用技术培训"等培训项目，每年培训 30 万人以上，打造出"万州雨露技工"、"金佛山巧媳妇"等 24 个国家级和 49 个市级劳务品牌。

2. 推进保障性住房向农民工覆盖

两市都在逐步打破保障性住房与户籍的关系，实行向农民工倾斜的住房保障政策，努力推进农民工住有所居。成都市中心城区将持有成都市户籍或居住证的农民工纳入公共租赁住房保障，所有区（市）县都已打破农民工购买保障性住房准入条件等限制，实行面向农民工定向分配保障性住房的政策。2015 年计划向农民工定向分配公租房 1500 套，截至 7 月底已分配 1129 套。重庆也逐步打破保障性住房与户籍捆绑的制度，凡年满 18 周岁的进城务工、外地来主城区工作的无住房人员均有资格申请公租房。已经进行的 12 次摇号配租 22 万户中，进城务工人员达 9.7 万户、占比 53%，在各类配租人员中占首位。此外，还通过公租房集体租赁的形式，解决了 3477 户农民工的住房问题。

3. 引导农民工参加养老和医疗保险

两市都逐步完善城乡社会保障制度、提高农民工的社会保险待遇，努力推进农民工老有所养、病有所医。2010 年成都市颁发了《关于全域成都城乡统一户籍实现居民自由迁徙的意见》，逐步打破城乡分割的社会保险制度，允许农民工参加城镇职工基本养老保险，城乡居民可以自愿参加城镇职工基本养老保险，城镇职工养老保险和城乡居民养老保险可以无障碍转移。截至 2015 年 9 月，已有 39.5 万农民工参加城镇职工基本养老保险。重庆建立了城乡居民基本养老保险与城镇职工养老保险关系转移接续制度，实行多缴多得、长缴多得的激励机制，缴费档次由 5 档调整为 12 档，拓宽了农民工参加社保的选择空间。截至 2015 年 9 月底，参加企业职工养老保险、城镇职工医疗保险的农民工分别达 533 万、582 万。这几年，已有黔江、九龙坡、南岸、北碚、大足等 5 个区 44 个镇街开展了包括农民工在内的全民社保参保登记试点，农民工参加城镇职工社会保险的比例连年提高。

4. 解决农民工随迁子女就地入学问题

两市都在努力就近解决农民工随迁子女义务教育问题，努力促进城乡教育公平。成都市外来务工人员凭劳动合同、居住证、本人及子女同一户籍的户口簿等材料，在务工所在地街道办事处、镇（乡）社会事务办公室登记、审核，获得《成都市进城务工人员随迁子女接受义务教育通知书》后，即可按照就近入学原则申请随迁子女就读学校。重庆市已对进城农民工随迁子女入学实行"零门槛"政策，随迁子女只需凭法定监护人务工证明、户籍证明、租房证明、暂住证明等"四证"，即可按照就近入学原则申请就读学校，没有其他入学限制。

5. 促进农民工融入城市社会

两市都向农民工免费开放再教育资源，引导农民工融入企业、子女融入学校、家庭融入社区、群体融入社会。成都开展群众艺术团体辅导，每年举行免费培训班 200 个、参训文艺骨干 10 万余人次、辅导群众近 100 万人（次）。成都成立新市民学校，统一编印《成都新市民读本》，每年培训 15 万余人。同时，将各种文体设施向农民工开放，让农民工有报读、有电视电影看、有广场文艺晚会观赏，并可免费享用全市数字公共文化资源，形成了 15 分钟市民文化生活圈。重庆则在 2014 年试点开展农民工新市民培训基础上，改进完善培训大纲、课件、教材，制定培训补贴政策，在全市 23 个区县对农民工及其家属开展适应城市生活的新市民培训。

（二）成渝引导农民工落户城镇的经验

新世纪以来，成渝两市在引导农民工落户城镇的改革路径、盘活资源、资金保障、利益保障、组织保障等方面进行了积极探索，积累了一些其他地方可资借鉴的经验。

1. 改革路径：在打破"农业人口"和"非农业人口"身份界限基础上，统筹城乡基本公共服务均等化，引导符合条件的农民工自愿落户城镇

调研发现，成渝两市都建立了城乡统一的户籍管理制度，率先打破了"农业人口"和"非农业人口"身份界限，逐步剥离附着在户籍上的经济社会权益，并通过统筹城乡基本公共服务均等化，让进城农民工享有与城镇居民同等的待遇。在优先解决存量农民工进城落户基础上，分阶段、分群体、分区域推进有条件农民工自愿落户城镇[①]，并保留转户农民农村承包地、宅基地、林权等财产权益。

2. 盘活资源：以改革农村土地制度为突破口，在提高农村土地利用效率的同时解决了城市建设用地紧张问题

调研发现，成渝两市通过创新农村土地制度，解决了农民工落户城镇的城市建设用地指标不足问题。成都配套推进农村产权制度改革，加快对农村土地和房屋确权、颁证，引导有序流转，并按照城乡建设用地"增减挂钩"和耕地"占补平衡"要求，盘活存量土地资源，在提高农村土地配置和利用效率的同时，解决了城市建设用地紧张问题。重庆开创"地票"制度，将农村闲置的宅基地及其附属设施用地、乡镇企业用地、公共设施用地等集体建设用地复垦为耕地，盘活农村建设用地存量、增加耕地数量，将增加的耕地数量转变为国家建设用地新增指标，也解决了城市建设用地紧张问题。

3. 资金保障：以全国统筹城乡综合配套改革试验区为政策基础，创新户

---

①　重庆分群体实施指的是，重点引导有条件的农民工特别是新生代农民工自愿进入城镇定居，头两年集中力量推动两类七种人群转户为城市居民，分区域布局即规范设定农民工转户进城准入标准，促进人口在主城区、区县城、小城镇三级城镇合理分布。

籍制度改革成本分担机制

调研发现，以全国统筹城乡综合改革试验区为政策基础，成都创新出"种田向能手集中、工业向园区集中、农民向新区集中"的"三集中"模式，盘活了比例达 10%—20% 的闲置用地，并按照"增减挂钩"和"占补平衡"原则积累了大量城镇建设用地及其"招拍挂"所得的土地出让金收入，和成都市一般财政收入共同承担了本市农民工落户城镇的基本公共服务支出。重庆则在户籍制度改革初期探索建立了"社会保障换承包地、住房换宅基地"的户籍制度改革成本分担机制，并根据国家政策导向继续深化改革，建立起了政府、企业和社会三方各承担 1/3 及在 10—15 年长周期过程中实现平衡的多主体、长周期改革成本分担机制。

4.利益保障：不以放弃农村财产权为条件落户城镇，提高了农民工落户积极性和在城市的生存发展能力

调研发现，成都市从户籍制度改革初期开始就不以放弃农村宅基地、承包地和林权等财产权益为条件而使农民工获取城市福利待遇，提高了农民工在城市生存发展的能力，激发了其落户城镇的积极性。重庆市则在户籍制度改革初期探索建立了保留"三件旧衣服"、穿上"五件新衣服"为主要内容的"重庆模式"，允许转户农民在最多三年内继续保留宅基地等农村财产权益，之后随国家政策调整不断深化户籍制度改革模式，逐步过渡到农民转户与土地彻底脱钩，保障了转户农民工的农村财产权益，夯实了其在城市生产发展的基础。

5.组织保障：加强改革的组织力度、落实强度与部门协调配合程度，保障改革有序有力推进

调研发现，成渝两市为推动"牵一发而动全身"的户籍制度改革，都将组织保障上升到很高的位置。两市都成立了负责户籍制度改革的城乡统筹委，并由市主要领导担任负责人，统筹协调相关部门强力推进改革。同时，成渝两市分别作为副省级城市和直辖市，还搭建了户籍制度改革的上下联动机制，将本市改革进展、问题随时向中央反馈，积极争取中央相关政策支持和先行先试探索，既保证了改革的推进力度，也防止了改革陷入决策禁区。

三、成渝农民工落户城镇存在的主要
问题及原因分析

成渝两市经过户籍制度改革，目前在市区务工的 627.8 万名农民工在制度上均享受到了城乡均等的就业培训、养老保障、医疗保险、住房保障等基本公共服务，并在满足相应落户条件前提下，可以选择长期定居城市并取得城镇户口。但受相关配套改革不到位的影响，农民工放弃农民身份将使其在农村的财产权缺乏法律保障等，一定程度上影响了农民工落户城镇的意愿、落户后在城市的生存发展。

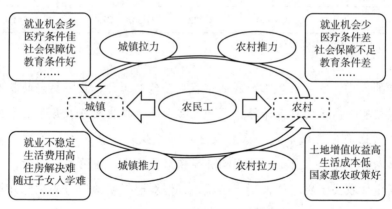

图13-1　农民工落户城镇的影响因素

（一）愿不愿落户城镇，为什么不愿落户

我们从农民工是否希望定居城镇、是否希望定居在当前城镇、是否希望取得城镇户口等三个方面对农民工落户城镇的意愿进行问卷调查和深度访谈。在户籍制度改革消除"农业人口"和"非农业人口"身份界限、破除城乡人口自由流动制度障碍，并将相关城镇基本公共服务从户籍剥离出来之后，城镇户口的内涵和价值已悄然变化，落户城镇的内涵也更多地从获取城镇居民身份转向更好地在城镇定居与生活。调研发现，超半数的农民工希望长期定居城市，

超六成的农民工希望定居在当前城市，而只有不足三成的农民工希望取得城镇户口。

表 13-2　成渝两市农民工落户城镇的意愿

（单位：%）

问题	农民工的选择		
是否希望定居城镇	是	否	都可以
	53.8	15.4	30.8
是否希望定居在当前城镇	是	否	没想好
	69.2	23.1	7.7
是否希望取得城镇户口	是	否	无所谓
	28.6	21.4	50

资料来源：根据调查问卷整理。

调研发现，如果农民工能在城市找到合适的工作，获得稳定的收入，享有与城镇职工同等的社会保障，子女能够在城镇接受义务教育等基本公共服务，那么他们定居城市的意愿会显著增强。此外，农民工的年龄、文化程度、收入水平等个人特征也是影响其城镇落户意愿的重要内在因素。调研发现，新生代农民工更希望长期定居城市，但对取得城镇户口的意愿并不比上一代农民工强烈。以80后、90后为代表的新生代农民工已由上一代"生存型农民工"转变为"发展型农民工"，更看重城市的公共资源和生活质量，追求的不再是户口转变的"形"，而是公共服务和生活品质的"实"。同时，具有更高文化程度的农民工更希望长期定居城镇，但对取得城镇户口的意愿不比文化程度更低的农民工强烈。而收入较高农民工更希望长期定居城镇并取得城镇户口。稳定的工作和较好的收入是农民工在城镇长期生存发展的基础，收入较高的农民工有能力在城镇过上体面生活，对转户进入城镇没有过多顾虑。

表 13-3　成渝两市不同年龄、学历和收入层次受访农民工落户城镇的意愿

（单位：%）

		希望长期定居城镇	希望取得城镇户口
年龄	大于 35 岁	25	50
	不大于 35 岁	66.7	20
学历	大专及以上	75	20
	不高于大专	44.5	33.3
月均收入	大于 3000 元①	66.7	66.7
	不大于 3000 元	50	18.2

资料来源：根据调查问卷整理。

在成渝城乡基本公共服务制度并轨、落户政策障碍基本消除前提下，访谈发现，仍有部分农民工不愿落户城镇，究其原因，主要是对转户后农村财产权益的稳定性和安全性存在顾虑。农村户口附有农村集体财产收益权，尤其是对于城市近郊区的农民而言，可以预见到的农村土地潜在增值收益较大。尽管成渝两市在推进户籍制度改革中，保留了转户农民在农村宅基地、林权、承包地等农村财产权益，并在制度设计上为农民工提供了持有、流转、退出等多种选择，但由于农村土地和宅基地的流转、价值变现等环节还没有明确的法律法规。农民对于这种没有法律保障的农村集体经济关系缺乏安全感②，选择保留农民身份则成为其理性选择。访谈还发现，很多农民工对"带资进城"存在很大顾虑，宁愿将农村耕地荒废或是交给留守老人、村民耕种，将农村住房（宅基地）闲置，也不愿通过"地票"制度在农村产权交易所变现。当被问及"你认为村里外出打工的人到城市定居，土地应该如何处理"时，75% 的受访农民工回答"若本人要求保留，应该保留"，只有 25%

---

① 从成渝相关政府工作人员处了解到，成都市和重庆市的城镇居民月均收入约为 3000 元。

② 2011 年中国社科院课题组在重庆调查发现，350 名农民工中只有三成愿意放弃农村土地来获取城市户口。

的受访农民工回答"村里应该收回,但应该给予补偿"。农民工对农村土地权益的"依恋"、"顾虑"、"戒心"可见一斑。

(二)愿意落户城镇,为什么落不了户

农民工落户城镇,除了需要跨越成渝两市对所有希望落户城镇的人设定的一般性"门槛"之外,作为一个城市新兴特殊群体,还面临就业不稳定、住不起房、看不起病、养老无望、子女上学难等现实困难,从而使得他们成为"留不下的城市"与"回不去的乡村"之间的城乡"夹心层"(参见本章附录一)。调研发现,农民工短期内在城镇工作生活面临的首要问题是前途不确定(75%)[①],其他问题依次是住房困难(58.3%)、社会关系少与感情孤独(50%)、生活成本高(33.3%)、孩子上学困难(33.3%)、看不起病(25%)等。在城镇长期定居,农民工要面临的首要困难则是生活费用较高(76.9%),其他困难依次是子女上学困难(53.8%)、需要照顾留在村里的老人(53.8%)、难以解决住房(46.2%)、很难得到稳定的工作机会(46.2%)等。而如果返回农村,农民工则要面临再就业机会少、创业无资本无技术等

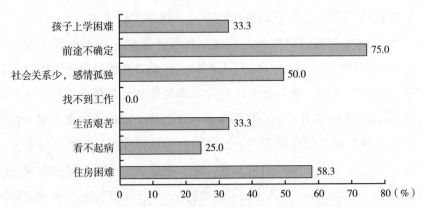

图13-2　成渝两市农民工在城镇生活面对的主要困难(单位:%)

数据来源:根据调查问卷整理。

[①]　括号内为提到这个问题或困难的农民工比例(下同)。

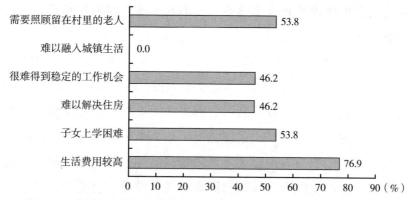

图13-3　成渝两市农民工在城镇长期定居面临的主要困难（单位：%）

数据来源：根据调查问卷整理。

多重困境，而对于新生代农民工，还面临返乡不甘心、务农不熟悉、生活不适应等问题。

（三）农民工不愿、不能落户城镇存在深层次体制根源

调研中农民工反映的不愿落户城镇及难以在城镇落户的各种原因，既与农民工自身条件不佳有关，也与体制改革不到位、政策体系不完善等深层次体制根源有关。

一是技能水平不适应，影响农民工落户城镇的能动性。为了控制城市规模、降低"城市病"爆发可能性，成渝两市均对落户流动人口的文化程度设定了中专及以上的最低学历要求。农民工文化程度整体不高、技能水平整体较低，在竞争激烈的城市就业市场中，往往也只能从事城镇居民不愿意做的脏、苦、累工作。这些工作收入不高、稳定性不强，既难以支撑农民工及其家庭在城市生活、定居的高昂生活费用、住房成本等基本开支[1]，也难以兼顾照看留守在农村老家的年迈父母、年幼子女教育等。同时，农民工就业不稳定、前途不确定、职业无规划[2]，对未来缺乏安全感、

---

[1]　调研发现，大多数农民工的年总消费支出占到了其个人年总收入的90%以上。

[2]　当被问及"如果打算最终回到村里，你未来到城镇打工的计划是"，75%的农民工回答"现在还说不准"。

对当前生活产生忧虑感和自卑感等，既不利于他们的生存和发展，也不利于他们融入城市社会。

二是落户供需不匹配，影响农民工落户城镇的接纳性。调研发现，23.1%的农民工希望定居大城市、46.2%的农民工希望定居中等城市、30.7%的农民工希望定居小城市或小城镇。而成渝两市相关政府工作人员告诉调研组，"未来成渝两市人才管理的重点是吸引高学历、高技术等高端人才"。农民工落户城镇的期望与两市人才需求难以匹配，在一定程度上影响农民工落户城镇。这也反映出我国当前同时存在小城镇虽已完全放开落户条件而人口流入不足，大中城市虽有限制人口落户的条件而人口流入过多的现实冲突。

三是协调机制不完善，影响农民工落户城镇的互换性。一方面，城乡人口双向流动机制尚未建立，降低了农民工落户城镇的意愿性。调研发现，乡城单向人口流动模式使得农民工一旦放弃宅基地等财产权益（换取进城资本），就陷入"进得了城而回不了村"的困境，导致农民工落户城镇"前怕狼后怕虎"。另一方面，户籍制度改革区域间协调配套机制尚未建立，增加了外地农民工落户城镇的难度。调研中有政府部门反映，成渝户籍制度改革中，本市农民的落户及基本公共服务制度问题容易解决，但区域间的养老保险账户转移、基本公共服务成本分担、农村财产权益处理等协调配套机制还未建立起来，在成渝打工的外地农民工落户城镇问题难以有效解决。

四是政策体系不配套，影响现有体制政策的执行性。一方面，相关法律法规的修订跟不上户籍制度改革创新，掣肘农民工落户政策的实施效果。调研发现，成渝两市本地农民工因落户后的农村宅基地等财产权益缺乏法律保障而不愿放弃农民身份，其深层次原因是我国现有《土地承包法》、《农村土地管理法》等法律法规不允许持有城镇户口的市民在农村拥有宅基地等农村财产，以及《农村集体所有土地征收补偿安置条例》等法律法规对农村土地的定价缺乏市场公平性。另一方面，户籍制度改革的年度计划与中长期规划不能有效衔接、专项规划与城镇化综合规划衔接不够、财政预算与城镇化规划脱节，造成部分政策不能有效实施、目标不能如期实现。调研发现，2010年成都就出台了《关于全域成都城乡统一户籍实现居民自由迁徙的意见》，要求城乡居民在全域成都范围内统一户籍，享有城乡平等的基本公共服务和社会福利，并可在城乡间双向自由迁徙，但改革至今，政策目标远未实现。又如，公租房"数量太少、杯水车薪"、"对外地农民工有歧视"、"离上班地点太远"，难满足农民工的需求。政府提供的就业培训项目与市场需求错位，不能有效提升农民工的就业能力。随迁子女就近入学仍存在不公待遇，动辄面临收取数千元择校费，大多数农民工家庭难以承受。

五是激励机制不健全，影响地方政府的积极性。农民工落户城镇，势必增加义务教育、社会保障、住房保障等方面的财政支出。成渝两市在推动户籍制度改革，引导符合条件的农业转移人口落户城镇过程中，已积累了巨额债务。成渝两市通过创新土地制度来分担改革成本的主要方式，这两年因经济下行、工商用地需求锐减，其筹措资金艰难重重，难以支撑未来农民工持续落户的成本要求。同时，承担高昂农民工市民化成本的地方政府，还因就业培训、义务教育、医疗保障等基本公共服务支出存在较大区域正外部性，导致农民工市民化的成本与收益不对等，影响地方政府推进改革的积极性。

四、引导农民工更好落户城镇的对策建议

在城乡身份差异已逐步缩小甚至淡化的户籍制度改革大背景下，引导农民工有序落户城镇，应切实按照基本公共服务均等化的要求，赋予农民工与城镇职工大致同等的福利待遇，帮助农民工提高在城市生存和发展的能力。中央政府要统筹安排、做好顶层设计，加快形成有利于调动地方政府推进农民工市民化积极性的财税体制，完善与农民工"带资进城"相配套的法律法规，探索建立农民工市民化的区域协调机制等。地方政府要在

深化落实各项改革政策基础上，积极探索、勇于创新，更加注重引导农民工充分就业并提高就业层次，推动农民工在大中小城镇分层落户和就地落户等。

（一）提高农民工的就业能力，促进技能水平与市场需求相适应

随着我国产业结构转型升级加快，市场对农民工的素质、劳动力培训和职业教育体系的要求也会发生变化，要坚持就业优先战略，根据产业发展需要，进一步优化公共就业服务和培训体系。在为农民工创造平等就业机会、创业平台的同时，要加大对农村职业教育和农民工技能培训的投入力度，将农村义务教育扩大到中等职业学校。健全农民工职业教育和技能培训体系，想方设法提升农民工的技能水平与就业层次。与此同时，还要在转变农民工身份自卑感与树立农民身份职业观基础上，设计农民工融入城市社会的系统化培训项目，对农民工及其家属开展适应城市生活的素质提升培训，从工作、学习、生活、心理上提高农民工适应城市生活、融入城市社会的能力。

（二）增强中小城市的吸引力，促进农民工落户城镇供需相匹配

根据农民工自身条件与意愿，引导农民工在大中小城市分层落户与就地落户，重点增强中小城市人口吸纳能力与吸引力。中央政府要在资金投入、土地供应、公共资源配套等方面向中小城市倾斜，提高中小城市综合承载能力。地方政府要优先完善城镇基础设施，增强中小城市综合服务功能，提升基本公共服务感受度，也要加快城市文化等软实力的再造与升级，打造具有丰富文化内涵的宜居城市品牌，提高城市生活品质。同时，在城市功能定位、产业支撑、综合承载力等方面，也要着重考虑农民工的生存和发展空间，尤其需要通过加快产业发展，提高中小城市就业吸纳能力和吸引力，努力实现农民工"愿意来"、"容得下"与"留得住"。

（三）完善"带资进城"的法律法规，促进政策目标与执行效果相一致

以土地物权化为重点，以保护农民工土地财产权益为核心，深化农村土地管理制度改革，确保农民工"带资进城"的合法性，消除农民工落户城镇的后顾之忧。在加快推进农村土地"确实权、颁铁证"基础上，加快修订完善《土地承包法》、《农村土地管理法》、《农村集体所有土地征收补偿安置条例》等与农民工"带资进城"政策相配套的法律法规，明确宅基地、林权、承包地等的物权化属性及其与城镇建设用地"同地、同权、同价"的交易原则。也要加强规划实施机制创新，强化年度计划与中长期规划、专项规划与城镇化规划、财政预算与城镇化规划等之间的有效衔接，加强规划实施的事中监督与事后评估，保障改革政策完全落实，达到预期目标。

（四）建立全国统一的农民工市民化协调机制，促进区域间户籍改革推进相协同

户籍制度改革的核心是剥离户籍与城市基本公共服务的内在联系，淡化户籍附带的基本公共福利，建立一种新型户籍准入制度和城市福利保障获取机制。结合成渝探索户籍制度改革中暴露的突出问题，要加快构建农民工市民化的区域协调机制，探索建立跨区域宅基地、集体建设用地等指标交易和补偿机制，以及与转进转出农民工数量挂钩的区域间义务教育、社会保障、住房保障等"费随人走"的基本公共服务成本分担机制等。同时，也要加快探索建立保障城乡人口自由迁徙的双向流动机制，为转户农民工能顺利返乡创造回流渠道。

（五）健全激励地方政府的财税体制，促进农民工市民化成本与收益相对等

加快推进财税体制改革，进一步理顺中央和地方的财权与事权关系，明确中央与地方财政在农民工就业培训、随迁子女义务教育、公共医疗、养老保障等区域外部性较大领域的支出责任划分，完善落户人口数量与财政转移支

付、城市建设用地指标获取、中央基建投资安排等挂钩制度，激发地方政府推动农民工市民化的积极性。与此同时，各级政府也要"开源节流"、多途径创新农民工市民化的成本分担机制，积极探索农民工落户城镇的政府、企业与个人等多方成本分担机制，用好 PPP 等新型融资模式，为农民工市民化提供可持续的资金保障。

（易　信）

参考资料目录

［1］ 马晓河、涂圣伟、张义博：《推进新型城镇化要处理好四大关系》,《经济纵横》2014 年第 11 期。

［2］ 宋立：《劳动力与消费者"分离式"城镇化》,《经济学动态》2014 年第 5 期。

［3］ 欧阳慧：《户籍制度改革面临的困境与建议》,《调查研究建议》2014 年第 51 期。

［4］ 国家发改委宏观经济研究院课题组：《改革红利与发展活力》，人民出版社 2013 年版。

［5］ 国务院发展研究中心课题组：《农民工市民化进程的总体态势与战略取向》,《改革》2011 年第 5 期。

［6］ 申兵：《农民工市民化的难点与政策建议》,《调查研究建议》2010 年第 70 期。

附录一：农民工落户城镇的困境

——一位农民工的自述

个人情况：男，50 岁，中学学历。上世纪 90 年代初期，从四川巴中县来成都市某建筑工地打工，成为一名农民工。20 年来，通过个人努力，目前已在成都市一家国有企业从事管理类工作，算是一名成功的农民工，但仍没能获取城镇户口。

1. 现在国家虽然出台政策允许农村人口进城落户，但是买不起房子，把户口落在城市有啥子作用呢？难道天天租房子住啊，房东今天高兴，还可以让你住，不高兴就让你搬了。今天是搬家、明天也是搬家、后天也是搬家，这个不现实。

2. 企业给我们买社保，是根据不同户口来买的，城镇户口买的是最高档，农村户口买的是最低档。我为什么知道这件事呢？因为我们单位城镇户口的人的医疗卡里每个月都有这个钱，而我们这些打工的就没有。这样做是不公平的。

3. 就我们这批四五十岁的打工者来说，国家要求交养老保险是最迟的，2005 年之后才开始买的（城镇户口的人之前就已经买了）。之前没有买就没有工龄，可想而知，就只有十多年的工龄，到退休领取养老金的时候就很吃亏，有人估算了，每个月最多领 800 来块钱。这样退休后没法生活。回农村老家吧，虽然有地，但在外工作 20 多年，一直漂泊着，早已不知道务农了，甚至田地在哪都不知道了。

4. 我单位周边有一个熟人，他也是农村来的，他的子女来这边念初中，每年需要交 8000 元的异地费。你知道这个压力有多大啊。

5. 我们农民工还有什么顾虑呢？我们的工作岗位不固定，如果企业经济效益好，还有活可以做。如果企业经济效益下滑，企业（老板）都没有工资发了，你（农民工）不可能还能待在这里。我们农民工面临的这个问题相当严重。

附录二：调查问卷

问卷编码：_____

户籍制度改革调查问卷

您好！欢迎您参加由国家发改委经济研究所组织的户籍制度改革问卷调研活动。希望您的悉心回答能够帮助我们准确搜集户籍制度改革方面的数据与信息，以有助于深化相关问题研究，为完善相关政策提供切实依据。本问卷不记录个人姓名，我们保证对您的回答严格保密，您所提供数据不会用于本项研究之外的其他方面。也敬请您对所提供数据的真实性和准确性负责。

感谢您的参与和合作。

二零一五年十月

现在所在省：	
现在所在市（地区）、县（区）	
现居住地址所在镇、街道	
户籍所在省：	
户籍所在市、县	
户籍所在乡/镇、村	
出生地所在省：	
出生地所在市、县	
出生地所在乡/镇、村	
访谈日期：如20151020	

A. 个人情况

1	性别	1=男；2=女	
2	年龄（阳历／岁）		
3	健康状况	1=好；2=一般；3=不好；4=非常不好	
4	受教育程度	1=文盲；2=小学；3=中学；4=大专或大学	
5	户口类型	1=农业；2=非农业；3=蓝印户口；4=没户口	现在	
			出生时	

B. 就业情况

1	现在的工作类型	1=给企业或私人老板打工；2=在政府机关、事业单位工作；3=自营工商业；4=经营自家（联户）企业；5=其它	
2	工作所处行业	1=农、林、牧、渔业；2=采掘业；3=制造业；4=电力、煤气及水的生产和供给业；5=建筑业；6=地质勘查业、水利管理业；7=交通运输、仓储；8=邮电通信业；9=批发和零售贸易、10=餐饮业；11=金融保险业；12=房地产业；13=社会服务业；14=卫生、体育和社会福利业；15=教育、文化艺术和广播电影电视业；16=科学研究和综合技术服务业；17=国家机关、党政机关和社会团体；18=其他行业	
3	该工作从哪年开始	年	
4	平均每月收入多少	元	
5	在城市的第一个工作经过在职培训多少天	天；没有填0	
6	现在的工作经过在职培训多少天	天；没有填0	
7	有没有获得职业资格证书	1=有；2=没有	
8	有没有通过职业介绍机构或者招工队找工作	1=有；2=没有	
9	如果有，是什么类型的职业介绍机构或招工队	1=公共职业介绍机构（如人社厅、妇联等主办，或履行政府委托或公益性服务机构）；2=营利性职业介绍机构（如法人和个体举办的营利性机构）	

C. 社会保险情况

	社会保险及缴纳数额		雇主	本人
1	养老保险	元／月，0＝没有保险；999＝不清楚；998＝没听说有养老保险这回事		
2	医疗保险	元／月，0＝没有保险；999＝不清楚；998＝没听说有医疗保险这回事		
3	失业保险	元／月，0＝没有保险；999＝不清楚；998＝没听说有失业保险这回事		
4	工伤保险	元／月，0＝没有保险；999＝不清楚；998＝没听说有工伤保险这回事		
5	生育保险	元／月，0＝没有保险；999＝不清楚；998＝没听说有生育保险这回事		
6	住房公积金	元／月，0＝没有公积金；999＝不清楚；998＝没听说有公积金这回事		

D. 城市居住情况

1	你现在在这个城市的固定住所是怎么解决的	1＝工作单位提供的宿舍；2＝租房；3＝购买新商品房；4＝购买二手房；5＝到亲友那里借住，6＝其他请说明	
2	每月用于住房的支出是多少	元，（如果租房，填房租、管理费；如果是买房，填月供＋物业；不需要填0）	
3	每月用于住房支付水电、煤气等费用是多少	元	

E. 到城镇工作和定居意愿

1	你目前在城镇生活最大的困难是什么？（依次选主要的三项）	1＝住房困难；2＝看不起病；3＝生活艰苦；4＝找不到工作；5＝社会关系少，感情孤独；6＝前途不确定；7＝孩子上学；8＝其他_____	A _____； B _____； C _____
2	长远来看，你本人希望最后在城镇定居还是回到老家村里	1＝如果有机会就在城镇定居；2＝想回到村里；3＝都可以	

3	如果打算最终回到村里，你未来到城镇打工的计划是	1= 干几年，挣一笔钱回家；2= 来来往往，季节性打工；3= 现在还说不准；4= 其他说明	
4	如果有机会并且想在城镇定居，你会优先选择什么样的城镇	1= 大城市；2= 中等城市；3= 小城市；4= 小城镇；5= 没有想好	
5	若有机会且想在城镇定居，你是否会选择目前所在的城镇	1= 会；2= 不会；3= 没有想好	
6	若有机会且想在城市定居，你希望选择哪里的城市？（可多选）	1= 长江三角洲；2= 珠江三角洲；3= 环渤海地区；4= 成渝地区；5= 老家附近的城镇；6= 其他说明	
7	你在城镇定居会面临的三个最主要的困难是什么？（依次选主要的三项）	1= 生活费用较高；2= 子女上学困难；3= 难以解决住房；4= 很难得到稳定的工作机会；5= 难以融入城镇生活；6= 需要照顾留在村里的老人；7= 其他（说明）_____	A _____； B _____； C _____
8	你是否希望获得城镇户口？	1= 是；2= 否；3= 无所谓	
9	不管现在是否有孩子，你是否希望孩子以后获得城镇户口？	1= 是；2= 否；3= 无所谓；4= 孩子已经有城镇户口	

F. 收入与消费

01	本人年总收入大概是多少	元		02	家庭年总收入大概是多少	元	
03	本人年总消费支出是多少	元		04	家庭年总消费支出是多少	元	
05	本人在打工地年总消费支出是多少	元		06	家庭在打工地年总消费支出是多少	元	

G. 子女教育 〔若本人有 5—18 周岁的子女请填此表，否则跳过〕

	问题	选项	第一个孩子	第二个孩子
01	孩子现在还在上学吗？	1= 还在上学；0= 没有 => 跳过本表		
02	孩子现在哪里上学？	1= 在老家上学；2= 随父母在打工的城市上学 =>04		
03	为什么放在老家上学？（可多选）	1= 城市上学的费用更高；2= 在城市找不到合适的学校；3= 父母在城市打工没有时间照顾孩子；4= 孩子来城市学校会受歧视；5= 孩子的学习水平跟不上城市学校的要求；6= 孩子更愿意在老家上学；7= 其他原因（请说明）		
04	为什么放在城市上学？（可多选）	1= 城市的教育质量更高；2= 在父母身边念书家长可以更好地照顾孩子；3= 老家找不到合适的人照顾孩子；4= 孩子更愿意来城市读书；5= 其他原因（请说明）		
05	就读学校的类型？	1= 公办学校；2= 民工子弟学校 =>11；3= 其他（说明）		
06	为什么放在城市公办学校？	1= 学校教育质量高；2= 收费低；3= 就近入学；4= 其他（请说明）		
07	是城市公办学校的民工子女班吗？	1= 是；2= 否		
08	城市公办学校对民工子女有优惠政策吗？	1= 减免学杂费；2= 提供额外的学习辅导；3= 提供心理咨询；4= 没有优惠政策；5= 其他（请说明）		
09	城市公办学校是否要收择校费、借读费？	1= 既收择校费、又收借读费；2= 只收择校费；3= 只收借读费；4= 两项都不收		
10	择校费、借读费收了多少？	元		
11	为什么放在民工子弟学校？（可多选）	1= 学费低；2= 入学门槛低；3= 就近入学；4= 不受歧视；5= 其他原因（请说明）		

H. 农村土地与住宅

01	你家有多少耕地?	亩	
02	你认为村里外出打工的人到城市定居，土地应该如何处置	1= 免费交回村；2= 村应该收回，但应该给补偿；3= 若本人要求保留，应该保留；4= 其他 (说明)	
03	你在老家和外地有几处自有住宅?	处	
04	你觉得是否应该允许农民进行宅基地买卖?	1= 应该；2= 不应该；3= 无所谓	
05	如果认为应该允许买卖，应该允许在什么范围内买卖?	1= 只有本村内可以；2= 只有本乡内；3= 应该可以随便买卖	

第十四章

走出去、国际产能合作与增长新空间的新探索
——对辽宁省的调研

在全球产业结构加速调整、中国经济发展进入新常态的背景下，为促进我国经济增长、产业结构调整，鼓励企业"走出去"开展国际产能合作，开创对外开放新局面，国务院于2015年5月发布了《关于推进国际产能和装备制造合作的指导意见》，提出了推进国际产能和装备制造合作的重大战略。这是我国新时期以开放促改革、以改革促发展、以发展促转型的重大战略部署，对新常态下我国拓展经济发展新空间、培育经济增长新动能、全面提升对外开放水平具有重要现实意义。

一、调研目的、方法与对象

（一）调研目的

作为以重化工业为主导的传统老工业基地，辽宁省在发展和转型过程中既出现了"新东北现象"这一"拦路虎"，又长出了企业"走出去"开展国际产能合作的"新枝芽"。这种现象深刻折射出在经济下行、产业转型缓慢的形势下，辽宁省装备制造企业由被动应对到主动作为，从"眼睛向内"到

"放眼海外",统筹利用"两个市场、两种资源、两类规则",积极开拓发展新空间的新气象,从而为辽宁省与中国经济提质增效升级提供了新思路和新路径。

为了准确把握我国装备制造企业"走出去"开展国际产能合作所取得的进展、遇到的突出问题、政府应如何推动企业"走出去"开展国际产能合作,我们于 2015 年 10 月 21 日至 22 日赴辽宁省进行实地调研,试图"以点带面"地了解辽宁省"走出去"推进国际产能和装备合作的总体情况与突出问题。

(二)调研对象与方法

调查主要采用座谈会和实地考察相结合的方法。课题组通过与省市两级发改委、外经贸、经信、财政、人民银行、政策研究室等政府部门座谈,力图了解辽宁省企业"走出去"开展国际产能合作的整体图景;与"走出去"的在辽央企、省/市属企业和民营企业以及金融机构代表深入面谈,了解他们在"走出去"开展国际产能合作中遇到的共性问题和政策诉求;同时赴企业实地考察,详细了解企业遇到的问题和存在的需求。

表 14-1 调研对象与方法

企业	企业性质	成立时间	所属行业	职工数(万人)	营业收入(亿元)	调查方法
鞍钢集团	中央企业	2010	钢铁	21.89	1551	座谈会
华晨汽车	省属企业	2002	汽车	0.47	1507	
北方重工	市属企业	2004	机械	1.0	13	座谈会、实地考察
沈阳机床		1993	机床	1.8	74	
沈阳特变电工	民营企业	2003	电力设备	2.14	465	

资料来源:根据调研材料整理。

二、稳增长、调结构对企业"走出去"开展
国际产能合作提出新要求

国际金融危机以来，全球经济在深度调整中曲折复苏，中国出现经济增长速度换挡期、经济结构调整阵痛期、前期刺激政策消化期"三期叠加"的特征，经济发展进入了新常态，这给以重化工业为主的辽宁省带来企业效益下滑、结构调整缓慢、产能过剩恶化、增长动力不足、经济持续下行等诸多挑战，并对企业"走出去"开展国际产能合作、培育增长新动能、拓展发展新空间提出了新要求。

（一）经济持续下行，急需寻求增长新动能

2010年以来，辽宁省经济持续下行，增速由14.2%快速下降到2014年的5.8%，与黑龙江和吉林省同处全国倒数的位置。2015年上半年延续低速态势，增速全国垫底，仅为2.6%，出现了所谓的"新东北现象"。结合调研，我们认为，出现这种现象，原因在于：一是辽宁内需持续低迷，对经济增长拉动能力显著下降。2014年以来，辽宁省固定资产投资与房地产

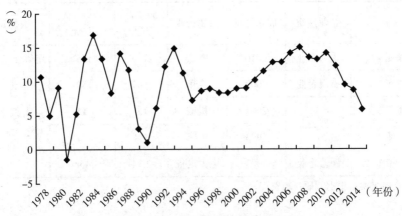

图14-1　1978—2014年辽宁省经济增速（单位：%）

资料来源：历年《辽宁统计年鉴》。

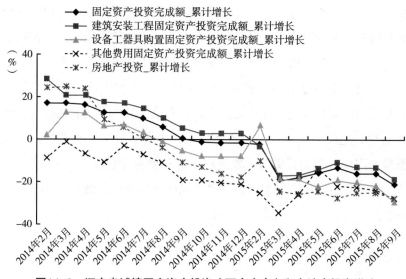

图14-2　辽宁省城镇固定资产投资（不含农户）和房地产投资增速

资料来源：国家统计局数据库。

投资持续下滑，均跌入负增长区间，对增长的贡献率大幅下滑，2015年截止9月份，两大投资累计增速分别为 -21.2% 和 -26.9%，均为全国最低；2015年尽管社会零售商品总额仍保持增长态势，但增速处于相对较低的水平。2015年1—8月，全省社会消费品零售总额比上年同期增长 7.8%，增幅较上半年同期略有提升，但低于全国 10.5% 的增速，也难以抵御经济下滑。二是外部需求依旧疲弱，增速仍呈下降趋势。上半年，全省进出口总额 483.9 亿美元，同比下降 16.7%。其中出口总额 263.4 亿美元，同比下降 13.3%。总体来看，辽宁省传统增长动能不断弱化，迫切需要培育新增长点来应对"增速换挡"的挑战。

（二）产能过剩突出，亟需拓展发展新空间

实施振兴东北老工业基地的战略以来，辽宁省产业调整步伐缓慢，"二三一"的产业结构长期未扭转，工业结构中重化工业长期占据绝对主导地位，国有经济占比偏高，造成产业"傻重笨粗"特征凸显，市场活力不足，企业核心竞争力缺乏，产业整体素质相对较弱，从而在国际竞争中处于弱势地

位，进一步激化产能过剩矛盾。受全球经济下行、国际大宗商品价格下降和市场竞争激烈等因素的影响，辽宁省以国有企业为主体的装备制造、钢铁、石化等支柱产业产能过剩矛盾十分突出，企业盈利能力普遍低下。座谈时企业代表反映，2014年，辽宁省的拳头产品——机床、汽车和钢铁的效益都很差，一台几千万元的机床的利润仅几千元，一台自有品牌的汽车的利润仅几百元，一吨钢铁的利润也仅为几十元。2015年以来，企业盈利进一步减少。产业调整步伐缓慢，产能过剩矛盾突出，迫使辽宁省必须通过企业"走出去"，不断优化产能结构，积极开拓市场空间，提升产品附加值和经济效益，实现产业提质增效升级。

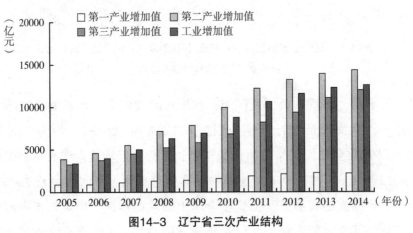

图14-3　辽宁省三次产业结构

资料来源：国家统计局数据库。

表 14-2　2013 年辽宁省规模以上工业概况

	2011 年	2012 年	2013 年
规模以上工业总产值（亿元）	41776.73	49031.54	52892.01
国有及国有控股企业产值占比（%）	29.73	26.29	23.52
重工业产值占比（%）	80.48	79.14	78.89

资料来源：《辽宁统计年鉴2014》。

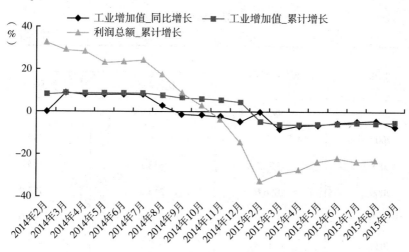

图14-4　辽宁省工业增加值增速及经济效益情况

资料来源：国家统计局数据库。

（三）人才问题突出，迫需优化利用全球资源

首先，作为传统老工业基地，辽宁省计划经济色彩依旧很浓，国有经济比重偏高，非公有制经济发展相对缓慢，经济市场化程度落后于全国大部分地区，这造成劳动力市场活力缺乏，就业结构矛盾突出，主要体现在国有经济吸纳就业人数占城镇总就业人数的比重依旧在20%以上，高于全国16.6%的水平。其次，高素质人才断层和人才外流成为制约辽宁经济发展的重要因素。据辽宁省就业和人才服务局2014年7月发布的调查数据显示，全省机械装备、电子信息、石油化工等近20个行业652家企业高级人才总量偏低，中高级人才占职工总数仅为3.5%，高级人才需求与现有数量之比为1.8∶1。此外，据全国第六次人口普查数据显示，辽宁省等东北三省人口净外流超过180万，其中绝大部多数为青壮劳动力。再次生育率偏低和人口老龄化特征明显。2014年，辽宁省生育率在1%左右，比日本和韩国都低；60岁以上人口占比达到19.6%，属全国最高。人才断层和人口外流，再加上低生育率和老龄化，使得辽宁省适龄劳动力增长处于下降通道，人口红利消失，进而倒逼辽宁省企业积极开拓国际市场，充分利用"两个市场、两种资源、两类规则"，来破除经济发展与产业转型的要素和市场瓶颈。

表 14-3　辽宁省城镇就业结构

（单位：万人）

年份	城镇就业人员	国有单位	非国有单位
2006	995.2	345.6	649.6
2007	1027	336.8	690.2
2008	1033.5	338.1	695.4
2009	1096.6	313.7	782.9
2010	1109	312.1	796.9
2011	1141.8	303.8	838.0
2012	1206.0	310.3	895.7
2013	1301.8	292.5	1009.3

资料来源：《辽宁统计年鉴 2014》。

综合宏观经济运行与产业发展的总体态势来看，辽宁省必须立足其重化工业基础雄厚的优势，加强技术和制度创新，统筹国内国际两个大局，加快"走出去"开展国际产能合作步伐，催化"老树长新枝"，培育增长新动能，拓展发展新空间，最终化解产能过剩，破解"新东北现象"，实现经济旧貌换新颜。

三、企业"走出去"开展国际产能合作取得积极进展

调研发现，"新东北现象"下，辽宁省装备制造企业"走出去"步伐加快，国际产能和装备制造合作层次和水平不断提升，为陷入经济转型和发展困境的辽宁省引入了一条"鲶鱼"。这条"鲶鱼"已经并正在不断倒逼辽宁省转变政府职能、企业主动突击，攻破制约发展的体制机制和源泉动力的

"拦路虎"。以"走出去"政策支持和平台建设为重点，辽宁省政府服务水平不断提升，企业"走出去"开展国际产能合作的意识不断增强，为经济提质增效升级提供了新思路。总体来看，企业"走出去"开展国际产能合作业已取得初步成效。

（一）以政策制定为重点，完善"走出去"政策支撑体系

调研发现，为推进企业"走出去"开展国际产能合作，辽宁省市各级政府在政策引导和扶持方面走在全国前列。

一是率先从政策层面统一认识、超前规划"走出去"开展国际产能和装备合作。为全面融入"一带一路"建设，加快新一轮老工业基地振兴，推动企业"走出去"，更好利用"两个市场、两种资源、两类规则"，2015年1月，辽宁省政府就制定了《关于贯彻落实"一带一路"战略推动企业"走出去"的指导意见》，明确了"走出去"的意义、原则、目标、重点任务、重点区域以及保障措施，比国务院出台的《关于推进国际产能和装备制造合作的指导意见》要早近4个月。此外，在颁布了《辽宁省境外投资核准暂行管理办法》、《关于我省支持企业"走出去"若干政策意见的通知》等文件基础上，2015年8月5日，辽宁省在全国范围内率先印发了《辽宁省推进国际产能和装备制造合作实施方案》，沈阳等地市也相继制定了相关实施方案和细则。这些指导意见和管理办法的制定，大大完善了辽宁省企业"走出去"开展国际产能合作的规则体系。

二是加大对企业"走出去"开展国际产能合作的财政金融支持力度。财政方面，为支持企业通过开展对外投资合作业务带动全省产品出口，以企业海外并购、大型境外资源基地建设、境外经济贸易合作区建设以及对外承包工程承揽等为重点，辽宁省财政安排专项资金，通过贷款贴息、费用补助等方式，加大了财政扶持力度。2005年至2015年，辽宁省财政累计为649个"走出去"项目拨付资金16.2亿元。金融方面，辽宁省政府通过与交通银行、农业银行等总行签订支持辽宁老工业基地振兴全面战略合作协议，与省国开行、省中行、省建行等7家银行机构签订备忘录，推动金融机构加大对辽宁省企业"走

出去"支持力度。截止 2015 年 9 月，全省银行机构为"走出去"企业提供外币贷款余额达到 1730.8 亿元。

（二）以平台搭建为抓手，促进优势企业与海外市场对接

调研发现，针对企业"走出去"面临的政治经济、法律制度、文化惯例等诸多风险和不确定性，辽宁省市各级政府以平台搭建为抓手，为企业开展国际产能合作提供服务和支撑。一是，积极搭建信息综合服务平台。辽宁省积极构建与国家相关部委、驻外使领馆、国外重点园区和商、协会的联络渠道，以便及时准确获取国家"走出去"最新政策、项目以及投资目标国的相关信息，为企业"走出去"提供信息保障，帮助企业顺利入驻境外园区或到境外投资办厂。二是，初步搭建与中信保、各行业在内的金融机构服务平台。省金融办定期汇总包括外贸融资需求项目在内的全省融资需求，并向金融机构推介，推动金融机构对"走出去"优质项目提供融资和保险等业务保障，实现资源畅通共享。三是，搭建省内企业与央企、知名民企的战略合作平台。通过开展"东北振兴央企辽宁行"、"全国知名企业家振兴东北老工业基地辽宁行"以及各级各类展览会、交流会、展销会等活动，推动省内企业加强与央企、优势民企和外企对接合作，以重大产能合作项目为载体，通过产业链配套、供应链管理等方式，借力开拓国际市场，实现"借船出海"。截止 2014 年 9 月，中央企业（不含金融企业）在辽投资合作对接项目共计 400 多个，涉及央企 60 家，投资总额过万亿元 [①]。四是，推动省内装备企业建立"走出去"产业联盟。以高端成套装备为重点，辽宁省政府推动省内装备企业加强整合研发、设计、制造、品牌、服务等各类资源，建立"走出去"产业联盟，实现"抱团出海"。2014 年以来，辽宁省推动 16 个产业联盟建设，其中装备制造业已成立数控机床、机器人、智能装备、核电装备等 7 个产业联盟。

---

① 何勇：《央企入辽助力东北振兴》，《人民日报》2014 年 9 月 13 日。

（三）以项目建设为依托，拓展企业多元化市场发展空间

调研发现，辽宁省装备制造企业以并购项目为重点，以境外经贸合作园区为依托，拓展了企业国际市场发展空间。一是以海外并购项目为重点，辽宁省企业通过装备制造业通过直接境外投资、工程承包、直接出口三种形式，不断壮大对外经贸合作规模。截止 2014 年底，辽宁装备制造业企业在东盟、中亚、欧美和非洲的 114 个国家和地区的采矿业、制造业和冶金业累计对外直接投资 35.5 亿美元，占全省对外投资的 24.5%；核准和备案装备制造业项目 413 个，占全省对外直接投资项目总数的 23.8%。通过工程承包带动电力、装备制造和基础设施向东盟、中亚和南亚地区累计出口 158.9 亿美元。2014 年，装备出口 118.7 亿美元，占全省出口的 20.2%。2015 年以来，辽宁省装备制造企业继续保持"走出去"强劲势头，上半年，全省对外经济合作新签合同额同比增长 6%，对外协议投资总额同比增长 43%。二是以境外园区建设为抓手，辽宁省装备企业在亚洲的印度、印尼，欧洲的罗马利亚、俄罗斯，非洲的乌干达以及美洲的委内瑞拉、巴西等国家和地区筹建了一批专业性的境外经贸合作园区或生产基地。

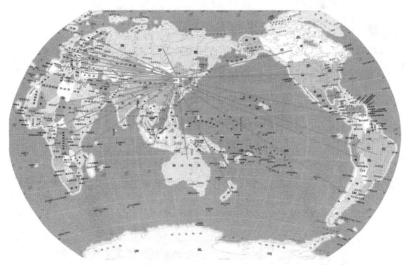

图14-5　辽宁省装备制造企业"走出去"开展国际产能合作版图

资料来源：根据调研资料绘制。

表 14-4　辽宁省企业"走出去"开展国际产能合作的典型园区和项目概况

园区/项目	核心企业	所属行业	规模及成效
境外园区			
印尼辽宁镍铁工业园	抚顺罕王集团	金　属	一期完成投资 1.5 亿美元；现入区企业 5 家，其中中资企业 4 家，具备年开采 500 万吨红土型镍矿石的能力。
印度特变电综合产业园	特变电工沈阳变压器集团	电力设备	一期投资 1.6 亿美元，是中企在印投资建设最大的能源装备制造及服务基地之一；30 余台 765 千伏特高压产品成功下线，服务于印度国家主电网。
罗马尼亚辽宁工业园	沈阳与营口 6 家企业	建　材	投资规模 4200 万美元；2015 年正式投产。
俄罗斯巴什科尔托斯坦石化工业园	海城集团	石化装备	总投资 3 亿美元，可开采原油 1300 万吨。
乌干达辽沈工业园	华晨集团、丹东曙光等	汽　车	规划面积 4.6 平方公里，一期投资 3 亿人民币。
项目			
沈阳机床并购德国希斯项目	沈阳机床集团	机　床	已完成新产品设计 13 款，样机试制 6 款，获得专利技术 4 项。
北方重工并购法国 NFM 项目	北方重工	机械制造	成为国内隧道掘进机技术掌握最全面、制造能力最强的跨国企业；于 2015 年 7 月承包总额为 5.95 亿美元的土耳其水泥厂工程总包项目。
沈阳特变电工"走出去"项目	特变电工沈阳变压器集团	电力设备	设立 27 个海外分公司或办事处，在巴布新几内亚、尼日尔、喀麦隆、蒙古等国承揽项目合同金额超 2 亿美元。
远大"走出去"项目	远大集团	建材、能源	设立 32 个海外分公司，产品外销比达 40%，2000—2014 年，签订国际建筑幕墙工程 356 个。计划在哈萨克斯坦建立辽宁现代建筑材料产业园。在巴基斯坦、菲律宾分别投资了风电、水电和光伏发电项目。
沈鼓"走出去"项目	沈鼓集团	冶金、能源	在南亚和中亚建立两个海外销售代表处，在香港设立全资子公司，在俄罗斯和印度等国投资电力冶金和油气项目。

资料来源：根据调研资料整理。

（四）以能力提升为重点，开拓经济提质增效升级新路径

调研发现，"走出去"开展国际产能和装备合作还为辽宁装备制造企业摆脱困境、拓展发展空间提供了新路径：一是获取国际先进技术，推动了产业提质增效升级。通过实施海外并购和技术引进战略，辽宁省装备企业获得了国际先进技术、知名品牌、国际营销渠道、全球化人才和管理经验，增强了企业创新能力和核心竞争力，带动了产业技术水平的提升。2009—2014年，全省装备制造企业在技术水平比较高、市场相对成熟的日本、韩国、德国、俄罗斯、美国、加拿大等国家和地区共实施海外并购项目84项，总额达11.76亿美元，平均投资额1400万美元。2014年全省装备企业引进国外先进技术37项，合同总额达3.4亿美元，沈阳机床、大族冠华、北方重工、沈阳敏像等一批企业通过海外并购和技术引进，掌握了本行业国际先进技术。

二是规避产能过剩矛盾，提高了装备企业的经济效益。近年来，辽宁省钢铁、水泥、电解铝、光伏、碳纤维、轮胎、石化等行业产能过剩问题比较突出，一些行业产能已经接近或达到峰值，且企业同质化竞争严重，迫切需要提升经济效益。而"走出去"开展国际产能合作，则为这些企业转型升级赢得了时间、空间和利润。例如，沈阳和平子午线轮胎制造有限公司通过并购加拿大轮胎企业GOMA，获取该公司全球营销网络，在国内轮胎行产能过剩、效益下滑的背景下，仅用一年时间，就实现海外销售收入翻番。

三是深化对外互利合作，促进了外贸增长方式转变。辽宁省装备制造企业主要集中于全球产业链中低端，通过"走出去"开展国际产能合作，既可以优化本省产业结构，向产业链高端攀升，推动国内体制机制变革，又可以帮助发展中国家"靠自己的骨头长肉"，助推其经济发展和工业化进程，还可以与发达国家共同开发第三方市场，增加发达国家就业和出口，实现"1+1+1>3"的共容共赢关系。近年来，东软、沈阳特变电工、北方重工等一批装备企业通过海外并购、建设境外园区等方式，深度融入全球价值链，并不断向高端攀升，促使企业国际知名度和国际化经营水平显著提升，全省外贸增长方式加快转变。

四、企业"走出去"开展国际产能
合作仍面临突出问题

调研过程中，我们发现仍存在一些制约辽宁省企业"走出去"开展国际产能合作的突出问题，它们很大程度上也映射出中国经济体制改革和产业发展过程中统筹国际国内两个大局所面临的共性问题和突出矛盾。

（一）政策保障措施不完善，管理体制尚未理顺

调研发现，辽宁省装备制造企业"走出去"开展国际产能合作仍面临政策措施不配套、管理体制尚未完全理顺等问题。一是财政、金融等支持政策尚未形成合力，部分政策没有实现与时俱进，一些上世纪80年代制定的财政、投资和资金管理等政策文件依旧还在执行。二是信保支持政策力度偏弱，对境外投资信保管理未能因时调整。辽宁企业"走出去"目的地大多位于信用风险等级较高的中亚、中东和南美等地区，这些地区信保费率较高，平均在千分之八到九之间，且在执行时一次性收齐保费，造成境外投资企业负担较大，同时，相比近年来辽宁"走出去"的速度和规模，国家还是按照过去的标准确定辽宁"走出去"海外重点市场和客户的信保额度，使得额度明显偏低。三是外贸和境外投资管理改革相对滞后，程序比较冗繁。实地考察时，沈阳特变电工等企业反映，境外投资外汇管理政策相对落后，出口退税和海关申报手续繁琐，贸易和投资便利化程度很低，大大提高了"走出去"的成本，削弱了企业竞争力。以退税政策为例，沈阳特变电工和北方重工反映，现行出口实行先征后退的税收政策办理手续繁琐，耗时耗力，且在企业最需资金时往往拿不到退税，不能做到"雪中送炭"。

（二）平台支撑功能不健全，服务能力仍然较弱

调研发现，当前辽宁省搭建的"走出去"服务平台存在碎片化问题，平台功能还不健全，综合服务水平较差，风险防控能力较弱。政府、企业和金融

机构代表均反映，我国政、企、学等各界对境外投资国的政治格局、经济信息、税务与商务、投融资制度、法律法规、风俗习惯等各类基本投资环境的信息缺乏充分的研究和准确的了解，对境外投资的风险和不确定性、机遇和挑战缺乏深刻的认知和有效应对，现有平台由不同部门和主体维护，难以充分整合分散的有效的信息和资源，既无法满足"走出去"企业多元化、专业化的服务需求，也不能为"走出去"企业和金融机构提供有效避险的决策支撑。

（三）资金支持力度不给力，融资难问题依旧突出

调研中，政府代表指出，尽管中央财政和省财政不断增加支持企业"走出去"开展国际产能合作的资金规模，但仍远远满足不了需求。2014年，中央财政和省财政为辽宁企业安排境外投资合作转型资金6585万元，但在实际执行过程中由于大企业支出规模大，而补助资金总量有限，辽宁不得不设置资金支持上限。沈阳特变电工等企业也反映，设置了单个项目200万元、单个企业800万元的封顶限制，对急需资金的对外承包工程贷款贴息项目而言是"杯水车薪，完全不解渴"。

政府代表还指出，辽宁省装备企业"走出去"的融资渠道比较单一且不畅通，仍以国内银行贷款等间接融资方式为主，企业境外资产不能作为抵押在国内银行融资，通过境外上市、发债等方式，在资本市场直接融资的比例偏低。此外，融资贵的问题也十分突出，相比美元同期银行贷款利率，我国商业银行人民币贷款基准年利率在5%左右，平均高近4个百分点，造成我国企业融资成本远远高于国外竞争对手，在国际竞争中处于劣势。实地考察时，部分企业反映，融资难融资贵造成其与许多大项目失之交臂，或者即使签约也迟迟无法开工。

（四）企业协同联动不紧密，恶性竞争比较普遍

当前我国"走出去"开展国际产能合作尚处于起步阶段，与日本、美国等发达国家对外投资总体规模和发展水平相比，还存在一定的差距。调研时，政府、金融机构和企业代表都反映，在国家推进"一带一路"战略、开展国际产能合作时，绝大多数项目由央企承揽，地方企业尚没有真正参与到"一带一

路"重大对外投资、工程承包和基础设施建设项目中去，也没有找到有效的模式和途径来加入"走出去"国家队，实现"借力出海"。同时，我国装备制造企业"走出去"开展国际产能合作多为"单兵作战"，缺乏同舟共济、协同发展的意识，难以形成"抱团出海"，导致大量中资企业在海外市场进行恶性竞争，扰乱投资国的市场秩序。

企业"走出去"协同联动性不足和"国内竞争国际化"既损害了中资企业自身的利益，使它们与跨国巨头竞争时处于不利地位，还大大损害了中资企业的品牌和声誉及中国制造的形象。可以说，中资企业同行业恶性竞争已经成为阻碍我国装备制造企业"走出去"开展国际产能合作的大毒瘤。

表 14-5　调研中各方反映"走出去"开展国际产能合作面临的主要问题

调研对象	机构性质	政策	平台	资金	合作与竞争
省发改委	省级政府部门	√	√	√	√
省经信委		√	√	√	√
省外经贸厅		√	√	√	√
省财政厅		√	√	√	√
省政府研究室		√	√	√	√
人民银行省分行		√	√	√	√
沈阳市发改委	市级政府部门	√	√	√	√
沈阳市经信委		√	√	√	√
沈阳市外经贸局		√	√	√	√
国家开发银行辽宁分行	金融机构	√	√	√	√
中国出口信用保险公司辽宁分公司			√		
工商银行辽宁分行		√	√	√	√
农业银行辽宁分行					
建设银行辽宁分行		√	√	√	√

续表

调研对象	机构性质	政策	平台	资金	合作与竞争
鞍钢集团	钢铁企业		√		
华晨汽车	汽车企业	√	√	√	√
北方重工	机械制造企业	√	√	√	√
沈阳机床	数控机床企业	√	√	√	√
沈阳特变电工	电力设备企业	√	√	√	√

资料来源：根据调研资料整理。

五、促进企业"走出去"开展国际产能合作、拓展增长新空间的对策建议

辽宁省在实施"走出去"开展国际产能合作战略中走在全国前列，特别是在贯彻《国务院关于推进国际产能和装备制造合作的指导意见》中，其做法得到了国家高度认可和肯定。但是，调研中，我们发现辽宁省企业"走出去"开展国际产能合作仍存在政策、平台、资金、合作与竞争等方面的突出问题。结合调研情况，我们提出以下建议：

（一）加强政策措施配套，理顺企业"走出去"管理体制

企业"走出去"开展国际产能合作作为新时期我国一项重大战略，政府引导和推动不可或缺。对国家而言，一是加强统筹规划和协调，根据实施"走出去"战略的总体部署，制定境外投资产业指导政策、国别产业导向目录，协调制定实施国际产能和装备合作发展规划，加强财政、金融、信保、外贸、境外投资等相关政策协调和配套，明确重点方向，指导企业有重点、有目标、有组织地开展对外经贸合作。二是进一步加大简政放权

力度，深化境外投资管理制度改革，除敏感类投资外，取消境外投资审批，完善境外投资备案制，从注重事前管理向加强事中事后监管转变，着力推进贸易和投资便利化，提高经贸合作效率和水平。三是加强与"一带一路"沿线国家和地区开展贸易和投资便利化谈判，为企业"走出去"开展国际产能合作营造良好的软环境，有效降低企业面临的政治、经济、法律、制度等风险。对辽宁等地方政府而言，一是进一步加强与国家发改委、工信部、商务部、外交部等部委的沟通、协作、联动，建立推进国际产能和装备制造合作部省协同机制，争取成为国际产能和装备制造合作示范省 / 市。二是贯彻执行中央"走出去"开展国际产能合作的大政方针，切实做好简政放权工作，结合本地区经济社会发展需要，完善相关配套政策，创新"走出去"管理体制机制，切实降低企业开展国际产能合作的交易成本。三是积极申请设立自贸区，复制上海自贸区等先行者好的经验做法，构建开放促改革的良性体制机制。

（二）搭建综合服务平台，促进资源和信息的互联共享

充分利用互联网、大数据、云计算等信息技术手段，搭建多层次多类型交流合作平台，实现国际产能合作信息和资源共享，同时做好风险防控和企业权益保护工作。一是构建综合信息服务平台。加强公共信息共享，指导相关机构建立公共服务平台，全面整合政府、商协会、企业、金融机构、中介服务机构等资源和信息，及时发布"走出去"有关政策，以及全面准确的国外投资环境、产业发展和政策、市场需求、项目合作等信息，同时建立国际产能和装备制造合作重点企业和重点项目库，为企业"走出去"提供全方位的综合信息支持和服务。二是健全经贸交流合作平台。加强与重点地区政府间经贸交流，构建与重点国别省州邦际间经贸合作机制；利用企业推荐会和对接会、博览会、说明会、境外经贸合作区等平台，强化外贸、外资、外经"三外"联动，形成全方位对外经贸交流合作机制。三是针对国际产能合作风险，发挥政府综合服务功能，推动企业建立对政治、经济、法律等诸多风险的防控机制，有效保障中资企业海外权益。

（三）优化财政资金使用方式，加大金融保险支持力度

围绕装备制造企业"走出去"开展国际产能合作的资金需求，重点加大财税、金融、出口信用保险等政策支持力度。一是优化财税资金使用方式。申请与有关产能合作国家和地区避免双重征税试点，降低企业"走出去"税收负担；争取国家加大对装备企业财政扶持力度，对国际产能和装备制造合作有重大促进作用的公共服务保障体系建设项目给予适当补助，对国际产能和装备制造合作重大项目以贴息、贴保方式给予支持；设立辽宁国际产能和装备制造合作产业投资基金，吸引社会资本参股，采取股权投资方式，利用基金杠杆，支持企业海外重大项目建设。二是加大金融支持力度。帮助企业扩大政策性贷款规模，开展银团贷款、出口信贷、项目融资、以境外资产和股权、矿权等权益为抵押进行融资，鼓励企业申请国家"两优"贷款，利用丝路基金、中非基金、东盟基金、世界银行、亚洲基础设施投资银行等融资服务平台，为"走出去"开展国际产能合作的企业提供长期、低成本贷款。三是加强出口信用保险服务。对企业实施出口信用保险保费补贴政策，协调中国出口信用保险公司延长承保期、扩大保险覆盖面。

（四）引导"出海企业"协调合作，规范海外市场竞争秩序

针对当前中资企业"走出去"开展国际产能合作协同性不足和竞争失序问题，一是发挥政府、商协会组织的协调作用，通过产业联盟、境外经贸合作区、产业链合作、工程总包等形式，推动中资企业加强战略合作，形成合力，实现强强联手、优势互补，"抱团出海"。二是建立统一的境外投资管理体制，健全境外投资信息发布和预警机制。借鉴美国、日本等发达国家境外投资和出口管理经验，成立专门机构，负责提供境外投资的信息、竞争研究、培训及其他相关服务，对投资过于集中、可能产生恶性竞争的地区和行业进行预警，加强对企业境外投资行为的协调。三是强化法律法规对企业"走出去"行为的规范作用。充分发挥《反垄断法》域外管辖作用，对企业恶性价格竞争等不正当竞争行为进行规范，同时完善《境外投资管理办法》，增加对境外投资中恶性

竞争行为的约束条款，从制度上减少中资企业的恶性竞争。四是全面落实商务部会同有关部门印发的《中国境外企业文化建设若干意见》等文件，推动"走出去"企业加强自律。

（王　磊）

参考资料目录

［1］卓丽洪等：《"一带一路"战略下中外产能合作新格局研究》，《东岳论丛》2015 年第10 期。

［2］姚战琪：《全球价值链视角下中国工业和服务业"走出去"存在的主要问题及原因剖析》，《国际贸易》2015 年第 3 期。

［3］何勇：《央企入辽助力东北振兴》，《人民日报》2014 年 9 月 13 日版。

［4］徐忠等：《金融如何服务企业走出去》，《国际经济评论》2013 第 1 期。

［5］郭春丽等：《制造业企业国际化经营战略研究》，国家发改委产业司 2012 年度委托课题（内部报告）。

附 录
FULU

重点领域改革的增长红利研究综述

改革开放以来，我国不断深化财税、金融、土地、户籍、国企等领域改革，极大地促进了经济增长与发展。30 多年来，中国经济增长经历的三次大上升，无一不是与改革密切有关。十八届三中全会以来，围绕全面深化改革的战略部署，中央深化改革领导小组和国务院相关部委相继出台了一系列改革指导意见和实施方案，将重点领域改革引向深入。研究改革对经济增长的促进作用及通过合理安排改革时序来促进经济增长，具有重大现实意义。

传统经济增长理论、新古典经济增长理论和内生增长理论，都假定社会制度是既定的。以诺斯等为代表的新制度经济学家将制度因素纳入经济增长的分析框架，认为新古典经济增长理论和新增长理论都"只是讲了增长本身，并没有真正说明发生经济增长现象的动因"。North 和 Thowmas（1973）与 North（1981，1990）通过解读历史，论证了制度变迁对经济增长的决定作用，指出制度最基本的功能是降低交易费用，制度安排支配着公众及私人的行为，从而影响资源配置效率，进而导致经济增长绩效和长期经济增长的差异。此后，国内外学者利用大量数据验证了制度变迁对经济增长的促进作用。由于改革对经济增长的影响与经济体制、历史文化传统密切相关，本文主要综述我国制度变迁与经济增长关系的相关研究成果。有关我国的研究出现在 90 年代后，研究者主要从改革影响经济增长的总效应和单个领域改革对经济增长的影响两个角度研究了这一问题。

一、关于改革影响经济增长的总效应

过去 30 多年来，改革在中国经济增长奇迹中发挥了极为重要作用。研究者研究了制度变迁影响经济增长的理论模型，实证检验了体制变革是中国经济持续高速增长的动力源泉。理论研究方面，代表性的如，杨小凯、黄有光（1999）利用超边际分析建立了新兴古典经济学分析框架来研究制度与经济增长问题，主要结论是一个国家的制度安排在很大程度上表征一国经济活动的交易费用，而交易费用降低会提高专业化水平，从而促进长期增长。又如，刘红、唐元虎（2001）构造的包含制度因素的经济增长模型，不仅说明在技术进步和劳动供给速度不变时，随着制度因子增加，长期经济增长率将会提高，而且还说明制度变迁要有度。

实证研究方面，研究者主要通过分解全要素生产率（TFP）来说明制度因素在经济增长中的作用。TFP 是除资本和劳动之外所有能够影响产出的其他因素的集合，不仅包含影响技术创新的因素，还包括制度创新、管理创新等影响生产效率变动的因素。研究者对全要素生产率的分解有"两分法"（技术进步、资源配置效率提高）、"三分法"（技术效率变动、技术进步和规模报酬变动）、"四分法"（生产效率变化、技术进步、规模效率变化、资源生产效率变化，王志刚、龚六堂、陈玉宇，2006）、"六分法"（农村剩余劳动力转移、外向型发展战略、人力资本提高、科技进步、规模经济效应、管理水平改善）。以上是基于影响因素角度的分析，研究体制改革对经济增长贡献的文献比较少见。一些学者从我国经济体制和市场条件发生剧烈频繁变化时期恰好对应全要素生产率增长发生剧烈频繁变化时期，说明经济体制变革是影响全要素生产率增长的主要因素（胡鞍钢、郑京海，2004；郭庆旺、贾俊雪，2005）。一些学者在增长核算框架下考察中国经济高速增长的原因时，发现制度变革引起的资源重新配置对改革开放 20 年的高速增长贡献最大（王小鲁，2000）。也有部分学者计量了制度变革对全要素生产率和经济增长的贡献，傅晓霞和吴利学（2002）计算出中国市场化和开放型改革对经济增长的贡献率高达35%；樊纲等（2011）则建立了我国各省市场化进程相对指数，测算出1997年到2007年市场化进程对经济增长的贡献度达到年均1.45个百分点，市场化对全要素生产率的贡献率达到39.2%。

二、关于单个领域改革对经济增长的影响

从现有文献看，关于单个领域改革对经济增长的影响，主要涉及到财税、金融、土地、户籍、所有制、行政管理体制、收入分配、对外开放等领域的体制变革。

（一）关于财税体制改革与经济增长

围绕1994年推进的分税制改革，早期的研究主要集中在财政分权、宏观税负与经济增长的关系。近年来，在财税改革领域讨论较多的是一些热点税制改革，如增值税转型改革、营改增、个人所得税改革、房地产税改革、资源税改革等对宏观经济的影响。

1. 关于财政分权与经济增长的关系

这方面的实证研究比较多，得到的结论也不尽相同。部分研究发现我国财政分权对经济增长有正向促进作用，并从财政分权调动了地方政府的积极性、地方政府协调能力增强导致投资增加、资源配置效率提高等方面给出了解释（钱颖一，1999；林毅夫、刘志强，2000；周文兴、章铮，2006）。也有研究发现财政分权阻碍了经济增长，并从财政分权导致地区差距扩大、环境恶化、滥用土地、地方保护主义、宏观协调失灵、财政分权后中央对外部性较强的基础设施投资有所减少等方面给出了解释（Zhang和Zou，1998；殷德生，2004；刘金涛，2007；郭庆旺、吕冰洋，2004；宋玉华、林治乾等，2008）。还有研究考察了不同时段和不同地区财政分权与经济增长的关系，发现财政分权存在明显的跨时差异和地区差异。

　　财政分权影响经济增长的跨时效应。关于跨时差异的研究得出的结论不尽相同，沈坤荣、付文林（2005）的研究表明，在分税制实行以前，财政分权对经济增长没有显著作用，而在分税制以后，则对经济增长产生显著负作用；张军（2007）认为，随着经济转型和发展，地方政府的"多目标"性日益凸显，分权的代价会被重新评估并开始递增，这可以解释为什么财政分权出现了以上跨时差异。而张晏（2005）、张晏、龚六堂（2005）、沈伟（2008）所得到的财政分权的跨时差异则是，分税制改革前，财政分权和经济增长负相关或不相关，分税制后二者正相关；高巍（2013）进一步细分了分税制后的时段，分为分税制改革前期（1982—1993）、分税制改革实施阶段（1994—2000）和分税制改革后期（2001—2010）三个时期进行考察，发现在前两个阶段财政分权与经济增长并不具有显著关系，而在第三个阶段财政分权对经济增长的促进作用十分明显。对此，研究者们给出的解释是：在财政分权初始阶段，由于分权程度不适宜，过度投资和投资不足问题都有可能出现，从而损害经济增长，随着财政分权程度的提高，政府间权责关系更匹配，从而促进经济增长。更为深入的研究表明，财政收入权的下放在一定程度上抑制了经济增长，而财政支出权的下放能有效促进经济增长，但两者的效果都仅局限于分税制改革初期，分税制改革后期分权的效果都不再明显。研究者对此的解释是，改革实施阶段，改革导致地方税负收入增长率高于经济增长率，在一定程度上抑制了市场活力，而财政支出权的下放使地方政府扩大了财政投资支出，并激发民间投资，同时还减少了交易成本和经济效率损失，随着改革逐步推进，财政收入和支出权下放带来的效应都在逐渐消失（吴瀚，2015）。

　　财政分权影响经济增长的地区效应。研究者发现的财政分权地区差异表现在，经济发展程度较高的地区财政分权的积极作用大于经济发展程度较低的地区，东部各省的财政分权优势要高于中西部地区（张晏 2005；张晏、龚六堂，2005；刘志广，2008）。

　　关于财政分权与经济增长关系的研究出现矛盾结论，既与政府间权责关系更匹配数据的时间跨度选择有关，也与衡量财政分权指标选择不同有关。现有研究中，学者们采用的衡量财政分权指标有地方财政支出占中央财政支出的

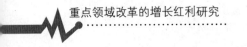
比例、地方政府人均支出和中央政府人均支出的比例、边际留成率等。

2. 关于宏观税负与经济增长的关系

郭庆旺、吕冰洋（2004）运用中国1994—2002年全国各地区、东部地区、中部地区、西部地区的数据，分析税收负担水平对经济增长率的影响，发现税收收入增长速度高于经济增长速度将抑制经济增长，东部地区和西部地区税收增长的抑制效应相对较小。

3. 关于税制改革与经济增长的关系

本世纪初，有学者分析了我国对劳动、资本收入及消费支出征税的有效税率与经济增长的关系，发现对资本征税降低了投资率和全要素生产率，对经济增长有一定的负效应；对劳动征税降低了投资率，降低经济增长；对消费支出征税提高了投资率和全要素生产率，不妨碍或弱促进经济增长，从而认为我国应尽量选择以消费支出为税基，不会妨碍追求经济快速增长的宏观经济政策目标，如只注意对资本和劳动的收入征税，则不利于经济增长（刘溶沧、马拴友，2002）。近期代表性研究如，岳希明等（2012）考察了我国2011年个人所得税改革平均税率高低和免征额调整的收入分配效应，但没有上升到经济增长层面；骆永民、伍文中（2012）将房产税改革与房价波动联系在一起，通过构建动态随机一般均衡模型（DSGE）进行分析，研究表明对住房持有环节征税的改革在长期可以平抑房价变化导致的宏观经济波动，但也会给宏观经济带来一定负面影响；研究者对"营改增"给予了较多关注，国家发改委经济所课题组（2014）利用投入－产出表研究了"营改增"改革的税负效应，测算出不同试点方案下改革带来的减税影响以及具体行业税负变化情况。相对于对具体税制改革效应的分析，也有研究讨论了多方面税制改革可能产生的效应，如社科院数量经济所课题组（2002）利用一般均衡分析框架，对我国四个方面的税制改革（调整消费税率、扩大增值税范围、增值税转型和加强增值税征管）对经济增长的影响进行模拟和分析。

（二）关于金融体制改革与经济增长

理论界关于金融理论的研究，经历了上世纪初熊皮特对金融中介资金动员功能的强调，到 70 年代麦金农和肖的金融抑制论和金融深化论的提出，再至 90 年代内生增长理论、交易成本理论和信息不对称理论框架下对金融发展与经济增长关系的考察。关于金融与经济增长的关系，理论上出现了金融促进论、金融从属论、金融抑制论。促进论意指金融体系可以促进"资本积累"和"技术创新"，对经济增长有推动作用；从属论认为实体经济的扩张增加了对金融服务的需求，从而导致金融产业发展；抑制论则认为，金融中介存在与国内厂商竞争的局面，导致社会出现信用萎缩，降低社会投资和生产率；金融市场的发展加强了其风险分担功能，减少了用于预防风险的储蓄，从而降低储蓄率而延迟经济增长。

关于我国金融发展与经济增长关系的实证研究，有三种不同的研究视角。第一个视角是在对金融资产结构进行量化考察基础上探讨金融发展与经济增长的关系（易纲，1996；张杰，1997；王广谦，2002；林毅夫、姜烨，2006；等等）。第二个视角侧重于研究金融发展与经济增长之间相互强化的关系，相关文献主要有韩廷春（2001）、周立和王子明（2002）、王景武（2005）等。第三个视角探讨市场化改革背景下金融发展及其相关问题与经济增长的关系，出现了负相关、不相关和相关等不同结论。部分文献发现二者负相关或不相关（赵志君 2000；李广众、陈平，2002；单俏颖，2006），大量文献却证实了金融发展对经济增长具有重要促进作用（谈儒勇，1999；范学俊，2006；马颖、陈波，2009；姚耀军，2010；张晓玫，2013）。周立、土子明（2002）从地区经济发展的角度研究，发现金融发展水平的差距可以部分解释我国各地区经济增长的差距，姜春（2008）验证了区域金融发展对经济增长具有积极作用，金融与经济增长之间还存在着明显的"门槛效应"和"时滞效应"。研究者们也发现，我国金融发展影响经济增长的渠道包括：促进要素积累和要素投入增加；提高企业的研发投入强度、促进技术进步，或者降低企业融资成本，实现技术的扩散与转移，获得技术溢出效应（王永齐，2006），促进全要素生产率增长；对人均资本的形成起到了重要推动作用（赵勇、雷达，2010）。研究发现，金融发展对经济增长的影响存在地区差异，王晋斌（2007）采用动态GMM 方法，结合不同区域样本金融控制程度的强弱进行实证研究，发现金融控制强的区域，金融发展对经济增长没有显著促进作用，而在金融控制弱的区域，二者之间表现出中性作用；赵勇、雷达（2010）的研究表明，在东部地区，金融发展主要是通过提高全要素生产率来推动经济增长，而在中西部地区，金融发展在推动经济增长的过程中，资本深化的特征较为明显。

由于金融抑制现象在发展中国家广泛存在，研究者还研究了金融抑制对经济增长的影响。有学者认为，我国严格控制金融市场利率、严格金融牌照发放、并对金融市场产品、交易和金融创新进行严格监管，加之金融资源严重错配于国有企业还存在效率损失，在这种情况下，金融通过资本积累和技术进步促进经济增长的机制难以有效发挥作用，总体上拖累经济增长。也有研究者认为，保持一定程度的金融抑制意味着企业能以低于市场均衡的价格获得资金，低利率刺激了非国有经济部门投资，也给了外资相应的套利空间，有利于增加外商直接投资，从而有利于经济增长。实证研究方面，研究者发现，中国金融改革改变了金融结构，使金融体系更有效地提供金融服务，改善了中国金融资源配置效率，提高了资金使用水平，降低企业的资金成本，进而促进经济增长（Liu 和 Li，2001；林毅夫等，2003）。而何诚颖等（2013）的研究则发现，中国金融改革导致的金融资源错配抑制了全要素生产率增长，进而阻碍了经济增长。民间金融对经济增长的影响备受关注，不少学者基于案例调查或以微观数据考察民间金融与中小企业发展的关系，间接说明民间金融对经济增长的作用（林毅夫、孙希芳，2005；潘士远、罗德明，2006；田秀娟，2009），胡金焱、张博（2014）以民间借贷利率的实际值作为衡量民间金融发展程度的指标，利用 2005—2011 年中国 25 个省份的面板数据和动态面板 GMM 估计方法进行实证研究，发现民间金融发展与区域经济增长之间存在显著的正相关关系。

近年来，研究者比较关注人民币汇率市场化形成机制改革、利率市场化改革以及资本市场开放等改革可能带来的影响，得出的结论不尽相同。如研究者研究了我国自 2005 年以来人民币汇率改革的价格传递效应，分析了人民币升值与国内物价水平变动之间的关系，指出自 2005 年 7 月汇改至 2010 年 2 月，人民币升值会降低国内物价水平（胡日东、李文星，2011）。就利率市场化改革来看，较多研究关注利率市场化带来的局部影响，也有部分研究关注其对宏观经济产生的影响，如有研究者利用动态随机一般均衡模型 DSGE 模拟了利率市场化改革的影响，结果表明对宏观经济的影响并不完全确定（刘方，2014）。从研究的全面性和前瞻性角度看，黄益平等人利用国际货币基金组织的金融自由化数据，在对过去几十年 60 多个中等收入国家金融自由化影响进行分析得出数量关系的基础上，测算未来中国金融自由化水平提高可能产生的影响，并结合中国经济实际情况，推测了金融改革的效应。他们的研究得出四个结论：一是金融改革可能令中国 GDP 增长率提高 0.7–1.4 个百分点；二是实际贷款利率可能会上升 2.7–5.1 个百分点，银行存贷款利差有可能扩大也可能缩小；三是金融改革最初可能导致大量资本净流入；四是金融改革与开放会增加市场的不稳定性。总体上，金融改革利大于弊，应坚定不移地推进改革。

（三）关于土地制度改革与经济增长

土地制度改革是中国经济转轨中的关键环节，在过去 30 多年经济高速增长中发挥了重要作用。关于土地制度改革与经济增长的关系，学者们重点研究了农村土地制度改革、城镇建设用地市场化改革和土地财政对经济增长的影响。早期研究主要关注农村联产承包责任制对农业生产的影响，Lin（1992）和盛济川等（2010）分别运用增长核算法和随机前沿生产函数法进行定量评估，发现 1978—1984 年家庭联产承包责任制是中国农业生产率提升和经济增长的主要原因。也有研究发现，随着我国工业化、城市化进程加快，家庭联产承包责任制土地产权权能不足的弊端不断显现，并抑制了农村金融发展，导致农民在农村和城市的双重贫困，阻碍了经济增长（黄少安等，2005）。

研究者分析了城镇建设用地市场化改革对经济增长的影响。钟国辉（2014）用土地出让金间接反映土地供给方式变化，发现土地供给市场化程度越高，政府获得的土地出让金越多，就越有利于经济增长，但没有测度土地市场化程度提高对经济增长的影响程度。陆铭（2011）在考察我国城市土地利用效率及其决定因素的基础上，发现建设用地使用权跨区域再配置是中国经济增长的新动力。颜燕等（2013）的研究发现，在全国尺度上，土地价格竞争和土地财政支出都有利于吸引投资、进而对城市经济增长产生了显著的促进作用。

土地财政是中国经济转轨进程中，土地二元体制、财政分权体制及GDP导向的政绩考核体制共同作用的结果。定量分析发现，土地财政提高了地方政府的积极性，增加了地方政府财政收入和固定资产投资，显著促进了经济增长（杜雪君等，2009；陈志勇、陈莉莉，2011）。薛白、赤旭（2010）的研究则表明，土地财政与经济增长的关系取决于制度环境和地方政府所处态势，良好的制度能够促使地方政府从"消极的"向"积极的"形态转变，土地财政方可有利于地方经济增长。

（四）关于户籍制度改革与经济增长

由于户籍制度是影响劳动力在城乡流动的重要制度，研究者主要从劳动力再配置和农民工市民化等角度，间接说明户籍制度改革对经济增长的作用。自世界银行（1996）首次在增长核算框架下，估计了1978—1995年间劳动力从农业转移到非农部门对中国经济增长率和全要素生产率的贡献之后，研究者大多采用相同方法，估算了不同时间段劳动力在部门和城乡间的再配置对经济增长和全要素生产率的贡献（蔡昉、王德文，1999；胡永泰，1998；王小鲁，2000；潘文卿，2001；张广婷等，2010）（参见附表1）。王小鲁（2000）的实证研究还发现，劳动力再配置不仅是生产率提高的重要源泉，还进一步导致资本等要素的再配置，从而放大了这一效应。研究者还在行业层面研究了劳动力再配置效应，姚战琪（2009）研究了1995—2007年工业部门和经济总体生产率增长和劳动力再配置，估算出经济总体中劳动力再配置效应为0.3%。龚关、胡关亮（2013）利用1998—2007年中国制造业数据，估算了制造业劳动配置效率的改善使全要素生产率提高7.3%。岳龙华、杨仕元（2013）研究了不同省份劳动力再配置的差异性和变动趋势，发现2004年之前东部地区和西部地区表现出很强的一致性，之后西部地区的劳动力再配置效应对经济增长的贡献明显高于东部地区，这印证了近年来我国劳动力开始由跨地域、跨行业配置转为本地跨行业配置；同时，还发现东部、中部和西部地区的劳动力再配置效应均表现出递减趋势，表明劳动力再配置效应即将消失。

从现有文献看，理论界关于劳动力再配置对经济增长贡献计量结果差异很大，原因有以下几方面：一是对劳动力再配置效应的定义存在偏差，一些文献考察的是整个劳动力的配置效应，一些文献考察的则是农业劳动力从第一产业向第二、第三产业转移的效应；二是选择的时间段不同，劳动力再配置效应是递减的，估算的时间区间距离当前越早，均值会越大；三是用生产函数计量经济增长时并没有包含制度因素，而改革开放以来我国劳动力流动约束的松动、劳动力市场一体化改革、户籍制度改革等都对劳动力再配置效应产生了重要影响。

附表 1　代表性文献对劳动力再配置效应的估算

文献	估计区间	劳动力再配置对 GDP 增长率的贡献度（百分点）	劳动力再配置对全要素生产率的贡献（％）
世界银行（1996）	1978—1995	—	30
胡永泰（1998）	1985—1993	1.2	
蔡昉、王德文(1999)	1982—1997	1.62	20.23
王小鲁（2000）	1979—1999	1.33	
潘文卿（2001）	1979—1999	1.69	19.92
姚战琪（2009）	1985—2007	0.32	
张广婷等（2010）	1997—2008	1.99	13.27
岳龙华、杨仕元（2013）	1991—2009	0.372	6.607

在现行户籍制度下，我国农民工和市民"双轨运行"的城镇化道路饱受诟病，近年来农民工市民化引起了社会各界重视。农民工市民化可以通过扩大城市规模、缩小城乡收入差距、促进人力资本积累等途径影响经济增长。刘世锦等（2010）用 CGE 模型研究发现，每年市民化程度增加 1000 万人就会促进经济增长速度提高 1 个百分点；都阳等（2014）的研究表明，按照新型城镇

化规划，实现到 2020 年再转移 1 亿农村人口这一目标，未来 6 年人口流动的净收益为正，初期每年可以获得约 2 个百分点的 GDP 增长率，随后下降，到 2020 年仍然可以获得约 1.6 个百分点 GDP 增长率。

（五）关于所有制改革与经济增长

国企改革是经济持续增长绕不过去的问题。几乎所有研究认为，国有企业改革可以促进经济增长。研究表明，国有企业改革主要通过提升全要素生产率（TFP）促进经济增长。此外，要素的动态配置效率改进、溢出效应等也是国企改革促进经济增长的途径。

关于国企改革提升 TFP，大量研究表明，国有企业具有低效率特征，而在进行所有制改制后其绩效都出现了明显改善。从劳动生产率和经营绩效看，企业劳动生产率随着国有股比重上升而下降，公司盈利能力与法人股比例正相关，与国家股比例负相关和不相关（Xu 和 Wang，1999；陈小悦、徐晓东，2001；杜莹、刘立国，2002）；国家资本股权与企业效率显著负相关，而法人股权、个人资本股权变化与企业效率水平呈现显著的正相关（刘小玄、李利英，2005）。从全要素生产率看，国有经济比重与全要素生产率显著负相关（刘小玄、李双杰，2008），国有经济比重下降 1% 会带来 TFP 大约 0.02—0.04% 的增长（夏良科，2010）。研究者还考察了行业层面，发现国有企业总体上不利于提高产业绩效（刘小玄，2000）；能源和基础材料行业国有企业比重大、垄断程度高，其 TFP 增速要显著小于竞争更充分的行业（伍晓鹰，2013）。学者认为，国有经济比重过高对 TFP 产生的抑制作用，很大程度上是因为国有企业劳动生产率低及国有经济低效率导致整个行业技术效率降低。

关于国有企业改革促进经济增长的其他途径，刘瑞明、石磊（2010）认为国有企业的效率损失包含其自身的损失及带来的其他损失，而后者尤其是由于软预算约束的存在，使国有经济拖累民营经济发展环境，进而对整个经济体构成"增长拖累"，因此改革将拉动经济增长。许召元、张文魁（2015）则从资本生产率、资本配置效率、TFP 与外溢效应四个方面研究了国有企业改革对经济增长的作用机制。

由于国企改革属于微观层面，而经济增长属于宏观层面，目前直接将二者联系起来进行计量分析的文献非常少。世界银行（1996）建立的同时考虑产业部门分类和所有制分类的总量生产函数模型，对中国 1985—1994 年间增长因素进行实证研究，表明随着所有制结构变化，非农业劳动力从国有部门向非国有部门转移所产生的劳动资源的产权再分配效应对经济增长贡献约为 0.4 个百分点。刘伟（2001）对 1981—1992 年间相关数据的实证研究表明，所有制结构改变主要影响生产要素的生产效率和资源配置效应，工业资源总配置效应为 0.94%，即所有制结构变动通过影响资源再配置而带来的工业增长平均每年约为 1 个百分点，对工业的综合要素生产率（TFP）增长的贡献达到 28.1%，对工业净产出增长的贡献达 9.8%。对地区层面的预测表明，国有经济比重每提升 1 个百分点，会导致 GDP 增速下降 0.06 个百分点左右（刘瑞明，2010）。许召元、张文魁（2015）通过建立包含国有企业与非国有企业的 CGE 模型，设计了三种不同改革力度情景下国有企业改革带来的经济增长效应，测算表明，如果每年有 5% 的国企进行改革，经济增长可提高 0.33 个百分点左右；如果每年有 10% 或 20% 的国有企业进行改革，经济增速可提高 0.47 或 0.50 个百分点左右。

（六）关于行政管理体制改革与经济增长

与其他领域相比，我国行政体制改革相对滞后，从经济学角度研究行政体制改革效应的文献也比较少。如果从比较大的范围来看行政体制，一些文献讨论了地方政府竞争对经济增长的影响，这可以看作是对中央与地方行政关系调整带来影响的研究。在以经济规模为政绩核心指标及"分灶吃饭"和后来的"分税制"财政体制共同作用下，地方政府发展经济的积极性被极大调动起来，加之政府的精英化和拥有大量可动用的经济资源，使之对区域经济发展具备较强的主导能力。多数研究都认为，地方政府之间的竞争促进了我国资源配置效率提高，正面效应远大于负面效应。一些学者探讨了行政分权水平对人均 GDP 增长率的影响，发现采用行政收入占比指标，行政分权与经济增长正相关，行政分权水平提高 1%，经济增长提高 0.0195%；而采用行政支出占比指标，行政分权与经济增长负相关，行政分权水平提高1%，经济增长减少0.036%（路遥、张国林，2014）。对于行政分权带来负的经济增长的结果，研究者认为可能由于中央增加了省级政府的行政管理权力，省级政府没有将增加的权力下放到市场，反而阻碍了经济增长速度。此外，财政分权与行政分权没有形成有效的制度互补，省级政府的财政权和行政管理权可能不匹配，也是影响行政分权效果的重要原因。

在我国行政管理体制改革过程中，撤县建市、扩权强县、省直管县等改革对区域经济发展产生了比较重要的影响。省直管县、扩权强县改革，通过行政管理上的深化改革和经济管理上的扩展权限，县域经济发展更具活力。如黄亮雄等（2013）以1985—1999年广东省73个县市的数据为样本，使用倍差法和类倍差法检验了改革绩效，表明撤县建市的县域获得了更高的经济增长。樊勇、王蔚（2013）以浙江省1997—2008年县政扩权的面板数据为样本，分析2002年改革前后对县域经济的影响，发现扩权强县政策对于扩权县人均GDP具有显著的正效应，对强县的促进作用强于弱县。我国行政管理体制长期以来实行的是"条块结合，以块为主，分级管理"，一般称为属地管理。在属地管理体制下，地方职能部门受地方政府和上级部门双重领导。针对属地管理中存在的各种问题，垂直管理成为改革的探索方向之一。研究者探讨了垂直管理改革的可行性，通过博弈论研究表明，当监管任务较容易考核且坏项目带来的损害较大时，垂直管理体制更优；而当监管任务较难考核，或坏项目带来的损害不太大时，属地管理体制更优（尹振东，2011）。此外，还有一些研究主要基于地方行政管理体制改革后的工作实例来定性分析改革前后的变化。十八届三中全会之后，以简政放权为核心的行政体制改革正在迅速推进，但除了一些具体案例的报道外，在研究层面鲜有深入的分析。

（七）关于科技体制改革与经济增长

科技进步是促进全要素生产率提高及中国经济高速增长的动力之一，已有文献研究了技术进步对经济增长的贡献，但研究科技体制改革与经济增长关系的文献鲜为少见。颜鹏飞、王兵（2004）运用DEA模型测度了1978—

2001 年我国 30 个省（市、区）的技术效率、技术进步及曼奎斯特生产率指数，发现全要素生产率的增长主要来源于技术效率提高，由于技术进步减慢，1997 年之后全要素生产率增长开始递减，作者注意到制度因素对全要素生产率、效率提高及技术进步均有重要影响，但没有分析什么制度及其影响程度，更没有涉及科技体制。杨文举（2006）运用数据包络分析方法，将 1990—2004 年我国各省劳动生产率变化分解成技术效率、技术进步和资本深化所引致的变化，分析对经济增长的影响，发现技术进步的省际差异是省际劳动生产率增长差距扩大的主要原因。傅晓霞、吴利学（2006）提出基于随机前沿生产函数的地区增长差异分析框架，将各地区劳均产出差距分解为劳均资本差异、经济规模差异和全要素生产率差异三个部分，发现 1990 年以来中国地区全要素生产率呈现出绝对发散趋势，是造成地区增长差异的重要原因，进一步分解全要素生产率，发现技术效率效应对地区差异的贡献超过 35%，制度环境解释了地区之间技术效率指数均值变化的 90% 左右，但未进一步深入分析是什么制度及其如何影响技术效率。徐巧玲（2014）运用 2001—2012 年的时间序列数据，计量了科技资源配置与经济增长之间的关系，结果表明二者之间存在长期均衡关系，资源配置效率每上升 1 个百分点，GDP 增长率将增加 0.5617 个百分点。

　　改革开放以来，我国走的是引进、消化、吸收、再创新的道路，关于技

附表 2　全要素生产率测算代表性研究成果

方法	研究成果	样本区间	TFP	TP	TE
SRA	颜鹏飞、王兵（2004）	1978—2001	0.25	−0.84	1.20
DEA	郭庆旺、贾俊雪（2005）	1979—2003	0.25	0.37	0.12
DEA	岳书敬、刘朝晖（2006）	1996—2003	1.35	1.22	0.16
DEA	郝睿（2006）	1978—2003	2.87	1.01	1.86
SFA	王志刚等（2006）	1978—2003	4.16	0.77	3.38
SFA	傅晓霞、吴利学（2009）	1978—2004	3.63	0.59	3.04

注：TP 表示技术进步，TE 表示技术效率。

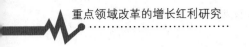

术创新对经济增长和全要素生产率的影响，需要进一步分析引进技术和由于科技体制改革带来的自主创新的贡献。

（八）关于收入分配和社会保障与经济增长

对收入分配与经济增长关系经典理论的经验检验，出现了倒 U 型曲线关系、正向关系、负向关系、不确定关系等四种结论。收入分配不平等与经济增长间存在库兹涅茨的"倒 U 型"曲线关系，得到多项研究的支持（陈宗胜，1995、2013；周云波，2009；高宏伟、王素莲，2009；许冰、章上峰，2010；薛嘉春，2011；廖信林，2013；高帆，2013）。王小鲁、樊纲（2005）的实证研究表明，我国收入分配差距与经济增长呈正向关系。一些研究文献表明，经济增长与收入不平等负相关。一些研究发现，我国收入分配差距与经济增长的关系不明确。

近年来收入分配领域改革并没有实质进展，基本没有研究者来讨论收入分配改革对经济增长影响。社会保障改革方面，研究者对养老保险改革、医疗保险改革等措施可能产生的影响进行了研究。有研究者对人口老龄化背景下我国养老保险制度改革的宏观经济及福利效应进行了分析，模拟了中国养老保险制度由现收现付制向部分积累制改革对资本积累、储蓄、产出、工资收入、利率、终生效用以及收入分配的影响，表明改革促进经济增长（殷俊、李媛媛，2013）。医保改革方面，有研究者针对阶梯式医保支付率改革的增长和福利效应进行了研究，在动态 CGE 框架下进行政策模拟，表明改革能降低居民社保缴费和税收负担（张晓娣，2014），但没有上升到对经济增长的影响。

（九）关于对外开放与经济增长

对外开放与经济增长之间的关系一直都是主流经济学研究的重要内容。从理论研究重点来看，大致可以分为三个方面：一是贸易与经济增长之间的关系。古典经济理论认为经济增长源自不断细化的劳动分工，贸易带来的分工专业化能够提高各国劳动生产率，从而促进经济增长。新古典增长理论认为贸易开放能够促进经济发展，其中一个重要的机理是贸易带来的规模经济效应（Krugman 和 Helpman，1985）。也有研究者认为，国际贸易具有知识与技术传播功能，能够促进本国技术进步，从而提高全要素生产率并促进经济增长（Romer，1986；Grossman 和 Helpman，1991；等）。二是 FDI 与东道国经济增长之间的关系。一种角度将 FDI 视为单纯的物质资本，认为其流入会改变资本 / 劳动比率，引起经济增长；另一种角度则是强调 FDI 的知识溢出效应，FDI 不仅是单纯的物质资本，还包含了技术知识溢出、先进制度安排等，能够促进经济增长。三是对外投资与母国经济增长之间的关系。最早起源于日本对外直接投资的案例研究，分析了对外投资（ODI）的技术外溢效应和产业升级效应等对母国经济增长的影响（Kogut 和 Chang，1991）。

关于我国对外开放与经济增长关系的研究，多数研究集中于讨论贸易和 FDI 与经济增长之间的关系，近年来，随着我国对外直接投资的快速增长，研究者开始关注对外直接投资对经济增长的影响。大量实证研究证明了，过去 30 多年我国对外开放特别是贸易规模的不断扩大和吸引外国直接投资有效地促进了经济增长。国家发改委经济研究所课题组（2011）的研究显示，改革开放 30 年，外国直接投资对中国经济增长的直接贡献接近年均 0.5 个百分点，商品和服务净出口年均拉动经济增长 0.35 个百分点；同时，除了直接贡献、外资外贸外，还有大量难以准确计量的溢出效应，如技术效应、管理经验溢出和人力资本溢出等间接影响。粗略估算，1993 年以后，这种间接作用年均提高中国经济增长率 1.3 个百分点。近年来，研究者进一步细化开放与经济增长之间关系的研究。比如，有研究者基于二元经济转换的视角讨论对外开放是否必然带来经济增长：当一国城市化水平高于某临界值时，其对外贸易开放将促进经济增长，相反，会抑制经济增长（李云娥，2014）。部分学者实证研究了贸易结构与经济增长的关系，发现两者间存在比较显著的相关关系（蓝庆新、田海峰，2002）。也有研究者进一步讨论了贸易开放、FDI 与中国地区间收入差距的关系，认为对外开放从整体上加剧了中国地区间收入差距的扩大，使地区不平等问题更加突出，如何使对外贸易的利益在地区间更合理地分配是未来推进开放需要关注的重点（谢申翔等，2011）。随着我国对外直接投资迅速发展，研究者日益关注对外直接投资对经济增长的影响。2005 年之前相关研究得出的结论是对外直接投资与经济增长之间没有显著的因果关系；而近年来的研究显示我国对外直接投资对国内经济发展存在比较明显的促进作用，具体表现在对外投资能够提高中国融入国际分工的深度和广度、缓解资源短缺、提高国内技术水平等方面（尹贤淑，2009；于超等，2011；肖黎明，2009）。还有一些研究者讨论了对外直接投资的出口效应，即是替代还是促进了出口，研究表明，我国企业对外直接投资总体上促进了企业出口，对高收入国家的投资显著促进了出口，对低收入国家投资的"出口效应"不明显（蒋冠宏等，2014）。

研究者还在增长核算框架下研究了对外开放对全要素生产率的影响。研究表明，贸易开放度提高通过影响人力资本积累，有利于我国全要素生产率提高（许和连，2006）。相关研究表明，虽然短期内 FDI 有助于全要素生产率提高，但国际贸易和 FDI 在长期却弱化了中国全要素生产率（刘舜佳，2008）。从人力资本角度看，贸易开放对经济增长具有双重影响效应：一方面意味着更多的技术模仿、学习机会，另一方面也可能导致本国过于依赖对外界的技术引进，从而削弱自主创新能力，尤其是短期内贸易开放提高了最终产品部门的工资报酬率，并导致本国人力资本投资集中于这些部门，从而降低了稳态增长率（赖明勇等，2005）。

三、关于改革影响经济增长的测算方法

由于测算改革总体效应和单项改革影响经济增长的方法不同，仍然分两部分综述。

（一）对整体改革效应的测算

整体改革效应需要通过分解全要素生产率而得到。从现有文献看，对全要素生产率的测算大体有增长核算法、索洛生产函数法、生产前沿分析法和数据包络分析法（Malmquist 指数法）。增长核算法一般需要先估计资本和劳动的份额，然后再计算全要素生产率的增长，其关键是要素份额的估计。索洛生产函数法（参数方法）可大体分为两类：一类是总量生产函数法，即在全国水平上根据生产函数估计全要素生产率，一般研究用的时序资料数据较少，很难采用复杂的生产函数进行研究（常用 C-D 函数）；另一类是采用分省数据进行研究，常用 C-D 函数或超越对数生产函数进行回归。生产前沿分析法能对全要素生产率的增长进行分解，具体分为确定性前沿法和随机前沿法。传统的增长核算方法和索洛生产函数方法将全要素生产率看作一个"黑箱"，而生产前沿分析法却能允许生产在低于最大可能产出下发生，并能对全要素生产率的增长进行分解，因而成为全要素生产率研究的有效方法，常用的前沿分析方法有非参数分析的 DEA 方法（确定性前沿分析方法）和参数分析的 SFA 方法（随机前沿分析方法）。数据包络分析法（DEA）由于具有不需要对生产函数结构做先验假定、不需要对参数进行估计、允许无效率行为存在、能对 TFP 变动进行分解等优点，在近来研究中受到了越来越多关注。

从现有研究看，测度中国全要素生产率的相关文献还存在投入要素度量不准确和模型本身存在缺陷等问题，未来需要从投入要素内生化、引入制度变革因素、研究方法动态化、探索 DEA 方法和 SFA 方法融合等方面加以改进。

（二）关于单项改革效应的测算

改革红利的测算需要建立起相应的数学模型，但由于改革本身难以量化，因此已有的研究多以建立描述改革的经济指标（指数）为出发点，通过指标（指数）与经济增长之间建立起的线性回归、联立方程、向量自回归等计量模型，拟合出二者之间的数量关系，得到改革所能产生的经济增长效果。但由于研究的侧重点不同，选取的指标、运用的模型存在差异，导致改革效应的测算结果各不相同，甚至出现相反的情况。

1. 指标（指数）的选取与合成

（1）以产值占比反映改革导致的结构性变化

基于数据的可得性，以历史数据反映的结构性变化表征改革效果是一种较为普遍的方法。部分学者用改革开放以来非国有工业总产值比重的变化（后一年比重减前一年比重）衡量改革的进度，差值越大，表示改革越快，反之亦然。以这种方法确定的改革指标，能够较连贯、完整地表示改革的效果与快慢。在研究市场经济过程中，将改革划分为市场建设，企业改革和政府改革，因而基于政府管制放松，市场发展和经济主体自主性的增强等三方面改革效应建立起对应的细分因子，构建效应合成指数。

（2）以主成分分析合成市场化指数

对金融市场化改革的测算，部分学者建立了包含多项分指标构成的金融市场化指数体系。从金融机构市场化、金融市场自由化和对外金融开放三个方面详细考察了中国金融市场化改革进程。以金融市场化指标为例，它刻画了金融机构在中国金融市场化改革过程中呈现出的特征，可细分为七个二级指标，如信贷市场化、国有银行产权改革、不良资产处置、非银行金融机构改革等，分别通过历史数据或设置虚拟变量的方式加以赋值。继而采用相对比较法将各二级指标数据转化为指数值。具体的计算公式为：

$$\text{第 i 个指标的得分} = ((V_i - V_{min}) / (V_{max} - V_{min})) \times 10 \tag{1}$$

其中 Vi 为第 i 项次一级指标的原始数据，Vmax 和 Vmin 为样本区间中原始数据的最大值和最小值。在计算出各二级指标的指数值后，对二级指标的指数时间序列做主成分分析，加权构造出四个一级指标指数，再采用同样的办法将四个一级指数合成为金融市场化指数。

2. 改革效应的测算方法

（1）生产函数的分解与回归

该方法分为两类：一是采用间接估计方法，即采用分解"索洛余值"法，用产出增长率扣除要素增长率的产出效益后的余值来测算改革的效果。如，涂正革、肖耿（2005）采用随机前沿生产函数首先对资本、劳动、技术进行回归，然后根据估计得到的资本与劳动弹性参数，以及资本与劳动实际的成本份额之差，测算出配置效率对经济增长的影响。二是采用直接估计法（王文举、范合军，2007），将技术进步、市场化程度与资本、劳动等同起来看待，并同时作为自变量引入到回归方程里面，再利用樊纲提出的市场化指数，建立了如下模型：

$$y=f（K，L，Tech，Market）\tag{2}$$

其中 y 是产出，K 是资本投入，L 劳动投入，Tech 是技术水平，Market 是市场化程度。利用柯布 – 道格拉斯形式的生产函数，构造出包含技术进步与市场化程度的生产函数：

$$y=ae^{\gamma\times Tech+\lambda\times Market}K^{\alpha}L^{\beta}\tag{3}$$

两边取对数，可以得到：

$$lny=c+（\alpha lnK+\beta lnL）+\gamma Tech+\lambda Market\tag{4}$$

其中 $\alpha lnK+\beta lnL$ 属于要素贡献量，是由于要素增加而导致的对产出的增加，属于经济增长中的粗放型增长部分；$\gamma Tech$ 是技术进步贡献量，是由于技术进步而导致的产出的增加，属于经济增长中的集约型增长部分；$\lambda Market$ 是由于制度变革而导致的经济增长的增加，是由市场化等改革导致的配置效率改进的贡献量。通过回归计算，得到市场化改革对经济增长的贡献率，如式（5）所示：

$$\eta=\frac{\lambda d（Market）}{\alpha\dfrac{dK}{K}+\beta\dfrac{dL}{L}+\gamma d（Tech）+\gamma d（Market）}\tag{5}$$

（2）联立方程模型

部分学者根据改革、开放与增长之间的系统互动特征与传导机制，选择联立方程模型，以避免内生性问题，确定了如下的检验模型：

$$\begin{cases}GDP=\alpha_1+\alpha_2 FDI+\alpha_3 Gini+\sum\limits_{i=1}^{k}\theta_i W_i+\mu\\ FDI=\beta_1+\beta_2 GDP+\beta_3 Gini+\sum\limits_{j=1}^{m}\phi_j W_j+\upsilon\\ Gini=\gamma_1+\gamma_2 GDP+\gamma_3 GDP^2+\gamma_4 FDI+\sum\limits_{l=1}^{n}\lambda_1 W_1+\sigma\end{cases}\tag{6}$$

其中，GDP 为经济增长，FDI 代表对外开放程度，Gini 为收入差距基尼系数（代表经济体制改革程度），这三个变量为内生变量；W 是与内生变量相关的外生变量，如人力资本，i、j、l 分别为外生变量的数量；α、β、γ、θ、ϕ、λ 为待估参数，μ、ν、σ 为误差项。进而通过参数确定的方法得到各经济变量之间的关系，如经济体制改革对经济增长的影响等。再配合格兰杰因果关系检验，计算出变量间的单向相关关系。

（3）向量自回归

部分学者对中国分权化体制下经济体制改革、金融发展与经济增长之间的相互关系进行经验检验。研究者构建了向量自回归模型（VAR）并使用 Johansen 极大似然协整法进行实证分析，得到改革冲击下的经济系统演化特征及其时滞效果。

以上分析表明，不同学者对于某一项改革，不论是反映改革的指标选取，还是采取的测算方法都不尽相同，导致结论也存在差异。这是由于选取的指标本身在反映改革上就各有侧重或是带有主观色彩。指标权重的确定更是如此。而实际上，某一项改革一般是多维度的，因此改革很难用统一、全面的指标加以衡量。

此外，在回归的解释变量选取上，除了一般公认的变量外，不同研究者还会加入其他能够反映问题的解释变量，控制变量选择的不同就会使结论出现偏差，甚至得出完全相反的结果。

四、对现有研究的评述

从现有研究文献看，关于改革与经济增长关系的研究还存在以下不足：

一是定性研究多，定量研究少。多数文献只是泛泛讨论了相关改革影响经济增长，或者用数据实证检验了相关改革与经济增长存在因果关系或正负相关关系，对相关领域改革或某项改革方案影响经济增长程度进行量化分析的文献比较少。

二是没有深入研究改革影响经济增长的机理。改革对经济增长的影响有长短期之分，长期主要通过增长因素影响经济增长，短期通过"三驾马车"影响经济增长。不同领域的改革或同一领域的不同改革措施，有的增长红利短期内通过三大需求释放，有的增长红利需通过增长因素释放，有的既可立竿见影释放红利，也可滞后几年释放红利。因此，需要深入分析不同改革影响经济增长的机理，据此说明不同改革拉动经济增长的长短期效应。正是由于缺乏影响机理的深入研究，对相关领域的改革才得出不同结论。以金融改革对经济增长的影响为例，大部分文献集中于研究两者本身之间的总体相关性，仅有少量文献探讨了金融改革通过影响物质资本（投资、FDI）、技术进步、人力资本继而影响经济增长（黎欢、龚六堂，2014；李丛文，2015），因此得出对经济增长的作用方向从属论、抑制论、促进论等不同结论。事实上，制度因素不仅影响了全要素生产率，也影响实际投入到经济增长中的人力资本和物质资本。已有研究没有从制度安排对影响经济增长的机理方面进行探讨，单独把制度因素作为解释变量纳入内生经济增长模型，可能会降低或夸大制度因素对经济增长的促进作用。

三是没有将改革对经济增长的影响与我国所处的发展阶段和发展条件变化联系起来。改革是经济增长的动因，改革拉动经济增长的效应，在长期和短期是不一样的。而不同时期推进的某项改革，对增长因素和三大需求的驱动作用不尽相同，必须结合推出改革时的增长条件，方可得出与事实相符的结论。以户籍制度改革为例，以前松动的户籍制度主要通过劳动力再配置促进经济增长，随着人口红利逐步消失，户籍制度改革影响经济增长的机制与以前明显不同。部分学者（张士斌，2009）注意到了户籍制度在不同阶段对经济增长有不同的影响，但没有深入探讨影响机制有什么不同，也没有探讨对经济增长影响程度的差异。

四是绝大多数文献研究了单一领域制度改革对经济增长的影响，很少涉及到多领域改革对经济增长的影响[①]。现实中很多改革只有配套推进，才能有

---

①　仅有少数几篇文献研究了两项改革对经济增长的影响，代表性的如路瑶、张国林（2014）。

效发挥作用；不同的改革搭配方案，可能产生不同的经济增长效应。如果仅仅研究单一领域改革对经济增长的影响，不能从经验事实角度说明制度关联配套、耦合互动对经济增长的影响，也无法用计量工具筛分出不同领域改革的交互项对经济增长的影响，更不能明确提出协同推进相关领域改革，形成制度有效互补的对策建议。

五是研究方法尚存在瓶颈。改革对经济增长的影响取决于改革衡量指标的选择、样本选择、模型设定和计量方法选择等方面的差异。从模型本身看，目前测度方法主要集中在计量模型，但问题在于，如何通过模型准确反映改革对经济增长传导的内在机理；由于传统模型是相对静态的，如何动态反映变量之间的联系，使之生动刻画出改革的演化特征与时滞效果，也是传统计量方法的一个瓶颈。

六是对十八届三中全会以后改革红利的相关研究还比较缺乏。十八届三中全会明确了新时期我国全面深化改革的方向、重点和目标。全面深化改革在改革的深度和广度上都超过了以往历次改革，其对经济社会发展必然会产生深远的影响。随着全面深化改革的不断推进，改革效应也开始逐渐显现。客观上要求，通过对相关领域改革效应的分析来为科学部署改革步骤和合理设计改革措施提供重要依据。而现有研究还较少关注十八届三中全会之后改革的效果，这是深化研究需要填补的一个重要方面。

结合以往研究存在的不足，研究重点领域改革对经济增长的影响，应该从以下几方面着手：同时研究与经济增长有直接关系的财税、金融、科技、土地、户籍、行政（含投资）、所有制、对外开放等多个领域改革对经济增长的影响；加强对重点领域改革影响经济增长机理的研究，并从影响机理发挥作用的条件出发，考虑我国所处的经济发展阶段和发展条件变化对改革与经济增长的关系的影响；运用生产函数模型，强化改革对经济增长的量化分析，分不同情景模拟"十三五"时期按照十八届三中全会全面深化改革的战略部署推进重点领域改革对经济增长的拉动效应。

（郭春丽　王　蕴　肖　潇　王　磊　张铭慎）

参考资料目录

［1］North, Douglass and Robert Thowmas, 1973, "The Rise of the Western World: A New Economic History", Cambridge University Press.

［2］North, Douglass,1981, "Structure and Change in Economic History", New York: W. W. Norton & Company.

［3］Helpman E., and Krugman P.,1985, "Market Structure and Foreign Trade", The MIT Press.

［4］Romer, Paul M., 1986, "Increasing Returns and Long–Run Growth", Journal of Political Economy,Vol.94, pp.1002–1037.

［5］North, Douglass, 1990, "Institution, Institutional Change and Economic Performance", NY: New Jersey: Princeton University Press.

［6］Grossman, Gene. M., and Helpman Elhanan, 1991, "Quality Ladders in the Theory of Growth", Review of Economic Studies, Vol.58, pp.43–61.

［7］Kogut B., and Chang S., 1991, "Technological Capabilities and Japanese Foreign Direct Investment in the United States", The Review of Economics and Statistics ,Vol.73, pp.401–413.

［8］Lin, J. Y., 1992, "Rural Reforms and Agricultural Growth in China", The American Economic Review,Vol.3, pp.34–51.

［9］Tao Zhang and Heng–fu Zou, 1998, "FiscalDecentralization, Public Spending, and Economic Growth in China ", Journal of Public Economics, Vol. 67, pp.221–240.

［10］Frankel J., Romer D., 1999, "Does Trade Cause Growth?", The American Economic Review, Vol.7,pp.379–399.

［11］Xu, B., and J. Wang, 1999, "Capital Goods Trade and R&D Spillovers in the OECD ", Canadian Journal of Economics,Vol.32,pp.1258–1274.

［12］Bekaert,G., Harvey,C. R., and Lundblad,C., 2005, "Does Financial Liberalization Spur Growth?",Journal of Financial Economics,Vol.77,pp.3–55.

［13］黄益平:《金融改革会加快经济增长吗?》,《新世纪周刊》2015年第7期。

［14］许召元、张文魁:《国企改革对经济增速的提振效应研究》,《经济研究》2015年第4期。

［15］都阳、蔡昉、屈小博、程杰:《延续中国奇迹:从户籍制度改革中收获红利》,《经济研究》2014年第8期。

［16］蒋冠宏、蒋殿春:《中国企业对外直接投资的"出口效应"》,《经济研究》2014年第5期。

［17］李云娥:《对外开放必然带来经济增长吗?——基于二元经济转换的视角》,《南开经

济研究》2014 年第 1 期。

［18］刘方:《中国利率市场化改革效应的 DSGE 模拟分析》,《南方金融》2014 年第 2 期。

［19］钟国辉:《土地供给方式、土地出让金与经济增长》,《经济与管理评论》2014 年第 5 期。

［20］路瑶、张国林:《关于财政分权、行政分权改革与经济增长实证研究——来自省级面板数据的证据》,《制度经济学研究》2014 年第 1 期。

［21］何诚颖、徐向阳、陈锐、陈建青:《金融发展、TFP 抑制与增长源泉——来自中国省际面板数据的证据》,《经济学家》2013 年第 5 期。

［22］樊勇、王蔚:《"扩权强县"改革效果的比较研究——以浙江省县政扩权为样本》,《公共管理学报》2013 年第 1 期。

［23］龚关、胡关亮:《中国制造业资源配置效率与全要素生产率》,《经济研究》2013 年第 4 期。

［24］黄亮雄、韩永辉、舒元:《"撤县建市"提升了地方绩效吗——基于广东省 73 个县(市)的实证分析》,《学术研究》2013 年第 6 期。

［25］伍晓鹰:《测算和解读中国工业的全要素生产率》,《比较》2013 年第 6 期。

［26］颜燕、刘涛、满燕云:《基于土地出让行为的地方政府竞争与经济增长》,《城市发展研究》2013 年第 3 期。

［27］岳希明、徐静、刘谦、丁胜、董莉娟:《2011 年个人所得税改革的收入再分配效应》,《经济研究》2012 年第 9 期。

［28］骆永民、伍文中:《房产税改革与房价变动的宏观经济效应》,《金融研究》2012 年第 5 期。

［29］国家发改委经济研究所课题组:《面向 2020 年的我国经济发展战略研究》(内部研究报告),2011 年。

［30］陈志勇、陈莉莉:《财税体制变迁、"土地财政"与经济增长》,《财贸经济》2011 年第 12 期。

［31］陆铭:《建设用地使用权跨区域再配置:中国经济增长的新动力》,《世界经济》2011 年第 1 期。

［32］樊纲、王小鲁、马光荣:《中国市场化进程对经济增长的贡献》,《经济研究》2011 年第 9 期。

［33］谢申翔、王孝松:《贸易开放、FDI 与中国地区间收入差距——基于省际面板数据的经验分析》,《经济管理》2011 年第 4 期。

［34］尹振东:《垂直管理与属地管理:行政管理体制的选择》,《经济研究》2011 年第 4 期。

［35］刘世锦、陈昌盛、许召元、崔小勇:《农民工市民化对扩大内需和经济增长的影响》,《经济研究》2010 年第 6 期。

［36］刘瑞明、石磊：《国有企业的双重效率损失与经济增长》,《经济研究》2010 年第 1 期。

［37］夏良科：《人力资本与 R&D 如何影响全要素生产率——基于中国大中型工业企业的经验分析》,《数量经济技术经济研究》2010 年第 4 期。

［38］薛白、赤旭：《土地财政、寻租与经济增长》,《财政研究》2010 年第 2 期。

［39］盛济川、施国庆、梁爽：《农地产权制度对农业经济增长的贡献》,《经济学动态》2010 年第 8 期。

［40］杜雪君、黄忠华、吴次芳：《中国土地财政与经济增长——基于省际面板数据的分析》,《财贸经济》2009 年第 1 期。

［41］马颖、陈波：《改革开放以来中国经济体制改革、金融发展与经济增长》,《经济评论》2009 年第 1 期。

［42］姚战琪：《生产率增长与要素再配置效应：中国的经验研究》,《经济研究》2009 年第 11 期。

［43］张士斌：《户籍制度与经济增长中的贫困陷阱》,《开放导报》2009 年第 1 期。

［44］刘舜佳：《国际贸易、FDI 和中国全要素生产率下降——基于 1952—2006 年面板数据的 DEA 和协整检验》,《数量经济与技术经济研究》2008 年第 11 期。

［45］刘小玄、李双杰：《制造业企业相对效率的度量和比较及其外生决定因素（2000—2004)》,《经济学季刊》2008 年第 3 期。

［46］何元庆：《对外开放与 TFP 增长：基于中国省际面板数据的经验研究》,《经济学季刊》2007 年第 4 期。

［47］王文举、范合君：《我国市场化改革对经济增长贡献的实证分析》,《中国工业经济》2007 年第 9 期。

［48］范学俊：《金融体系与经济增长：来自中国的实证检验》,《金融研究》2006 年第 3 期。

［49］单俏颖：《我国金融发展与经济增长的实证分析》,《中共福建省委党校学报》2006 年第 2 期。

［50］王永齐：《FDI 溢出、金融市场与经济增长》,《数量经济与技术经济研究》2006 年第 1 期。

［51］许和连、亓朋、祝树金：《贸易开放度、人力资本与全要素生产率：基于中国省际面板数据的经验分析》,《世界经济》2006 年第 12 期。

［52］钟昌标、李富强、王林辉：《经济制度和我国经济增长效率的实证研究》,《数量经济技术经济研究》2006 年第 11 期。

［53］赖明勇、张新、彭水军、包群：《经济增长的源泉：人力资本、研究开发与技术外溢》,《中国社会科学》2005 年第 2 期。

［54］郭庆旺、贾俊雪：《中国全要素生产率的估算：1979—2004》,《经济研究》2005 年第 6 期。

［55］黄少安、孙圣民、宫明波：《中国土地产权制度对农业经济增长的影响——对1949—1978年中国大陆农业生产效率的实证分析》，《中国社会科学》2005年第3期。

［56］刘小玄、李利英：《企业产权变革的效率分析》，《中国社会科学》2005年第2期。

［57］涂正革、肖耿：《转轨时期大中型工业企业全要素生产率增长的行业特征》，《统计与决策》2005年第23期。

［58］郭庆旺、吕冰洋：《税收增长对经济增长的负面冲击》，《经济理论与经济管理》，2004年第8期。

［59］胡鞍钢、郑京海：《中国全要素生产率为何明显下降》，《中国经济时报》2004年3月26日。

［60］林毅夫、章奇、刘明兴：《金融结构与经济增长：以制造业为例》，《世界经济》2003年第7期。

［61］王志强、孙刚：《中国金融发展规模、结构、效率与经济增长关系的经验分析》，《管理世界》2003年第7期。

［62］杜莹、刘立国：《股权结构与公司治理效率：中国上市公司的实证分析》，《管理世界》2002年第11期。

［63］刘溶沧、马拴友：《论税收与经济增长——对中国劳动、资本和消费征税的效应分析》，《中国社会科学》2002年第1期。

［64］傅晓霞、吴利学：《制度变迁对中国经济增长贡献的实证分析》，《南开经济研究》2002年第4期。

［65］陈小悦、徐晓东：《股权结构、企业绩效与投资者利益保护》，《经济研究》2001年第11期。

［66］刘红、唐元虎：《现代经济增长：一个制度作为内生变量的模型》，《预测》2001年第1期。

［67］王小鲁：《中国经济增长的可持续性与制度变革》，《经济研究》2000年7期。

［68］刘小玄：《中国工业企业的所有制结构对效率差异的影响》，《经济研究》2000年第2期。

［69］赵志君：《金融资产总量、结构与经济增长》，《管理世界》2000年第3期。

［70］蔡昉、王德文：《中国经济增长的可持续性与劳动贡献》，《经济研究》1999年第10期。

后　记

"改革红利"这一经济学概念引入决策高层语境后，改革对经济增长的影响，引起了社会各界广泛关注。面对经济发展新常态下增长速度换挡、结构调整阵痛、动能转换困难相互交织等多重矛盾和挑战，已经和正在深入推进的重点领域改革能否如期释放增长红利，成为决策层高度关注的重大问题。为了深入研究改革红利释放规律和变化趋势，国家发改委宏观经济研究院选取《重点领域改革的增长红利研究》，作为2015年度重点课题之一，由宏观院管理的10个研究所中的一所综合性研究所——经济研究所负责完成。

本书由经济所及后来从中划分出去的市场所多位中青年骨干，在完成的宏观院重点课题《重点领域改革的增长红利研究》基础上修改完善而成。全书由导言、总论、专题和附录组成，其中专题包括第二章到第十四章。各章执笔人分别是：导言郭春丽，第一章郭春丽、王蕴，第二章曾铮、王磊（课题组全体成员参加研究并提供数据），第三章郭春丽、易信，第四章曹玉瑾、易信，第五章郭春丽、易信，第六章曾铮，第七章张铭慎，第八章李清彬，第九章郭丽岩、肖潇、杜秦川，第十章王蕴、梁志兵，第十一章易信、郭春丽，第十二章王磊、王蕴，第十三章易信，第十四章王磊，附录中的综述由郭春丽、王蕴、肖潇、王磊、张铭慎共同完成。全书由郭春丽统筹设计和总体把关，易信承担了大量编务工作。

本书的成稿，不仅凝结着课题组各位专家的心智和劳动，也包含着各位领导、同事和朋友的指导、支持和帮助。感谢国家发改委宏观经济研究院学术委员会的专家！《重点领域改革的增长红利研究》课题竞标、开题、中期检查和终期评审时，林兆木、白和金、陈东琪、马晓河、王昌林、吴晓华、常修泽、刘树杰、俞建国、罗云毅、胡春力、张燕生、肖金成、董焰、韩文科、郭小碚、杨宜勇、张长春、刘立峰等领导和专家提出了许多富有启示性的意见和建议。中国社科院经济研究所刘霞辉研究员、中国社科院数量经济与技术经济研究所副所长李雪松研究员在课题开题中提出了许多宝贵的意见和建议。国家发改委经济研究所所长宋立研究员从立题到研究，给予了课题组很多指导，经济所原副所长臧跃茹研究员、经济所副所长孙学工研究员在课题研究中给予了大力支持。在此，向他们表示崇高的敬意和深深的谢意！感谢人民出版社的张文勇主任和罗浩编辑，他们为书稿的审定和出版付出了心血。

由于课题组研究水平有限，加之时间紧迫，错误和疏漏在所难免，欢迎各界人士批评指正！

课题组

2016 年 10 月 12 日

策　　划:张文勇
责任编辑:张文勇　罗　浩
封面设计:王欢欢

图书在版编目(CIP)数据

重点领域改革的增长红利研究/郭春丽,王蕴等 著. —北京:
人民出版社,2016.12
ISBN 978－7－01－017292－7

Ⅰ.①重…　Ⅱ.①郭…　②王…　Ⅲ.①中国经济-经济体制改革-研究
Ⅳ.①F121

中国版本图书馆 CIP 数据核字(2017)第 011034 号

重点领域改革的增长红利研究

ZHONGDIAN LINGYU GAIGE DE ZENGZHANG HONGLI YANJIU

郭春丽　王　蕴　等 著

人 民 出 版 社 出版发行

(100706　北京市东城区隆福寺街 99 号)

涿州市星河印刷有限公司印刷　新华书店经销

2016 年 12 月第 1 版　2016 年 12 月北京第 1 次印刷
开本:710 毫米×1000 毫米 1/16　印张:27.75
字数:360 千字　印数:0,001－3,000 册

ISBN 978－7－01－017292－7　定价:56.00 元

邮购地址 100706　北京市东城区隆福寺街 99 号
人民东方图书销售中心　电话 (010)65250042　65289539